Mauthausen-Studien

Bertrand Perz

Verwaltete Gewalt

Der Tätigkeitsbericht des Verwaltungsführers
im Konzentrationslager Mauthausen 1941 bis 1944

Band 8

Mauthausen-Studien
Schriftenreihe der KZ-Gedenkstätte Mauthausen
Band 8

Herausgeber
Bundesministerium für Inneres

Mitherausgeber der Schriftenreihe
Christian Dürr, Ralf Lechner, Stephan Matyus

Lektorat dieses Bandes
Verena Pawlowsky, Gregor Holzinger

Grafik
Rainer Dempf

Herstellung
BoD - Books on Demand, Norderstedt

Verlag
Bundesministerium für Inneres, Abt. IV/7
Postfach 100, A-1014 Wien
http://www.mauthausen-memorial.at
mauthausen-memorial@mail.bmi.gv.at

Bertrand Perz: Verwaltete Gewalt. Der Tätigkeitsbericht des Verwaltungsführers im Konzentrationslager Mauthausen 1941 bis 1944. – Wien: Bundesministerium für Inneres, 2013
(Mauthausen-Studien. Schriftenreihe der KZ-Gedenkstätte Mauthausen; Band 8)

ISBN 978-3-9502824-2-9

Bertrand Perz

VERWALTETE GEWALT

Der Tätigkeitsbericht des Verwaltungsführers im Konzentrationslager Mauthausen 1941 bis 1944

INHALTSVERZEICHNIS

ZUM GELEIT

Mit dem Buch „Verwaltete Gewalt. Der Tätigkeitsbericht des Verwaltungsführers im Konzentrationslager Mauthausen 1941 bis 1944" liegt nun bereits der achte Band der Schriftenreihe „Mauthausen-Studien" vor, deren Ziel die Dokumentation der Geschichte des Konzentrationslagers Mauthausen und die Herausgabe einschlägiger wissenschaftlicher Arbeiten ist.

Durch die Publikation der Studien will das Bundesministerium für Inneres nicht nur der Verantwortung nachkommen, die wir mit dem Vermächtnis der Opfer der nationalsozialistischen Vernichtungspolitik übernommen haben, sondern darüber hinaus ein Mahnmal für die kommenden Generationen schaffen, um einem Vergessen der nationalsozialistischen Schreckensherrschaft entgegenzuwirken. Wir tun dies nicht nur durch gedenkpolitische Akte, sondern auch durch die Herausgabe von Publikationen, die das Interesse an dem Thema wachrütteln und zur Auseinandersetzung mit unserer Geschichte beitragen sollen.

Auch heute hat die KZ-Gedenkstätte Mauthausen nichts von ihrer warnenden Wirkung verloren und ich sehe es als moralische Verpflichtung, dass wir weiterhin Sorge dafür tragen, dass die Erinnerung an die NS-Geschichte und ihre Opfer niemals erlischt.

Es ist ein entscheidender Teil der Gedenkpolitik der Republik, die konsequente Aufarbeitung der nationalsozialistischen Vergangenheit Österreichs voranzutreiben und es ist mir, auch in Hinblick auf die gegenwärtig laufende Neugestaltung der KZ-Gedenkstätte Mauthausen, ein besonderes Anliegen, die Dokumentation des nationalsozialistischen Terrors sowie die Forschung auf diesem Gebiet zu intensivieren. Der vorliegende Band von Ass.Prof.Univ.-Doz. Dr. Bertrand Perz ist ein grundlegender Beitrag dazu. Mit dieser Publikation gelingt es ihm, wesentliche Forschungslücken zur Geschichte des Konzentrationslagers Mauthausen zu schließen.

Dem Autor gilt mein ganz besonderer Dank dafür. Er leistet mit seiner engagierten Arbeit einen wichtigen Beitrag dazu, seine Leserschaft zum Nachdenken anzuregen und animiert zum richtigen Umgang mit der Geschichte. In diesem Sinne wünsche ich dem neuesten Band der Mauthausen-Studien viele interessierte LeserInnen.

Mag.a Johanna Mikl-Leitner
Bundesministerin für Inneres

Die Lager sind eine moderne Erfindung; eine Erfindung, die nur möglich war dank jener Errungenschaften, auf die die Moderne stolzer ist als auf alles andere: Rationalität, Technologie, Wissenschaft, ihre liebsten und bevorzugtesten Kinder […].[1]

Zygmunt Bauman

EINLEITUNG

An Zivilbekleidung (Altbekleidung Ost) erhält das hies. Lager als Ergänzung der knapp gewordenen Häftlingsbekleidung zugewiesen:
6.500 Mäntel
2.500 Röcke
1.300 Hosen
2.800 Westen
18.091 Hemden und
16.213 Unterhosen.

Hinter diesem schlichten, akribisch genauen Eintrag vom 27. Februar 1943 im Tätigkeitsbericht Nr. 2 des Verwaltungsführers des KZ Mauthausen verbergen sich wesentliche Vorgänge nationalsozialistischer Verfolgungs- und Vernichtungspolitik. Die „Altbekleidung Ost" stammte von jenen Juden und Jüdinnen, die in den deutschen Vernichtungslagern auf polnischem Gebiet im Rahmen der „Aktion Reinhard" ermordet worden waren. Die in vielen hunderten Güterwaggons vor allem aus dem Generalgouvernement ins Reichsgebiet transportierten Textilien

1 Zygmunt Baumann, Das Jahrhundert der Lager?, in: Mihran Dabag/Kristin Platt (Hg.), Genozid und Moderne, Bd. 1: Strukturen kollektiver Gewalt im 20. Jahrhundert, Opladen 1998, S. 83 f

wurden zunächst sortiert und nach verborgenen Wertsachen durchsucht, die auch der Beseitigung aller Spuren diente, die auf die Herkunft der Kleidung Rückschlüsse erlaubt hätten. Viele Textilien gingen an das Winterhilfswerk, die schon eher abgenützten wurden an Häftlinge in Konzentrationslagern ausgegeben, nachdem die Herstellung blau-weiß gestreifter Häftlingskleidung wegen des kriegsbedingten Rohstoffmangels immer mehr eingeschränkt worden war.[2]

Der 27. Februar 1943 ist einer von insgesamt 350 Tagen im Zeitraum zwischen dem 1. Oktober 1941 und dem 28. Dezember 1944, an denen ein Eintrag in den Tätigkeitsbericht erfolgte, an manchen Tagen waren es auch mehrere Einträge.

Obwohl der Tätigkeitsbericht in großen Teilen schon 1976 vom französischen Journalisten Christian Bernadac in französischer Übersetzung als Anhang zu einem seiner zahlreichen Sammelbände mit Erinnerungsberichten ehemaliger in das KZ Mauthausen deportierter Franzosen publiziert worden war,[3] fand diese Quelle in der Geschichtsschreibung zum KZ Mauthausen lange Zeit kaum Beachtung.[4]

Von den Tätigkeitsberichten des Leiters der Verwaltung – für die längste Zeit war dies der aus Bayern stammende SS-Führer Xaver Strauß – ist offensichtlich nur der Tätigkeitsbericht Nr. 2 erhalten geblieben.

2 Bis Februar 1943 waren bereits 825 Eisenbahnwaggons mit Textilien und Lederwaren ermordeter Juden aus Lublin und Auschwitz zur Verteilung abgegangen, ein Teil davon diente der Versorgung der Konzentrationslager. Vgl. Bertrand Perz/Thomas Sandkühler, Auschwitz und die „Aktion Reinhard" 1942-45. Judenmord und Raubpraxis in neuer Sicht, in: Zeitgeschichte 26 (1999) 5, S. 283-316

3 Christian Bernadac, Des jours sans fin. Mauthausen III, Paris 1976, S. 324-377 (Annexe II). Bernadac hat die Quelle ohne genauere Angaben publiziert. Die Übersetzung ist teilweise fehlerhaft, monatlich wiederkehrende Einträge sind zum Teil nicht aufgenommen worden.

4 Der Tätigkeitsbericht ist im Standardwerk des Mauthausen-Überlebenden Hans Maršálek nur einmal erwähnt. So wird als Quelle für den Lagerstand zum 1.10.1941 die „Kopie eines Tätigkeitsberichtes" im Nürnberger Dokument PS 2176 zitiert. Dort finden sich jedoch keine Hinweise auf den Tätigkeitsbericht, allerdings ist der sogenannte Cohen Report unvollständig. Möglicherweise handelt es sich auch um eine Verwechslung, die beiden ersten Blätter des Tätigkeitsberichtes incl. Übersetzung befinden sich im Mauthausen Main Case (NARA RG 549, Exh. 91). Vgl. Hans Maršálek, Die Geschichte des Konzentrationslagers Mauthausen. Dokumentation, Wien [3]1995, S. 125. Offensichtlich hat auch Michel Fabréguet den Tätigkeitsbericht nicht verwendet. Michel Fabréguet, Mauthausen. Camp de concentration national-socialiste en Autriche rattachée (1938-1945), Paris 1999

Der Tätigkeitsbericht Nr. 1, auf den durch die Bezeichnung Nr. 2 verwiesen wird und der den Zeitraum von der Gründung des Lagers bis Ende September 1941 umfassen müsste, ist bis heute nicht aufgefunden worden. Möglicherweise wurde er im Zuge der systematischen Aktenvernichtung durch die SS unmittelbar vor der Befreiung des Lagers verbrannt; ob noch ein Tätigkeitsbericht Nr. 3 für das Jahr 1945 begonnen wurde, ist nicht bekannt.[5]

Offensichtlich verdanken wir die Rettung des Berichtes Nr. 2 bzw. dessen Durchschrift einem ehemaligen Häftling. Christian Bernadac macht in der kurzen Einleitung, die er dem Abdruck des Dokuments voranstellt, aber nur sehr vage Angaben, vor allem fehlt jeder Hinweis darauf, wer ihm den Bericht zur Verfügung gestellt hat. Bernadac zufolge war die Durchschrift des Berichtes von einem österreichischen Häftling, der als Schreiber beim Leiter der Verwaltung des KZ Mauthausen tätig war, in der Zwischendecke des Büroraums, in dem er arbeiten musste, versteckt worden. Bernadac nennt allerdings weder den Namen dieses Österreichers noch schreibt er, woher seine Information stammte. Daher kann die Identität des Schreibers nicht mehr festgestellt werden.[6] Im Dachauer US-Militärgerichtsprozess gegen Verwaltungsführer Xaver Strauß war der ehemalige österreichische Häftling Edmund Kulka als Zeuge geladen, der als Schreiber in der Abteilung, wenn auch nicht direkt bei Strauß, tätig gewesen war.[7] Allerdings finden sich in den Verfahrensunterlagen weder Hinweise auf den Tätigkeitsbericht noch auf seine Rettung.

Das vollständig erhaltene Exemplar einer Durchschrift des Tätigkeitsberichtes liegt heute in den Archives Nationales in Paris im Bestand 88AJ – Fonds de l'Amicale nationale des déportés et familles de disparus

5 Bekanntlich hatte die SS in den letzten Wochen erhebliche Anstrengungen unternommen, belastende Dokumente zu verbrennen. Der Adjutant des Lagerkommandanten, Adolf Zutter, berichtet von dem an den Abwehrbeauftragten des KZ Mauthausen, Obersturmführer Guido Reimer, gerichteten schriftlichen Befehl, sämtliche Akten zu vernichten. Reimer habe den Vollzug persönlich überwacht. Archiv Mauthausen Museum (AMM), P 18/6, Aussage Zutter, vom 2.8.1945

6 Die von mir befragten Überlebenden Pierre Serge Choumoff und Hans Maršálek, die beide großes Wissen über die Geschichte des KZ Mauthausen besaßen, konnten keine Angaben zu einem österreichischen Häftling in der Abteilung des Verwaltungsführers machen.

7 National Archives and Record Administration, Washington, DC (NARA), RG 549 (früher RG 338), Records of US Army, Europe (USAREUR), US vs. Otto Bernhardt et al., case 000-50-5-18

de Mauthausen et de ses Kommandos. Vor der Übergabe an die Archives Nationales befand es sich für viele Jahre bei der Amicale de Mauthausen in Paris; wie und wann es in deren Dokumentensammlung gekommen war, scheint heute nicht mehr klärbar.[8]

Ingesamt umfasst der Durchschlag des mit Schreibmaschine verfassten Berichtes 39 lose Blätter im DIN A4-Format mit zwei Spalten auf der Vorderseite, die mit den Kopfeinträgen (1) *Tag und Ort*, (2) *Darstellung der Tätigkeit sowie wichtiger Ereignisse* versehen sind, sowie mit drei Spalten auf der Rückseite mit den Kopfeinträgen (3) *Fachgebiet*, (4) *Erfahrungen, Abänderungsvorschläge (auch Hinweise auf Anlagen)*, (5) *Bemerkungen*. Diese Anlage des Berichts hat vordruckähnlichen Charakter und fand in dieser Form auch in anderen Lagern mit identen Spaltentiteln Verwendung.[9] Abgesehen von der Datierung in Spalte 1 finden sich die meisten Einträge in der Spalte 2, während in den Spalten 3 und 4 nur ganz wenige Einträge vorgenommen wurden und die Spalte 5 überhaupt leer blieb.

Neben diesem vollständigen Exemplar in den Archives Nationales existiert ein zweiseitiges Fragment des Tätigkeitsberichtes. Es handelt sich dabei um das Deckblatt dieses Tätigkeitsberichtes Nr. 2 sowie das erste Blatt mit Einträgen vom 1.10. bis 26.10.1941. Diese beiden Seiten werden in den National Archives, Washington D.C. aufbewahrt und befinden sich dort in den Unterlagen der US-amerikanischen Dachauer Mauthausen-Prozesse.[10] Als Kopie befinden sich diese beiden Seiten auch unter den Akten des Internationalen Suchdienstes des Internationalen Roten Kreuzes in Bad Arolsen.[11] Weitere Exemplare dieser beiden Blätter, etwa in Yad Vashem, sind wiederum Kopien aus Bad Arolsen.

8 Schreiben Daniel Simon, Präsident der Amicale nationale des déportés, familles et amis de Mauthausen et ses Kommandos an den Verfasser vom 18.3.2009. Auch Bernadac macht dazu keine Angaben, obwohl in den 1970er Jahren das Wissen darüber offensichtlich noch vorhanden war, wie die Ausführungen zur Rettung des Dokuments nahelegen.

9 Obwohl jedes Blatt gleich gestaltet ist und somit formularartigen Charakter hat, handelt es sich nicht um Vordrucke. Linierung wie Kopfeinträge weisen in der Platzierung auf den Blättern kleine Abweichungen auf. Sie dürften mit derselben Schreibmaschine verfasst worden sein wie die Einträge selbst. Auf die Verwendung identer Blätter im KZ Sachsenhausen hat mich Stefan Hördler aufmerksam gemacht.

10 Die beiden Blätter befinden sich als Exhibit im Mauthausen Main Case. NARA, RG 549, US vs. Hans Altfuldisch et al., case 000-50-5

11 Schreiben Internationaler Suchdienst an den Autor, vom 25.8.2006, Sach-Nr.13454

Tag Ort	Darstellung der Tätigkeit sowie wichtiger Ereignisse
1	2
Mauthausen	
1.1o.41	Zu verpflegen sind 1.o18 SS-Männer und 11.135 Häftlinge.
8.1o.41	Mit der Einlagerung von Kartoffeln für die Wintermonate wird begonnen. Mangels geeigneter Kellerräume werden in Gusen 25o Waggon und in Mauthausen 15o Waggon eingemietet. Die Haltbarkeit der Kartoffeln ist zeitlich stark begrenzt, sodaß bereits jetzt schon Fäulniserscheinungen auftreten. Errichtung eines Sonderbaues im Häftlingslager KLM. wird durch den Reichsführer-SS befohlen. Die Einrichtungen hierzu liefern die Deutsche Ausrüstungs G.m.b.H., Dachau.
9.1o.41	Als Gegenmaßnahme der aufgetretenen Ruhr- u. Fleckfieberperiode wurde bei der Fa. Alois Kapler, Linz 1o23 kg Chlorkalk zur Desinfektion der Abort- und Kläranlagen, sowie 138 kg Kopallack für den Anstrich der Schränke und Tische angekauft.
15.1o.41	Der Inspekteur der Konz.-Lager SS-Brigadeführer Glücks besucht in Begleitung des Leiters der Verwaltung IKL. SS-Obersturmbannführer Kaindl das Lager Mauthausen und Gusen.
16.1o.41	Weitere 1.o25 kg Chlorkalk werden zu Desinfektionszwecken von der Fa. Kapler Linz geliefert. Die Zahl der Angora-Kaninchen in der Zuchtstation Gusen hat einen Stand von 8oo Tieren erreicht.
22/24.1o.41	Gemäß Vereinbarung des Reichsführers-SS mit dem Chef des OKW werden auf verschiedene Konz.-Lager Sowjet-russische Kriegsgefangene zum Arbeitseinsatz überstellt. Es treffen je 2.ooo sowjet-russische Kriegsgefangene im KL. Mauthausen und Gusen ein. Die Unterbringung erfolgt vorläufig in von den übrigen Häftlingsbaracken abgesonderten Unterkünften. Gem. Rücksprache mit dem Lagerkommandanten sollen im hiesigen Lager und im Lager Gusen zu dem derzeitigen Häftlingsstande insgesamt noch 21.ooo sowjetrussische Kriegsgefangene untergebracht werden. Hierzu reichen die vorhandenen Wäschestücke und Unterkunftsgeräte nicht mehr aus, sodaß bei der Verwaltung IKL. das unbedingt Erforderliche angefordert werden muß. Die Verpflegung der Kriegsgefangenen ist im 2. Merkblatt über Kriegsgefangenenverpflegung festgelegt. Die Beschaffung der Lebensmittel erfolgt genau wie bei den übrigen Häftlingen auf Grund von vom Ernährungsamt ausgestellten Bezugsscheinen aus Vorräten von Firmen. Da in der hiesigen Häftlingsküche vorhandenen Kochkessel nicht ausreichen, wird die Verpflegung in einer 2. Schicht hergestellt. Sämtliche sowjet-russische Kriegsgefangene befinden sich im Arbeitseinsatz, davon 1.2oo als Schwerarbeiter.
26.1o.41	Für das Kriegsgefangenen-Lager liefert die Firma Rechberger, Linz 1.ooo Stück Trinkbecher und 5.ooo Stück Eßnäpfe aus Steingut.

Abb. 1: Erste Seite des Tätigkeitsberichtes, am 1. Oktober 1941 begonnen

Fachgebiet	Erfahrung, Abänderungsvorschläge (auch Hinweise auf Anlagen	Bemerkungen
3	4	5
Verpflg.	Die Begründung dürfte hauptsächlich daran liegen, daß bedingt durch den Mangel an Arbeitskräften in der Landwirtschaft mit der Ernte sehr früh begonnen werden mußte und dadurch größtenteils die eingeernteten Kartoffeln nicht ganz ausgereift waren.	
	Da die Sowjet-Union dem Abkommen über Kriegsgefangene nicht beigetreten ist, wurden vom OKW mit Rücksicht auf die allgemeine Versorgungslage besondere Verplfegssätze festgesetzt.	

Abb. 2: Spalten 3 bis 5 zur ersten Seite des Tätigkeitsberichtes

Im Unterschied zum vollständigen erhaltenen Exemplar in Paris trägt das Deckblatt hier eine – unleserliche – Unterschrift unter dem Halbsatz: „Mit der Führung beauftragt:“ Möglicherweise handelt es sich dabei um Überreste der lagerinternen Erstschrift des Tätigkeitsberichtes oder eines Exemplars, das an das vorgesetzte SS-WVHA gesandt wurde.

Folgt man der Darstellung der Rettung des Dokuments bei Bernadac, ist es äußerst unwahrscheinlich, dass außer dem in Paris befindlichen Exemplar des Tätigkeitsberichtes eine weitere komplette Fassung existiert. Das zweiseitige Fragment aus dem Dachauer Mauthausen-Prozess verweist darauf, dass die Existenz eines Tätigkeitsberichtes des Verwaltungsführer prinzipiell bekannt war, man kann aber davon ausgehen, dass den amerikanischen Verfolgungsbehörden nur diese beiden ersten Seiten vorlagen. Dies erschließt sich aus der englischen Übersetzung, die ebenfalls nur diese beiden Seiten umfasst. Für diese Annahme spricht auch der Umstand, dass im Nürnberger Prozess die Anwesenheit von Ernst Kaltenbrunner in Mauthausen ein Verhandlungspunkt war, der Tätigkeitsbericht aber, der einen eindeutigen Beleg für Kaltenbrunners mehrfache Anwesenheit darstellt, dort nicht vorkommt.

Wie die beiden Seiten des Berichts zu den Unterlagen des Dachauer Mauthausen-Verfahrens gelangt sind, ist nicht geklärt. Sie können aus sichergestellten Unterlagen des SS-WVHA stammen, oder von einem in Mauthausen tätigen War Crimes Investigating Team sichergestellt worden sein, möglich wäre auch die Übergabe durch einen ehemaligen Häftling, wie etwa den Spanier Casimir Climent-Sarrion, der jahrelang als Schreiber in der lagereigenen politischen Abteilung eingesetzt war und während seiner Zeit im Lager systematisch Dokumente gesammelt, versteckt und somit gerettet hat.[12] Climent – im Zivilberuf Bankbeamter – war als Zeuge in den Dachauer Mauthausen-Prozessen geladen.

Für die Frage, wie der vollständige Bericht nach Paris seinen Weg in die Amicale de Mauthausen gefunden hat, bietet Bernadacs Darstellung zwar keine Anhaltspunkte, man kann aber davon ausgehen, dass – wie es auch von anderen zeitgenössischen Quellen, die von der Amicale gesammelt wurden, bekannt ist – ein ehemaliger Mauthausen-Häftling das Dokument nach Frankreich mitgenommen hat. Climent kommt auch hier als möglicher Überbringer in Frage, sein Engagement in der Amicale

12 José Borras, Histoire de Mauthausen. Les cinq années deportation des républicains espagnols, o.O. 1989, S. 130, S. 265

de Mauthausen in der Nachkriegszeit ist bekannt.[13] Allerdings wäre in diesem Fall davon auszugehen, daß Climent den vollständigen Bericht in Dachau vorgelegt hätte, was aber nicht der Fall ist. Der Weg vom KZ Mauthausen zur Amicale bleibt damit eine ungeklärte Frage.

Tätigkeitsberichte von Verwaltungsführern der Konzentrationslager sind schon wegen deren bedeutender Stellung innerhalb der Lagerleitung von besonderem Interesse.[14] Die Verwaltungsführer waren für das Haushalts-, Kassen- und Besoldungswesen und damit für die Finanzen des Lagers zuständig, verfügten also über die den Lagern zugeteilten Gelder und die Kontrolle über den gesamten Zahlungsverkehr einschließlich der Einnahmen aus der Zwangsarbeit der Häftlinge, also jener sogenannten „Entgeltzahlungen", die die Firmen für die Ausleihe von Häftlingen zu entrichten hatten.[15] Sie waren verantwortlich für die Beschaffung der Verpflegung, für die Lagerung (Magazine), Zubereitung (Küchen) und Zuteilung der Lebensmittel. Sie hatten Verfügungsgewalt über alle technischen Gerätschaften, über die Häftlingskleidung wie auch die Uniformen und Ausrüstungsgegenstände der SS, und ihnen unterstanden die sogenannten Effektenkammern mit dem darin aufbewahrten Häftlingseigentum. Auch die Kontrolle der Wäschereien, Schuhmacher- und Schneiderwerkstätten sowie die gesamte Beheizung des Lagers oblag ihnen. Über den Schreibtisch der Verwaltungsführer gingen Bestellungen von Bekleidung und Schuhwerk, von Stroh und Holzwolle für die Schlafstätten der Häftlinge, von Heizmaterial und Reinigungsmittel, von Verdunkelungspapier und Hitlerbildern, von Kragenspiegeln für SS-Uniformen, aber auch von Zyklon B. Verwaltungsführer waren für die lagereigenen Gärtnereien und die landwirtschaftliche Produktion ebenso ver-

13 Schreiben Daniel Simon, Präsident der Amicale nationale des déportés, familles et amis de Mauthausen et ses Kommandos an den Verfasser, vom 18.3.2009. Telefonische Auskunft von Pierre Serge Choumoff an Ralf Lechner, vom 24.6.2009

14 Vgl. Karin Orth, Die Konzentrationslager-SS. Sozialstrukturelle Analysen und biographische Studien, Göttingen 2000, S. 41-44 bzw. S. 71-75

15 Das KZ Mauthausen verfügte über ein Girokonto bei der Reichsbankfiliale Linz (Nr. 170/1498) und über mindestens zwei Scheckkonten bei der Postsparkasse; ein Konto wurde von der Verwaltungsabteilung des Lagers geführt, eines von der „Gefangenen-Eigentumsverwaltung". Vgl. Vermögenswerte jüdischer Kunden und Kundinnen im „Postsparkassenamt" Wien: Nazi-Raub 1938-1945. Zweiter Forschungszwischenbericht, Projektleitung: Oliver Rathkolb, Projektteam: Alexander Schröck, Vitali Bodnar, Theodor Venus, Doris Wiesinger, Wien 2000

antwortlich wie für alle Unterkunftsfragen sowie die Übernahme der Gebäude nach ihrer Fertigstellung durch die SS-Bauleitung. Sie zählten damit zu den einflussreichsten Personen in den Kommandanturstäben.[16] Sie verfügten über große Handlungsspielräume, auch wenn ihre Tätigkeit, insbesondere was die zunehmenden Einsparungen bei der Häftlingsversorgung betraf, an grundlegende Richtlinien und Anordnungen der vorgesetzten Verwaltung der Inspektion der Konzentrationslager gebunden war.[17] Letztlich war ihr Verhalten aber entscheidend für die Sicherstellung der Versorgung der Häftling. So konnten sie erheblichen Einfluss darauf nehmen, wie weit das Ausmaß der illegalen Aneignung der den Häftlingen zustehenden Nahrungsmittel und Bedarfsgüter durch das SS-Lagerpersonal ging.

Für die Bewältigung ihre Aufgaben stand den Verwaltungsführern Personal zur Seite, das mit der Expansion des Lagersystems an Zahl ständig wuchs und auf einzelne Unterabteilungen wie Kassa und Registratur, Bekleidung, Verpflegung, Technik und Unterkunft aufgeteilt war. Anfang 1940 wurde die Stärke der Verwaltung für Mauthausen und Gusen mit 33 Führern, Unterführern und Männern festgelegt, am 30. September 1944 beschäftigte sie über 52 männliche SS-Angehörige.[18] Darüber hinaus waren eine größere Zahl weiblicher Bürokräfte beschäftigt.

Wesentliche Teile der Verwaltung hatten ihren Sitz im Stabsgebäude des Lagers; im KZ Mauthausen waren dort neben dem Verwaltungsführer selbst der Rechnungsführer, die „Materialverwaltung f. Schreibsachen u.s.w.", die „Kassa" und die „Geldverwaltung" sowie die „Verpflegsabteilung" untergebracht.[19]

Fast während des gesamten Zeitraumes, in dem das vorliegende Diensttagebuch geführt wurde, leitete die Abteilung Verwaltung im KZ Mauthausen Xaver Strauß.[20] Strauß kann somit als Verantwortlicher für die

16 Vgl. Orth, Die Konzentrationslager-SS, S. 41-44 bzw. S. 71-75

17 Johannes Tuchel, Konzentrationslager: Organisationsgeschichte und Funktion der Inspektion der Konzentrationslager 1934-1938 (=Schriften des Bundesarchivs, Bd. 39), Boppard am Rhein 1991, S. 264

18 Bundesarchiv Berlin (BArch) N S4 Ma/36, RFSS IKL an Lagerkommandanten Mauthausen, betr. Mob.-Stärkenachweisung der K.L., vom 12.2.1940 ; Amicale de Mauthausen, Paris, Friedensplanstellen-Übersicht des KL Mauthausen, vom 30.9.1944 (Kopie im AMM)

19 Siehe NARA, RG 549, US vs. Haider et al., case 000-50-5-13, Grundskizze des Kommandanturgebäudes von Johann Haider

20 In den einschlägigen SS-Dokumenten taucht auch die Schreibweise Strauss auf.

Führung dieses Tätigkeitsberichtes bezeichnet werden, auch wenn er die Einträge nicht persönlich vorgenommen hat.

Dies geht auch aus den Formulierungen auf dem Deckblatt hervor, in dem unter „Verantwortlich für die Führung:“ der „Leiter der Verwaltung des Konzentrationslagers Mauthausen“ angeführt wird. Unter dem für die Unterschrift vorgesehenen Platz steht bereits der Rang „SS-Hauptsturmführer“, den Strauß innehatte. Eine zweite Formulierung auf dem Deckblatt lautet „Mit der Führung beauftragt“, darunter ist der Rang „SS-Obersturmführer“ angeführt. Demnach kommen zum Zeitpunkt der Beendigung des Tätigkeitsberichtes Ende 1944 zwei Personen in Frage, die in der Verwaltungsabteilung den nach Strauß höchsten Rang eines SS-Obersturmführers innehatten: Heinz Eisenhöfer, der Leiter der Häftlings-Eigentumsverwaltung oder der Kassenleiter Arnold Wandrei.[21]

Xaver Strauß, geboren am 29. Mai 1910, stammte aus Velburg, Kreis Parsberg in der bayrischen Oberpfalz. Sein Vater war Steuerinspektor, die Mutter Hausfrau. Strauß trat nach acht Jahren Schule im Alter von 15 Jahren in eine kaufmännische Lehre ein und blieb bis 1930 bei derselben Firma. Infolge der Wirtschaftskrise war Strauß von 1931 bis 1934 arbeitslos, danach für kurze Zeit im Arbeitsamt Weißenburg in Bayern beschäftigt. Im März 1934 meldete er sich freiwillig zum Dienst in der SS-Wachtruppe und war fortan dem KZ Dachau dienstzugeteilt. Strauß war bereits 1929 der NSDAP beigetreten, aus unbekannten Gründen aber 1931 wieder ausgetreten, um am 1. Mai 1937 neuerlich als Mitglied in die NSDAP aufgenommen zu werden.[22]

Im Mai 1938 wurde Strauß von Dachau in das neugegründete KZ Flossenbürg versetzt, wo er als Verwaltungsführer tätig war; zuvor war er am 20. April 1938 zum SS-Untersturmführer befördert worden. Am 25. August 1939 erfolgte seine Beförderung zum SS-Obersturmführer.

Im Dezember 1940 trat Strauß als Leiter der Verwaltung des KZ Mauthausen die Nachfolge von Otto Barnewald an,[23] der dieselbe Funk-

---

21 Amicale de Mauthausen, Paris, Friedensplanstellen-Übersicht des KL Mauthausen vom 30.9.1944 (Kopie im AMM)

22 Parteimitgliedsnummer 5.020.952, SS-Nr. 161.264

23 Strauß‘ Angaben im US-amerikanischen Dachauer Militärgerichtsverfahren weichen davon leicht ab. Demnach beendete er seinen Dienst in Flossenbürg bereits am 27.3.1940, verbrachte dann die Zeit bis zum 10.5.1940 als Verwaltungsführer in Neuengamme und wurde schließlich nach Mauthausen versetzt. NARA, RG 549, US vs. Otto Bernhardt et al., case 000-50-5-18, Prosecution Exhibits

tion im KZ Neuengamme übernahm.[24] Anlässlich des Geburtstages von Hitler wurde Strauß am 20. April 1941 zum SS-Hauptsturmführer befördert. Strauß behielt die Funktion des Verwaltungsführers – mit einer mehrmonatigen Unterbrechung – bis Mitte April 1945, wenige Wochen vor der Befreiung des KZ Mauthausen. Xaver Strauß lebte in Mauthausen mit seiner Frau Berta, geborene Blei. Er hatte die Gastwirtstochter in Altglashütte, einem kleinen Dorf bei Flossenbürg, am 26. März 1940 geehelicht. Die Gastwirtschaft Blei war ein beliebter SS-Treffpunkt, auch die zweite Wirtstochter war mit einem SS-Mann verheiratet.[25] Während das Paar in Mauthausen lebte, also zwischen 1941 und 1944, gebar Berta Strauß drei Kinder.

Die Zeit vom 1. September 1942 bis Anfang Oktober verbrachte Strauß beim II./SS-Infanterieregiment 10, danach war er dem Kommandostab RFSS zugeteilt und wurde bei der 1. SS-Infanterie-Brigade eingesetzt, die in den eroberten Teilen der Sowjetunion operierte.[26] Seiner Aussage zufolge war nicht geplant, dass er schon nach wenigen Monaten wieder nach Mauthausen zurückkehren würde. Als Grund für die Rückkehr nennt Strauß die Unfähigkeit seines Nachfolgers bzw. dessen schlechtes Verhältnis zum Kommandanten Ziereis.[27]

Während der Abwesenheit von Strauß waren die Dienstgeschäfte dem bisherigen Kassenleiter SS-Obersturmführer Michael Sand, einem Österreicher, übertragen worden. Gleichzeitig hatte der vom KZ Natzweiler nach Mauthausen versetzte SS-Unterscharführer Max Schneider an Sands Stelle die Funktion des Kassenleiters übernommen und war auch zum Stellvertreter des Leiters der Verwaltung ernannt worden, wurde aber bereits mit 15.März 1943 wieder von Mauthausen abgezogen.[28]

Nach Kriegsende wurde Strauß festgenommen. Im August 1947 fand gegen ihn und elf weitere Angeklagte die Verhandlung im Rahmen der Mauthausener Prozesse vor dem US-Militärgericht in Dachau statt. Das

24 Barnewald wechselte 1942 als Verwaltungsführer ins KZ Buchenwald. Das im US-amerikanischen Buchenwald-Hauptverfahren über ihn gefällte Todesurteil wurde 1948 zu einer lebenslänglichen Haftstrafe abgemildert. 1954 folgte seine Entlassung aus dem Gefängnis. NARA, RG 549, US vs. Josias Prince zu Waldeck et al., case 000-50-9

25 Hinweis von Jörg Skriebeleit

26 BArch, Berlin Document Center (BDC)-Unterlagen Xaver Strauß

27 NARA, RG 549, US vs. Otto Bernhardt et al., case 000-50-5-18

28 Siehe Eintrag Tätigkeitsbericht vom 1.9.1942

Abb. 3: SS-Hauptsturmführer Xaver Strauß, Verwaltungsführer des KZ Mauthausen, zur Zeit der Aufnahme SS-Hauptscharführer, ca. 1938 (SS-Aufnahme)

Urteil gegen Strauß vom 25. August 1947 lautete auf lebenslange Haft wegen Misshandlung von Häftlingen und Teilnahme an Exekutionen, das Strafausmaß erfuhr aber in der Folge wie auch bei anderen Angeklagten eine erhebliche Reduktion und im Oktober 1954 wurde Strauß aus dem Kriegsverbrechergefängnis in Landsberg entlassen.[29]

Strauß ist nach seiner Entlassung aus Landsberg gleich an zwei Orten als zugezogen gemeldet, so am 25. Oktober 1954 in Weiden und mit gleichem Datum auch in Altglashütte, dem Herkunftsort seiner Frau. Mit hoher Wahrscheinlichkeit zog Strauß direkt zu seiner Ehefrau nach Altglashütte, der Grund für die Doppelmeldung ist die berufliche Tätigkeit von Strauß, der als Textilkaufmann bei einem Möbelhaus in Weiden angestellt war. Strauß verstarb hochbetagt am 8. Dezember 1998 in Weiden, sein Wohnort war bis zuletzt Altglashütte gewesen.[30]

Biografie und berufliche Laufbahn von Strauß sind typisch für einen Verwaltungsführer in einem Konzentrationslager. [31] So stammten fast alle Verwaltungsführer aus der Mittelschicht, drei Viertel hatten eine kaufmännische Lehre absolviert. Einmal zu Verwaltungsführern ernannt, blieben sie in der Regel bei dieser Aufgabe und wechselten nur selten in andere Funktionen. Versetzungen zur kämpfenden Truppe kamen vor, waren aber nicht immer von Dauer, wie das Beispiel von Strauß zeigt. Eine gewisse Mobilität zeigten Verwaltungsführer allerdings innerhalb

29 NARA, RG 549, US vs. Otto Bernhardt et al., case 000-50-5-18

30 Auskunft von Jörg Skriebeleit auf Basis der Einwohnermelderegister Bärnau und Weiden

31 So das Ergebnis der Analyse der Karrieren der ca. 30 Verwaltungsführer der Konzentrationslager durch Karin Orth. Vgl. Orth, Die Konzentrationslager-SS, S. 71-75

des KZ-Systems, wie etwa Strauß, der von Flossenbürg nach Mauthausen kam, oder Barnewald, der von Mauthausen nach Neuengamme ging.

Auch für Michael Sand, den Vertreter von Strauß in der Position des Verwaltungsführers während dessen mehrmonatiger Abwesenheit, gelten die beschriebenen Sozialisationsmerkmale; Sand blieb allerdings nicht auf Dauer in der KZ-Verwaltung.

Michael Sand, geboren 1916 in Leoben, gelernter Kaufmann, SS-Nr. 276.953, von 1932 bis 1936 Angehöriger der Hitlerjugend, war als SS-Untersturmführer bis zum 21. November 1940 im KZ Sachsenhausen in der Abteilung IV als Buchführer und Leiter der Gefangenen-Eigentums-Verwaltung sowie im Verpflegungsbereich tätig, danach war er der Inspektion der Konzentrationslager in Oranienburg zugeteilt. Von Juni 1941 an versah Sand seinen Dienst in Mauthausen, wo er zunächst die Funktion eines Kassenleiters innehatte. Nach wenigen Monaten wurde er zum SS-Obersturmführer ernannt und rückte im Herbst 1942 mit dem Weggang von Strauß zum Verwaltungsführer des Lagers auf. Mit Strauß' Rückkehr Hand in Hand ging seine Versetzung zur 10. SS-Panzer-Division „Frundsberg“ im Februar 1943; im Jänner 1944 wechselte er zur 17. Panzergrenadier-Division „Götz von Berlichingen“ und wurde dort zum Hauptsturmführer befördert.[32]

Im Laufe des Krieges erfuhr die Verwaltungsabteilung nicht nur auf der Ebene der Leitung personelle Veränderungen. So wurden neben der ständigen Personalfluktuation am 22. Februar 1943 sämtliche Sachbearbeiter zu Feldeinheiten versetzt [33] und in der Folge durch neues Personal ersetzt.[34]

Von den Häftlingen wurden Verwaltungsführer in der Regel als Personen kaum wahrgenommen, da sie im Unterschied etwa zu den Schutzhaftlagerführern und den diesen unterstellten Blockführern oder den Arbeitseinsatz- und Rapportführern, die alle mit direkter Gewaltausübung befasst waren, nicht so häufig in Erscheinung traten. Nicht zuletzt deshalb kommen Verwaltungsführer in den Berichten und Darstellungen Überlebender kaum vor, es sei denn es geht um Gewaltexzesse, an denen sie beteiligt waren. Vieles, was einzelne Deportierte als willkürliche phy-

32 BArch, BDC/SSO-Unterlagen, Michael Sand

33 Siehe Eintrag Tätigkeitsbericht vom 22.2.1943

34 Amicale de Mauthausen, Paris, Friedensplanstellen-Übersicht des KL Mauthausen vom 30.9.1944 (Kopie im AMM)

sische Gewalt erfahren haben, hatte jedoch systemische Ursachen und hing eng mit strukturellen Vorgaben und politischen Entscheidungen zusammen – Entscheidungen etwa, die die generelle (Unter-)Versorgung der Konzentrationslager festlegten. Und gerade in diesem Punkt kommen die Verwaltungsführer wieder ins Spiel, die bei der Umsetzung dieser Vorgaben und Entscheidungen große Handlungsspielräume und Verfügungsmacht hatten. Ausfluss des Verwaltungshandelns war somit zum wesentlichen Teil strukturelle Gewalt.[35]

Die spärliche Erwähnung von Verwaltungsführern in den Erinnerungsberichten der Überlebenden hatte auch Auswirkungen auf die Geschichtsschreibung über die Konzentrationslager. Die Verwaltungsabläufe und Logistik der Konzentrationslager wurden, gerade was die Beschaffung von Ressourcen sowie deren unmittelbare Bedeutung für die Existenzbedingungen der Häftlinge anbelangt, lange Zeit zu wenig beachtet. Rationalität und Technologie als Errungenschaften der Moderne sind jedoch, wie Zygmunt Bauman betont, für die Verwaltung der Konzentrationslager tatsächlich wichtige Voraussetzungen. Einschränkend muss freilich festgehalten werden, dass die von ideologischen Vorgaben, von Korruption und Schwarzmarkt geprägte KZ-Bürokratie keineswegs besondere Effizienz aufwies. Unzählige Erlässe etc. verweisen darauf, dass Regeln ständig durchbrochen wurden.

Der Tätigkeitsbericht Nr. 2 kann – nicht nur wegen des Fehlens vieler anderer wichtiger SS-Akten – als eine zentrale Quelle der Lager-SS von Mauthausen bezeichnet werden. Die Verwaltung des Lagers hat in diesem Bericht wesentliche, und ihre Aufgaben im Rahmen der Gesamtorganisation des KZ Mauthausen betreffende Vorgänge festgehalten; viele Einträge enthalten aber auch Informationen aus Bereichen, die außerhalb der Zuständigkeit der Verwaltungsabteilung lagen – Informationen also, die sowohl für die Gesamtgeschichte des KZ Mauthausen wie auch generell für die Geschichte der Konzentrationslager von Interesse sind.

35 Auch wenn man den von Johan Galtung geprägten Begriff der „strukturellen Gewalt" wegen seiner Legitimationsfunktion für Gegengewalten kritisch sehen kann, ist er für die Interpretation der Tätigkeit der Verwaltungsführer in den Konzentrationslagern durchaus anregend. Johan Galtung, Strukturelle Gewalt. Beiträge zur Friedens- und Konfliktforschung, Reinbek bei Hamburg 1975

Die Einträge sind vermutlich immer mit ein paar Tagen Abstand zum jeweiligen Ereignis vorgenommen worden, das ergibt sich aus der oft zusammenfassenden Form der Darstellung. Sie lassen sich grob unterteilt fünf großen Themenfeldern zuordnen:

a) Eine große Zahl von Einträgen bezieht sich auf Personen und Personengruppen – seien es SS-Angehörige und Häftlinge oder auch Besucher des Lagers. Von besonderer Wichtigkeit für die Lagergeschichte ist die im Bericht an jedem Monatsbeginn vermerkte Zahl der zu verpflegenden SS-Männer und Häftlinge bzw. die Größe spezifischer Gruppen von Häftlingen wie der Kriegsgefangenen. So ist als typischer Eintrag der monatlichen Lagerstandsmeldungen für den 1. Dezember 1941 zu lesen: *Zu verpflegen sind 917 SS-Männer, 10.298 Häftlinge und 3.739 sowjet-russische Kriegsgefangene.* Der entsprechende Eintrag für den 1. April 1942 lautet: *Zu verpflegen sind 1.200 SS-Männer, 8.759 Häftlinge und 755 sowjet-russische Kriegsgefangene.* Allein die Differenz der Zahlen der sowjetischen Kriegsgefangenen zwischen den beiden zitierten Einträgen gibt einen konkreten Hinweis auf die gezielte Vernichtung dieser Gruppe und bestätigt somit Erkenntnisse aus anderen Quellen, insbesondere den erhaltenen Totenbüchern des Lagers.

Diese monatlichen Einträge ergeben für den gesamten Zeitraum ein genaues Bild der jeweiligen Bestandszahlen des Lagers, sowohl was die in Mauthausen anwesenden SS-Angehörigen als auch was die Häftlinge anbelangt. So lassen sich auf Basis des Tätigkeitsberichtes für den Zeitraum von Ende 1941 bis Anfang Mai 1943, für den es bisher nur Schätzungen gab, genaue Angaben über die Entwicklung der Häftlingszahlen machen. Dass gerade die für diese Zeitspanne bisher vorliegenden, von Hans Maršálek meist nur grob geschätzten Zahlen von jenen im Tätigkeitsbericht bisweilen ziemlich abweichen, macht die folgende grafische Gegenüberstellung deutlich. Maršálek setzt die Lagerstandszahlen für die ersten drei Quartale des Jahres 1942 zum Teil erheblich höher, danach aber zum Teil niedriger an, als sie durch den Tätigkeitsbericht überliefert sind.

Die auffälligen Zahlendifferenzen in der zweiten Jahreshälfte 1944 lassen sich nicht leicht erklären. Die (auch von Maršálek herangezogenen) Zahlen für den Lagerstand aus dem Rapportbuch „Bewegungen Außenkommandos“ sind zum Teil wesentlich niedriger als die im Tätigkeitsbericht angegebenen Zahlen für die Verpflegung.

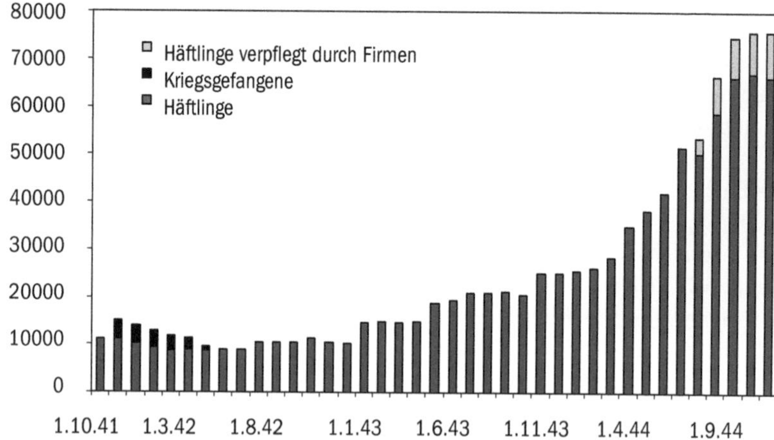

Häftlinge im KZ-Komplex Mauthausen nach den monatlichen Angaben im Tätigkeitsbericht (1941/42 sind Kriegsgefangene unter den Häftlingen, ab Herbst 1944 durch Firmen verpflegte Häftlinge eigens vermerkt)

So gibt der Tätigkeitsbericht für den 1. September 1944 die Zahl der zu verpflegenden Häftlinge mit 58.801 an und nennt weitere 7.563 durch Firmen verpflegte Häftlinge, woraus sich eine Gesamtzahl von 66.364 Häftlingen ergibt. Dagegen gibt das Mauthausener Rapportbuch „Bewegungen Außenkommandos" insgesamt nur 59.346 männliche Häftlinge an.[36]

Dass die beiden Quellen in diesem Punkt solche erheblichen Unterschiede aufweisen, kann verschiedene Ursachen haben. So ist fraglich, ob der für die Verpflegung monatlich erhobene Lagerstand jeweils vom selben Tag stammt wie die Zahlen im Rapportbuch, schon daraus können sich Differenzen ergeben, wenngleich nicht in der zum Teil beträchtlichen Größe. Möglicherweise zählte die Verwaltung für die Verpflegungsmeldung auch Häftlinge mit, die nicht offiziell als Häftlinge registriert waren, etwa polnische Zivilinternierte, die nach dem Warschauer Aufstand ins KZ Mauthausen verbracht wurden. Darüber hinaus ist davon auszugehen, dass in den Zahlen für die Verpflegung auch die Bestandszahlen der Frauenlager enthalten sind, die jedoch im Rapportbuch fehlen.

36 Archiwun Państwowe Muzeum Auschwitz Birkenau (APMAB), Syg. D-Mau 3, Bewegungen Außenkommandos

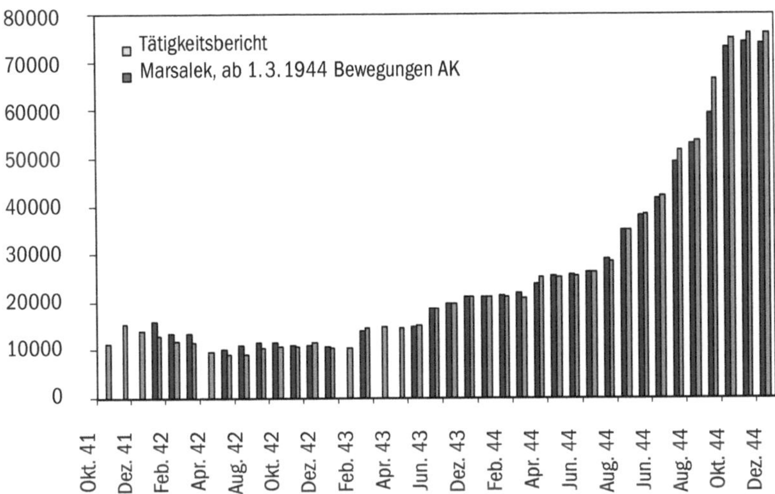

Häftlinge (und Kriegsgefangene) im KZ-Komplex Mauthausen nach Hans Maršálek bzw. dem Rapportbuch „Bewegungen Außenkommando"[37] im Vergleich zu den monatlichen Angaben im Tätigkeitsbericht

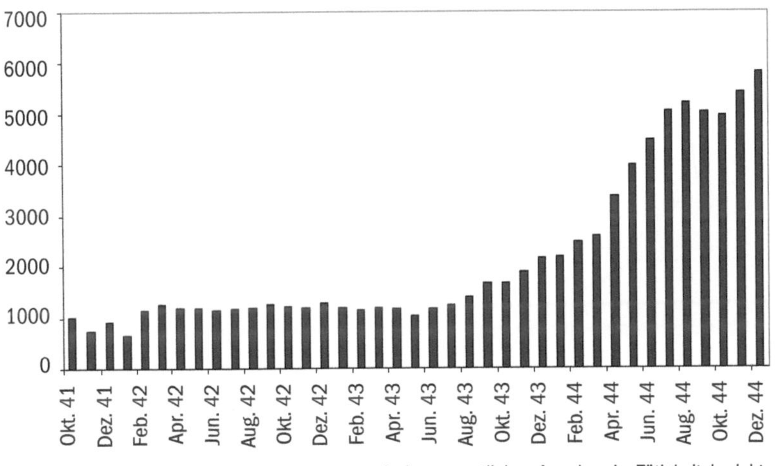

SS-Angehörige im KZ-Komplex Mauthausen nach den monatlichen Angaben im Tätigkeitsbericht

37 Vgl. Maršálek, Die Geschichte, S. 125 f; APMAB, Syg. D-Mau 3, Bewegungen Außenkommandos

Von besonderem Interesse sind die genauen Angaben über die bisher im Detail wenig bekannten Zahlen der männlichen SS-Angehörigen (Kommandanturstab und Wachmannschaften), die der Tätigkeitsbericht durchgehend von Ende 1941 bis Ende 1944 dokumentiert. Da es sich um Angaben handelt, auf Grund derer die Verpflegung bemessen wurde, ist davon auszugehen, dass es sich um die tatsächlich zum jeweiligen Zeitpunkt im Lagerkomplex anwesende Anzahl an SS-Angehörigen handelt im Unterschied zu den offiziellen Personalstandszahlen, die auch zweitweilige abkommandierte oder aus andere Gründen im Lager länger nicht anwesende SS-Angehörige miterfassten.[38] Allerdings sind jene SS-Führer und -Unterführer, die mit ihren Familien sogenannte „Selbstverpfleger" waren, vermutlich nicht in den Zahlen enthalten. Die genaue Größenordnung dieser Gruppe ist nicht bekannt

Bei einer Gegenüberstellung der Zahlen von Häftlingen und SS-Angehörigen wird sichtbar, dass insgesamt zwar die Zahl der SS-Angehörigen im Zeitraum des Tätigkeitsberichtes außerordentlich zunahm, ja sich fast versechsfachte, das Zahlenverhältnis von SS zu Häftlingen aber großen Schwankungen unterlag. So kamen im November 1941 auf einen SS-Anghörigen mehr als 20 Häftlinge; im Mai 1942 waren es nur sieben, im Mai des darauffolgenden Jahres aber wieder 18. Im Juni 1944 belief sich das

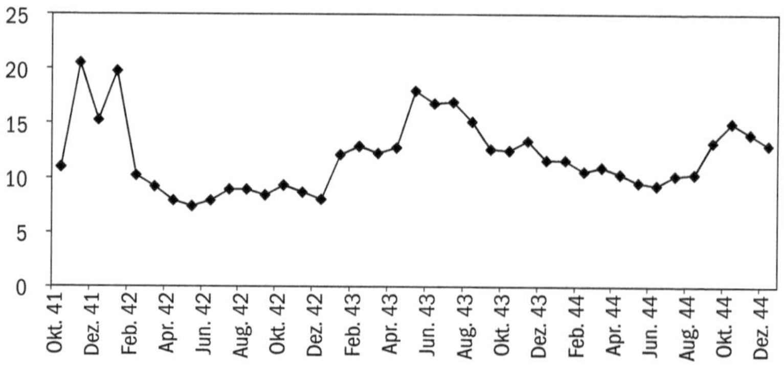

Zahl der Häftlinge pro SS-Angehörigen nach den monatlichen Angaben im Tätigkeitsbericht

38 Vgl. Maršálek, Die Geschichte, S. 184

Verhältnis auf knapp 1:10 und Ende Dezember 1944 auf 1:13. Dieses Verhältnis entsprach in etwa auch der Entwicklung im gesamten KZ-System.[39] Insgesamt wird deutlich, dass innerhalb des Zeitraumes, den der Tätigkeitsbericht abdeckt, die SS im Verhältnis zur Zahl der Häftlinge die geringsten Personalstärken Ende 1941, Mitte 1943 und im Oktober 1944 zu verzeichnen hatte. Der enorme Zuwachs an Häftlingen im Jahr 1944 konnte durch Überstellung von Wehrmachtsangehörigen zur SS offensichtlich weitgehend ausgeglichen werden.[40] Dabei ist allerdings nicht berücksichtigt, dass die große Zahl von Außenlagern vor allem ab 1943 die Bewachungsaufgaben der SS wesentlich personalintensiver machte und das reine Zahlenverhältnis somit nicht alleiniger Indikator für die Bewachungsintensität ist.

Über diese quantitativen Entwicklungen hinaus liefert der Tätigkeitsbericht auch wichtige qualitative Angaben zur Lager-SS. So werden zum Teil Personalwechsel vermerkt, aber auch das Eintreffen neuer Gruppen von Wachmannschaften ist Thema, wenn etwa von der Ankunft der Angehörigen deutschsprachiger Minderheiten, sogenannter „Volksdeutscher" aus Ost- und Südosteuropa ab Ende 1942, oder von den zur SS überstellten Wehrmachtssoldaten ab dem Frühjahr 1944 die Rede ist. Für den 16. Juli 1943 ist zum Beispiel angeführt, dass aus Kroatien *170 volksdeutsche SS-Angehörige* eintrafen, für den 20. Mai 1944, dass *880 Soldaten des Heeres* überstellt wurden.

Bemerkenswert ist in diesem Zusammenhang der Eintrag vom 1. Februar 1944, der die Überstellung von *150 ukrainische[n] Wachmannschaften* von Lublin nach Mauthausen festhält. Das vorwiegend ukrainische Personal der nach dem Ort ihres Ausbildungslagers „Trawnikis" genannten Wachmannschaften war u.a. für die Bewachung der deutschen Ver-

39 Mitte 1943 betrug das Verhältnis durchschnittlich 1:15, Anfang 1945 durchschnittlich 1:17. Vgl. Stefan Hördler, Die KZ-Wachmannschaften in der zweiten Kriegshälfte. Genese und Praxis, in: Angelika Benz/Marija Vulesica (Hg.), Bewachung und Ausführung. Alltag der Täter in nationalsozialistischen Lagern, Berlin 2011, S. 127-145, hier S. 128

40 Die Stärke des Bewachungspersonals im KZ-Komplex Mauthausen erhöhte sich durch die die Evakuierungstransporte aus dem Osten begleitenden SS-Angehörigen bis April 1945 nach Schätzungen von Hans Maršálek auf fast 10.000 Personen, wovon allerdings 20 Prozent wegen Abkommandierungen, Krankheiten usw. nicht anwesend waren. Vgl. Maršálek, Die Geschichte, S. 184

nichtungslager Bełżec, Sobibor, Treblinka und auch für das Lager Lublin (Majdanek) zuständig. Der Vermerk dieser Überstellung belegt für das KZ Mauthausen die Verteilung der Wachmannschaften der Vernichtungslager, die nach dem Ende des Massenmordes an den Juden unter dem Codenamen „Aktion Reinhard" im Generalgouvernement dort nicht mehr gebraucht wurden, auf die Konzentrationslager.[41]

Ein bedeutsamer Eintrag findet sich am 10. März 1944, weil sich hinter ihm ein wichtiges Kapitel der Verfolgung und Ermordung der ungarischen Juden verbirgt: *Das Lehrgangskommando SD mit durchschnittlich 700 Mann wird im hiesigen Lager verpflegt. Der Aufenthalt soll 10-14 Tage dauern.* In Vorbereitung des Einmarsches in Ungarn wurden Polizeieinheiten in Mauthausen zusammengezogen, darunter auch das von Adolf Eichmann geführte „Sondereinsatzkommando" des Reichssicherheitshauptamtes (RSHA). Über die Zahl der Angehörigen dieses Kommandos, darunter fast alle erfahrenen Deportationsspezialisten des RSHA einschließlich Eichmann als Chef des Referats für Judenangelegenheiten, finden sich in der Literatur unterschiedliche Angaben.[42] Leider erlaubt auch die hier angeführte Zahl von „durchschnittlich 700 Mann" keine genauen Rückschlüsse auf die Größe von Eichmanns Einheit, da nicht alle in Mauthausen versammelten Polizeieinheiten zum „Sondereinsatzkommando" zählten, wie Eichmann übrigens ebenfalls bestätigte:

41 Vgl. Peter Black, Die Trawniki-Männer und die „Aktion Reinhard", in: Bogdan Musial (Hg.), „Aktion Reinhardt". Der Völkermord an den Juden im Generalgouvernement 1941-1944, Osnabrück 2004, S. 309-352 bzw. ders., Foot Soldiers of the Final Solution: The Trawniki Training Camp and Operation Reinhard, in: Holocaust and Genocide Studies 25 (2011) 1, S. 1-99

42 Szita spricht von 150 bis 200 Personen, Gerlach und Aly nennen die Zahl von 80. Wesentlich höhere Zahlen nennt Ránki, der 200 Personen des Sonderkommandos Eichmann erwähnt sowie weitere 500 bis 600 Gestapo- und SD-Angehörige, die sich im Abschnitt Linz versammelt hätten. Zusammengezählt, kommen Ránkis Angaben der Zahl von 700 sehr nahe. Szabolcs Szita, Verschleppt, verhungert, vernichtet. Die Deportation von ungarischen Juden auf das Gebiet des annektierten Österreich 1944-1945, Wien 1999, S. 14 ff; Christian Gerlach/Götz Aly, Das letzte Kapitel. Der Mord an den ungarischen Juden, Stuttgart-München 2002, S. 126 ff; György Ránki, Unternehmen Margarethe. Die deutsche Besatzung Ungarns, Budapest-Graz-Wien 1984, S. 133

„Ich fuhr nach Mauthausen in das Konzentrationslager, denn dort war die Versammlung für den Ungarn-Einsatz, die geheimgehalten werden musste, weil die gesamte Aktion ja nun, wie alle solche Sachen im Reichssicherheitshauptamt als ‚Geheime Reichssache' behandelt wurde. In Mauthausen wurden wir in einem abgesonderten Teil des Konzentrationslagers untergebracht. Es kamen täglich mehr Leute; Beamte der Ordnungspolizei, Beamte der Sicherheitspolizei, es kamen Kraftwagen, etwa 160 oder 180. Und vielleicht nach einer Woche war es soweit. [...] Meine Kolonne fuhr hinter der ersten Panzerdivision."[43]

Viele Einträge im Tätigkeitsbericht beziehen sich auf Besuche von NS-Prominenz im Lager Mauthausen, die jeweils vor dem Hintergrund ihrer spezifischen Tätigkeitsfelder im NS-Staat zu interpretieren sind. Das KZ Mauthausen weist eine besonders rege Besuchstätigkeit auf. Soweit es sich nicht um Personen aus dem SS- und Polizeiapparat handelte, mussten bis auf wenige Aussnahmen alle Besuche beim Inspekteur der Konzentrationslager gemeldet und durch diesen genehmigt werden.[44]

Vermerkt sind zwei Besuche des Reichsministers Albert Speer sowie ein Besuch des Reichsjustizministers Otto Georg Thierack. Auf Gauleiterebene sind neben der häufigen Anwesenheit des Gauleiters des Reichsgaus Oberdonau, August Eigruber, der das in seinem Gau errichtete KZ Mauthausen offensichtlich als „sein" Konzentrationslager betrachtete und auch erheblichen Einfluss auf das Geschehen in Mauthausen hatte, auch Besuche der Gauleiter Baldur von Schirach und Konrad Henlein festgehalten.

Neben Eigruber zählte Ernst Kaltenbrunner in seiner Funktion als Höherer SS- und Polizeiführer für den Wehrkreis XVII bzw. als RSHA-Chef wiederholt zu den prominenten Gästen des Lagers, was ihn nicht am Versuch hinderte, seine Besuche im KZ Mauthausen beim Nürnberger Prozess zu relativieren, indem er einen Unterschied zwischen dem Häftlingslager, das er angeblich nie betreten hatte, und den Arbeitsbereichen des Lagers machte. Kaltenbrunner wollte sich auch nicht daran erinnern, dass am 7. Mai 1942, dem Tag seines gemeinsam mit SS-WVHA-

43 Zitiert nach Jochen von Lang, Das Eichmann-Protokoll. Tonbandaufzeichnungen der israelischen Verhöre, Frankfurt a.M.-Berlin-Wien 1985, S. 183 f

44 BArch, NS 3/425, SS-WVHA Amtsgruppenchef, betr. Besichtigung von Konzentrationslagern, vom 1.8.1942

Chef Oswald Pohl erfolgten Besuches, über 70 tschechische Häftlinge exekutiert wurden.[45]

Was den Polizei- und SS-Apparat betrifft, sind weiters Besichtigungen des Lagers durch Kaltenbrunners Nachfolger als HSSPF, Rudolf Querner, sowie durch den Polizeipräsidenten von Linz, Dr. Josef Plakolm, verzeichnet. Als Besucher angeführt sind auch mehrere Wehrmachtsgeneräle sowie der Inspekteur der Kriegsgefangenenlager im Wehrkreis XVII Generalmajor Hugo Schäfer.

Als oberster Verantwortlicher für die Konzentrationslager stattete auch Reichsführer-SS Heinrich Himmler dem KZ Mauthausen wiederholt einen Besuch ab, so war er im Frühjahr 1941 gleich zweimal im Abstand von wenigen Wochen in Mauthausen. Im Tätigkeitsbericht findet sich ein Eintrag über den Besuch des Lagers durch Himmler am 2. Juni 1944. Allerdings sind nicht alle seine Aufenthalte im KZ vermerkt worden; ein durch andere Quellen belegter Besuch am 16. Oktober 1942 fand zum Beispiel keine Erwähnung im Tätigkeitsbericht. Himmler war an diesem Tag in Linz mit Gauleiter Eigruber zusammengetroffen und hatte – weil geplant war, dort KZ-Häftlinge einzusetzen – die Reichswerke „Hermann Göring" besichtigt.[46] Danach suchte Himmler das Lager Gusen auf; ob er sich auch direkt nach Mauthausen begab, ist nicht

45 Der Nürnberger Prozeß: Einhundertfünfter Tag. Donnerstag, 11. April 1946, S. 98 ff. Digitale Bibliothek, Bd. 20: Der Nürnberger Prozeß, S. 13411 (vgl. NP, Bd. 11, S. 300 ff). Vgl. Peter Black, Ernst Kaltenbrunner: Vasall Himmlers. Eine SS-Karriere, Paderborn-Wien-München-Zürich 1991, S. 162. Kaltenbrunner ging es offensichtlich darum, durch diese Unterscheidung Zeugenaussagen zu entkräften, die davon sprachen, dass er die Gaskammer besichtigt habe und sich Hinrichtungen vorführen ließ. Vgl. zu den Fotografien von Kaltenbrunners Lagerbesuch u.a.: das sichtbare unfassbare. Fotografien vom Konzentrationslager Mauthausen, Katalog zur gleichnamigen Ausstellung, hg. vom Bundesministerium für Inneres, Wien 2005, S. 124 f; zahlreiche Fotos, die Kaltenbrunner in Mauthausen zeigen, finden sich als Kopien im Digitalen Bildarchiv des deutschen Bundesarchivs (http://www.bundesarchiv.de/recherche/index.html.de, Zugriff Jänner 2010)

46 NARA, Mikrofilm T 976/27, Vermerk Amtsgruppenchef C, Kammler, betr. Schlackenverwertungsanlage Linz, vom 19.10.1942, im Bezug angegeben: Besprechung Reichsführer-SS mit dem Gauleiter am 16.10.1942. Vgl. Bertrand Perz, Zwangsarbeit von KZ-Häftlingen der Reichswerke „Hermann Göring" in Österreich, Deutschland und Polen. Vergleichende Perspektiven, in: Gabriella Hauch unter Mitarbeit von Peter Gutschner und Birgit Kirchmayr (Hg.), Industrie und Zwangsarbeit im Nationalsozialismus. Mercedes Benz – VW – Reichswerke Hermann Göring in Linz und Salzgitter, Innsbruck-Wien-München-Bozen 2003, S. 85-99

bekannt, aber wahrscheinlich. Warum dieser Besuch im Lagerkomplex Mauthausen-Gusen keinen Niederschlag im Tätigkeitsbericht fand, weiß man nicht; möglicherweise war die Abwesenheit von Strauß in dieser Zeit der Grund dafür.[47]

Aus dem Bereich der vorgesetzten KZ-Verwaltung sind zwei Besuche von Richard Glücks, dem Inspekteur der Konzentrationslager, vermerkt – davon einer gemeinsam mit Anton Kaindl, dem Leiter der Verwaltungsabteilung der Inspektion der Konzentrationslager (IKL) bzw. späteren Kommandanten des KZ Sachsenhausen. Weiters wurden drei Besuche des Chefs des SS-Wirtschafts- und Verwaltungshauptamtes (SS-WVHA) Oswald Pohl sowie zwei Besuche seines Stellvertreters Georg Lörner notiert. Durch den Tätigkeitsbericht überliefert ist auch ein Besuch des KZ Mauthausen durch den Chef der Amtsgruppe C im SS-WVHA Dr. Hans Kammler, der für die Errichtung aller Bauten in den Konzentrationslagern wie auch – ab 1943 – für den Bau der unterirdischen Anlagen in Ebensee, Gusen, St. Georgen und Melk sowie den eines Luftschutzstollens in Linz zuständig war. Als Besucher verzeichnet sind weiters die Generaldirektoren der Steyr-Daimler-Puch AG und der Reichswerke „Hermann Göring". Beide Rüstungsfirmen beschäftigten in großem Stil Häftlinge aus Mauthausen als Zwangsarbeiter.

Ebenso vermerkt sind Dienstfahrten von Mauthausener SS-Angehörigen, etwa zur Inspektion von Außenlagern, oder auch die Ausfahrt einer Ehrenkompanie aus Mauthausen anlässlich der Anwesenheit des Propagandaministers Joseph Goebbels in Linz, der der Stadt am 15. März 1942 zur Feier des vierten Jahrestages des „Anschlusses" Österreichs an das Deutsche Reich einen Besuch abstattete.

47 Der Besuch Himmlers in Gusen findet Erwähnung in den Unterlagen des Präparators des Instituts für Denkmalpflege in Wien, Vockenhuber, der mit der Beaufsichtigung der archäologischen Ausgrabungen durch Häftlinge in Gusen beschäftigt war. Bundesdenkmalamt Wien, Ordner Oberösterreich Langenstein, Gräberfeld Gusen, Dokumentation Ladenbauer. Eine Darstellung dieser Ausgrabungen durch den Autor ist in Vorbereitung. Ein Foto, das Himmler vor dem Jour-Haus in Gusen zeigt, allerdings ohne Quellenangabe und mit dem vermutlich falschen Datum 17.10.1942 versehen, ist in Paul LeCaer/Bob Sheppard, Mauthausen, Paris 2000, S. 94 wiedergegeben. Der Besuch findet sich im edierten Dienstkalender von Himmler nicht, da die Terminblätter für den 16. und 17.10.1942 fehlen. Vgl. Der Dienstkalender Heinrich Himmlers 1941/42, bearbeitet, kommentiert und eingeleitet von Peter Witte/Michael Wildt/Maria Voigt/Dieter Pohl/Peter Klein/Christian Gerlach/Christoph Dieckmann/Andrej Angrick, Hamburg 1999, S. 589

An ganz wenigen Einträgen wird erkennbar, dass es auch Kontakt zwischen der Lager-SS und der Bevölkerung in der Umgebung des Lagers gab. Anlässe für Begegnungen dieser Art boten zum Beispiel die propagandistischen Winterhilfswerk-Aktivitäten, wie der Vermerk vom 19. März 1944 zeigt: *Zum Tag „Soldaten sammeln für das WHW" werden 1200 Liter Erbseneintopf an die Bevölkerung im Standortbereich K.L. Mauthausen ausgegeben.*

b) Ein zweites, immer wiederkehrendes Themenfeld betrifft den Bau und Ausbau der Lager Mauthausen und Gusen bzw. den Bau bestimmter Einrichtungen in diesen Lagern. Der Tätigkeitsbericht vermerkt stets Beginn und Ende von Bauarbeiten, aber an keiner Stelle, dass alle Lagerbauten durch die Zwangsarbeit von Häftlingen entstanden. So finden sich für die Errichtung des steinernen Kommandanturgebäudes, das eine entsprechende Holzbaracke ersetzte, sowohl Einträge für den Baubeginn am 5. Februar 1942: *Beginn mit dem Bau des Kommandanturgebäudes* wie für die Übernahme des fertig gestellten Gebäudes am 17. März 1943: *Es erfolgt die Übernahme des neuen Kommandantur-Gebäudes von der Bauleitung der Waffen-SS u. Polizei Mauthausen.* Möglicherweise war es gerade dieses aufwendig ausgestattete Kommandanturgebäude – das holzgetäfelte Zimmer des Kommandanten mit Blick über das gesamte Alpenvorland sticht dabei besonders hervor –, das Reichsminister Albert Speer bei seinem im Tätigkeitsbericht am 31. März 1943 vermerkten Besuch in Mauthausen gesehen und das ihn zu seiner Beschwerde bei Himmler veranlasst hatte, dass die Bauten der SS angesichts der militärischen Lage zu großzügig seien.[48]

Insgesamt erlauben viele dieser Einträge eine genauere Datierung der Baugeschichte und damit auch wesentlicher Etappen in der Geschichte des KZ Mauthausen, als dies bisher möglich war. Ein Beispiel – es handelt sich um einen Teil des Eintrags vom 9. August 1944 – illustriert das:

In Erwartung einer größeren Anzahl von Zugängen wurden von der Heeresstandortverwaltung Linz Zelte besorgt und die Bauleitung der Waffen-SS und Polizei Mauthausen mit der Aufstellung des Zeltlagers beauftragt. (Bisher insgesamt 12 Zelte verschiedener Größen.)

48 BArch NS 19/1542, Speer an Himmler, vom 5.4.1943

Die Errichtung des Zeltlagers – die nach dem Bau des Lagerabschnittes III letzte große Erweiterung des KZ Mauthausen – stand allem Anschein nach in direktem Zusammenhang mit dem am 1. August 1944 begonnenen Warschauer Aufstand,[49] infolge dessen es um die Bereitstellung von weiterem Haftraum ging. Tatsächlich wurden noch im August 1944 3000 „Zivilinternierte" nach Mauthausen deportiert und im Zeltlager untergebracht. Nach einigen Wochen erfolgte ihre Aufteilung zur Zwangsarbeit auf verschiedene Betriebe in Oberösterreich.[50] In der Endphase des Lagers Mauthausen waren im Zeltlager ungarische jüdische Zwangsarbeiter, Frauen wie Männer, untergebracht; sie waren ab Ende März/Anfang April 1945 in regelrechten Todesmärschen aus dem Osten Österreichs evakuiert worden.

Von besonderer Bedeutung sind vor allem jene Einträge im Tätigkeitsbericht, die sich auf die Vernichtungsmaschinerie des KZ Mauthausen beziehen und wie im folgenden Fall mangels anderer Quellen die einzige Möglichkeit darstellen, eine genaue Datierung bestimmter Ereignisse vorzunehmen. So ist durch den Tätigkeitsbericht für den 21. Mai 1942 die Installation eines zweiten Krematoriumsofens in Mauthausen durch die Berliner Firma Kori GmbH, die schon den ersten Ofen im Mai 1940 geliefert hatte, belegt:[51] *Die Fa. H. Kori G.m.b.H. liefert für das Krematorium einen Verbrennungsofen.* Obwohl die SS-Bauleitung Mauthausen damals schon längere Zeit mit der Erfurter Firma Topf & Söhne, die Anfang 1941 den Krematoriumsofen im Lager Gusen errichtet hatte, in Verhandlungen stand, erhielt schließlich die Firma Kori den Zuschlag – vermutlich wegen Lieferschwierigkeiten des ursprünglich favorisierten Betriebs.[52]

49 Vgl. Włodzimierz Borodziej, Der Warschauer Aufstand 1944, Frankfurt a.M. 2001, S. 113

50 Siehe Eintrag Tätigkeitsbericht vom 9.8.1944. Vgl. Andreas Baumgartner, Die vergessenen Frauen von Mauthausen. Die weiblichen Häftlinge des Konzentrationslagers Mauthausen und ihre Geschichte, Wien 1997, S. 122-126. Die im September 1944 zugewiesenen ca. 4.400 Männer aus Warschau wurden dagegen als Häftlinge in das Lager übernommen.

51 Pressac hatte die Aufstellung des zweiten Ofens in Mauthausen fälschlicherweise auf Februar 1942 datiert. Vgl. Jean-Claude Pressac, Auschwitz. Technique and operation of the gas chambers, New York 1989, S. 114 f

52 Vgl. Bertrand Perz/Christian Dürr/Ralf Lechner/Robert Vorberg, Die Krematorien von Mauthausen, in: Forschung – Dokumentation – Information. KZ-Gedenkstätte Mauthausen. Mauthausen Memorial 2008. Forschung – Dokumentation – Information, hg. vom Bundesministerium für Inneres, Wien 2009, S. 12-23

Ein weiterer für die Geschichte des KZ Mauthausen wichtiger, aber nicht eindeutig zuzuordnender Eintrag findet sich gleich am Beginn des Tätigkeitsberichtes, der am 8. Oktober 1941 die *Errichtung eines Sonderbaues im Häftlingslager KLM.* auf Befehl des Reichsführer-SS vermerkt. Die Einrichtung für dieses Bauvorhaben sollte von der *Deutsche[n] Ausrüstungs G.m.b.H., Dachau* kommen. Der Begriff „Sonderbau" könnte einerseits ein Hinweis darauf sein, dass sich dieser Eintrag auf den Hinrichtungsraum mit Genickschussecke und die angrenzende Gaskammer im Bereich des Krematoriums bezieht, da auf einem Bauplan der SS dieser Bereich ebenfalls als „Sonderbau" bezeichnet wird. Die Erwähnung der Deutschen Ausrüstungswerke macht es aber andererseits nicht unwahrscheinlich, dass der Eintrag den Baubeginn des Häftlingsbordells markiert. Bekanntlich war Mauthausen das erste Lager, in dem es eine derartige Einrichtung gab, und in den SS-Dokumenten wurden Bordelle für Häftlinge meist als Häftlings-Sonderbauten bezeichnet.[53]

c) Ein drittes Themenfeld des Tätigkeitsberichtes, dem sehr viele Einträge gewidmet sind, bezieht sich auf den Einkauf und die Lieferung von Gütern aller Art. Hier ging es um Stroh und Holzwolle für die primitiven Schlafstellen der Häftlinge, um Kleidung und Schuhwerk für Häftlinge und SS, um Besteck und Geschirr, Chemikalien und Putzmittel und vieles mehr. Diese Einträge enthalten wertvolle Angaben zum Umfang der Anlieferungen und zu staatlichen bzw. militärischen Versorgungseinrichtungen wie auch zu den vielen Firmen, die mit dem KZ Mauthausen in geschäftlichem Kontakt standen. Unter jenen Firmen, die Mauthausen mit den verschiedensten Gütern ausstatteten, finden sich kleine Gewerbeunternehmen ebenso wie Großhandelsunternehmen und Großfirmen. Weder der Tätigkeitsbericht noch andere Quellen zum KZ Mauthausen enthalten freilich einen Hinweis darauf, dass Firmen ein Problem darin gesehen hätten, ein Konzentrationslager zu beliefern.

Generell vermerkt der Tätigkeitsbericht eine große Zahl von Firmen. Zum einen sind hier Betriebe zu nennen, die wie erwähnt als Lieferanten agierten oder die in Mauthausen selbst Installations- und Montagearbei-

53 Am 11.6.1942 wurden weibliche Häftlinge als Zwangsprostituierte aus dem KZ Ravensbrück nach Mauthausen überstellt. Vgl. Helga Amesberger/Katrin Auer/Brigitte Halbmayr, Sexualisierte Gewalt. Weibliche Erfahrungen in NS-Konzentrationslagern, Wien 2004, S. 125

ten durchführten – wie etwa die auch in vielen anderen Konzentrationslagern tätige Installationsfirma Boos oder der Krematoriumsproduzent Kori. Zum anderen sind all jene Firmen aufgezählt, die KZ-Häftlinge aus Mauthausen zur Zwangsarbeit heranzogen.

Einträge, die die Belieferung des Lagers thematisieren, spiegeln vor dem Hintergrund steigender Häftlingszahlen und kriegsbedingter Einsparungen die markanten Veränderungen in der Versorgungslage wider. Exemplarisch steht dafür der Eintrag vom 27. Juni 1944:

Vom Heeresverpflegsmagazin Mauthausen werden geliefert: 10.000 kg Stroh. Frank & Mo[o]rmann, Linz liefert 5591 kg Holzwolle. Durch den ständigen Zugang an Häftlingen steigen auch die Mengen der erforderlichen Ver- und Gebrauchsgüter. Obwohl diese Beschaffung immer schwieriger wird, ist es bisher immer noch gelungen das notwendigste zeitgerecht heranzuschaffen.

Der Tätigkeitsbericht enthält auch wichtige Hinweise auf verschiedene Formen von Häftlingszwangsarbeit im Rahmen der Lagerversorgung. Besonders drastisch kommt dies im Eintrag vom 20. Dezember 1943 zum Ausdruck, aus dem hervorgeht, dass die Verwendung von Häftlingen für bestimmte Tätigkeiten, die man auch durch Zugtiere verrichten lassen konnte, wegen der Ausrichtung der Zwangsarbeit auf die Kriegswirtschaft Ende 1943 nicht mehr für opportun gehalten wurde:

Zum Transport von Kartoffeln, Gemüse, Kohle und dgl. vom Bahnhof Mauthausen bzw. Gusen zum Lager, sowie für Fahrten innerhalb des Lagers, werden dringend Zugpferde benötigt. Nach Mitteilung des Amtschefs D II ist die Verwendung von Häftlingen für letztere Fahrten nicht mehr statthaft. Genehmigungsantrag zur Beschaffung von 8-10 Zugpferden sowie der erforderlichen Geschirre wird an die vorgesetzte Dienststelle eingebracht.

Von besonderem Interesse sind jene Stellen im Tätigkeitsbericht, an denen einzelne Lieferungen des Giftgases Zyklon B angeführt sind, das sowohl bei der Entlausung der Baracken sowie in der ab 1941 errichteten Blausäure-Entwesungsanlage für Kleidung Verwendung fand, als auch – ab Frühjahr 1942 – bei der Tötung von Häftlingen in der Gaskammer von Mauthausen und in einer Baracke in Gusen eingesetzt wurde.[54] So nimmt der Bericht 1943 gleich dreimal auf Zyklon B-Sendungen Bezug,

54 Vgl. Bertrand Perz/Florian Freund, Tötungen durch Giftgas im Konzentrationslager Mauthausen, in: Günter Morsch/Bertrand Perz (Hg.), Neue Studien zu nationalsozialistischen Massentötungen durch Giftgas. Historische Bedeutung, technische Entwicklung, revisionistische Leugnung, Berlin 2011, S. 244-259, hier S. 249

was die bekannten Quellen über Zyklon B-Lieferungen durch die Firma Heerdt-Lingler im Ausmaß von über 2.100 kg ergänzt.[55] Die Einträge sind möglicherweise deshalb vorgenommen worden, weil der direkte Transport des Giftgases aus den Kaliwerken Kolin von der üblichen Anlieferung über die Firma Heerdt-Lingler abwich. Aufschlussreich ist dabei der Eintrag vom 31. März 1943, der festhält, dass *[b]isherige Schwierigkeiten bei der Beschaffung von Zyklon B* überwunden worden seien. Möglicherweise bestand die Beseitigung der Schwierigkeiten im Erfolg einer Dienstreise, die der Chef der Linzer Entwesungsfirma Slupetzky gemeinsam mit dem Apotheker des Lagers Erich Wasicky nach Kolin unternahm und im Zuge derer die gesamten Lagerbestände der Kaliwerke, nach verschiedenen Angaben zwischen 2.000 und 4.000 kg, beschlagnahmt und abtransportiert wurden.[56]

d) Ein viertes, eng mit dem Einkauf und der Anlieferung von diversen Gütern zusammenhängendes Themenfeld betrifft die Beschaffung sowie die Eigenproduktion und Verteilung von Nahrungsmitteln. Diese Einträge bedürfen einer besonders genauen Interpretation, könnten doch die riesigen Mengen von Nahrungsmitteleinkäufen zur Fehlinterpretation verleiten, die Häftlinge wären gar nicht so schlecht versorgt gewesen. Dass bei einer bis Herbst 1943 geltenden Ration von einem Kilo Kartoffeln pro Tag und Häftling und einer Zahl von 20.000 Häftlingen im Lagerkomplex Mauthausen pro Tag 20 Tonnen Kartoffeln verbraucht wurden, relativiert schon auf den ersten Blick die beeindruckenden Mengenangaben, die von der Anlieferung von Millionen Kilogramm Lebensmittel für ein Halbjahr sprechen. Dass im von Korruption, Unterschlagung und Schwarzmarkt geprägten Verteilungssystem des Lagers die überwiegende Mehrheit der Häftlinge nie die offiziellen Rationen erhielt, ist hier

55 Vgl. Pierre Serge Choumoff, Nationalsozialistische Massentötungen durch Giftgas auf österreichischem Gebiet 1940-1945, Wien 2001, S. 117 f; Jürgen Kalthoff/Martin Werner, Die Händler des Zyklon B. Tesch & Stabenow. Eine Firmengeschichte zwischen Hamburg und Auschwitz, Hamburg 1998, S. 185 ff; Peter Hayes, Die Degussa im Dritten Reich. Von der Zusammenarbeit zur Mittäterschaft, München 2004, S. 472

56 NARA, RG 549, US vs. Altfuldisch et al., case 000-50-5, handschriftliche eidesstattliche Erklärung Ma. Ph. Erich Wasicky, Vernehmung durch Paul. C. Guth, Salzburg 11.2.1946; Zeugenaussage von Dr. Max Stoecker gegenüber dem Staatsanwalt in Frankfurt am Main, vom 19.4.1948, zitiert nach Kalthoff/Werner, Die Händler des Zyklon B, S. 187 f

zusätzlich zu berücksichtigen. Die große Menge der im Lager im Umlauf befindlichen Lebensmittel macht andererseits plausibel, dass es den mit diesem Aspekt der Lagerökonomie befassten SS-Angehörigen ein Leichtes war, laufend Nahrungsmittel zu unterschlagen und sie in den blühenden Schwarzmarkt, an dem Bevölkerung wie auch Funktionshäftlinge beteiligt waren, einzubringen.

Die Beschaffung der Verpflegung erfolgte durch die KZ-Verwaltungen über die örtlichen Ernährungsämter. Ihr Ausmaß jedoch – also der jeweils geltende Verpflegungssatz für KZ-Häftlinge wie auch für Justizgefangene – wurde vom Reichsministerium für Ernährung und Landwirtschaft festgesetzt und auch abgeändert.[57]

An den Einträgen des Tätigkeitsberichtes lassen sich wesentliche Entwicklungen der Existenzbedingungen der Häftlinge in Mauthausen ablesen. Deutlich zeigt sich, dass mit der rapiden Zunahme der Häftlingszahlen bereits 1943 erhebliche Probleme bei der Versorgung des Lagers mit Lebensmitteln auftraten. Ein Eintrag vom 1. Oktober 1943 berichtet von immer wieder unterbrochenen Brotlieferungen durch die Heeresbäckerei Linz, den ehemaligen Spaten-Brotwerken:

Die Brotversorgung des KL. Mauthausen sowie der naheliegenden Aussenlager stockt zeitweise, weil die Heeresbäckerei Linz den umfangreichen Brotbedarf des Konz.-Lagers nur unter den größten Anstrengungen liefern kann. Der Bau einer eigenen Lagerbäckerei ist projektiert. Die Vorarbeiten sind im Gange.

Die Brotversorgung des Lagers wurde in der Folge an zwei Privatfirmen, die Brotfabrik u. Kunstmühle in Steyr und die Ringbrotwerke Neuhauser u. Obermeyer in Linz, vergeben, bis 1944 eine lagereigene Großbäckerei diese Aufgabe übernahm. Für diese Bäckerei wurde Ende Dezember 1944 das Außenlager Gusen III im wenige Kilometer vom KZ Gusen entfernt gelegenen Lungitz errichtet.[58]

---

57 Vgl. Walter Naasner, Neue Machtzentren in der deutschen Kriegswirtschaft 1942-1945. Die Wirtschaftsorganisation der SS, das Amt des Generalbevollmächtigten für den Arbeitseinsatz und das Reichsministerium für Bewaffnung und Munition/Reichsministerium für Rüstung und Kriegsproduktion im nationalsozialistischen Herrschaftssystem, Boppard am Rhein 1994, S. 275

58 Siehe Eintrag Tätigkeitsbericht vom 19.3.1944. Zum Bau der Großbäckerei in Lungitz und zum Außenlager Gusen III vgl. Bertrand Perz, Gusen III, in: Wolfgang Benz/Barbara Distel (Hg.), Der Ort des Terrors. Geschichte der nationalsozialistischen Konzentrationslager, Bd. 4: Flossenbürg – Mauthausen – Ravensbrück, München 2006, S. 380-382

Deutlich spiegelt sich in den Einträgen die sukzessive Verschlechterung von Qualität und Quantität der Nahrungsmittelrationen ab Ende 1943 wider. So heißt es bereits am 15. November 1943:

Der Kartoffelsatz für Häftlinge wird mit diesem Tage von 1.000 gr. auf 500 gr. pro Kopf und Tag herabgesetzt. Die durch die Herabsetzung ausfallende Kartoffelmenge muß durch Roggenmehl Nährmittel und Steckrüben ausgeglichen werden.

Gleichzeitig wird 1944 aber die Tendenz sichtbar, vor dem Hintergrund der zunehmenden Versorgungsschwierigkeiten die Höhe der Verpflegungssätze an spezifische Qualifikationen und Arbeitsformen zu knüpfen. Bevorzugt wurden dabei vor allem die bei Bauprojekten zur Untertageverlagerung der Rüstungsindustrie eingesetzten Häftlinge.

e) Ein weiteres Themenfeld berührt die Außenlager von Mauthausen. Die Einrichtung und Schließung fast aller Außenlager, Details ihrer Ausstattung und Versorgung und zum Teil auch besondere Ereignisse wie Luftangriffe sind in eigenen Einträgen festgehalten. In ihrer Gesamtheit zeigen sie, dass mit den zunehmenden Einschränkungen im Transportwesen bestimmte Aufgaben dezentral von den Außenlagern übernommen wurden. So erfolgte – wie der erste entsprechende Eintrag vom 8. Mai 1943 zeigt – von diesem Zeitpunkt an die Instandsetzung von Schuhwerk und Kleidung für Häftlinge direkt im jeweiligen Außenlager: *Im neuzuerrichtenden Aussenkommando Loibl-Paß soll eine eigene Schuhmacher- und Schneiderwerkstätte errichtet werden. Das erforderliche Handwerkzeug und Instandsetzungsmaterial wird zusammengestellt und zur Absendung gebracht.*

Mehrere Einträge – wie jener vom 16. November 1943, der sich auf das zwei Tage später eröffnete Außenlager Ebensee (Tarnname Solvay-Kalksteinbergwerke) bezieht – zeigen, wie die Lebensmittelzuteilung an die Außenlager organisiert war. Haltbare Lebensmittel wurden monatlich über das Hauptlager zugewiesen, zum Teil auch mit der Bahn antransportiert (siehe den Eintrag zur Versorgung des Außenlagers Melk vom 21. April 1944), bestimmte verderbliche Güter aber – weil sie über zu große Distanzen befördert hätten werden müssen – vor Ort beschafft: *Das neue Aussenlager Solvey-Kalksteinbergwerke* [sic!] *wird dem hies. Lager angeschlossen. Die haltbaren Lebensmittel werden monatl. dorthin geschafft. Frischgemüse, Butter und Fleisch wird gleich anderen weiter entfer[n]ten Aussenlagern örtlich beschafft.*

In einzelnen Fällen erfolgte die Versorgung der Außenlager mit Lebensmitteln direkt durch jene Firmen, für die die Häftlinge Zwangsarbeit leisten mussten, wie das u.a. aus dem Eintrag vom 1. August 1944 hervorgeht: *Zu verpflegen sind 5.209 SS-Angehörige und 50.321 Häftlinge. 3.317 Häftlinge werden durch Firmen in Aussenkommandos verpflegt.*

Organisatorisch lag die Versorgung der SS und jene der Häftlinge teilweise in unterschiedlichen Händen, wie der Eintrag vom 26. Mai 1944 zum Außenlager Linz III in den Reichswerken „Hermann Göring" belegt: *Das Außenlager Linz III wird in Betrieb genommen. Die Verpflegung der Häftlinge geschieht durch das Werk, für die Wachmannschaft wird die Verpflegung von der hiesigen Dienststelle gestellt.*

Mehrere Einträge verweisen auch auf reguläre Auflösungen von Lagern, die sich deutlich anders gestalteten als die überstürzten Evakuierungsmaßnahmen in der Endphase. Die Auflösung des Lagers Passau für den Zweigbetrieb der Zahnradfabrik Friedrichshafen vom 18. November 1944 etwa verlief sehr geordnet: *Das KLM/Außenlager Passau II Waldwerke wird aufgelassen. Sämtliche Unterkunfts, Wäschestücke usw. wird* [sic!] *vollständig abgeliefert. Desgleichen werden die noch dort eingelagerten Lebensmittelbestände wurden* [sic!] *nach Überprüfung und Richtigbefund durch Waggon rücktransportiert und vom Lebensmittelmagazin KLM. übernommen und vereinnahmt.*[59]

Mehrfach vermerkt finden sich auch alliierte Luftangriffe, bei denen Außenlager getroffen wurden, wie jener vom 23. April 1944 auf Steyr, dessen Ziel die Industrieanlagen der Firma Steyr-Daimler-Puch gewesen war. Besonders gravierende Auswirkungen hatte das Bombardement des Lagers Melk am 8. Juli 1944: *Luftangriff auf Melk und Floridsdorf. In den Aussenlagern wurden Schäden und Verluste an Menschen verursacht.* Im Lager Melk, wo die Häftlinge keine Luftschutzeinrichtungen aufsuchen konnten, starben bei diesem US-amerikanischen Luftangriff über 200 Häftlinge, weitere 200 wurden schwer verwundet. Die alliierte Luftaufklärung hatte das Lagergelände offensichtlich noch als jene Kaserne ausgewiesen, die dort bis zur Einrichtung des Lagers im April 1944 bestanden hatte.[60]

59 Bertrand Perz, Passau II (Waldwerke), in: Benz/Distel, Der Ort des Terrors, Bd. 4, S. 410-413

60 Bertrand Perz, Projekt Quarz. Steyr-Daimler-Puch und das Konzentrationslager Melk, Wien 1991, S. 358-365

Der letzte Eintrag im Tätigkeitsbericht vom 18. Dezember 1944 bezieht sich ebenfalls auf ein Außenlager und verweist – unter Kenntnis der KZ-Geschichte – auf die katastrophale Schlussphase des Konzentrationslagersystems: *Das KLM/Aussenlager Gunskirchen wird errichtet.*

Auch wenn nicht ganz klar ist, ob das Lager Gunskirchen von vornherein als Auffanglager für evakuierte Häftlinge dienen sollte, war dies de facto die einzige Funktion des Lagers. Im April 1945 gelangten zwischen 17.000 und 20.000 ungarische Juden, Frauen und Männer, die zuvor in Ostösterreich als Zwangsarbeiter verwendet worden waren, in regelrechten Todesmärschen zum Großteil über das KZ Mauthausen in das Lager Gunskirchen. Als am 5. Mai 1945 die US-amerikanischen Befreier eintrafen, waren noch ca. 15.000, großteils bereits völlig entkräftete Häftlinge am Leben; die US-Soldaten stießen aber auch auf viele Leichen. Nach amerikanischen Schätzungen befanden sich ca. 3.000 Tote in Massengräbern oder unbeerdigt im Lager. Tausende Überlebende wurden auf die Krankenhäuser und Lazarette der Umgebung aufgeteilt. Dennoch starben nach der Befreiung alleine im Krankenhaus Wels noch 1.032 ehemalige Häftlinge.

Der Tätigkeitsbericht weist mit vielen Einträgen über die hier skizzierten fünf Themenfelder hinaus. Er muss – wenngleich bis heute zu wenig beachtet – als außerordentlich wertvolles Dokument für die Geschichte der Konzentrationslager und insbesondere die Geschichte Mauthausens und seiner Außenlager bezeichnet werden. Der Bericht spiegelt in besonders dichter Weise und über mehrere Jahre hinweg die nationalsozialistische Verfolgungs- und Vernichtungspolitik in ihrer bürokratischen Routine wider und verweist zugleich auf die Ambivalenz modernen Verwaltungshandelns. Wie die verschiedenen, hier dargestellten Beispiele verdeutlichen, verrät der Text das enorme Ausmaß der Gewalt, von dem das Geschehen in Mauthausen, Gusen und den Außenlagern geprägt war, nicht. Terror, Hunger, Elend und Massensterben wurden hier nicht explizit thematisiert, wie überhaupt viele für die Geschichte des KZ Mauthausen zentrale Ereignisse keinen Niederschlag im Tätigkeitsbericht fanden. Die knappe Sprache des Berichtes ist zudem äußerst sperrig und verschließt sich oft einer schnellen Entschlüsselung.

Die Lektüre dieser Quelle setzt daher ein bestimmtes Vorwissen voraus. Nur so sind Erkenntnisse über die Geschehnisse in einem Konzentrationslager, in diesem konkreten Fall über Geschehnisse im KZ Mauthausen, möglich. Das war ein wesentlicher Grund für die Entscheidung, in der hier vorliegenden Edition die meisten Einträge mit erläuternden und erklärenden Kommentaren zu versehen. Diese Kommentare enthalten Informationen zu Namen, Institutionen und Firmen, Orten, Produkten, Sachverhalten und Ereignissen und erlauben auf diese Weise vielfältige Einblicke in das Geschehen im KZ Mauthausen. Bei allgemein bekannten Personen wie Himmler und Kaltenbrunner wurde auf biografische Erläuterungen verzichtet und nur auf weiterführende Literatur hingewiesen.

Die Kommentierung ist insgesamt knapp gehalten und eng am Inhalt der Einträge orientiert. Prinzipiell wurde keine Unterscheidung gemacht zwischen Vermerken, die für die Geschichte des Lagers hoch bedeutsam sind, und solchen, die auf den ersten Blick ganz unerheblich wirken. So sind Einträge zum Kauf einzelner Waschmittelprodukte ebenso kommentiert wie Besuche von Himmler oder Kaltenbrunner.

Für die Geschichte Mauthausens zentrale Ereignisse an den jeweiligen Kalenderdaten des Tätigkeitsberichtes werden nur dann erwähnt, wenn sie in direktem Zusammenhang mit dem betreffenden Eintrag stehen. Schon um die Darstellung auf einen vertretbaren Umfang zu beschränken, wurde auch darauf verzichtet, die enorme Dimension von Gewalt und Leid, die sich hinter vielen der banal scheinenden Einträge verbirgt, durch Erinnerungsberichte von Überlebenden zu verdeutlichen.

Dass diese Vorentscheidungen die Gefahr in sich bergen, die bürokratische Sprache des Tätigkeitsberichtes durch die Erläuterungen nicht ausreichend zu brechen, liegt auf der Hand. Es wird aber davon ausgegangen, dass die Leserschaft einer derartigen Quellenedition mit der Geschichte des KZ Mauthausen weitgehend vertraut ist. Ziel war es nicht, die Gesamtgeschichte des KZ Mauthausen auf diese Weise neu zu schreiben; der kommentierte Tätigkeitsbericht ersetzt keine umfassende Chronik der Ereignisse des KZ Mauthausen, wie sie etwa für Auschwitz mit dem „Kalendarium" von Danuta Czech vorliegt.[61] Vielmehr sollte mit der umfassenden Kommentierung des Tätigkeitsberichtes gezeigt werden, dass das Geschehen im KZ wesentlich von Verwaltungsroutinen bestimmt war, die sich einerseits von heutigen nicht weitgehend unterscheiden und hinter denen sich andererseits ein hohes Maß an struktureller Gewalt verbirgt.

61 Danuta Czech, Kalendarium der Ereignisse im Konzentrationslager Auschwitz-Birkenau 1939-1945, Reinbek bei Hamburg 1989

Zur Edition des Tätigkeitsberichtes sind einige Bemerkungen notwendig. Zum einen wurden, um die Publikation zu vereinfachen, weder die Spaltenstruktur noch die originalen Zeilenumbrüche des Berichtes übernommen. Da nur ganz wenige Einträge in den Spalten (3) *Fachgebiet* und (4) *Erfahrungen, Abänderungsvorschläge (auch Hinweise auf Anlagen)* erfolgten und die Spalte (5) *Bemerkungen* überhaupt leer blieb, gibt es Anmerkungen zur Verortung von Einträgen, die aus diesen drei Spalten stammen, nur in den Fußnoten.

Die originale Schreibweise des Datums, manchmal mit und manchmal ohne vollständige Jahreszahl wurde beibehalten, da dies auch ein Hinweis auf unterschiedliche Schreibkräfte sein könnte. Die Schreibweise der Einträge folgt streng dem Original und nicht der neuen Rechtschreibung. Falsche Schreibweisen, Tippfehler etc. sind mit [sic!] markiert, fehlende Buchstaben in eckiger Klammer [ ] ergänzt. Wo Einträge sich aufeinander beziehen bzw. Einträge zum selben Sachverhalt periodisch wiederkehren, ist meist der zeitlich erste Eintrag kommentiert, während bei den späteren Einträgen eine Fußnote auf den Kommentar beim jeweils ersten Eintrag verweist. Wo es für das Verständnis eines Eintrags notwendig erschien, finden sich auch Verweise auf spätere Einträge.

Da sich die Edition nicht nur an ein Fachpublikum richtet, wurde versucht, möglichst mit der Nennung von Literatur auszukommen, in manchen Fällen war aber der Verweis auf Quellen unverzichtbar.

Nicht alle Einträge konnten kommentiert werden. Das betrifft zum Beispiel einzelne Einträge über die Versetzung von SS-Angehörigen, deren Hintergrund aufzuklären künftigen Forschungen zum Lagerpersonal vorbehalten bleibt. Auch zu einzelnen kleinen, heute nicht mehr existierenden Firmen konnte jenseits ihres Namens und ihrer geografischen Verortung – in Abwägung von Rechercheaufwand und Erkenntniszugewinn – nichts Wesentliches in Erfahrung gebracht werden.

***

Wie jede Publikation verdankt sich auch diese der Hilfe einer Vielzahl von Personen. Besonders bedanken möchte ich mich bei der Amicale nationale des déportés et familles de disparus de Mauthausen et de ses Kommandos, Paris und ihrem Präsidenten Daniel Simon für die sofortige Bereitschaft, mir die Genehmigung zur Publikation des Tätigkeitsberichtes zu erteilen.[62] Dieser Dank schließt auch das Archives Nationales in Paris mit ein, wo der Bericht heute aufbewahrt wird und die Möglichkeit bestand, davon Scans anzufertigen.

Dem Internationalen Suchdienst des Roten Kreuzes in Bad Arolsen danke ich für die Auskunft über die dort vorhandenen Fragmente des Tätigkeitsberichtes sowie für die Zurverfügungstellung von Informationen zu einzelnen Personen, dem Bundesarchiv Berlin für die Bereitstellung zahlreicher Archivalien vor allem aus den die SS betreffenden Beständen. Meinen ProjektmitarbeiterInnen im derzeit laufenden Forschungsprojekt des FWF zur Lager-SS Mauthausen, Magdalena Frühmann, Stefan Hördler und Christian Rabl bin ich für zahlreiche weitere Hinweise dankbar.[63] Dem Leiter der KZ-Gedenkstätte Flossenbürg, Jörg Skriebeleit danke ich für Hinweise zur Biografie von Xaver Strauß und dessen Frau, für Auskünfte sehr verbunden bin ich auch Wolfgang Quatember, dem Leiter des Zeitgeschichte Museums Ebensee. Meine Kollegin Lucile Dreidemy vom Institut für Zeitgeschichte der Universität Wien hat mir dankenswerter Weise bei Übersetzungen von Korrespondenz geholfen.

Mein ganz besonderer Dank gilt der für die Gedenkstätte Mauthausen zuständigen Abteilung IV/7 (Memorial Mauthausen) im österreichischen Bundesministerium für Inneres und deren Leiterin Barbara Glück für die Möglichkeit, diese Quellenedition in der Schriftenreihe der KZ-Gedenkstätte Mauthausen zu publizieren. Bei den Mitarbeitern des in der Abteilung IV/7 angesiedelten Archivs der KZ-Gedenkstätte Mauthausen, insbesondere bei Ralf Lechner und Gregor Holzinger sowie beim Archivleiter Christian Dürr und bei Andreas Kranebitter möchte ich mich für wichtige

62 Die Amicale war auch so freundlich, eine kurze Vorfassung dieser Einleitung in eine ihrer Publikationen aufzunehmen: Bertrand Perz, Le rapport d'activite n° 2 du directeur de l'administration du KZ Mauthausen de 1941 à 1944, in: Regards croisés sur le camp de concentration nazi de mauthausen. Archives, mémoire, histoire, publié par l'Amicale de Mauthausen – déportés, familles et amis (=Cahiers de Mauthausen 3), Paris 2010, S. 140-159

63 FWF-Projekt P22848: Die Lager-SS Mauthausen

Hinweise, die Bereitstellung von Referenzquellen und für Korrekturen am Manuskript bedanken, bei Stefan Matyus, der für die Fotosammlung zuständig ist, für die freundliche Bereitstellung von Abbildungen.

Verena Pawlowsky vom forschungsbüro. Verein für wissenschaftliche und kulturelle Dienstleistungen danke ich sehr herzlich für ihr kompetentes und umsichtiges Lektorat, Rainer Dempf für die grafische Gestaltung.

Mein ganz spezieller Dank gilt Johanna Gehmacher für ihre inhaltliche wie emotionale Begleitung und unserem Sohn Leander für sein Verständnis.

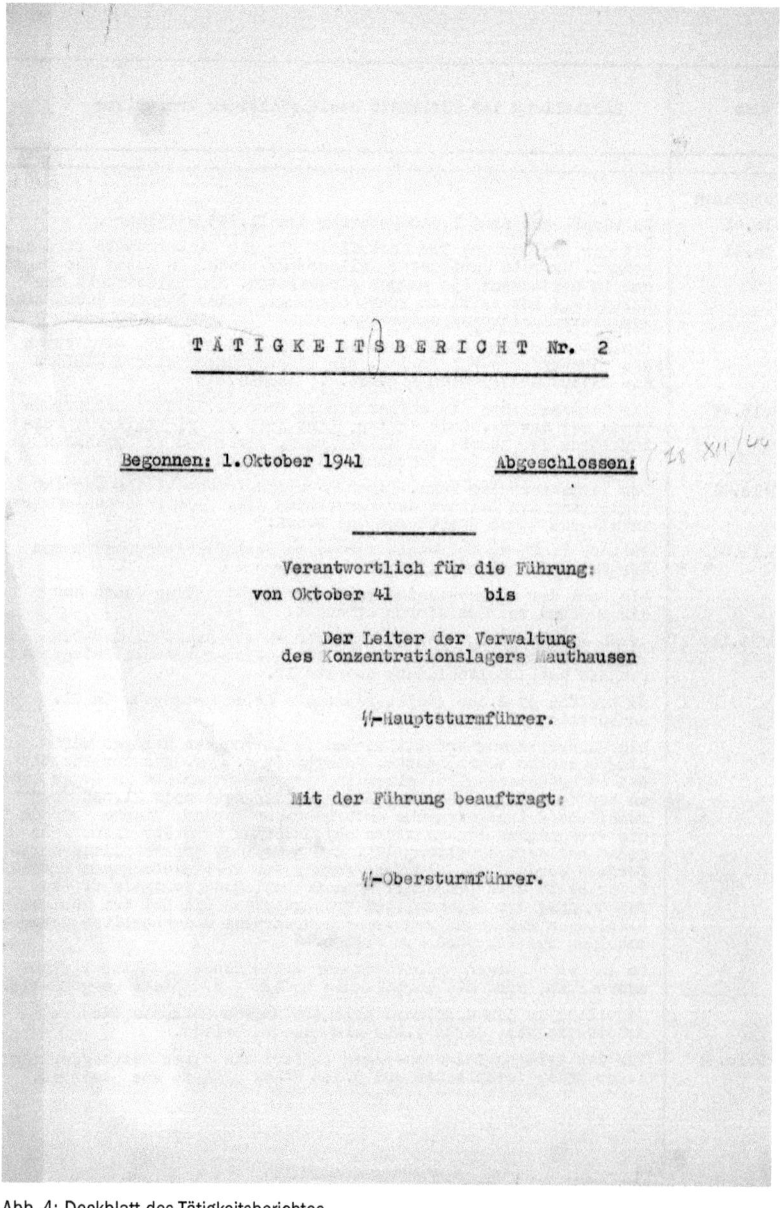

TÄTIGKEITSBERICHT Nr. 2

Begonnen: 1.Oktober 1941 Abgeschlossen:

Verantwortlich für die Führung:
von Oktober 41 bis

Der Leiter der Verwaltung
des Konzentrationslagers Mauthausen

ᛋᛋ-Hauptsturmführer.

Mit der Führung beauftragt:

ᛋᛋ-Obersturmführer.

Abb. 4: Deckblatt des Tätigkeitsberichtes

DER TÄTIGKEITSBERICHT: QUELLE UND KOMMENTAR

TÄTIGKEITSBERICHT Nr. 2

Begonnen: 1. Oktober 1941 Abgeschlossen: (18.XII/44)[64]

Verantwortlich für die Führung:
Von Oktober 41 bis

Der Leiter der Verwaltung
des Konzentrationslagers Mauthausen

SS-Hauptsturmführer.

Mit der Führung beauftragt:

SS-Obersturmführer.

1.1o.41
Zu verpflegen sind 1.o18 SS-Männer und 11.135 Häftlinge.

Im Tätigkeitsbericht ist jeweils zum Monatsbeginn die Zahl der SS-Angehörigen und Häftlinge vermerkt, die im gesamten Lagerkomplex Mauthausen zu verpflegen waren.[65] Aufzeichnungen über die Zahl der in den Lagern tätigen SS-Männer sowie der Häftlinge wurden in vielfältiger Weise durchgeführt, kontinuierlich musste an die Inspektion der Konzentrationslager bzw. ab 1942 an das SS-WVHA berichtet werden. An den Häftlingslisten waren – wenn es um Fragen der Wehrpflicht und um mögliche Einberufungen zum Militärdienst ging – aber auch an andere Behörden, wie die Gestapo oder die Wehrmacht, interessiert.

64 Dieses Datum ist handschriftlich vermerkt. Es ist nicht klar, ob es sich um einen zeitgenössischen Eintrag handelt. Der Bericht wurde erst am 28.12.1944 abgeschlossen.

65 Siehe dazu auch die Einleitung

In den meisten Aufzeichnungen der Lager sind Häftlinge und SS-Personal völlig getrennt erfasst. Die hier vorgenommene monatliche gemeinsame Verzeichnung von SS- und Häftlingsstand resultiert aus dem Umstand, dass die Verwaltung auf Basis der Zahl der zu verpflegenden Personen kalkulierte, welche Nahrungsmittelmengen und materiellen Ressourcen sie beschaffen musste.

8.1o.41
Mit der Einlagerung von Kartoffeln für die Wintermonate wird begonnen. Mangels geeigneter Kellerräume werden in Gusen 25o Waggon und in Mauthausen 15o Waggon eingemietet. Die Haltbarkeit der Kartoffeln ist zeitlich stark begrenzt, sodaß bereits jetzt schon Fäulniserscheinungen auftreten.

Verpflg.[66]

Die Begründung dürfte hauptsächlich daran liegen, daß bedingt durch den Mangel an Arbeitskräften in der Landwirtschaft mit der Ernte sehr früh begonnen werden musste und dadurch größtenteils die eingeernteten Kartoffeln nicht ganz ausgereift waren.[67]

Der angesprochene Mangel an Arbeitskräften in der Landwirtschaft ist vor dem Hintergrund der wegen des Krieges gegen die Sowjetunion erfolgten Einberufungswellen zu sehen. Die Ersetzung der Eingezogenen durch zivile ZwangsarbeiterInnen oder Kriegsgefangene erfolgte nur zögerlich, da die NS-Führung in ihrer Siegesgewissheit eine Heranziehung von Angehörigen der Sowjetunion zur Zwangsarbeit im Reichsgebiet nicht vorsah.

Die rasch steigende Zahl von Häftlingen machte immer größere Zuweisungen von Lebensmittel notwendig, für die keine entsprechenden Aufbewahrungseinrichtungen vorhanden waren. So führte die Zuweisung großer Kartoffelmengen nach der Ernte, die den Bedarf mehrerer Monate

66 Dieser Eintrag steht in der Spalte 3 „Fachgebiet".
67 Dieser Eintrag steht in der Spalte 4 „Erfahrungen, Abänderungsvorschläge (auch Hinweise auf Anlagen)".

decken sollten, zu erheblichen Problemen bei der Lagerung. Die Substanzverluste durch unsachgemäße Lagerung, zum Teil in provisorischen Mieten, waren beträchtlich. Wie aus Häftlingsberichten bekannt ist, gab die SS zwar auch verfaulte Kartoffeln aus, dennoch sah sie sich veranlasst, die Lagerungskapazitäten zu vergrößern. Daher wurden in Mauthausen (bis 1942) und in Gusen – wo sich Ende 1941 bereits mehr Häftlinge aufhielten als in Mauthausen – (bis 1943) insgesamt fünf Kartoffelbunker errichtet. 1942 konnte erstmals ein Teil der angelieferten Kartoffelernte richtig gelagert werden. Auf Grund der raschen Expansion der Lager reichten diese Bunker aber für die Einlagerung nicht aus und daher musste neuerlich der größere Teil der Anlieferung in Erdmieten untergebracht werden. Die beiden in Gusen errichteten Kartoffelbunker fassten im Herbst 1943 gerade einmal die Hälfte der Kartoffelanlieferung.[68]

Errichtung eines Sonderbaues im Häftlingslager KLM. wird durch den Reichsführer-SS befohlen. Die Einrichtungen hierzu liefern die Deutsche Ausrüstungs G.m.b.H., Dachau.

Für diese Anordnung des Reichsführers-SS (RFSS) sind zwei Interpretationen möglich: Zum einen wird in den Lagerbauplänen aus dieser Zeit der Bereich des Krematoriums, in dem ab Herbst 1941 auch der Exekutionsraum und die Gaskammer eingerichtet wurden, mit „Sonderbau" bezeichnet.[69] Zum anderen kann sich der Eintrag aber auch auf die Einrichtung des Häftlingsbordells beziehen, das in denselben Plänen als „Häftlings-Sonderbau" bezeichnet wird.[70] Die Anordnung beider Bauvorhaben würde zeitlich passen. Die hier angeführten Deutschen Aus-

68 Siehe Eintrag vom 15.10.1942 bzw. vom 1.10.1943

69 Zur Einrichtung der Gaskammer siehe Perz/Freund, Tötungen durch Giftgas

70 Siehe AMM, KL Mauthausen Lageplan-Etat 1942, 501b, gezeichnet 16.2.1942; Robert Sommer geht davon aus, dass damit der Befehl zum Bau des Häftlingsbordells gemeint war, ohne dafür einen über den Tätigkeitsbericht hinausgehenden Beleg zu liefern. Dagegen hatte der Lagerarzt Schiedlausky ausgesagt, dass Himmler diesen Befehl anlässlich eines Mauthausen-Besuches im Frühjahr 1941 gegeben habe. Alakus u.a. meinen unter Berufung auf Schiedlausky, dass der Befehl bei dem Besuch am 31.5.1941 erfolgt sei. Vgl. Baris Alakus/Katharina Kniefacz/Robert Vorberg (Hg.), Sex-Zwangsarbeit in nationalsozialistischen Konzentrationslagern, Wien 2006, S. 133; Robert Sommer, Das KZ-Bordell. Sexuelle Zwangsarbeit in nationalsozialistischen Konzentrationslagern, Paderborn-München-Wien-Zürich 2009, S. 111-118

Abb. 5: Konzentrationslager Gusen nach der Befreiung (US-Signal Corps-Aufnahme, Mai 1945)

rüstungswerke (DAW), die Konzentrationslager mit unterschiedlichsten Einrichtungsgegenständen versorgten, lassen zwar eher vermuten, dass der Eintrag sich auf die Einrichtung des Bordells bezieht. Allerdings kann zumindest nicht ganz ausgeschlossen werden, dass die DAW an der Ausstattung des Exekutionsraumes beteiligt war. Dass dieser Eintrag aber auf die Errichtung des Bordells hinweist, legt ein anderer Eintrag (jener vom 15. März 1943) nahe, in dem es um das Häftlingsbordell im Lager Gusen geht, und wo es heißt, es seien „für den Häftlings-Sonderbau des Lagers Gusen von den Ausrüstungswerken Dachau die angeforderten Unterkunftsgeräte" eingelangt.

Das Häftlingsbordell in der „Sonderbau-Baracke", dem Häftlingsblock 1, bestand vom 11. Juli 1942 bis zum Frühjahr 1945. In diesem Bordell wurden im Juni 1942 aus dem KZ Ravensbrück überstellte weibliche Häftlinge sexuell ausgebeutet. Der Bordellbesuch sollte – im Rahmen der Einführung eines Prämiensystems – als Anreiz für die Steigerung der Arbeitsleistung der männlichen Häftlinge dienen, er blieb jedoch letztlich bestimmten privilegierten Funktionshäftlingen vorbehalten. Bis zur Einrichtung eines eigenen Frauenlagers im Herbst 1944 behielten die Frauen die Ravensbrücker Häftlingsnummern.[71] Nach dem Bericht eines Angehörigen der Bauleitung Mauthausen hatte Verwaltungsführer Strauß die weiblichen Häftlinge für das Bordell persönlich in Ravensbrück ausgesucht.[72]

Die 1939 von der SS gegründete Deutsche Ausrüstungswerke GmbH fasste die bisherigen Werkstätten in den Konzentrationslagern in einer privatwirtschaftlich organisierten neuen Gesellschaft zusammen, die sowohl für den steigenden Bedarf der Lager wie auch der militärischen Verbände produzierte. Die DAW verkauften den staatlich finanzierten KZs weitgehend risikolos ihre Produkte, der Gewinn floss der SS zu. In Dachau betrieben die DAW verschiedene Produktionseinrichtungen, nachdem die Werkstätten des Lagers mit dem 1. Jänner 1940 in die DAW eingegliedert worden waren. Schreinerei, Schlosserei, Elektrowerkstatt und Lehrwerkstatt gehörten zu den größten Arbeitsstellen des neuen Dachauer DAW-Werks. Das Schlachthaus mit Metzgerei und die Brotfabrik waren ihm hingegen nur vorübergehend zugeordnet. Die Schreinerei mit ihren Hilfswerkstätten fertigte 1940 und 1941 vor allem Möbel für Kasernen und Konzentrationslager (u.a. Schränke für SS und Häftlinge, Bettstellen, Schemel oder Särge) sowie diverse Gebrauchsgegenstände.[73]

9.1o.41

Als Gegenmaßnahme der aufgetretenen Ruhr- u. Fleckfieberperiode wurde bei der Fa. Alois Kapler, Linz 1o23 kg Chlorkalk zur Desinfektion der Abort- und Kläranlagen, sowie 138 kg Kopallack für den Anstrich der Schränke und Tische angekauft.

Das Reichssicherheitshauptamt (RSHA) verfügte per Telegramm für die Zeit vom 5. Juli bis zum 23. September 1941 wegen Fleckfiebererkrankungen eine Lagersperre für die Konzentrationslager Auschwitz, Groß Rosen, Mauthausen und Gusen. Für Gusen wurde die Sperre um weitere

71 Vgl. Baumgartner, Die vergessenen Frauen, S. 96; Amesberger/Auer/Halbmayr, Sexualisierte Gewalt, S. 125 ff

72 Archiv der Stadt Linz, Bestand Nachkriegszeit, B 75, maschinschriftlich verfasster Bericht über das KZ Mauthausen des in der Bauleitung Mauthausen tätigen Ingenieurs Robert T. Busenkell, o.J. [1945], S. 4

73 Vgl. ausführlich zur Gründung und zur Entwicklung der DAW Hermann Kaienburg, Die Wirtschaft der SS, Berlin 2003, S. 857-935

drei Wochen verlängert, da am 23. August 1941 neuerlich etwa 20 Verdachtsfälle von Ruhr- und Fleckfieber aufgetreten waren. Erkrankte Häftlinge wurden laufend von SS-Ärzten durch Herzinjektionen getötet.[74]

Die Firma Alois Kapler mit Sitz in Linz war eine im 18. Jahrhundert gegründete Spezerei-, Material- und Farbwarenhandlung und zählte zu den führenden Chemikalien- und Farbenhandlungen der Stadt.[75]

Chlorkalk, auch Bleichkalk genannt, wird aus Chlor und gelöschtem Kalk hergestellt und wirkt bleichend, desinfizierend, desodorierend und ätzend. Der Stoff war als effizientes Grobdesinfektionsmittel für Wasser und Abwässer, Stallungen, Fäkalien und Kadaver gebräuchlich und wurde in Lagern in großen Mengen zur Seuchenprävention und -bekämpfung eingesetzt.

Kopallacke sind Lösungen von fossilen Harzen (Kopal), die sich gut für beständige, wasserabweisende und wetterfeste Anstriche eignen.[76]

15.10.41
Der Inspekteur der Konz.-Lager SS-Brigadeführer Glücks besucht in Begleitung des Leiters der Verwaltung IKL. SS-Obersturmbannführer Kaindl das Lager Mauthausen und Gusen.

Am Tag vor dem Besuch wurden 21 „unnatürliche“ Todesfälle in Mauthausen verzeichnet. Unter den Toten waren 16 niederländische Juden, deren Todesursache mit „Freitod durch Absprung von einer Steinbruchwand“ angegeben wurde, womit ihre Ermordung durch Sturz von der Steinbruchoberkante verschleiert wurde. Bei zwei weiteren niederländischen Juden findet sich der Eintrag „Erschossen auf der Flucht“, und bei zweien der Vermerk „Freitod durch Erhängen“.[77] Der Besuch der Führung der Inspektion der Konzentrationslager (IKL) dürfte aber nicht mit

74 Vgl. Maršálek, Die Geschichte, S. 162; Stanisław Dobosiewicz, Vernichtungslager Gusen, Wien 2007, S. 154 bzw. S. 250 f; Militärhistorisches Archiv Prag (VHA Praha), kt. Mauthausen163/Ma/1/30, SS-Standortarzt an Kommandatur des KL Mauthausen, vom 25.8.1941

75 Vgl. Helmuth Lackner/Gerhard A. Stadler, Fabriken in der Stadt. Eine Industriegeschichte der Stadt Linz, hg. vom Archiv der Stadt Linz, Linz 1990, S. 654

76 Meyers Großes Konversations-Lexikon, Bd. 6, Leipzig 1906, S. 598 f

77 Zentrales Staatsarchiv Prag, KT-OVS, kniha Mauthausen I, Kt. 29, Buch unnatürliche Todesfälle

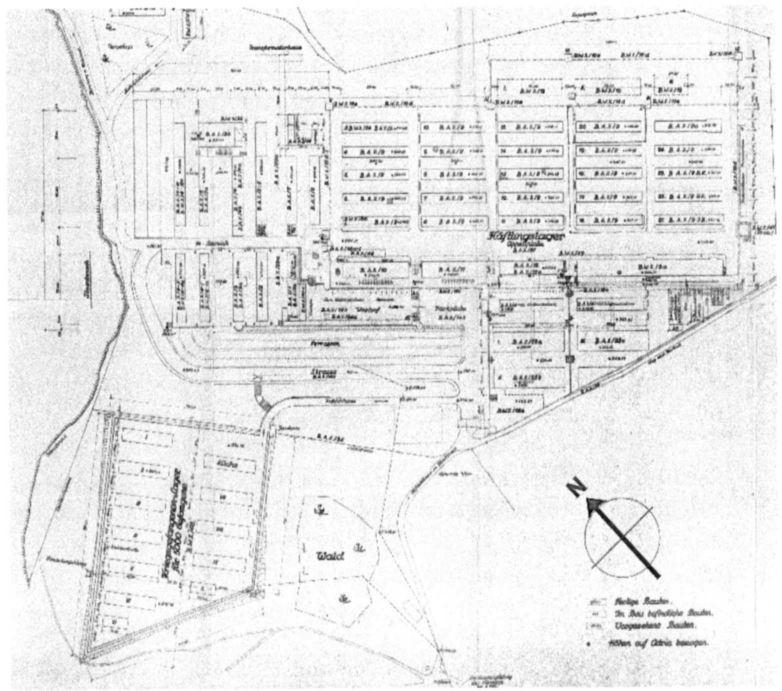

Abb. 6: Bauplan der SS-Neubauleitung des KZ Mauthausen 1942 (Ausschnitt)

den brutalen Morden an niederländischen Juden in Zusammenhang gestanden haben, sondern mit der eine Woche später beginnenden Einweisung sowjetischer Kriegsgefangener.

Richard Glücks[78] war seit 1939 als Nachfolger von Theodor Eicke Inspekteur der Konzentrationslager und damit Vorgesetzter aller KZ-Kommandanten, Anton Kaindl war erst wenige Wochen vor diesem Besuch zum Leiter der Verwaltungsabteilung in der IKL ernannt geworden.[79]

Glücks hatte im Sommer 1941 in der Inspektion der Konzentrationslager in Sachsenhausen an Besprechungen teilgenommen, bei denen mit

78 Zur Biografie von Glücks vgl. Walter Naasner (Hg.), SS-Wirtschaft und SS-Verwaltung. „Das SS-Wirtschafts-Verwaltungshauptamt und die unter seiner Dienstaufsicht stehenden wirtschaftlichen Unternehmungen" und weitere Dokumente, Düsseldorf 1998, S. 332 ff

79 Zur Biografie von Kaindl vgl. Tuchel, Konzentrationslager, S. 377 f

den KZ-Kommandanten über geeignete Verfahren zur Tötung sowjetischer Kriegsgefangener beraten wurde.[80] Bei einer dieser Besprechungen, vermutlich im September, war nach eigener Aussage auch der Kommandant des KZ Mauthausen Franz Ziereis anwesend gewesen. Man habe ihm vorgeführt, wie man mittels Genickschussmethode die „Politruks und die russischen Kommissare liquidieren" könne.[81] Es ist davon auszugehen, dass Glücks in Mauthausen mit Kommandant Ziereis anstehende Fragen erörtert hat, darunter den Bau eines SU-Kriegsgefangenenlagers sowie der technischen Einrichtungen zur Tötung von Kriegsgefangenen.

Noch im Herbst 1941 wurde in Mauthausen der Bau des sogenannten „Russenlagers" begonnen. Zeitgleich begann die SS mit der Einrichtung eines Exekutionsraumes mit Genickschussvorrichtung und Galgen sowie mit dem Bau einer Zyklon B-Tötungsgaskammer. Kommandant Ziereis bestätigte bei seiner Einvernahme im Mai 1945 indirekt den Zusammenhang dieser Bauvorhaben mit dem Besuch von Glücks. Nach Aussage von Ziereis habe Glücks bei seinem Besuch die Errichtung der Gaskammer damit gerechtfertigt, dass das Vergasen menschlicher sei als das Erschießen.[82] Diese Version von Ziereis ist mit Vorbehalt zu lesen, nicht nur auf Grund der Tatsache, dass der Tötungsvorgang durch das Giftgas Zyklon B durchwegs grausam war, sondern auch weil im Sommer 1941 die Liquidierung der sowjetischen Kriegsgefangenen generell mit Tötung deutscher Soldaten durch Rotarmisten begründet wurde und die SS-Führung in Bezug auf die Technisierung der Tötungsmethoden ausschließlich die Frage der Verringerung der psychischen Belastung der Exekutionskommandos durch Distanz schaffende Verfahren beschäftigte, nicht aber die Frage des Leidens der Opfer. Auch Glücks' Aussage ist, so sie in dieser Form gefallen ist, in dieser Weise zu verstehen.

80 Vgl. dazu ausführlich Dirk Riedel, Ordnungshüter und Massenmörder im Dienst der „Volksgemeinschaft": Der KZ-Kommandant Hans Loritz, Berlin 2010, 255-272; siehe auch Günter Morsch, Tötungen durch Giftgas im Konzentrationslager Sachsenhausen, in: Morsch/Perz, Neue Studien, S. 260-276, hier S. 263 bzw. Reinhard Otto, Wehrmacht, Gestapo und sowjetische Kriegsgefangene im deutschen Reichsgebiet 1941/42, München 1998, S. 263

81 AMM, P 18/2, Niederschrift des Verhörs des SS-Standartenführers Franz Ziereis, ehemaliger Lagerkommandant des Konzentrationslagers Mauthausen, vom 24.5.1945 (Kopie)

82 Ebd.

16.1o.41
Weitere 1.o25 kg Chlorkalk werden zu Desinfektionszwecken von der Fa. Kapler Linz geliefert.[83]
Die Zahl der Angora-Kaninchen in der Zuchtstation Gusen hat einen Stand von 8oo Tieren erreicht.

Die große Nachfrage nach Angorawolle, die als kriegswichtiger Rohstoff zur Herstellung warmer Kleidung diente und daher von den militärischen Einheiten, insbesondere der Luftwaffe, verwendet wurde, veranlasste die SS-Verwaltung, in ihren Einrichtungen die Zucht von Angorakaninchen in großem Stil zu betreiben. Ab April 1940 wurde die Zucht auch in den Konzentrationslagern forciert. Mitte 1944 wies die SS bei

Abb. 7: Blatt aus dem mit weißer Angorawolle eingebundenen SS-Album: Die Angorazuchten des SS-Wirtschaftsverwaltungshauptamtes, 1943

83 Siehe Eintrag vom 9.10.1941

ihren Einheiten und in den Konzentrationslagern einen Kaninchenbestand von 30.000 Tieren aus. Die Zucht unterstand zunächst verschiedenen Ämtern der SS, nach Gründung des SS-WVHA u.a. dem Amt B IV (Rohstoffe und Beschaffungen). Mit 1. Dezember 1942 wurde sie als „Angorazucht der Waffen-SS" einheitlich dem Amt W 5 (Land-, Forst-, Fischwirtschaft) übertragen.

Im Lagerkomplex Mauthausen wurde die Kaninchenzuchtstation beim Lager Gusen eingerichtet und unterstand direkt der Leitung der Verwaltung. Bis Mitte 1944 stieg die Zahl der Kaninchen in Gusen auf über 1.400 Tiere an und blieb auf diesem Stand, wie eine letzte Auflistung vom Februar 1945 zeigt, die insgesamt 1.463 Tieren anführt. Die Gusener Zuchtstation wurde laut Tätigkeitsbericht von den vorgesetzten Stellen als vorbildlich bezeichnet.[84] Insgesamt war die Zucht von Kaninchen durch die SS wegen ihres großen Aufwands aber wenig ertragreich, der von der Reichswollverwertung gezahlte Kilopreis deckte die Zuchtkosten trotz Zwangsarbeit der Häftlinge nicht.[85] Das hinderte das SS-WVHA nicht daran, 1944 für Heinrich Himmler ein in weiße Angorawolle eingebundenes, mit vielen Fotos illustriertes Büchlein über die Angorazucht in den Konzentrationslagern anzufertigen.[86]

22/24.10.41

Gemäß Vereinbarung des Reichsführers-SS mit dem Chef des OKW werden auf verschiedene Konz.-Lager Sowjetrussische Kriegsgefangene zum Arbeitseinsatz überstellt.

Es treffen je 2.000 sowjet-russische Kriegsgefangene im KL. Mauthausen und Gusen ein.

Die Unterbringung erfolgt vorläufig in von den übrigen Häftlingsbaracken abgesonderten Unterkünften.

Gem. Rücksprache mit dem Lagerkommandanten sollen im

84 Siehe Eintrag vom 28.10.1942

85 Vgl. zur Angorakaninchenzucht ausführlich Kaienburg, Die Wirtschaft der SS, S. 835-839

86 „Die Angorazuchten des SS Wirtschaftsverwaltungs-Hauptamtes", 1944. Ein Exemplar befindet sich im Besitz der Winsconsin Historical Society, die das Buch online gestellt hat (http://www.wisconsinhistory.org/whi/results.asp, Zugriff 8.10.2012). Vgl. dazu den Artikel „Hasen im Buch", in: Der Spiegel 4/1968, 22.1.1968

hiesigen Lager und im Lager Gusen zu dem derzeitigen Häftlingsstande insgesamt noch 21.000 sowjet-russische Kriegsgefangene untergebracht werden. Hierzu reichen die vorhandenen Wäschestücke und Unterkunftsgeräte nicht mehr aus, sodaß bei der Verwaltung IKL. das unbedingt Erforderliche angefordert werden muß. Die Verpflegung der Kriegsgefangenen ist im 2. Merkblatt über Kriegsgefangenenverpflegung festgelegt. Die Beschaffung der Lebensmittel erfolgt genau wie bei den übrigen Häftlingen auf Grund von vom Ernährungsamt ausgestellten Bezugsscheinen aus Vorräten von Firmen.
Da in der hiesigen Häftlingsküche vorhandenen [sic!] Kochkessel nicht ausreichen, wird die Verpflegung in einer 2. Schicht hergestellt.
Sämtliche sowjet-russische Kriegsgefangenen befinden sich im Arbeitseinsatz, davon 1.2oo als Schwerarbeiter.
Da die Sowjet-Union dem Abkommen über Kriegsgefangene nicht beigetreten ist, wurden vom OKW mit Rücksicht auf die allgemeine Versorgungslage besondere Verpflegssätze festgesetzt.[87]

Nach einer internen Aufstellung der Kommandantur vom 15. Jänner 1943 wurden 1941 mit diesen beiden Transporten 3.993 sowjetische Kriegsgefangene übernommen. Dieser Eintrag widerspricht gewissermaßen einer in der Mauthausen-Literatur lange vorherrschenden Annahme.

87 Dieser Absatz steht in der Spalte 4 „Erfahrungen, Abänderungsvorschläge (auch Hinweise auf Anlagen)". Er deckt sich weitgehend mit der Formulierung eines drei Tage zuvor erteilten geheimen Befehls des OKH über die Verpflegung sowjetrussischer Kriegsgefangener in den besetzten sowjetischen Gebieten, Norwegen und Rumänien vom 21.10.1941: „Die Sowjetunion ist dem Abkommen ueber die Behandlung der Kriegsgefangenen vom 27.7.29 nicht beigetreten. Es besteht daher keine Verpflichtung den sowjetischen Kriegsgefangenen eine diesem Abkommen hinsichtlich Menge und Guete entsprechende Verpflegung zu gewaehren." BArch, Militärarchiv, RH 22/272b, zitiert nach Verbrechen der Wehrmacht. Dimensionen des Vernichtungskrieges 1941-1944, Ausstellungskatalog, hg. vom Hamburger Institut für Sozialforschung, Hamburg 2002, S. 210-212

Man ging davon aus. dass die ca. 4.000 im Oktober 1941 nach Mauthausen eingewiesenen SU-Kriegsgefangenen sämtlich zur Exekution überstellt worden waren und diese Exekution erst durch den bekannten Befehl Himmlers vom 15. November 1941, in dem dieser für die Kriegsgefangenen bei entsprechender „körperlicher Beschaffenheit“ Arbeit im Steinbruch vorsah, aufgeschoben wurde. Der Eintrag im Tätigkeitsbericht verweist jedoch auf eine – auf Basis einer im September 1941 geschlossenen Vereinbarung zwischen dem Reichsführer-SS und dem Oberkommando der Wehrmacht (OKW) – von vornherein festgelegte Einweisung von sowjetischen Kriegsgefangenen aus den Mannschafts-Stammlagern zur Zwangsarbeit.[88]

Die Überprüfung der ca. 4.000 Gefangenen und die Aussonderung politisch Verdächtiger auf Basis der Einsatzbefehle Nr. 7 und 8 fanden, analog zu den Verfahren in anderen Konzentrationslagern, vermutlich erst im Lager statt.[89] Dass Ziereis gegenüber der Verwaltungsabteilung von weiteren sowjetischen Kriegsgefangenen sprach, macht klar, dass dem Kommandanten zu diesem Zeitpunkt Informationen über die geplante Zuweisung von 25.000 SU-Kriegsgefangenen in den KZ-Komplex Mauthausen-Gusen vorlagen. Man kann davon ausgehen, dass diese Zahl zuvor Gegenstand der Besprechungen zwischen Ziereis, Glücks und Kaindl gewesen war.

Trotz der Zuweisung zum Arbeitseinsatz, hatten die schwere Arbeit – 1.200 Gefangene wurden auch offiziell als Schwerarbeiter geführt –, die brutale Behandlung und die systematische Unterversorgung, die hier mit dem indirekten Verweis auf die Genfer Konvention und den Begriff „besondere Verpflegssätze“ umschrieben wird, ein Massensterben unter den eingewiesenen Kriegsgefangenen zur Folge. Diese Entwicklung war für

88 Auf diesen Irrtum von Maršálek, der in der Literatur immer wieder – zuletzt von Speckner – übernommen wurde, hat erstmals Reinhard Otto hingewiesen. Vgl. Maršálek, Die Geschichte, S. 113 f; Hubert Speckner, Kriegsgefangenenlager – Konzentrationslager Mauthausen und „Aktion K“, in: Johannes Ibel (Hg.), Einvernehmliche Zusammenarbeit? Wehrmacht, Gestapo, SS und sowjetische Kriegsgefangene, Berlin 2008, S. 45-58; Otto, Wehrmacht, S. 267. Zur Genese der Einweisungen der SU-Kriegsgefangenen vgl. jetzt Rolf Keller, Sowjetische Kriegsgefangene im KZ. Zur Kollaboration von Wehrmacht, Gestapo und SS, in: Wehrmacht und Konzentrationslager. Beiträge zur Geschichte der nationalsozialistischen Verfolgung in Norddeutschland, Heft 13, S. Bremen 2012, S.106-118

89 NARA, RG 549, US vs. Altfuldisch et al., case 000-50-5-0, eidesstattliche Erklärung Viktor Zoller, vom 1.3.1946

den Umgang mit den zur Arbeit eingewiesenen etwa 30.000 SU-Kriegsgefangenen auch in anderen Lagern charakteristisch.[90]

Generell galten zwar für Kriegsgefangene im Unterschied zu den KZ-Häftlingen bessere Verpflegungssätze, wie sie in dem im Eintrag erwähnten vom OKW herausgegebenen 2. Merkblatt über Kriegsgefangenenverpflegung vom 5. Juli 1941 festgelegt waren[91], offiziell sollten sie die auch für die Zivilbevölkerung vorgesehenen Normalverpflegungssätze erhalten, davon explizit ausgenommen waren aber SU-Kriegsgefangene.[92]

Laut Aufstellung der Kommandantur des KZ Mauthausen waren bis 31. Dezember 1941 bereits 502 SU-Kriegsgefangene, also mehr als 12 Prozent der im Oktober Eingewiesenen, verstorben. Auf Grund zusätzlicher Einweisungen befanden sich im Lauf des Jahres 1942 insgesamt 4.572 SU-Kriegsgefangene in Mauthausen und Gusen. Davon wurden vier Kriegsgefangene an das Stalag XVII A (Kaisersteinbruch) und 155 vom Kriegsgefangenenlager ins Schutzhaftlager überstellt. Von den verbleibenden 4.413 SU-Kriegsgefangenen starben bis 31. Dezember 1942 4.105, wobei nur ein kleiner Prozentsatz der Todesfälle auf Exekutionen zurückzuführen sein dürfte. Am 1. Jänner 1943 waren noch 308 sowjetische Kriegsgefangene am Leben.[93]

Der gesamte Eintrag von 22./24. Oktober macht deutlich, dass genaue Vorbereitungen für die Ankunft sowjetischer Kriegsgefangener getroffen wurden. Die Unterbringung der wegen ihrer militärischen Ausbildung als gefährlich angesehenen Häftlinge erfolgte, wie auch in anderen Lagern, in getrennten Bereichen. In Mauthausen wurden sie zunächst in den bisher als Sonderrevier für kranke Häftlinge genützten Baracken 16-19 untergebracht, die durch eine Mauer vom übrigen Häftlingslager separiert waren. Trotz dieser Vorbereitungsmaßnahmen waren die Kapazitäten des Lagers nicht auf derart große Zugänge von Häftlingen ausgerichtet, wie der Ver-

90 Vgl. Riedel, Ordnungshüter und Massenmörder, S. 271 f; Keller, Sowjetische Kriegsgefangene im KZ, S. 115

91 2. Merkblatt über Kriegsgefangenenverpflegung, Stand vom 5. Juli 1941, Berlin 1941

92 Vgl. Naasner, Neue Machtzentren, S. 482 bzw. S. 484

93 VHA Praha, 164/Ma/6/30, Kriegsgef. Arb. Lager Mauthausen-Gusen, Kommandantur, 15.1.1943; vgl. auch die Angaben zur Zahlenentwicklung bei Jan-Erik Schulte, London war informiert. KZ-Expansion und Judenverfolgung. Entschlüsselte Stärkemeldungen vom Januar 1942 bis zum Januar 1943 in den britischen National Archives in Kew, in: Rüdiger Hachtmann/Winfried Süß (Hg.), Hitlers Kommissare. Sondergewalten in der nationalsozialistischen Diktatur, Göttingen 2006, S. 207-227, hier S. 220 f

Abb. 8: Sowjetische Kriegsgefangene am Appellplatz, Oktober 1941, (SS-Aufnahme)

merk über die mangelnde Kapazität an Kochkesseln deutlich macht. Möglicherweise war die Einweisung der sowjetischen Kriegsgefangenen Grund für die Vergrößerung der Kesselhalle in der Küchenbaracke, die Datierung dieses Ausbaus ist aber unsicher.[94] Gleichzeitig wurde südwestlich des bisherigen Lagergeländes mit dem Bau eines großen gesonderten Lagers für sowjetische Kriegsgefangene – des sogenannten „Russenlagers" – begonnen. Gemäß der Absicht, insgesamt 25.000 Kriegsgefangene nach Mauthausen und Gusen einzuweisen, also etwa die doppelte Anzahl jener Personen, die im Lagerkomplex Mauthausen-Gusen schon inhaftiert waren, war im November 1941 die Zuweisung von 40 Pferdestallbaracken für je 400 Kriegsgefangene an Mauthausen und Gusen vorgesehen.[95] Tatsächlich wurde das „Russenlager" in Mauthausen dann aber, da die große Zahl der

94 Vgl. den Forschungsbericht der bauarchäologischen Untersuchung des Reviergebäudes: Paul Mitchell unter Mitarbeit von Günter Buchinger und einem Anhang von Karl Scherzer, Die Baugeschichte des Küchengebäudes, KZ Mauthausen, Februar 2012 (unveröffentliches Manuskript)

95 Dies geht aus einem im Archiv der Gedenkstätte Auschwitz (D-AuI-3a/1) vorhandenen Schreiben des Hauptamtes Haushalt und Bauten der SS an die Bauleitungen der einzelnen KZs vom 27.11.1941 hervor. Vgl. Rolf Keller/Reinhard Otto, Sowjetische Kriegsgefangene in Konzentrationslagern der SS, in: Ibel, Einvernehmliche Zusammenarbeit, S. 15-43, hier S. 26 bzw. Keller, Sowjetische Kriegsgefangene im KZ, S.110

Kriegsgefangenen ausblieb, wesentlich kleiner realisiert. Gebaut wurden insgesamt zehn Wehrmachtspferdestallbaracken sowie eine Küche und eine Waschbaracke, die auch als Leichenraum Verwendung finden sollte.[96]

Die Einrichtung eines eigenen „SU-Kriegsgefangenenlagers" als abgetrennter Teil des Konzentrationslagers, ein Schritt, der auch in anderen Stammlagern so gesetzt wurde, war auf eine Einigung der SS mit der Wehrmacht hinsichtlich der Überstellung von sowjetischen Kriegsgefangenen zurückzuführen. Diese Einigung ließ der SS in einer Art politischem Interessensausgleich eine große Zahl von Zwangsarbeitern zukommen. Unter dem Titel „Kriegsgefangenenlager" konnte die SS außerdem Gelder für den Aufbau dieser Lagerkomplexe erhalten.[97]

Das „Russenlager" in Mauthausen wurde jedoch nie im ursprünglichen Sinn verwendet, da zum Zeitpunkt der Fertigstellung, im April 1943, fast keiner der bis dahin eingewiesenen sowjetischen Kriegsgefangenen mehr am Leben war. Das Lager erhielt in der Folge eine Einrichtung als Sanitäts- und Krankenlager, um den neuen Erfordernissen der auf Zwangsarbeit in der Kriegswirtschaft ausgerichteten KZ-Haft zu entsprechen. Die getrennte Unterbringung der wenigen noch lebenden SU-Kriegsgefangenen wurde im Sommer 1943 aufgehoben.

26.1o.41
Für das Kriegsgefangenen-Lager liefert die Firma Rechberger, Linz 1.ooo Stück Trinkbecher und 5.ooo Stück Eßnäpfe aus Steingut.

Die Firma Rechberger wurde 1885 von Johann Rechberger in Linz als Handelsgeschäft für Porzellan und Geschirr gegründet. 1959 erwarb die Firma Schachermayer OHG das Unternehmen Rechberger KG.[98] Das

96 AMM, KL Mauthausen Lageplan-Etat 1942, 501b, gezeichnet 16.2.1942, Änderungen bis 1.5.1942; vgl. Claudia Theune, Zeitschichten. Archäologische Untersuchungen in der Gedenkstätte Mauthausen, in: KZ-Gedenkstätte Mauthausen – Mauthausen Memorial 2009. Forschung – Dokumentation – Information, Wien 2010, S. 25-30

97 Hermann Kaienburg, „Vernichtung durch Arbeit". Der Fall Neuengamme, Berlin 1990, S. 45 f; Michel Fabréguet, Entwicklungen und Veränderung der Funktion des Konzentrationslagers Mauthausen 1938-1945, in: Ulrich Herbert/Karin Orth/Christoph Dieckmann (Hg.), Die nationalsozialistischen Konzentrationslager – Entwicklung und Struktur, Bd. 1, Göttingen 1998, S. 193-214, hier S.194; Maršálek, Die Geschichte, S. 64 f

98 Siehe Eintrag vom 8.4.1943

KZ Mauthausen bezog – wie auch zahlreiche weitere Einträge belegen – einen Großteil des benötigten Geschirrs über die Firma Rechberger. Die Lieferung vom 26. Oktober sollte den infolge der Einweisung der sowjetischen Kriegsgefangenen entstandenen großen Mangel an Geschirr und Trinkgefäßen beheben.

1.11.41
Zu verpflegen sind 738 SS-Männer, 11.230 Häftlinge und 3.938 Kriegsgefangene.

12.11.41
Die Erträge aus der lagereigenen Gärtnerei waren im Jahre 41 befriedigend. Die Ernte aus dem angeschlossenen Gewürzgarten (Größe 3.300 qum) beträgt 333 kg getrocknete Gewürze. Die angepflanzten Sonnenblumen brachten einen Ertrag von 121 kg Sonnenblumenkernen.

Verpflg.

Die Begründung des geringen Ertrages der Sonnenblumenkerne ist darin zu suchen, daß die Anlieferung des Samens reichlich spät erfolgte.[99]

Zusatz vom 1.3.42.

Die Sonnenblumenkerne sind nun seit Nov. 41 hier aufbewahrt. Trotzdem eine Meldung auf dem Dienstwege an den Chef Hauptamt Haushalt und Bauten, Hauptabteilung I/5 am 27.1.42 erfolgte ist bis heute noch kein Entscheid eingegangen was mit der Ernte geschehen soll.[100]

Die SS baute seit 1937 einen landwirtschaftlichen Komplex auf, der im Lauf des Krieges beachtliche Ausmaße annahm. Gärtnereien wie landwirt-

99 Dieser Absatz steht in der Spalte 3 „Fachgebiet“.
100 Dieser Absatz steht in der Spalte 4 „Erfahrungen, Abänderungsvorschläge (auch Hinweise auf Anlagen)“.

schaftliche Betriebe waren zum Teil bei den Lagern angesiedelt und wurden mit Häftlingen als Arbeitskräften geführt. Neben allgemeinen wirtschaftlichen Tätigkeiten der SS im Agrarsektor wurden auch landwirtschaftliche Versuche durchgeführt. Während des Krieges dienten die Aktivitäten auf diesem Gebiet vor allem der Eigenversorgung der SS. Der hier erwähnte Anbau von Gewürzen hatte im KZ Dachau seinen Ursprung und wurde auf andere Lager wie Mauthausen übertragen. In Mauthausen-Gusen wird für 1941 ein Betrieb der SS-eigenen Deutschen Versuchsanstalt für Ernährung und Verpflegung (DVA) erwähnt, wobei es sich dabei nicht um den DVA-Betrieb im Breitsteintal handeln dürfte (siehe nächster Eintrag). Möglicherweise begann der Aufbau der Gärtnerei in Mauthausen unter Führung der DVA, in weiterer Folge dürfte die Gärtnerei dann aber als Einrichtung des Lagers betrieben worden sein. Eine Gartenanlage des Lagers befand sich außerhalb der südwestlichen Umfassungsmauer und erstreckte sich vom Eingang zum Garagenhof in westlicher Richtung. Landwirtschaftlich genutzt wurde auch das Gelände rund um den Frellerhof. Der Anbau von Sonnenblumen in den KZs erfolgte ab Herbst 1940.[101]

Laut Schreiben der Inspektion KL. Oranienburg wurde die Winterkleidung für das Außenlager Bretstein-Gassen bewilligt. Die Auslieferungsbewilligung lautet auf:

50 Stck.	Windjacken
50 Stck.	Halsschale
50 Paar	Überziehhandschuhe
50 Paar	Bergstiefel.

Das KZ Bretstein bestand von Juni 1941 bis Dezember 1942 (endgültige Auflösung im Juni 1943) im Bretsteintal in den Niederen Tauern (Steiermark) bei der Deutschen Versuchsanstalt für Ernährung und Verpflegung. Die DVA hatte 1939 und 1940 im Bretsteintal drei Bergbauernhöfe erworben und unterhielt diese bis 1945 als Versuchsbauernhöfe, auf denen vor allem für das Bergland speziell geeignete Schaf- und Pferderassen gezüchtet und Experimente mit biologisch-dynamischer Landwirtschaft unternommen wurden. Zweck war in erster Linie die Erprobung von land-

101 Vgl. zu den landwirtschaftlichen und gärtnerischen Aktivitäten ausführlich Kaienburg, Die Wirtschaft der SS, S. 129-131 bzw. S. 771-856, zu Mauthausen insbesondere S. 775

wirtschaftlichen Arbeitsweisen für „Wehrbauernhöfe" der SS, die in einem eroberten Osteuropa als Instrument der „Germanisierung" errichtet werden sollten. Die Bauernhöfe dienten aber auch der Versorgung der SS mit landwirtschaftlichen Produkten.

Ab 1942 dienten die Versuche auf den Bauernhöfen aber eher als Alibi für andere Interessen. Die SS-Führung verfolgte nun mit großer Energie den Erwerb des an die Versuchsgüter angrenzenden mehrere Tausend Hektar großen Forstgutes Autal/Pölsental aus dem Besitz einer in der Schweiz lebenden Emigrantin, um ein lukratives Jagdrevier in die Hand zu bekommen. Nach außen wurde der Erwerb mit der Kriegswichtigkeit der DVA-Aktivitäten begründet.

Das Außenlager selbst sollte Arbeitskräfte für den Ausbau eines Güterweges durch das bis dahin schlecht erschlossene Bretsteintal bereitstellen, damit eine effiziente Nutzung der Versuchsbauernhöfe möglich war. Zur Unterbringung der Häftlinge wurde im Tal ein Lager mit vier Baracken errichtet. Mindestens 170 vorwiegend spanische und deutsche Häftlinge wurden nach Bretstein verlegt, die Bewachung übernahmen ca. 50 Angehörige des SS-Totenkopfsturmbannes Mauthausen. Die kriegsbedingte Stilllegung des Güterwegebaues durch den Generalbevollmächtigten für die Regelung der Bauwirtschaft Mitte 1942 führte bereits Ende 1942 zur Räumung des Lagers.[102] Im Juni 1943 arbeitete noch einmal ein kleines Häftlingskommando für mehrere Wochen an der endgültigen Auflösung des Außenlagers.

Die klimatisch harten Bedingungen des Hochgebirgstals mit seinen hohen Schneelagen und der großen Kälte im Winter erschwerten die körperlich sowieso schon sehr anstrengende Arbeit am Güterwegebau für die mangelhaft ausgestatteten Häftling noch zusätzlich. Die Anforderung außerplanmäßiger Winterbekleidung für die Wachmannschaften verweist auf diese extremen Bedingungen. Während der kurzen Existenz des Lagers verstarben fünf spanische Häftlinge; zwei deutsche Häftlinge wurden getötet – „auf der Flucht erschossen" hieß es offiziell.[103]

102 Siehe Eintrag vom 10.12.1942

103 Vgl. Bertrand Perz, Bretstein, in: Benz/Distel, Der Ort des Terrors, Bd. 4, S. 351-353; ders., Das KZ-Außenlager Bretstein, in: Heimo Halbrainer/Michael Schiestl (Hg.), Adolfburg statt Judenburg. NS-Herrschaft: Verfolgung und Widerstand in der Region Aichfeld-Murboden, Graz 2011, S. 111-119; in Vorbereitung: Bertrand Perz, Das KZ Bretstein und die Deutsche Versuchsanstalt für Ernährung und Verpflegung. Landwirtschaft im Dienste der nationalsozialistischen Eroberungspolitik, Graz (Clio Verlag)

17.11.41
Durch die Inspektion KL. wird befohlen die Mehrbestände an SS-Bekleidung und Ausrüstung gegenüber der Personalstärke der Totenkopfsturmbanne Mauthausen und Gusen einschließlich des Kommandantur-Stabes an Verwaltungen anderer Konz.-Lager, die ein Minus an Bekleidung und Ausrüstung haben, abzuliefern.

Diese Anordnung hing mit den Versorgungsproblemen bei der Zuteilung von Textilien für die SS-Wachmannschaften zusammen. Bereits im August 1941 hatte die Inspektion der Konzentrationslager drastische Einsparungen bei der Ausstattung der Häftlinge verfügt. So waren auf Grund der „derzeitigen Zwangslage auf dem Gebiet der Textilwirtschaft in sämtlichen Lagern die für Häftlinge ausgegebenen Decken- und Kopfpolsterbezüge mit Ausnahme der Revierwäsche einzuziehen" und zur Verfügung der IKL-Verwaltung zu halten. Das Reichswirtschaftsministerium war nicht in der Lage, die nötigen Garnzuweisungen zu gewährleisten. Für jeden Häftling durften ab nun nur mehr zwei Bettlaken (eines in Verwendung, eines in der Wäsche) zur Verfügung gestellt werden. Angekündigt wurde weiters die Einziehung einer 3. Wolldecke für Häftlinge. Vor dem Hintergrund des zu dieser Zeit grassierenden Fleckfiebers und häufiger TBC-Fälle in Gusen und Mauthausen verwehrte sich SS-Standortarzt Eduard Krebsbach in einer ausführlichen Stellungnahme gegen eine derartige Maßnahme und warnte vor der dadurch zu erwartenden Ausbreitung der Infektionskrankheiten, die eine „ständig wachsende Gefahr auch für die SS-Wachtruppe" darstellten.

Die IKL versuchte, durch einen Ausgleich zwischen den Konzentrationslagern solchen Versorgungsproblemen bei Wachmannschaften und Häftlingen zu begegnen. So wurde im Rahmen des „Bekleidungsausgleichs" umgekehrt auch dem Lager Mauthausen Kleidung für die Wachmannschaften zugeteilt, wenngleich die angekündigten Lieferungen nicht immer im vollen Umfang zustande kamen.[104]

104 Siehe Eintrag vom 14.12.1941. VHA Praha, Kt. Mauthausen 163/Ma/1/30, RFSS IKL an die Kommandanturen der Lager, betr. Sicherstellung von Bettwäsche, vom 19.8.1941 bzw. SS-Standortarzt an Kommandantur des KL Mauthausen, vom 25.8.1941; vgl. Bärbel Schmidt, Geschichte und Symbolik der gestreiften KZ-Häftlingskleidung, phil. Diss., Universität Oldenburg, 2000, S. 69 ff

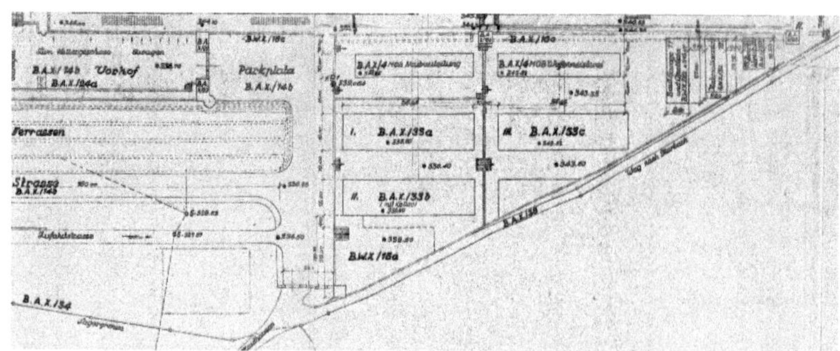

Abb. 9: Bauplan der SS-Neubauleitung des KZ Mauthausen 1942, Ausschnitt SS-Mannschaftsbaracken, SS-Neubauleitung Mauthausen und Waffenmeisterei rechts der Zufahrt zum Lager

24.11.41

Die Firma Alois Kapler Linz liefert 7.354 kg Chlorkalk für Desinfektionszwecke.[105] Die außerordentliche(n) Mengen an Desinfektionsmittel sind mit Rücksicht auf die zahlreichen epidemischen Krankheitsfälle als Vorbeugungsmittel erforderlich.

Die große Lieferung von Chlorkalk sollte die Gefahr weiterer Erkrankungen nach der Typhus- und Fleckfieberepidemie im Sommer vermindern. Mit der Einweisung Tausender sowjetischer Kriegsgefangener waren im Oktober 1941 neuerlich Fälle von Fleckfieber aufgetreten. Im besonders betroffenen Lager Gusen, das zu diesem Zeitpunkt noch nicht über eine Zyklon B-Entlausungskammer verfügte, wurde nun rasch eine derartige Anlage errichtet.[106] Der Zweck all dieser Maßnahmen war nicht die Erhaltung des Gesundheitszustands der Kriegsgefangenen, die vom Tag ihres Eintreffens an durch systematischen Terror und Unterversorgung zu Tode gebracht wurden, sondern die Eindämmung der Seuchen,

105 Siehe Eintrag vom 9.10.1941

106 Am 26.2.1942 gab der SS-Standortarzt Mauthausen eine „Dienstanweisung für die Bedienung der Blausäure-Entwesungskammer im K.L.M., Unterkunft Gusen“ heraus, in welcher sehr detailliert die Handhabung von Zyklon B beschrieben wird. AMM, M 09a/01. Die Anlage wurde in einer, technologisch gesehen, primitiven Bauweise ausgeführt, offenbar konnte die vorgesehene Degesch-Kreislaufapparatur wegen kriegsbedingter Produktionseinschränkungen nicht beschafft werden. Vgl. Perz/Freund, Tötungen durch Giftgas, S. 248

die das ganze Lager betrafen und letztlich auch die Wachmannschaften und die anwohnende Bevölkerung gefährdeten.

30.11.41
Von der Verwaltung IKL. treffen 6.000 Kopfpolstersäcke und 5.000 Leibstrohsäcke für die Kriegsgefangenenlager Mauthausen/Gusen ein.

Die Menge der gelieferten Strohsäcke und Kopfpolster macht deutlich, dass zu diesem Zeitpunkt seitens der Inspektion der Konzentrationslager noch mit einer erheblich größeren Zahl von Kriegsgefangenen gerechnet wurde. Tatsächlich befanden sich wegen der hohen Todesrate von den fünf Wochen zuvor eingewiesenen ca. 4.000 sowjetischen Kriegsgefangenen nur noch etwa 3.740 in den Lagern Mauthausen und Gusen.

1.12.41
Zu verpflegen sind 917 SS-Männer, 10.298 Häftlinge und 3.739 sowjet-russische Kriegsgefangene.
2 neue Baracken, als Unterkünfte für die Truppe bestimmt, werden fertiggestellt. Allerdings können die Baracken noch nicht bezogen werden, da die Heizung noch im Bau ist. Zu mindest wurde eine Erweiterung der bisher sehr beschränkten Unterkunftsmöglichkeiten auf kürzere Frist in Aussicht gestellt.

Nach den Plänen der SS-Neubauleitung Mauthausen handelt es sich bei den hier genannten Baracken um zwei der drei Mannschaftsunterkünfte mit der Kennzeichnung B(au)W(erk)X/33 a bis c, die sich rechter Hand der Zufahrt zum Lager nach dem Schranken befanden (heute Vorplatz des Besucherzentrums). Eine der drei Baracken, die Baracke b, war mit Keller und Kesselhaus ausgestattet, die anderen beiden Baracken dürften von dort aus beheizt worden sein. Die Übergabe der Baracke b erfolgte erst am 8. April 1944; ob sie schon vorher bezogen worden war, ist unklar.[107]

107 Für eine frühere Nutzung spricht der Umstand, dass der Tätigkeitsbericht die Fertigstellung der Baracken für den Wachsturmbann am 10.8.1942 vermerkt und dabei explizit auf den Umzug der 3. Kompanie verweist. Siehe Einträge vom 10.8.1942 und vom 8.4.1944. Siehe zur Verortung der Baracken AMM, KL Mauthausen Lageplan-Etat 1942, 501b, gezeichnet 16.2.1942, Änderungen bis 1.5.1942

Die Mannschaftsunterkünfte sollten die drei Wachkompanien aufnehmen, die bis dahin in den Wachblockbaracken am nordwestlichen Ende des SS-Bereiches untergebracht waren (BW X/4 I-III), da letztere für Führer- bzw. Unterführerwohnungen benötigt wurden.[108]

Der SS-Oberscharführer Nowak wird seines Dienstes als Gefangeneneigentumsverwalter enthoben. Mit den Dienstgeschäften wird der SS-Oberscharführer Faßler betraut.

Gef.Eig.Verw.[109]

SS-O'scha. Nowak wurde wegen Unterschlagung von Fundgeldern in SS-dienstliche Vorbeugungshaft genommen.[110]

Alois Nowak, geboren am 27. April 1904, war vor seiner Dienstzeit in Mauthausen im Kommandanturstab des KZ Sachsenhausen in der Abteilung Verwaltung im Bekleidungswesen tätig gewesen. Zu den Nowak zur Last gelegten Unterschlagungen von sogenannten Fundgeldern – dem Geld, das in den in der Effektenkammer verwahrten Habseligkeiten der Häftlinge aufgefunden wurde –, liegen keine weiteren Informationen vor, da der Verbleib der Unterlagen des SS- und Polizeigerichtes Wien bis heute nicht geklärt ist.[111]

Sein Nachfolger, der seit Novmeber 1939 in Mauthausen tätige SS-Oberscharführer Max Fassler wurde Anfang März 1943 zu den Feldeinheiten versetzt, ihm folgte SS-Untersturmführer Heinrich Eisenhöfer nach.[112]

108 Siehe Eintrag vom 2.2.1943

109 Dieser Eintrag steht in der Spalte 3 „Fachgebiet".

110 Dieser Eintrag steht in der Spalte 4 „Erfahrungen, Abänderungsvorschläge (auch Hinweise auf Anlagen)".

111 Oberösterreichisches Landesarchiv (OÖLA), BG-LG Linz, Vr-Akten 1963, Zl. 1169, Verfahren Schulze-Streitwieser-Löschl, Schachtel 2249, Zeugenvernehmung Herrmann Kagerer, vom 5.6.1967 (Häftlingsfotograf im Erkennungsdienst des KZ Mauthausen) durch BG Neufelden

112 SS-Oberscharführer Max Fassler, geb. am 25.10.1910 in München, war von Beruf Friseur. SS-Untersturmführer Heinz Eisenhöfer (ab 30.1.1944 Obersturmführer), geb. am 19.2.1893 in Pirmasens, hatte eine Ausbildung als Handelsgehilfe und war von Beruf Angestellter bei der Stahlwerksverband AG Düsseldorf. BArch, BDC-Unterlagen Max Fassler und Heinrich Eisenhöfer

1o.12.41
Von der Firma Nierlich Wien treffen 314 Stück Glühbirnen als als [sic!] Ersatz für Ausgebrannte ein. Der diesjährige höhere Verbrauch an Glühlampen ist wahrscheinlich auf minderwertigeres Material zurückzuführen und hat sich um cca. 2/3 gesteigert, sodaß ein Verbrauch von cca. 1.ooo Glühlampen pro Monat in Frage kommt.

Die Firma H. Nierlich war ein Handelsunternehmen für Elektrobedarf im 19. Wiener Gemeindebezirk, Döblinger Gürtel 21-23.[113]

12.12.41
Das SS-Bekleidungswerk Dachau liefert auf Veranlassung der Inspektion Kl. Oranienburg 1o.ooo Stück Handtücher. Zur Einkleidung der neuaufzustellenden Kompanie KLM. geht vom SS-Bekleidungswerk Dachau ein größerer Posten Bekleidungsstücke ein.

Die am 1. April 1940 gegründeten SS-Bekleidungswerke der Waffen-SS in Dachau waren eine Ausweitung und organisatorische Umwandlung des im KZ bereits bestehenden Bekleidungslagers sowie der Schneiderei- und Schusterwerkstätten der SS und galten als staatlicher Betrieb. SS-WVHA-Chef Oswald Pohl sah in der Neugestaltung eine Möglichkeit, den stark steigenden Bedarf der expandierenden SS-Truppen und der Konzentrationslager durch SS-eigene Fertigungen – analog zur Funktion der DAW – in wirtschaftlich günstiger Weise zu decken. Vorgesehen waren die Abteilungen Bekleidung, Ausrüstung, Unterkunft, Häftlingsbekleidung und Altsachenverwertung. Die Bekleidungswerke blieben bis 1945 formal eine staatliche Einrichtung, waren de facto aber eine Dienststelle der SS-Verwaltung, die größtenteils über die Privatwirtschaft bezogene Produkte lagerte und verteilte.[114]

113 Nach Lehmann's Allgemeiner Wohnungsanzeiger, 1942, Bd. 1: Protokollierte Firmen, Teil II, S. 47 (http://www.digital.wienbibliothek.at/periodical/zoom/266254, Zugriff 3.6.2011)

114 Vgl. Kaienburg, Die Wirtschaft der SS, S. 936 ff

Die Lieferung von 10.000 Handtüchern ist vermutlich in Zusammenhang mit Maßnahmen der Seuchenprävention nach den Epidemien des zweiten Halbjahres 1941 zu sehen.

Die Expansion des Lagers machte die Aufstellung weiterer Wachkompanien (mit je 150 Soldaten) notwendig. Für die beiden Totenkopfsturmbanne Mauthausen und Gusen waren 1940/41 drei bzw. vier Kompanien vorgesehen worden. Gusen sollte 600, Mauthausen 460 Soldaten erhalten.[115] Nun wurde auch für den Wachsturmbann Mauthausen eine 4. Kompanie geschaffen.[116] Vor allem nach Mitte 1943 kam es auf Grund der ständig wachsenden Häftlingszahlen laufend zur Aufstellung weiterer Kompanien.[117]

14.12.41

Ebenso wurde für die vorgesehene 4. Kompanie KLM. vom Bekleidungs-Lager Prettin ein größerer Posten Bekleidungsstücke geliefert. Die Wachmannschaft des Arbeitslagers Bretstein wird mit Winterbekleidung ausgerüstet.[118] Die von Bretstein vordringlich angeforderten Windjacken konnten nicht ausgegeben werden, da das Bekleidungswerk Dachau[119] einen Liefertermin nicht festlegen konnte. Im Rahmen des Bekleidungsausgleiches wird der hiesigen Dienststelle vom Verwaltungsamt der Waffen-SS ein größerer Posten Bekleidung zugeteilt, der aber nur teilweise vom Bekleidungslager Dachau zu[r] Auslieferung gelangte.[120]

Das Bekleidungslager Prettin wurde durch das zwischen Mai 1939 und September 1941 im Schloss Lichtenburg stationierte SS-Totenkopf-Er-

115 BArch NS4 Ma/36, RFSS IKL an Lagerkommandanten Mauthausen, betr. Mob.-Stärkemnachweisung der K.L. vom 12.2.1940; vgl. Johannes Tuchel, Die Wachmannschaften der Konzentrationslager 1939 bis 1945 – Ergebnisse und offene Fragen der Forschung, in: Alfred Gottwaldt/Norbert Kampe/Peter Klein (Hg.), NS-Gewaltverbrechen. Beiträge zur historischen Forschung und juristischen Aufarbeitung, Berlin 2005, S. 135-151, hier S. 139 bzw. Maršálek, Die Geschichte, S. 183

116 Siehe den folgenden Eintrag vom 14.12.1941

117 Zur Entwicklung der Zahl der SS-Angehörigen siehe Einleitung

118 Siehe Eintrag vom 12.11.1941

119 Siehe Eintrag davor vom 12.12.1941

120 Siehe Eintrag vom 17.11.1941

satz-Bataillon II eingerichtet und blieb auch nach Verlegung des Bataillons bestehen. Es unterstand zunächst dem Verwaltungsamt-SS im SS-Führungshauptamt, ab 1942 dann aber der Amtsgruppe Truppenwirtschaft im SS-WVHA. Ca. 15 Häftlinge des am 29. September 1941 eingerichteten und dem KZ Sachsenhausen unterstehenden Außenlagers Prettin waren im Bekleidungslager als Zwangsarbeiter beschäftigt.[121]

Das Bekleidungswerk Dachau war vermutlich wegen der notwendigen Versorgung der SS-Einheiten an der Ostfront nicht in der Lage, den Anforderungen der bereits bewilligten Winterkleidung für Bretstein zeitgerecht und vollständig nachzukommen.[122]

15.12.41
Von der Va. Chares Waldenburg werden 500 Stück Jungtiertröge und 100 Stück Kaninchennäpfe für die Angorazucht Gusen zur Lieferung gebracht.[123]

24.12.41.
Die Julfeier wurde ebenso wie im vorigen Jahre im Gemeinschaftshaus des KLM.[124] für die einzelnen Kompanien und Kommandantur-Stab an verschiedenen Tagen durchgeführt.
Die vom Verwaltungsamt der Waffen-SS gelieferten Weihnachtszuwendungen kamen zur Verteilung. Nebst den Familienangehörigen der SS-Männer wohnten der Feier der Gauleiter von Oberdonau SS-Gruppenführer Eigruber und Höhere SS- und Polizeiführer SS-Gruppenführer u. Generalleutnant d.P. Dr. Kaltenbrunner bei.

Die nationalsozialistische Propaganda forcierte im Sinne der NS-Ideologie den Ersatz christlicher Weihnachtssymbolik durch germanisches Brauchtum, daher auch die versuchte Umbenennung des Weihnachtsfes-

121 Vgl. Andreas Weigelt, Das KZ-Außenlager Prettin von 1941 bis 1945, in: Stefan Hördler/Sigrid Jacobeit (Hg.), Lichtenburg. Ein deutsches Konzentrationslager, Berlin 2009, S. 190-204

122 Siehe Eintrag vom 12.11.1941

123 Siehe Eintrag vom 16.10.1941. Über die Firma Chares mit Sitz in Waldenburg konnten keine relevanten Informationen gefunden werden.

124 K(onzentrations)L(ager) M(authausen)

tes in „Julfest". Als Baumschmuck sollte „Julschmuck" verwendet werden, wozu Runen, Sonnenräder, Lebensbäume und Hakenkreuze gezählt wurden. Die „Julfeiern" konnten in den Privathaushalten nur begrenzt durchgesetzt werden, allerdings wurden öffentliche Weihnachtsfeiern als Julfeiern ausgerichtet.[125]

August Eigruber[126] war als Gauleiter und Reichsstatthalter für den Reichsgau Oberdonau laufend Gast in KZ Mauthausen. Eigruber hatte im März 1938 öffentlich bekannt gegeben, dass Oberösterreich durch die Errichtung eines Konzentrationslagers „für die Volksverräter von ganz Österreich" ausgezeichnet werde. Er soll sich auch an der Standortsuche beteiligt haben.[127] Allein der Tätigkeitsbericht vermerkt zwischen Oktober 1941 und Ende 1944 sieben Besuche von Eigruber in Mauthausen, manchmal alleine, meist jedoch in prominenter Begleitung von Reichsministern, Gauleitern, hochrangigen Militärs und SS-Angehörigen sowie Generaldirektoren von Rüstungsunternehmen. Es ist aber durchaus möglich, dass Eigruber in dieser Zeit noch öfter anwesend war, da nicht alle Aufenthalte im Tätigkeitsbericht des Verwaltungsführers verzeichnet wurden. Bei vielen dieser Besuche wurde auch das Lager Gusen besichtigt. Eigruber hat – so wie auch Kaltenbrunner – bei den Besuchen auch Hinrichtungen beigewohnt[128] und bekanntlich in der Schlussphase des Lagers auch die Exekution der sogenannten „Welser Gruppe" angeordnet.[129] Eigruber nahm in vielfältiger Weise auf das Geschehen im KZ Mauthausen

125 Vgl. Angela Brown, Vom „germanischen Julfest" zum „Totenfest". Weihnachten und Winterhilfswerk-Abzeichen im Nationalsozialismus, in: DHM 5 (1995) 14, hg. vom Deutschen Historischen Museum (http://www.dhm.de/magazine/weihnachten/Brownt.htm, Zugriff 15.10.2010). Vgl. zur Herstellung von „Julleuchtern" in der SS-eigenen Porzellanmanufaktur Allach auch Kaienburg, Die Wirtschaft der SS, S. 167

126 Vgl. die rezente biografische Skizze zu Eigruber in Josef Goldberger/Cornelia Sulzbacher, Oberdonau, Linz 2008, S. 156-160

127 „Bollwerk Salzkammergut", in: Völkischer Beobachter, Wiener Ausgabe, 29.3.1938; Archiv der Stadt Linz, Bestand Nachkriegszeit, B 75, Bericht von Robert T. Busenkell, 1945, S. 1 f. Busenkell war in der Bauleitung Mauthausen tätig. Siehe dazu Bertrand Perz/Florian Freund, Auschwitz neu? Pläne und Maßnahmen zur Wiedererrichtung der Krematorien von Auschwitz-Birkenau in der Umgebung des KZ Mauthausen im Februar 1945, in: Dachauer Hefte. Studien und Dokumente zur Geschichte der nationalsozialistischen Konzentrationslage, 20 (2004) 20, S. 58-70

128 Vgl. Maršálek, Die Geschichte, S. 249

129 Vgl. Michel Fabréguet, Mauthausen, S. 593 f

Einfluss, nach eigenen Angaben will er 1944 bei RSHA-Chef Kaltenbrunner auch darauf Einfluss darauf genommen haben, dass Franz Ziereis als Kommandant des Lagers nicht in dieser Funktion abgelöst wurde. [130]

Unter den prominenten NS-Funktionären zählte Ernst Kaltenbrunner neben und oft gemeinsam mit Eigruber zu den häufigsten Gästen ders Lager Mauthausen und Gusen – zunächst in seiner Funktion als Höherer SS- und Polizeiführer (HSSPF) „Donau“ bei den Reichsstatthaltern für Wien, Nieder- und Oberdonau im Wehrkreis XVII, in dessen territoriale Zuständigkeit (SS-Oberabschnitt Donau) auch das KZ Mauthausen fiel, ab 1943 als Nachfolger von Reinhard Heydrich als Chef der Sicherheitspolizei und des SD.[131] Allein im Tätigkeitsbericht sind fünf Besuche von Kaltenbrunner vermerkt, wobei sich dieser nachweislich schon ab Ende 1939 immer wieder im KZ Mauthausen aufgehalten hatte[132] und etwa die Anwesenheit bei der „Julfeier“ 1943 nicht vermerkt ist. Die enge Verbindung Kaltenbrunners mit dem KZ Mauthausen zeigt sich an seiner Anwesenheit bei der SS-Weihnachtsfeier ebenso wie an seiner späteren Teilnahme an der Einweihung des SS-Schießstandes in St. Georgen a.d. Gusen am 19. Juli 1942.[133] Kaltenbrunner war auch maßgeblich an der Einrichtung des ersten Mauthausener Außenlagers für die Rüstungsproduktion in Steyr-Münichholz beteiligt.[134]

Nach Zeugenaussagen im Nürnberger Prozess sollen Kaltenbrunner im Sommer 1943 verschiedene Hinrichtungsarten im Lager vorgeführt worden sein. Der ehemalige SS-Unterscharführer Alois Höllriegel behauptete zudem, dass Kaltenbrunner bei dieser Gelegenheit auch die Gaskammer besichtigt habe.[135] Die Datierung dieses Besuches auf den Sommer 1943 ist jedoch wahrscheinlich falsch. Der Tätigkeitsbericht

130 NARA, RG 549, US vs. Hans Altfuldisch et al., case 000-50-5, Direct Examination Eigruber

131 Vgl. zur Biografie von Kaltenbrunner Black, Ernst Kaltenbrunner

132 So war Kaltenbrunner am 19.12.1939 in Mauthausen und besuchte im Frühjahr 1941 gemeinsam mit Himmler das KZ. Vgl. Maršálek, Die Geschichte, S. 188; das sichtbare unfassbare, S. 124 f

133 Siehe Eintrag vom 19.7.1942

134 Siehe Eintrag vom 5.1.1942

135 Der Nürnberger Prozeß: Siebenundzwanzigster Tag. Freitag, 4. Januar 1946, S. 30. Digitale Bibliothek, Bd. 20: Der Nürnberger Prozeß, S. 4269 (vgl. NP, Bd. 4, S. 429); siehe auch Affidavit Höllriegel, Nürnberger Dokument 2753 PS. Vgl. Black, Ernst Kaltenbrunner, S. 160

vermerkt zwar einen Besuch von Kaltenbrunner für den 25./26. Mai 1943. Vermutlich beziehen sich die Zeugenaussagen aber auf den Besuch von Kaltenbrunner am 7. Mai 1942. An diesem Tag wurden 70 Häftlinge erschossen, zwei Häftlinge gehenkt und drei Häftlinge „auf der Flucht erschossen".[136]

29.12.41
Auf Anordnung der Inspektion KL. Oranienburg werden vom KL. Sachsenhausen 1.44o Paar Schnürschuhe an die hiesige Verwaltung zum Versand gebracht. Die befohlene Ausgabe der Schnürschuhe beziehungsweise der Stiefel konnte bisher nicht erfolgen, da erst das Eintreffen der Wickelgamaschen abgewartet werden muß.

In Oranienburg bzw. im KZ Sachsenhausen wurde seit 1940 im Rahmen des Bekleidungswerkes der Waffen-SS eine Schuhproduktion aufgebaut, die in der ersten Kriegshälfte vor allem auf die Produktion von primitiven Holzpantinen für Häftlinge ausgerichtet war.[137] Später kam noch die Sortierung und Verwertung von Schuhen und anderen Habseligkeiten der in den Vernichtungslagern ermordeten Juden als Arbeitsfeld hinzu.[138] Instand gesetzt wurden in dieser Schuhfabrik auch Militärschuhe. Eventuell stammten die im Eintrag angesprochenen Schnürschuhe aus diesem Betrieb, es ist aber auch möglich, dass vorhandene Schnürschuhe im Zuge des immer wieder stattfindenden Ressourcenausgleiches zwischen den Konzentrationslagern nach Mauthausen abgegeben wurden.

136 Siehe Eintrag vom 7.5.1942

137 Vgl. Hermann Kaienburg, Der Militär- und Wirtschaftskomplex der SS im KZ-Standort Sachenhausen – Oranienburg. Schnittpunkt von KZ-System, Waffen-SS und Judenmord, Berlin 2006, S. 280 ff; das KZ Sachsenhausen war darüber hinaus auch Zentrum der Gebrauchswertforschung für die Schuhindustrie. Auf der sogenannten Schuhprüfstrecke des Lagers wurden Häftlinge unter brutalsten Bedingungen zu umfangreichen Trageversuchen gezwungen. Ausführlich dazu Anna Sudrow, Der Schuh im Nationalsozialismus. Eine Produktgeschichte im deutsch-britisch-amerikanischen Vergleich, Göttingen 2010, S. 488-591

138 Sudrow, Der Schuh im Nationalsozialismus, S. 600-631. Vgl. Perz/Sandkühler, Auschwitz und die „Aktion Reinhard", S. 283-316

Wickelgamaschen waren eine nicht nur beim deutschen Militär verbreitete Fußbekleidung.[139] Die Lieferung erfolgte erst am 2. März 1942.[140]

1.1.42.
Zu verpflegen sind 655 SS-Männer, 9.465 Häftlinge und 3.49o sowjet-russische Kriegsgefangene.[141]

5.1.42.
Auf Befehl des Inspekteurs KL. werden 3oo Häftlinge und 22 SS-Männer zum Ausbau der Steyr-Werke zur Verfügung gestellt. Bis zur Fertigstellung der Unterkunft in Steyr selbst kehrt das Kommando ins hiesige Lager zurück. Die Verpflegung erfolgt in Steyr. Zur Herstellung der Verpflegung werden täglich die notwendigen Materialien mitgegeben.

Nach 1938 gelang es den Reichswerken „Hermann Göring" (RWHG) durch massiven politischen Druck, die Steyr-Daimler-Puch AG (SDPAG) als größtes österreichisches Kraftfahrzeugs- und Rüstungsunternehmen dem Konzern anzugliedern. Unter der Leitung des von Göring eingesetzten Generaldirektors Dr. Georg Meindl expandierte die Firma zu einem Großunternehmen der Rüstungswirtschaft, die Zahl der Beschäftigten stieg von 7.000 bis 1944 auf ca. 50.000 an, wobei etwa 50 Prozent ausländische Zwangsarbeiter waren. Die SDPAG hatte trotz bevorzugter Zuweisung ausländischer Arbeitskräfte wegen der raschen Expansion ab 1941 in der Phase der Produktionsaufnahme neuer Betriebsstätten große Probleme, ausreichend qualifizierte Arbeitskräfte zu bekommen. Allein am Standort Steyr war 1941 ein Wälzlagerwerk in Betrieb genommen worden, das den Konzern zum drittgrößten Kugellagerproduzenten des Deutschen Reiches aufsteigen ließ.

139 Vgl. Andrew Mollo, Uniforms of the SS, Bd. 6: Waffen-SS 1933-1945, London 1972, S. 33

140 Siehe Eintrag vom 2.3.1942

141 Die hier angegebene Zahl der Häftlinge und Kriegsgefangenen (zusammengezählt sind es 12.955) weicht erheblich von der bisher angenommenen Zahl von ca. 15.900 ab. Vgl. Maršálek, Die Geschichte, S. 125

Ende 1941 stand die Produktionsaufnahme im neuen Flugmotorenwerk für die Lizenzfertigung von Daimler-Benz-Motoren unmittelbar bevor. In dieser Situation setzte Generaldirektor Meindl auf den Einsatz von KZ-Häftlingen. Vermutlich war schon zu dieser Zeit täglich ein Häftlingskommando aus dem ca. 30 Kilometer entfernten KZ Mauthausen – zunächst mit Bussen, später mit der Bahn – nach Steyr zu den Baustellen der SDPAG gebracht worden. Zu Jahresbeginn 1942 wandte sich Meindl an den HSSPF und späteren RSHA-Chef Ernst Kaltenbrunner und ersuchte ihn um Unterstützung bei der Zuweisung von Häftlingsfacharbeitern für die Produktion. Meindl legte dar, dass bei der SDPAG „trotz Heranziehung von ausländischen Facharbeitern nicht mehr das Auslangen gefunden werden kann. Durch den Anlauf des neu errichteten Flugmotorenwerkes werden innerhalb der nächsten 1-2 Jahre insgesamt ca. 5.000 Facharbeiter zusätzlich benötigt […]. Vom KL Mauthausen wurden uns derzeit 300 Häftlinge als Bauarbeiter beigestellt, welche täglich mit der Bahn nach Steyr und zurück gebracht werden. Ich bitte Sie nun um weitere Beistellung von einigen Hundert Häftlingen, welche wir als Produktionsarbeiter einzustellen beabsichtigen. Bei den Letztgenannten soll es sich möglichst um Metallfacharbeiter oder um solche Kräfte handeln, welche sich für Maschinenarbeit anlernen lassen."[142]

Dem Ersuchen Meindls um Häftlinge wurde umgehend stattgegeben. Um den aufwendigen täglichen Transport einzusparen, begannen noch im Jänner 1942 Häftlinge mit dem Aufbau eines Außenlagers in Steyr-Münichholz. Ab 14. März 1942 wurde Steyr als Außenlager des KZ Mauthausen geführt und zählte im gesamten Deutschen Reich somit zu den ersten KZ-Außenlagern, in denen Häftlinge direkt für die Rüstungsproduktion herangezogen wurden. 1944 hielten sich bis zu 2.000 Häftlinge in Steyr auf, größere Gruppen stammten aus Spanien, Polen, der Sowjetunion, Jugoslawien und Frankreich; ab Herbst 1944 befanden sich auch als Juden kategorisierte Häftlinge im Lager Steyr.

Die Häftlinge mussten beim Bau von Fabrikanlagen der SDPAG und in der Produktion von Flugmotoren und Wälzlagern arbeiten, wurden aber auch in anderen Produktionsbereichen eingesetzt. 1944 waren Häftlinge überdies beim Bau von Luftschutzstollen und -bunkern sowie bei

142 Dokumentationsarchiv des österreichischen Wiederstandes (DÖW), 11.211, Meindl an Kaltenbrunner betr. Arbeitseinsatz der Häftlinge aus dem KL Mauthausen in den Steyr-Werken, vom 5.1.1942

Aufräumarbeiten nach Luftangriffen eingesetzt. Das Lager Steyr fungierte wegen seiner geografischen Lage im April 1945 als Zwischenstation für zahlreiche Evakuierungsmärsche aufgelöster Außenlager aus dem östlichen Österreich nach Mauthausen und Gusen. Am 5. Mai 1945 befreiten US-amerikanische Truppen das Lager, in dem insgesamt mindestens 295 Häftlinge ums Leben gekommen waren.[143]

13.1.42
Besprechung des Leiters der VerwaltungL [sic!] **KLM. bei der SS-Standort-Kommandantur Wien über Verpflegsangelegenheiten.**

Der konkrete Inhalt der Besprechung bei der SS-Standortkommandantur Wien ist nicht bekannt.

26.1.42
Gemäß Verfügung des Verwaltungsamtes-SS wird die Rechnungslegung für den Monat Dezember 41 vorgeprüft.

Die vorgesetzten SS-Stellen in Berlin unterzogen die Abrechnungsmodalitäten der Abteilung Verwaltung einer regelmäßigen Überprüfung.[144]

27.1.42
Die Unterkünfte für das Kommando Steyr sind fertiggestellt, ebenso kann ab heute der eigene Küchenbetrieb zur Herstellung der Verpflegung in Tätigkeit treten.[145]

143 Vgl. Bertrand Perz, Steyr-Münichholz, ein Konzentrationslager der Steyr-Daimler-Puch A.G. Zur Genese der Zwangsarbeit in der Rüstungsindustrie, in: Jahrbuch 1989, hg. vom Dokumentationsarchiv des österreichischen Widerstandes, Wien 1989, S. 52-61; Bertrand Perz, Steyr-Münichholz, in: Benz/Distel, Der Ort des Terrors, Bd. 4, S. 437-440; Perz, Projekt Quarz, S. 81-88

144 Siehe Eintrag vom 19.6.-21.6.1942. Genauere Unterlagen zur Vorprüfung konnten nicht gefunden werden.

145 Siehe Eintrag vom 5.1.1942

1.2.42
Zu verpflegen sind 1.15o SS-Männer, 8.84o Häftlinge und 2.892 Kriegsgefangene. (SU.)[146]

2.2.42
Die SS-Neubauleitung übergibt der Verwaltung eine neue Baracke. Dieselbe wird von der 1. Komp.SS-Stuba.Mauthausen bezogen.

Die für den Lagerbau zuständige SS-Neubauleitung KL Mauthausen übergab einzelne Bauobjekte, wenn diese fertig gestellt waren, formell an die Verwaltung des Lagers. Eine Baracke der bereits Anfang Dezember 1941 teilweise fertig gestellten Mannschaftsunterkünfte (BW/X 33) für die ersten drei in Mauthaussen bestehenden Wachkompanien wurde nun bezogen.[147]

4.2.42
Mit dem Umbau der ehemaligen Baracke der 1. Komp. für Führerwohnungen wird begonnen.

Nach den Bauplänen der SS-Neubauleitung Mauthausen wurde die frei gewordene Baracke mit der Baukennziffer BW X/4 I von einer „SS-Wachblockbaracke" bis Mitte Juni 1942 in die „Führerwohnbaracke" BW X/4 Ia. umgebaut.[148] (Von der vom Steinbruch auf das Schutzhaftlagertor zulaufenden Lagerstraße aus gesehen, war dies die linker Hand stehende zweite Baracke).

5.2.42
Beginn mit dem Bau des Kommandanturgebäudes.

Die bis dahin als Lagerkommandantur dienende hölzerne Baracke, in der auch die Leitung der Verwaltungsabteilung untergebracht war, wurde

146 Die hier angegebene Zahl der Häftlinge und Kriegsgefangenen (zusammengezählt sind es 11.732) weicht erheblich von der bisher angenommenen Zahl von ca. 13.500 ab. Vgl. Maršálek, Die Geschichte, S. 126

147 Siehe Eintrag vom 1.12.1941

148 Siehe Eintrag vom 12.6.1942 bzw. vom 19.6.-21.6.1942; AMM, KL Mauthausen Lageplan-Etat 1942, 501b, gezeichnet 16.2.1942, Änderungen bis 1.5.1942

Abb. 10: SS-Zeremonie im Garagenhof des Lager mit dem alten Kommandanturgebäude im Hintergrund, 1940/41 (SS-Aufnahme)

nun durch ein massives steinernes Gebäude ersetzt. Das Zimmer des Kommandanten erhielt eine repräsentative Ausstattung mit Holzvertäfelungen. Die großen Fenster erlaubten dem Kommandanten einen Blick auf das Lager wie das gesamte Alpenvorland und die Alpenkette. Die Zimmer der Abteilungsleiter waren dagegen relativ klein gehalten. Das neue Gebäude war bis März 1943 fertig gestellt.[149]

17.2.42
Gemäß Fernschreiben der IKL. wurden folgende vorhandene Zeltbahnen gemeldet:
17o Stück dreieckige Zeltbahnen
2 - " - viereckige Zeltbahnen.

149 Siehe Eintrag vom 17.3.1943

Es handelte sich bei den angeführten Materialien um Lagerbestände, die nun zentral erfasst wurden. Es gibt keinen Hinweis darauf, dass diese Zeltbahnen in Mauthausen auch verwendet wurden. Die Bahnen wurden am 30. März 1942 an das Bekleidungslager Prettin abgegeben. Hintergrund für diese Ablieferung dürfte die angespannte Versorgungslage der SS-Truppen gewesen sein.[150]

19.2.42

Es findet die Verhandlung gegen den SS-O'scha. Nowak statt. Das SS- u. Polizeigericht Wien verurteilt denselben zu 1o Jahren Zuchthaus.[151]

25.2.42

Kameradschaftsabend für die Unterführer des Kdtr.-Stabes Mauthausen/Gusen im Lager Mauthausen.

Gesellige Abende für die Angehörigen des Kommandanturstabes, aber auch für die Wachmannschaften, wurden laufend abgehalten. Sie waren Teil der gemeinsamen Freizeitgestaltung und sollten auch dem Zusammenhalt der SS-Angehörigen des Lagers dienen. Zu manchen dieser Abende wurden auch Vertreter von nicht zur Lagerbürokratie gehörenden Einrichtungen geladen, etwa Angehörige von Firmen, an die das KZ Mauthausen Häftlinge verlieh.[152]

28.2.42

Es werden sämtliche Schußwaffen durch SS-Stubaf. Häusel SS-Führungs-Hauptamt Kommandoamt der Waffen-SS überprüft.

---

150 Siehe Zusatzeintrag unter dem Eintrag vom 16.4.1942, datiert vom 30.3.1942

151 Siehe Eintrag vom 1.12.1941

152 Vgl. Bertrand Perz, KZ-Häftlinge als Zwangsarbeiter der Reichswerke „Hermann-Göring" in Linz, in: Christian Gonsa/Gabriella Hauch/Michael John/Josef Moser/Bertrand Perz/Oliver Rathkolb/Michaela C. Schober, Zwangsarbeit – Sklavenarbeit: Politik-, sozial- und wirtschaftshistorische Studien (=NS-Zwangsarbeit: Der Standort Linz der Reichswerke Hermann Göring AG Berlin, 1938-1945, hg. von Oliver Rathkolb, Bd. 1), Wien-Köln-Weimar 2001, S. 449-590, hier S. 493 f

Das Kommandoamt im SS-Führungshauptamt war für die militärische Führung der Waffen-SS und die vormilitärische Ausbildung der Allgemeinen SS zuständig. Von 1940 bis 1942 unterstand die Inspektion der Konzentrationslager in allen Personalangelegenheiten dem SS-Führungshauptamt.[153] Auch nach der Eingliederung der IKL in das SS-WVHA blieb das Kommandoamt für die Bewachungsmannschaften der KZ hinsichtlich Ausbildung und Truppeninspektion mit zuständig.

1.3.42
Zu verpflegen sind 1.25o SS-Männer, 8.995 Häftlinge und 2.474 sowjet-russische Kriegsgefangene.[154]

2.3.42
Vom SS-Bekleidungswerk Dachau[155] treffen 1.41o Paar Segeltuchgamaschen ein.

SS-Bekl.Kammer:[156]

2.3.42

Am heutigen Tage sind 1.41o Paar Wickelgamaschen bei der hiesigen Dienststelle eingegangen. Mit der Ausgabe wird sofort begonnen. Die Marschstiefel werden eingezogen und bedürfen, nachdem sie während der ganzen Wintermonate in Benützung waren, größerer Reparaturen.[157]

153 Vgl. Tuchel, Konzentrationslager, S. 228 f

154 Die hier angegebene Zahl der Häftlinge und Kriegsgefangenen (zusammengezählt sind es 11.469) weicht erheblich von der bisher angenommenen Zahl von ca. 13.300 ab. Vgl. Maršálek, Die Geschichte, S. 126

155 Siehe Eintrag vom 12.12.1941

156 Dieser Eintrag steht in der Spalte 3 „Fachgebiet"; siehe zu den Kammerbaracken Eintrag vom 12.10.1942

157 Dieser Eintrag steht in der Spalte 4 „Erfahrungen, Abänderungsvorschläge (auch Hinweise auf Anlagen)".

Die Gamaschen waren als Ergänzung zu den bereits Ende Dezember 1941 ausgelieferten Schnürschuhen vorgesehen.[158]

13.3.42
Besichtigung des hiesigen Lagers durch Gauleiter Eigruber und Gauleiter Henlein.

Konrad Henlein war als Führer der Sudetendeutschen Partei nach dem Münchner Abkommen und der darauffolgenden deutschen Besetzung der Sudetengebiete im Oktober 1938 zum Gauleiter und Reichsstatthalter des neuen Reichsgaues „Sudetenland" ernannt worden. Dagegen wurde er bei der Besetzung der Spitzenfunktionen im Protektorat Böhmen und Mähren 1939 übergangen. Er beging 1945 in amerikanischer Haft Selbstmord.[159] Am Tag des Besuches von Henlein wurden zwei Häftlingstodesfälle mit dem Vermerk „Freitod durch Elektrizität" und ein Todesfall mit dem Eintrag „auf der Flucht erschossen" verzeichnet.[160]

15.3.42
Die Führer und Unterführer der Verwaltung nahmen an der Großkundgebung der NSDAP in Linz teil. Es sprach Reichsminister Dr. Goebbels. Vom hiesigen Lager wurde eine Ehrenkompanie gestellt.

Propagandaminister Goebbels unternahm aus Anlass des 4. Jahrestages des „Anschlusses" Österreichs an das Deutsche Reich vom 12. bis zum 15. März 1942 eine Propagandareise durch die „Ostmark" und sprach auf Kundgebungen in Graz, Wien und Linz. Die Großkundgebung der NSDAP in Linz mit Goebbels Rede als Höhepunkt fand in der Südbahnhofhalle statt. Im Zentrum der Rede stand die Frage der weiteren Entwicklung des Krieges, nachdem der Überfall auf die Sowjetunion nicht wie beabsichtigt vor dem Winter den erwarteten Sieg gebracht

158 Siehe Eintrag vom 29.12.1941

159 Zur Biografie und Politik von Henlein vgl. Ralf Gebel, „Heim ins Reich!": Konrad Henlein und der Reichsgau Sudetenland (1938-1945), München 1999

160 Zentrales Staatsarchiv Prag, KT-OVS, kniha Mauthausen I, Kt. 29, Buch unnatürliche Todesfälle

hatte. Goebbels Rede war davon getragen, jeden Zweifel an der Gewinnbarkeit des Krieges zu zerstreuen.[161]

17.3.42
Die Marschstiefel werden gem. Befehl des Inspekteurs KL. eingezogen.

Die bereits am 2. März 1943 vermerkte Einziehung abgenutzter Marschstiefel dürfte mit Versorgungsengpässen der SS an der Ostfront in Zusammenhang gestanden haben. Nach der Reparatur der Schuhe gingen Mitte April 1942 über 800, nun wieder „felddienstverwendungsfähige" Paar Stiefel an das Bekleidungslager Prettin ab.[162] 238 nicht mehr wieder herstellbare Stiefel wurden an die Altsachen-Verwertungsstelle im KZ Sachsenhausen übergeben.[163]

20.3.42
Es spricht der Kreisleiter des Kreises Freistadt/Perg Pg. Wolf(s)gruber zum Kommandanturstab und zur Wachtruppe.

Kreisleiter des Landkreises Freistadt war der Blutordensträger Wilhelm Wolfsgruber (1911-1999).[164] Der in Freistadt geborene Wolfsgruber war bereits 1931 der NSDAP beigetreten und u.a. Bezirkspropagandaleiter. Er verbrachte während des Verbots der NSDAP in Österreich über ein Jahr im Gefängnis, wurde 1936 illegaler Kreisorganisationsleiter des Mühlviertels und 1937 illegaler Kreisleiter für dieses Gebiet. Von März 1938 bis Juni 1944 war Wolfsgruber Kreisleiter und stellvertretender Kreisamtsleiter für Kommunalpolitik von Freistadt. Von April bis November 1940 war er überdies Kreispresseamtsleiter.[165]

161 Die Linzer Rede ist abgedruckt in Hellmut Heiber (Hg.), Goebbels-Reden, Bd. 2: 1939-1945, Düsseldorf 1972, S. 83 ff (Tagebuch 1942, Anm. 40)

162 Siehe Eintrag vom 2.3.1942 bzw. vom 16.4.1942

163 Siehe Eintrag vom 23.4.1942

164 Wilhelm Wolfsgruber, Der Kreis Freistadt im ersten Kriegsjahr, Freistadt 1941

165 Biografische Datenbank des Oberösterreichischen Landesarchivs (https://e-gov.ooe.gv.at/bgdfiles/p3905/Wolfsgruber_Wilhelm.pdf, Zugriff 31.5.2011)

23.3.42
Es werden 2 Reitpferde angekauft.

Das Lager Mauthausen verfügte außerhalb des nordöstlichen Lagerzauns auf der Höhe des Blocks 20 und der Entlausungsbaracke über eine eigene Reitbahn für das Reittraining der SS. Höhere SS-Führer wie Ziereis, Bachmayer oder Strauß hatten eigene Reitpferde.

25.3.42
Das hiesige Lager wird von 3 kommandierenden Generälen besichtigt. In ihrer Begleitung befindet sich der Polizeipräsident von Linz.

Polizeipräsident von Linz war der 1889 im oberösterreichischen Gallneukirchen geborene Rechtsanwalt Dr. Josef Plakolm. Himmler hatte den seit den 1930er Jahren in der NS-Bewegung wie auch der SS aktiven Plakolm im März 1938 ernannt. Plakolm war als Polizeipräsident für die Einweisung zahlreicher Personen in die Konzentrationslager verantwortlich.[166] Zur Identität der drei Wehrmachtsgeneräle liegen keine Angaben vor. Möglicherweise stand der Besuch in Zusammenhang mit der Anwesenheit sowjetischer Kriegsgefangener im Lager.

27.3.42
Das SS-Bekleidungslager Prettin übersendet dem hiesigen Lager 1oo Stück Gummimäntel.[167]

1.4.42
Zu verpflegen sind 1.2oo SS-Männer, 8.759 Häftlinge und 755 sowjet-russische Kriegsgefangene.

166 Zur Biografie von Plakolm vgl. Thomas Dostal, Das „braune Netzwerk“ in Linz 1933-1938, in: Fritz Mayrhofer/Walter Schuster (Hg.), Nationalsozialismus in Linz, Bd. 1, Linz 2001, S. 21-136, hier S. 95 f, FN 232 bzw. Daniel Ellmauer/Michael John/Regina Thumser, „Arisierungen“, beschlagnahmte Vermögen, Rückstellungen und Entschädigungen in Oberösterreich (=Veröffentlichungen der Österreichischen Historikerkommission, Bd. 17/1), Wien 2004, S. 259-262

167 Siehe Eintrag vom 14.12.1941

Es findet ein Unterführer-Abend des gesamten Kommandantur-Stabes statt.[168]

9.4.42
Die SS-Neubauleitung übergibt sämtliche fertiggestellte Baracken an die Verwaltung KLM.

1941/42 entstanden im Lager sowohl Häftlings- als auch SS-Baracken. Im Bereich des Schutzhaftlagers wurden 1941 vier Häftlingsbaracken (Block 21-24) errichtet.

16.4.42
Die eingezogenen Marschstiefel wurden überholt und das SS-Bekleidungslager Prettin[169] erhielt 827 Paar felddienstverwendungsfähige Marschstiefel zugesandt.[170]

SS-Bekl.Kammer:[171]

30.3.42

Die Zeltbahnen werden befehlsgemäß an das SS-Bekleidungslager Prettin übersandt.[172]

20.4.42
Der Kommandantur-Stab tritt zu einem Appell anläßlich des Geburtstages des Führers an.

168 Siehe Eintrag vom 25.2.1942
169 Siehe Eintrag vom 14.12.1941
170 Siehe Eintrag vom 2.3.1942 und vom 17.3.1942
171 Dieser Eintrag steht in der Spalte 3 „Fachgebiet“ auf der Höhe des nächsten Eintrages in der Spalte 4. Die Bekleidungskammer war für die Lagerung der Zeltbahnen zuständig.
172 Dieser Eintrag steht in der Spalte 4 „Erfahrungen, Abänderungsvorschläge (auch Hinweise auf Anlagen)“; siehe auch Eintrag vom 17.2.1942

Geburtstage von Adolf Hitler wurden in allen Konzentrationslagern zelebriert und boten den Anlass für Beförderungen von SS-Männern und für SS-Hochzeiten vor dem lagereigenen Standesamt. Am 20. April fanden aber oft auch Exekutionen von Häftlingen statt. 1942 wurden an diesem Tag 48 jugoslawische Partisanen, darunter die ersten vier Frauen, die nach Mauthausen eingewiesen worden waren, sowie zwei tschechische Kommunisten auf Befehl des RSHA bzw. des RFSS erschossen.[173] 1944 wurden anlässlich des „Führergeburtstages" 25 Häftlinge - russische Zivilarbeiter und polnische Schutzhäftlinge - exekutiert.[174]

22.4.42
SS-Obersturmführer Schinko vom SS-Schulungshauptamt spricht zum Kommandantur-Stab.

Das 1938 aus dem Schulungsamt des Rasse- und Siedlungshauptamtes (RuSHA) hervorgegangene SS-Schulungshauptamt sollte für die weltanschauliche Erziehung der SS-Angehörigen sorgen. Standen zunächst die Erläuterung rassenpolitischer Aufgaben der SS im Vordergrund, darunter Themen wie „Bevölkerungspolitik", „Erbgesundheit", „Rassenkunde" und „Gattenwahl", so entstand, parallel zur Expansion der Funktionen der SS, allmählich ein Schulungsplan, der anhand historischer Themen die Einstellung des Nationalsozialismus zu allen Bereichen des politischen Lebens vermitteln sollte, um auf diese Weise die „großgermanische" Herrschaftsidee zu propagieren. In der Etablierung dieses differenzierten Schulungsplanes spiegelte sich die Entwicklung der SS von einer parteiinternen Elite zur Statthalterin vielfältiger quasistaatlicher Funktionen (mit dem Anspruch, Avantgarde des „neuen Europas" zu sein) wider.[175]

---

173 Zentrales Staatsarchiv Prag, KT-OVS, kniha Mauthausen I, Kt. 29, Buch unnatürliche Todesfälle; vgl. Maršálek, Die Geschichte, S. 229; Baumgartner, Die vergessenen Frauen, S. 92 f

174 Zentrales Staatsarchiv Prag, KT-OVS, kniha Mauthausen II, Kt. 29, Buch unnatürliche Todesfälle; siehe auch Vernehmungsprotokoll des Adjutanten von Ziereis, SS-Hauptsturmführer Viktor Zoller, vom 30.1.1946 in Dachau, der sich an 38 exekutierte Jugoslawen am „Führgeburtstag" 1941 oder 1942 erinnert. OÖLA VR-Akten 1963, Zl.1169, Bd. I-IV, Sch. 2247 Verfahren gegen Gustav Löschl

175 Vgl. Bernd Wegner, Hitlers politische Soldaten: Die Waffen-SS 1933-1945, Paderborn 1988, S. 186-203; Isabell Heinemann, „Rasse, Siedlung, deutsches Blut". Das Rasse- und Siedlungshauptamt der SS und die rassenpolitische Neuordnung Europas, Göttingen 2003, S. 99 ff

In den Kommandanturstäben der Konzentrationslager wurden bis 1941 generell eigene Abteilungen VI „Fürsorge und Weltanschauliche Schulung" eingerichtet, die vor allem der Integration der heterogenen Wachmannschaften dienen sollten.[176]

23.4.42
Der Inspekteur der Kriegsgefangenenlager General Schäfer besichtigt das Lager.

Generalmajor Hugo Schäfer war Inspekteur der Kriegsgefangenenlager im Wehrkreis XVII. Sein Besuch ist im Zusammenhang mit der im Oktober 1941 begonnenen Einweisung von Tausenden sowjetischen Kriegsgefangenen zu sehen. Schäfer wurde 1945 bei seiner Rückkehr nach Wien von der sowjetischen Besatzungsmacht festgenommen, in die UdSSR verbracht und erschossen.[177]

An die Altsachen-Verwertungsstelle-Leder Sachsenhausen werden 238 Paar ausgesonderte und abgeschriebene Marschstiefel übersandt.

Die Altsachen-Verwertungstelle-Leder des Bekleidungswerks der Waffen- SS beim KZ Sachsenhausen wurde 1940 eingerichtet. Das gesamte in der SS gesammelte Altleder wurde dort zu Herstellung primitiver Häftlingsschuhe mit Holzsohle verwendet, daher trug die Einrichtung auch der Namen „Schuhfabrik". Ab 1943 wurden Ledersachen ermordeter Juden (u.a. Schuhe und Taschen) im Gesamtumfang von mindestens 100 Waggonladungen in die Verwertungsstelle gebracht und zum Teil auf riesigen Halden im Freien gelagert. An die 800 Häftlinge mussten

176 Hördler, Die KZ-Wachmannschaften in der zweiten Kriegshälfte, S. 138-142; Marc Buggeln, Die weltanschauliche Schulung der KZ-Wachmannschaften in den letzten Kriegsmonaten. Der „Nachrichtendienst für die SS-Männer und Aufseherinnen in den Außenkommandos" im KZ Stutthof 1944/45, in: Angelika Benz/Marija Vulesica (Hg.), Bewachung und Ausführung. Alltag der Täter in nationalsozialistischen Lagern, Berlin 2011, S. 170-183

177 Vgl. Harald Knoll/Barbara Stelzl-Marx, „Wir mussten hinter eine sehr lange Liste von Namen einfach das Wort ‚verschwunden' schreiben." Sowjetische Strafjustiz in Österreich 1945-1955, in: Andreas Hilger/Mike Schmeitzner/Clemens Vollnhals (Hg.), Sowjetisierung oder Neutralität? Optionen sowjetischer Besatzungspolitik in Deutschland und Österreich 1945-1955, Göttingen 2006, S. 169-220, hier S. 202

die Gegenstände sortieren, auftrennen, nach Wertsachen durchsuchen und das getrennte Material für die Weiterverarbeitung nochmals sortieren. Die gesammelten Wertsachen waren über das WVHA an die Reichsbank abzuliefern. Um zu verhindern, dass Häftlinge in den Besitz von Wertgegenständen kamen, die sie auf dem Schwarzmarkt bei der SS u.a. gegen Lebensmittel eintauschen konnten, wurden die Trennkommandos separat untergebracht und bewacht. Schiebungen, Unterschlagungen und Schmuggel durch SS-Angehörige waren aber an der Tagesordnung und führten wiederholt zu Untersuchungen durch die Kriminalpolizei.[178]

An die Altsachen-Verwertungsstelle wurden jene Maschstiefel abgegeben, die in Mauthausen nicht mehr repariert werden konnten.[179]

1.5.42

Zu verpflegen sind 12oo SS-Männer, und 8.924 Häftlinge.[18o]

Es findet ein Kameradschafts-Abend des Kommandantur-Stabes und der Truppe statt.[181]

3.5.42

Das Aussenlager Bretstein wird durch den Kommandanten und dem [sic!] **Leiter der Verwaltung besichtigt. Die Bestände werden überprüft.**[182]

Die periodische Inspektion von Außenlagern durch Vorgesetzte aus Mauthausen war durchaus üblich. Dass dieser Besuch extra vermerkt wurde, mag daran gelegen haben, dass zu diesem Zeitpunkt nur ganz wenige Außenlager existierten. Später finden sich derartige Einträge nicht mehr.

Die neue Baracke für die 2. Komp. wurde von der SS-Neubauleitung durch die Verwaltung übernommen.

178 Vgl. Kaienburg, Die Wirtschaft der SS, S. 505 f; ders., Der Militär- und Wirtschaftskomplex, S. 280-287; Sudrow, Der Schuh im Nationalsozialismus, S. 605-631; Perz/Sandkühler, Auschwitz und die „Aktion Reinhard", S. 208 f

179 Siehe Eintrag vom 17.3.1942

180 Die hier angegebene Zahl der Häftlinge weicht erheblich von der bisher angenommenen Zahl von ca. 10.100 ab. Vgl. Maršálek, Die Geschichte, S. 126

181 Siehe Eintrag vom 25.2.1942

182 Siehe Eintrag vom 12.11.1941

Nachdem zwei von drei neuen Mannschaftsunterkünften (BW X/33) rechts der Auffahrt zum SS-Garagenhof Anfang Dezember 1941 weitgehend fertig gestellt waren und die 1. Kompanie am 2. Februar 1942 eine der beiden Baracken bezogen hatte, wurde nun auch die 2. Kompanie aus dem SS-Lagerbereich (BW X/4 I-III) in eine der neuen Baracken verlegt.[183]

7.5.42
SS-Obergruppenführer Pohl[184] und SS-Gruppenführer Dr. Kaltenbrunner[185] sind im Lager anwesend.

Am Tag des Besuches von Pohl und Kaltenbrunner wurden in Mauthausen 70 tschechische Häftlinge erschossen, darunter vier Professoren der Brünner Universität, die Anfang 1942 nach Mauthausen gebracht worden waren. Zwei Häftlinge wurden gehenkt, weitere drei „auf der Flucht erschossen".[186] Ob der Besuch wegen der Massenexekutionen erfolgte oder diese wegen des Besuches erfolgten, ist nicht geklärt.

Die Visite des SS-WVHA-Chefs Oswald Pohl in Begleitung des regionalen HSSPF Ernst Kaltenbrunner stand sicherlich auch in Zusammenhang mit der Gründung des SS-WVHA im März und der Neupositionierung der Lager, die ganz auf den Arbeitseinsatz der Häftlinge in der Kriegswirtschaft hin ausgerichtet werden sollten, dem laut Befehl Pohls nun oberste Priorität zukam. Pohl hatte am 24./25. April 1942 alle Lagerkommandanten in Berlin über die Neuorientierung der Lager unterrichtet und am 30. April die Lagerkommandanten allein für die Neuausrichtung verantwortlich gemacht; sie hatten dafür zu sorgen, dass der „Einsatz" der Häftlinge „im wahrsten Sinne des Wortes erschöpfend" war, damit ein „Höchstmaß an Leistung" erreicht würde.[187]

Auffällig am Besuchsdatum von Pohl und Kaltenbrunner ist auch die zeitliche Nähe zur ersten großen Vergasungsaktion in der Gaskammer in

183 Siehe Eintrag vom 1.12.1941 bzw. vom 2.2.1942

184 Zur Biografie von Pohl vgl. Michael T. Allen, Oswald Pohl – Chef der SS-Wirtschaftsunternehmen, in: Ronald Smelser/Enrico Syring (Hg.), Die SS. Elite unter dem Totenkopf. 30 Lebensläufe, Paderborn 2000, S. 394-407

185 Siehe Eintrag vom 24.12.1941

186 Zentrales Staatsarchiv Prag, KT-OVS, kniha Mauthausen I, Kt. 29, Buch unnatürliche Todesfälle. Vgl. Maršálek, Die Geschichte, S. 229

187 Vgl. Karin Orth, Das System der nationalsozialistischen Konzentrationslager. Eine politische Organisationsgeschichte, Hamburg 1999, S. 166 f, Quelle zitiert nach Orth

Mauthausen mit Zyklon B am 9./10. Mai 1942, bei der 231 sowjetische Kriegsgefangene getötet wurden. Möglicherweise war auch diese Tötungsaktion Gegenstand der Besprechung mit Lagerkommandant Ziereis.

15.5.42

Das Arbeitslager Vöcklabruck wird aufgelöst. Die Bewachungsmannschaft und Häftlinge werden nach Ternberg bei Steyr zum Bau eines Elektrizitätswerkes für die Hermann Göring-Werke verlegt.

Das nun aufgelöste Außenlager Vöcklabruck bestand seit 6. Juni 1941. Das Lager mit vier Baracken war im Vöcklabrucker Stadtteil Wagrain errichtet worden. Die 300 bis 350 Häftlinge waren, mit Ausnahme zweier Deutscher und eines Marokkaners, durchwegs republikanische Spanier, die zwischen Sommer 1940 und Frühjahr 1941 in mehreren Transporten in Mauthausen eingetroffen waren. Als Lagerältesten setzte die SS César Orquin ein, nach dessen Vornamen das Lager auch „Cäsar Kommando" genannt wurde. Die genauen Hintergründe der Einrichtung des KZ Vöcklabruck sind nicht bekannt, nach bisherigem Wissensstand erfolgte die Einrichtung auf Initiative des SS-Unternehmens Deutsche Erd- und Steinwerke GmbH (DESt). Der Hauptzweck des Arbeitseinsatzes der Häftlinge dürfte so wie im zeitgleich errichteten Bretstein der Bau von Wegen und Straßen im Interesse der SS gewesen sein.

Die Lebens- und Arbeitsbedingungen waren nach Häftlingsberichten besser als im Stammlager Mauthausen. Für Todesfälle gibt es keinen Nachweis. Am 14. Mai 1942 – mit der Auflösung des Lagers – wurden die Häftlinge geschlossen in das neu gegründete Außenlager Ternberg überstellt.[188]

Dieses Außenlager im ca. 15 Kilometer südlich von Steyr gelegenen Ternberg an der Enns wurde am 15. Mai 1942 eingerichtet und bestand bis September 1944. Die ca. 400 Häftlinge des Lagers mussten beim Bau der Kraftwerkstufe Ternberg arbeiten, die als Teilprojekt einer ganzen Kraftwerkskette an der Enns die Energieversorgung des oberösterreichischen Zentralraums mit seinen zahlreichen Grundstoff- und Rüs-

188 Christian Hawle/Gerhard Kriechbaum/Margret Lehner, Täter und Opfer. Nationalsozialistische Gewalt und Widerstand im Bezirk Vöcklabruck. Eine Dokumentation, Wien-Linz-Weitra-München 1985, S. 19; Florian Freund, Vöcklabruck, in: Benz/Distel, Der Ort des Terrors, Bd. 4, S. 443 f

Abb. 11: Das Außenlager des KZ Mauthausen in Vöcklabruck, 1941/42

Abb. 12: Zwangsarbeit beim Bau des Enns-Kraftwerkes Ternberg, 1942/43

tungsbetrieben sicherstellen sollte. Der Einsatz von KZ-Häftlingen sollte das Problem der unzureichenden Versorgung mit Arbeitskräften beim Kraftwerksbau lösen. Über die genauen Verhandlungen zwischen SS und Reichswerken im Vorfeld der Lagererrichtung ist nichts bekannt; möglichweise war die kurz zuvor eingegangene Kooperation zwischen dem Reichswerke-Unternehmen Steyr-Daimler-Puch AG und der SS bei der Errichtung des Außenlagers Steyr-Münichholz Vorbild für die Errichtung auch dieses Außenlagers.[189] Mitte Mai 1942 dürfte es auf Grund der schlechten Lebens- und Arbeitsbedingungen zu wenige arbeitsfähige Häftlinge in Mauthausen und Gusen gegeben haben, weshalb man auf jene im Außenlager Vöcklabruck zurückgriff. In Ternberg waren die Häftlinge aus Vöcklabruck in einem abgetrennten, mit Stacheldraht umzäunten Teil des Baulagers untergebracht. Über die Lebens- und Arbeitsbedingungen ist wenig bekannt. 13 Häftlinge kamen ums Leben, drei davon durch Arbeitsunfälle.[190]

Für Truppe und Häftlinge werden die Portions- und Rationssätze lt. Portionssatzliste Nr. 8 zusammengefaßt und neu festgesetzt.

Die offiziellen Verpflegungsrationen für die Häftlinge wurden mit dem 15. Mai 1942 drastisch gesenkt, nachdem bereits am 1. Jänner 1942 eine erhebliche Kürzung erfolgt war. Die wöchentliche Fleischration betrug nun nur mehr 280 statt 320 Gramm, die Fettration 179 statt 200 Gramm, die Mehlration 125 statt 225 Gramm. Die extrem hohen Todesraten des Jahres 1942 hatten ihre Ursache ganz wesentlich in diesen massiven Lebensmittelkürzungen.[191] Dabei ist zu berücksichtigen, dass die tatsächlich ausgegebenen Nahrungsmittelrationen für die Masse der Häftlinge noch weit unter den offiziell festgelegten Sätzen lagen.

189 Perz, Zwangsarbeit von KZ-Häftlingen, S. 85-99, hier S. 89

190 Adolf Brunnthaler, Strom für den Führer. Der Bau der Ennskraftwerke und die KZ-Lager Ternberg, Großraming und Dipoldsau, Weitra 2000; Oliver Rathkolb/Florian Freund (Hg.), NS-Zwangsarbeit in der Elektrizitätswirtschaft der „Ostmark", 1938-1945. Ennskraftwerke – Kaprun – Draukraftwerke – Ybbs-Persenbeug – Ernsthofen, Wien 2002; Florian Freund, Ternberg, in: Benz/Distel, Der Ort des Terrors, Bd. 4, S. 441–443

191 Vgl. Naasner, Neue Machtzentren, S. 275; Liste der Verpflegungsportionssätze und Rationssätze, vom 15.5.1942, abgedruckt ebd., S. 483

18.5.42
Es erfolgt der Umbau des Häftlingsreviers für Truppenrevier. Das Häftlingsrevier wird verlegt.

Das Krankenrevier war privilegierten und bis Ende 1941 ausschließlich deutschen Häftlingen vorbehalten, für normale Häftlinge bestand ab Ende 1939 das sogenannte Sonderrevier. Das Kranken- oder Häftlingsrevier (BAX/8) mit maximal 80 Betten hatte sich während des Lageraufbaues in einer Baracke nordwestlich des Tors zum Häftlingslager befunden, in einem Areal, das nach der Fertigstellung der nordwestlichen Umfassungsmauer des Schutzhaftlagers in den SS-Bereich fiel und daher verlegt wurde. Die leer gewordene Krankenbaracke wurde nach einem Umbau nun ausschließlich als Truppenrevier für die SS-Angehörigen genutzt. Das Häftlingsrevier war zuvor vorübergehend in den Block 20 und im ersten Halbjahr 1942 in eine Hälfte des Blocks 5 (Stube A) übersiedelt.[192]

Das Sonderrevier hatte sich von Ende 1940 an, je nach Bedarf, in den Blöcken 16 bis 20 befunden. Später wurde es auf die Blöcke 19 und 20 beschränkt, da die ab Herbst 1941 eingelieferten sowjetischen Kriegsgefangenen – solange das für sie vorgesehene „Russenlager" noch in Bau war – einen Teil des bisherigen Sonderreviers bezogen. Wegen der hohen Todesrate unter den Kriegsgefangenen wurde das „Russenlager" aber zum Zeitpunkt seiner Fertigstellung im Frühjahr 1943 nicht mehr benötigt und der Lagerabschnitt ab 14. April 1943 als „Sanitätslager" genutzt, welches das bisherige Sonderrevier ablöste. Die Kranken des Sonderreviers wurden dorthin verlegt.[193]

---

192 Wann genau das alte Reviergebäude aufgegeben wurde, ist unklar. Maršálek geht davon aus, dass das Häftlingsrevier bereits im Herbst 1941 vorübergehend in der Baracke 20 untergebracht war und im Frühjahr 1942 in die Baracke 5 übersiedelte. Maršálek, Die Geschichte, S. 159. Für die Verwendung eines Teils der Baracke 5 als Häftlingsrevier ab Frühjahr 1942 liegen viele Häftlingsaussagen vor, der Umbau ist auch in den Bauplänen des Lagers verzeichnet. AMM, KL Mauthausen Lageplan-Etat 1942, 501b, gezeichnet 16.2.1942, Änderungen bis 1.5.1942. Warum der Tätigkeitsbericht den Umbau der Baracke 5 zum provisorischen Häftlingsrevier erst am 21.6.1944 (siehe Eintrag) vermerkt, zu einem Zeitpunkt also, an dem bereits das neue Reviergebäude am Appellplatz bezogen worden war, ist unklar.

193 VHA Praha, Kt. Mauthausen 143/Ma/1/29, Vorläufiger Bericht über die „Gesundheitspflege" für die Häftlinge in Mauthausen

21.5.42
Die Fa. H. Kori G.m.b.H. liefert für das Krematorium einen Verbrennungsofen.

Alle Krematorien der Konzentrationslager, so auch jene der Lager Mauthausen und Gusen sowie der Außenlager Ebensee und Melk, wurden von zwei Firmen – Heinrich Kori, Berlin und Topf & Söhne, Erfurt – errichtet. Die Heinrich Kori GmbH war ein kleiner auf Heizungsbau, Abfall- und Kadaververnichtungsanlagen spezialisierter Betrieb und hatte bereits 1940 die Euthanasie- (T4-)Tötungsanstalten, darunter auch Hartheim, mit Leichenverbrennungsöfen ausgestattet. Bei der Errichtung von Krematorien für die Konzentrationslager waren Kori und Topf & Söhne Konkurrenten.[194]

Der erste Krematoriumsofen in Mauthausen, der ab 5. Mai 1940 verwendet wurde, war ein Modell der Firma Kori. Im Untergeschoß des Lagergefängnisses entstand ein eigener Krematoriumsbereich, der neben dem sogenannten stationären Einmuffelofen auch einen Kokskeller, einen Leichenkühlraum, einen Sezierraum und Personalräume enthielt. Für die Arbeit im Krematorium wurden Häftlingen herangezogen.

Die Bauleitung des KZ Mauthausen verhandelte seit 1940 mit der Firma Topf & Söhne über die Lieferung weiterer Krematoriumsöfen für die Lager Mauthausen und Gusen. Anfang 1941 wurde das Krematorium in Gusen mit einem sogenannten Doppelmuffelofen von Topf & Söhne ausgestattet.

Lieferschwierigkeiten dürften dann den Ausschlag dafür gegeben haben, dass die Bauleitung Mauthausen im Mai 1942 die Installierung eines weiteren Ofens im Hinrichtungsraum neben der neu errichteten Gaskammer durch die Firma Kori veranlasste. Kori hatte offensichtlich einen Ofen zur sofortigen Lieferung zur Verfügung. Dieser Ofen war allerdings nicht mit Koks, sondern mit Öl zu beheizen, was mit zunehmender Kriegsdauer zum Problem für die Mauthausener SS werden sollte. Auf Grund des all-

194 Zu Geschichte der Krematoriumsfirmen vgl. Annegret Schüle, Industrie und Holocaust. Topf & Söhne – Die Ofenbauer von Auschwitz, Göttingen 2010; siehe auch Volkhard Knigge in Zusammenarbeit mit Annegret Schüle und Rikola-Gunnar Lüttgenau (Hg.), Techniker der „Endlösung". Topf & Söhne – Die Ofenbauer von Auschwitz, hg. im Auftrag der Stiftung Gedenkstätten Buchenwald und Mittelbau-Dora, Begleitband zur Ausstellung, Weimar-Buchenwald 2005

gemeinen Treibstoffmangels musste der Betrieb des Ofens 1944 eingestellt werden. Pläne, ihn auf Koksbefeuerung umzubauen, wurden nicht mehr realisiert. Erst kurz vor der Befreiung installierte die Firma Topf & Söhne einen dritten Krematoriumsofen im Keller des Reviergebäudes des Lagers Mauthausen.[195]

1.6.42

Zu verpflegen sind 1.138 SS-Männer und 9.036 Häftlinge.[196]

Das neu errichtete Truppenwirtschaftslager der Waffen-SS in Linz-Kleinmünchen ist ausgabefähig. Von nun ab werden von dort die jeweils anfallenden Wirtschaftswaren bezogen.

Der Amtsgruppe B des SS-WVHA, die für sämtliche Verpflegungs-, Bekleidungs-, Unterkunfts- und Beschaffungsangelegenheiten der SS zuständig war, unterstand zwecks Versorgung der Waffen-SS ein Netz von Versorgungszentren, das sich aus acht über das gesamte Reichsgebiete und auch die besetzten Gebiete verstreuten Hauptwirtschaftslagern und 40 Truppenwirtschaftslagern zusammensetzte. Die Haupt- und Truppenwirtschaftslager waren bereits 1940 aus den vom Hauptamt Haushalt und Bauten errichteten Versorgungslagern hervorgegangen und wurden systematisch ausgebaut. Daneben bestanden die vier als Bekleidungswerke bezeichneten Betriebe in Dachau, Lublin, Oranienburg und Ravensbrück.[197]

Der Stand der Angorazucht in Gusen hat sich auf 1.029 Tiere erhöht.[198]

195 Vgl. Bertrand Perz/Christian Dürr/Ralf Lechner/Robert Vorberg, Die Krematorien von Mauthausen, in: KZ-Gedenkstätte Mauthausen. Mauthausen Memorial 2008. Forschung – Dokumentation – Information, Wien 2009, S. 12-23; dies., Die Krematorien von Mauthausen. Katalog zur Ausstellung in der KZ-Gedenkstätte Mauthausen, hg. vom Bundesministerium für Inneres, Wien 2008

196 Die hier angegebene Zahl der Häftlinge weicht erheblich von der bisher angenommenen Zahl von ca. 11.000 ab. Vgl. Maršálek, Die Geschichte, S. 126

197 Vgl. Jan Erik Schulte, Zwangsarbeit und Vernichtung: Das Wirtschaftsimperium der SS. Oswald Pohl und das SS-Wirtschafts-Verwaltungshauptamt 1933-1945, S. 202 f; Kaienburg, Die Wirtschaft der SS, S. 409

198 Siehe Eintrag vom 16.10.1941

12.6.42
Für die Führerwohnbaracke treffen von der Fa. Jahn und Petrlik Schweinitz div. Einrichtungsstücke ein.[199]

19.6.42
Dr. Ing.[200] Reinthal[l]er Landesbauernführer besucht mit 2o Kreisbauernführer[n] das Lager Mauthausen.

Anton Reinthaller, geboren 1895 im oberösterreichischen Mettmach, Absolvent der Hochschule für Bodenkultur in Wien und von Beruf Beamter, war bereits früh in der NS-Bewegung tätig und seit 1930 landwirtschaftlicher Fachberater für Agrarpolitik in der Landesleitung Österreich der NSDAP. Bekannt wurde Reinthaller u.a. durch seinen 1934 unternommenen Versuch, die verbotene österreichische NSDAP in die Vaterländische Front zu integrieren, was zu seinem Parteiausschluss führte, der erst nach dem „Anschluss" 1938 zurückgenommen wurde, nachdem Reinthaller zum Minister für Land- und Forstwirtschaft im Kabinett Seyß-Inquart ernannt worden war. Dies führte in der Folge 1940 zur Ernennung zum Unterstaatssekretär in Berlin. Seit 1938 war Reinthaller auch Reichstagsabgeordneter. Von 1938 bis 1942 bekleidete er überdies die Funktion eines Landesbauernführers der Landesbauernschaft Donauland, ab 1942 die des Landesbauernführer im Reichsgau Niederdonau. 1937 war Reinthaller der Allgemeinen SS beigetreten, 1941 erhielt er den Rang eines SS-Brigadeführers. 1945 wurde Reinthaller von der US-Besatzungsmacht in Glasenbach interniert und 1950 durch ein Volksgericht zu drei Jahren Haft verurteilt, 1952 erfolgte seine Begnadigung. In der Zweiten Republik wurde er als einer der Gründer der FPÖ bekannt und war von 1956 bis zu seinem Tod im Jahr 1958 deren Bundesparteiobmann.[201]

199 Siehe Eintrag vom 4.2.1942; zur Firma Jahn und Petrlik liegen keine relevanten Informationen vor.

200 Richtig: Dipl.Ing.

201 Biografische Datenbank des Oberösterreichischen Landesarchivs (https://e-gov.ooe.gv.at/bgdfiles/p1189/Reinthaller_Anton.pdf, Zugriff 11.6.2011); vgl. auch Elisabeth Lebensaft/Christoph Mentschl, Feudalherren – Bauern – Funktionäre: Österreichs Agrarelite im 20. Jahrhundert. Ein biographisches Handbuch, St. Pölten 2003, S. 103 ff

Am Tag seines Besuches in Mauthausen wurden zwei jüdische Häftlinge „auf der Flucht" erschossen, der Tod eines weiteren jüdischen Häftlings wurde mit „Freitod durch Elektrozaun" verzeichnet.[202]

19.6.-21.6.42

Für den Monat Mai 42 wird die Rechnungslegung durch SS-Hauptsturmführer Traeber SS-Prüfungs-Amt Berlin vorgeprüft. Die Revision erstreckt sich innerhalb der Verwaltung auf sämtliche Abteilungen.[203]

Übernahme der Führerwohnbaracke von der SS-Neubauleitung durch die Verwaltung.[204]

25.6.42

Der Lagerkommandant und der Leiter der Verwaltung sind zu einer allgemeinen Besprechung bei Obergruppenführer Pohl befohlen.

Der Inhalt der Unterredung in Oranienburg/Sachsenhausen ist nicht bekannt, dass Datum der Besprechung lässt vermuten, dass über die Neuausrichtung der Häftlingsbehandlung nach den Erfordernissen des Zwangsarbeitseinsatzes in der Kriegswirtschaft und die damit verbundene Auswechslung eines Drittels aller KZ-Kommandanten durch SS-WVHA-Chef Pohl im Sommer 1942 gesprochen wurde.

Zum von Pohl ausgegebenen Anforderungsprofil für die neuen Kommandanten gehörten Verwaltungskenntnisse sowie eine gewisse „soldatische Befähigung". Ziereis wurde von Pohl in seinem Amt bestätigt und konnte somit als einziger Kommandant, der schon unter dem IKL-Chef Theodor Eicke Dienst versehen hatte, seinen Posten behalten.[205]

Für den Verbleib von Ziereis war vermutlich weniger die Tatsache ausschlaggebend, dass er in den 1920er Jahren in der Reichswehr eine Verwaltungslaufbahn für Unteroffiziere eingeschlagen hatte und somit nicht nur die erwünschte „soldatische Befähigung" mit sich brachte, sondern

202 Vgl. Maršálek, Die Geschichte, S. 230
203 Siehe Eintrag vom 26.1.1942
204 Siehe Eintrag vom 4.2.1942
205 Vgl. Orth, Die Konzentrationslager-SS, S. 210

vielmehr sein starker Rückhalt bei den regionalen NS-Größen. Seine Vorgesetzten unterstrichen in ihren Beurteilungen der Kommandantentätigkeit von Ziereis nicht nur sein „soldatisches" Wesen und seine Zuverlässigkeit, sondern auch sein Ansehen bei den lokalen Dienststellen. Mit letzterem war wohl die enge Vernetzung von Ziereis mit HSSPF Ernst Kaltenbrunner und Gauleiter August Eigruber gemeint.

1944 wurde Ziereis wegen seiner Verdienste beim Lageraufbau, aber auch weil er den Funktionswandel des Konzentrationslagers vom reinen Inhaftierungs- und Tötungsort zu einem Lieferanten von Zwangsarbeitskräften für den Arbeitseinsatz in der Rüstungsindustrie bewerkstelligte und nicht zuletzt wegen seiner Führungsqualitäten in einer „bevorzugten Beförderung" am 20.April 1944 zum Standartenführer der Waffen-SS ernannt, eine Beförderung, die bis dahin erst zwei Lagerkommandanten – Anton Kaindl in Sachsenhausen und Hermann Pister in Buchenwald – zuteil geworden war.[206]

30.6.42
SS-Obersturmführer Zutter übernimmt die Geschäfte als Adjutant. Der frühere Adjutant SS-H'Stuf. Zoller ist zu einer Fronteinheit versetzt worden.

Dieser Wechsel war Teil eines größeren Austausches des Führungspersonals der Konzentrationslager Mitte 1942, der vor allem die Kommandanten betraf. Ziereis behielt zwar seine Funktion, die Position des mächtigen Adjutanten wurde aber neu besetzt.[207]

Adolf Zutter, geboren 1889 in Zweibrücken, war von September 1939 bis zur Befreiung des Lagers in Mauthausen stationiert, zunächst als Kommandoführer im Wienergraben, ab Frühjahr 1942 als Kompanieführer. Nach dem Weggang von Zoller erhielt Zutter im Juni 1942 die Stelle des

206 BArch, BDC-Unterlagen Franz Ziereis, SS-WVHA, Amtsgruppenchef D an SS-Personalhauptamt, Personal-Antrag vom 28.2.1944. Vgl. Johannes Tuchel, Die Kommandanten des Konzentrationslagers Mauthausen. Vortrag am 1.12.1995 auf der Internationalen wissenschaftlichen Konferenz: Das Konzentrationslager Mauthausen in Wien, 30.11.-3.12.1995 (unveröffentlichtes Manuskript)

207 Vgl. Orth, Die Konzentrationslager-SS, S. 205-213

Adjutanten von Ziereis. Zutter wurde im US-amerikanischen Dachauer Mauthausen-Hauptverfahren im Mai 1946 zum Tod verurteilt und im Mai 1947 im Kriegsverbrechergefängnis in Landsberg hingerichtet.[208]

Viktor Zoller, geboren 1912 in Ravensburg, war von 1940 bis 1942 Adjutant des Lagerkommandanten Franz Ziereis. Zwecks militärischer Bewährung wurde er im Mai 1943 an der Ostfront eingesetzt, von Ende 1943 bis Mai 1944 nahm er die Funktion eines Adjutanten beim Kommandanten des KZ Auschwitz, Arthur Liebehenschel, wahr.[209] Von Mai 1944 bis Kriegsende versah Zoller wieder Dienst in Mauthausen, nun als Kommandeur des SS-Totenkopf-Sturmbanns Mauthausen. Zoller wurde wie Zutter im Mauthausen-Hauptverfahren angeklagt, im Mai 1946 zum Tod durch den Strang verurteilt und im Mai 1947 in Landsberg hingerichtet.[210]

1.7.42
Zu verpflegen sind 1.17o SS-Männer und 1o.415 Häftlinge.[211]

4.7.42
Besuch des Gauleiters von Oberdonau Obergruppenführer Eigruber in Begleitung des Generaldirektors der Hermann Göring-Werke Linz.

Generaldirektor der Reichswerke „Hermann Göring" am Standort Linz war zu diesem Zeitpunkt Wilhelm Schilken, der vom Chef des Reichswerke-Konzerns, Paul Pleiger, im Oktober 1941 in diese Funktion bestellt worden war. Schilken war zuvor am Reichswerke-Standort Salzgitter

208 NARA, RG 549, US vs. Altfuldisch et al., case 000-50-5 bzw. BArch, BDC-Unterlagen Adolf Zutter

209 Vgl. Aleksander Lasik/Wacław Długoborski (Hg.), Auschwitz 1940-1945. Studien zur Geschichte des Konzentrations- und Vernichtungslagers Auschwitz, Bd. 1: Aufbau und Struktur des Lagers, Oświęcim 1999, S. 185

210 NARA, RG 549, US vs. Altfuldisch et al., case 000-50-5 bzw. BArch, BDC-Unterlagen Viktor Zoller

211 Die hier angegebene Zahl der Häftlinge weicht erheblich von der bisher angenommenen Zahl von ca. 11.500 ab. Vgl. Maršálek, Die Geschichte, S. 126

als technischer Direktor tätig gewesen.[212] Es spricht aber einiges dafür, dass der Eintrag sich auf Pleiger und nicht auf Schilken bezieht, da Pleiger im Allgemeinen auch als oberster Chef des Linzer Standortes der Reichswerke wahrgenommen wurde.[213]

Der Besuch gemeinsam mit Gauleiter Eigruber, der sowohl in den Reichswerken in Linz als auch in der Reichswerke-Tochterfirma Steyr-Daimler-Puch AG Mitglied des Aufsichtsrates war, ist vor dem Hintergrund einer zunehmenden Kooperation zwischen RWHG und SS zu sehen. Im Bereich des KZ Mauthausen waren zu diesem Zeitpunkt schon mehrere Kooperationen abgeschlossen worden oder in Verhandlung. Die Steyr-Daimler-Puch AG verfügte seit 14. März 1942 über ein eigenes KZ-Außenlager: Seit 15. Mai 1942 bediente sich die Baugesellschaft der Reichswerke, die Deutsche Bergwerks- und Hüttenbau GmbH (DBHG) für den Bau des Ennskraftwerkes Ternberg Mauthausener KZ-Häftlinge. Nun wurde u.a. über ein Projekt der Schlackenverwertung der Linzer Hochöfen durch das SS-Unternehmen DESt verhandelt, das schließlich am 11. Jänner 1943 zu Errichtung des KZ-Außenlagers Linz I führen sollte.[214]

7.7.42
SS-Oberstubaführer Maurer vom SS-Wirtschafts-Verwaltungs-Hauptamt, Arbeitseinsatz, und SS-O'Stubaf. Pauly Lagerkommandant von Stutthof besuchen das hiesige Lager.

Der 1907 in Halle an der Saale geborene Gerhard Maurer, seit 1931 SS-Mitglied und seit 1934 hauptamtlich in der SS tätig, war ab März 1942 als Chef der Amtsgruppe D II für den „Arbeitseinsatz der Häftlinge" im SS-WVHA zuständig. Maurer sollte in dieser Funktion die gesamte Zwangsarbeit der KZ-Häftlinge von Oranienburg aus koordinieren. Im

212 Vgl. Oliver Rathkolb, Am Beispiel Paul Pleigers und seiner Manager in Linz – Eliten zwischen Wirtschaftsräumen, NS-Eroberungs- und Rüstungspolitik, Zwangsarbeit und Nachkriegsjustiz, in: Gonsa/Hauch/John/Moser/Perz/Rathkolb/Schober, Zwangsarbeit – Sklavenarbeit, S. 287-320, hier S. 293

213 Siehe dazu auch den Eintrag vom 31.3.1943, bei dem ebenfalls der „Generaldirektor der Hermann Göring-Werke Linz" als Besucher vermerkt ist, dort aber mit Sicherheit Pleiger gemeint war.

214 Vgl. Perz, KZ-Häftlinge als Zwangsarbeiter, S. 449-590; Perz, Zwangsarbeit von KZ-Häftlingen, S. 85-99

November 1943 wurde er zum Stellvertreter von Glücks befördert und übernahm zunehmend dessen Aufgaben.[215]

Der aus Schleswig-Holstein stammende, 1907 geborene Max Pauly war zwar seit 1930 Mitglied der SS, gehörte aber nicht dem Netzwerk altgedienter SS-Führer der Konzentrationslager an. Stutthof war als Lager nach Kriegsbeginn von Pauly aufgebaut worden, unterstand aber bis Jänner 1942 dem HSSPF Danzig-Westpreußen, Richard Hildebrandt, und nicht der IKL. Mit Übernahme des Lagers durch die IKL wurde auch Stutthof an die einheitlichen Organisationsprinzipien der Konzentrationslager angepasst.

Der Besuch von Maurer und Pauly dürfte im Kontext der neuen wirtschaftlichen Ausrichtung der Lager und des bevorstehenden Personalwechsels der Führungsebene der Konzentrationslager zu sehen sein. [216]

9.7.42
Vom Konz.-Lager Auschwitz werden 751 Häftlinge überstellt.

Nach der Quellenzusammenstellung im Kalendarium des KZ Auschwitz gingen am 7. Juli 1942 700 Häftlinge von dort nach Mauthausen ab. Die Differenz in den Zahlen konnte nicht geklärt werden.[217]

17.7.42
Zur Aufzucht in der lagereigenen Schweinemästerei werden 7 Stück Jungschweine angekauft.[218]

Das KZ Mauthausen verfügte, wie andere Konzentrationslager auch, über eine lagereigene Gärtnerei sowie eine Reihe von landwirtschaftlichen Einrichtungen, darunter auch über eine eigene Schweinezucht, die vor

215 Vgl. Schulte, Zwangsarbeit und Vernichtung, S. 389 f; Johannes Tuchel, Die Inspektion der Konzentrationslager. Das System des Terrors 1938-1945, Berlin 1994, S. 118

216 Bekannt sind Reisen von Pauly bisher vor allem aus der Zeit nach seiner Versetzung nach Neuengamme, wo er ab dem Spätherbst 1942 als Lagerkommandant tätig war. Vgl. Orth, Die Konzentrationslager-SS, S. 217- 219 bzw. S. 225 f; Jacek Gassan/Alfons Kleina/Ewa Żyłowska/Wiesław Leszczynski, Stutthof. Das Konzentrationslager, Gdańsk 1996, S. 84 f

217 Czech, Kalendarium, S. 243

218 Siehe auch Einträge vom 10.12.1942, 29.3.1944, 26.7.1944, 31.8.1944, 15.12.1944

allem der besseren Eigenversorgung der Lager-SS und insbesondere des Kommandanturstabes diente. Derartige Einrichtungen waren unter den kriegsbedingten Einschränkungen immer auch Quelle persönlicher Bereicherungen für die Lagerführung.[219]

19.7.42
Anläßlich der Einweihung des Schießstandes in St.-Georgen wird für den SS-Obergruppenführer Kaltenbrunner eine Ehrenkompanie gestellt.

Die am nördlichen Rand von St. Georgen an der Gusen, in einem geschlossenen Gebäude errichtete Schießstätte sollte der Lager-SS von Mauthausen und Gusen als Ausbildungs- und Trainingsort dienen. Die Anwesenheit des zu dieser Zeit noch als HSSPF tätigen Ernst Kaltenbrunner verweist einmal mehr auf seine enge Verbindung zur SS-Lagerführung von Mauthausen und Gusen.

31.7.42.
Die Firma Pfaff Kaiserslautern liefert 9 Stück Nähmaschinen.

Die Firma Pfaff mit Sitz in Kaiserslautern zählte bereits in der Zwischenkriegszeit zu den großen deutschen Nähmaschinenproduzenten, die auch auf dem Weltmarkt präsent waren. 1862 durch den Instrumentenbauer Georg Michael Pfaff gegründet, produzierte die Firma 1891 mit rund 400 Arbeitern ca. 25.000 Maschinen pro Jahr, 1935 wurde die dreimillionste Pfaff-Nähmaschine ausgeliefert. Die heutige PFAFF Industriesysteme und Maschinen AG produziert am Standort Kaiserslautern u.a. auch Industrienähmaschinen.[220]

219 Vgl. z.B. für das KZ Sachsenhausen Kaienburg, Der Militär- und Wirtschaftskomplex, S. 352

220 http://www.pfaff-industrial.com/pfaff/de/company/history (Zugriff 10.8.2010)

1.8.1942
Zu verpflegen sind 1.193 SS-Männer und 1o.589 Häftlinge.[221]

1o.8.1942
Nachdem die Baracken für den Wachsturmbann fertiggestellt und bezogen sind, wird mit dem Umbau der Baracke, welche bisher der 3. Kompanie als Unterkunft diente, für den Kommandantur-Stab begonnen.

Mit hoher Wahrscheinlichkeit handelt es sich um die Wachblockbaracke BAX/4 III im SS-Bereich, die nun unter der Bezeichnung BAX/4 IIIa zu einer Unterführer-Wohnbaracke umgebaut wurde.[222]

13.8.1942
Auf Anordnung des Leiters der Verwaltung werden für den Wachsturmbann und Kdtr.-Stab regelmäßig abzuhaltende Kleiderappelle angesetzt.

Wegen der kriegsbedingten Mangelwirtschaft hatte das Amt D IV im SS-WVHA für die Lager 1942 angeordnet, die SS-Unterführer und SS-Männer regelmäßig über die Instandhaltung und Reparatur der Bekleidung zu belehren, die wiederholte Abhaltung von Kleiderappellen sollte diesem Zweck dienen. Die Kontrolle der vorschriftsmäßigen Bekleidung und Ausstattung des SS-Personals war ein immer wiederkehrendes Thema in den Konzentrationslagern.[223]

221 Die hier angegebene Zahl der Häftlinge weicht erheblich von der bisher angenommenen Zahl von ca. 11.400 ab. Vgl. Maršálek, Die Geschichte, S. 126

222 Siehe Eintrag vom 1.12.1941; AMM, KL Mauthausen Lageplan-Etat 1942, 501b, gezeichnet 16.2.1942, Änderungen bis 1.5.1942

223 Vgl. Ulrich Fritz, Wachmannschaften im KZ-Komplex Flossenbürg, in: Benz/Vulesica, Bewachung und Ausführung, S. 23-39, hier S. 32. Vgl. etwa die entsprechenden Kommandanturbefehle des KZ Auschwitz zum Stichwort Kleidung Norbert Frei/Thomas Grotum/Jan Parcer/Sybille Steinbacher/Bernd C. Wagner (Hg.), Standort- und Kommandanturbefehle des Konzentrationslagers Auschwitz 1940-1945, München 2000

2o.8.1942
Gem. Schreiben SS-WVHA. ist künftighin von der hies. Dienststelle Bekleidung und Ausrüstung für das Reservelazarett Linz/Waldegg für eine Stärke von 4o Mann anzufordern.[224]

28.8.1942
Die Übergabe der Geschäfte der Verwaltung von SS-H'stuf. Strauß an SS-O'stuf. Sand findet statt.[225]

1.9.42
Zu verpflegen sind 1.252 SS-Männer und 1o.546 Häftlinge.[226]
Mit Wirkung vom heutigem [sic!] Tage wird der Leiter der Verwaltung SS-Hauptsturmführer Xaver Strauß gem. Verfg. des SS-WVHA. vom 17.8.42 zum II/SS-Inf.Rgt. 1o versetzt.
Die Dienstgeschäfte wurden bereits vom bisherigen Kassenleiter SS-Obersturmführer Michael Sand übernommen.
Gem. Verfg. d. SS-WVHA. v. 6.8.42 wird vom K.L. Natzweiler der SS-Unterscharführer(FA) Max Schneider nach hier versetzt. Schneider wird mit den Geschäften des Kassenleiters und Stellvertreter des Leiters der Verwaltung betraut.

Mit der Versetzung von Strauß zum II./SS-Infanterieregiment 10 an die Ostfront am 1. September 1942 wurde die Stelle des Verwaltungsführers mit dem bisherigen Kassenleiter SS-Obersturmführer Michael Sand besetzt.[227] Der bis dahin als stellvertretender Kassenleiter im KZ Natzweiler tätige Max Schneider übernahm die Stelle des Kassenleiters. Schneider wurde wenige Tage nach seiner Versetzung mit 1. Oktober 1942 zum SS-Oberscharführer ernannt und bereits am 30. Jänner 1943 zum SS-Untersturmführer. Da Kassenleiter-Positionen

224 Zu diesem Vorgang liegen keine Informationen vor.
225 Zur Biografie von Michael Sand siehe die Einleitung.
226 Die hier angegebene Zahl der Häftlinge weicht von der bisher angenommenen Zahl von ca. 11.000 ab. Vgl. Maršálek, Die Geschichte, S. 126

nach dem Etatplan mit einem SS-Führer besetzt werden sollten, ist die auffällig schnelle Beförderung Schneiders vermutlich als Anpassung an den Postenplan zu sehen. Schneider verblieb in Mauthausen nur kurz, mit 15. März 1943 wurde er zu den Feldeinheiten versetzt.[228] Strauß kehrte am 15. Februar 1943 wieder nach Mauthausen zurück.[229]

22.9.42
Die hier geführte Besoldungsstelle wird aufgelöst. Das gesamte Material an die Besoldungsstelle Dachau geleitet. Die Sachbearbeiter SS-Oberscharführer Pinhak und SS-Scharführer Wuest werden gem. Verfg. d. SS-WVHA. vom 17.9.42 nach dort versetzt.

Die Übertragung der Agenden der Besoldungsstelle auf eine zentrale Einrichtung im KZ Dachau steht möglicherweise in Zusammenhang mit dem Weggang von Strauß und der kriegsbedingten Verkleinerung der Stäbe.

28.9.42
Der Bestand der Angorazucht im K.L. Mauthausen/Gusen ist auf 1.325 Angorakaninchen angestiegen. Durch eine sachgemäße Pflege und Wartung der Tiere wurden beachtliche Ergebnisse in bezug auf Menge und Qualität der gewonnenen Wolle erzielt.
Ein weiterer Ausbau der Zucht ist geplant.[230]

1.1o.42
Zu verpflegen sind 1.216 SS-Männer und 11.375 Häftlinge.[231]

227 Siehe Eintrag vom 28.8.1942

228 Max Schneider wurde am 5.6.1910 in Freiburg/Breisgau geboren und war von Beruf gelernter Schriftsetzer. BArch, BDC-Unterlagen Max Schneider. Die Versetzung von Schneider stand vermutlich in Zusammenhang mit dem generellen Austausch des Verwaltungspersonals, siehe Eintrag vom 22.2.194

229 BArch, BDC-Unterlagen Xaver Strauß; siehe auch Einleitung

230 Siehe Eintrag vom 16.10.1941

231 Die hier angegebene Zahl der zu verpflegenden Häftlinge weicht von der bisher angenommenen Zahl von ca. 10.900 leicht ab, erstmals liegt sie höher als die bisherigen Schätzungen des Häftlingsstandes. Vgl. Maršálek, Die Geschichte, S. 126

12.1o.42
Von der Bauleitung Gusen werden an die Verwaltung folgende Baracken und Gebäude übergeben:[232]
2 Kammerbaracken,
3 Unterkunftsbaracken,
Straßen- und Platzbefestigung für SS- und Häftlingsbereich,
Bewässerung im Häftlingslager-Bereich,
Entwässerung im SS- und Häftlingsbereich,
Sicherungsanlage,
Verbrennungsanlage,
Abwasser- und Pumpenanlage,
Fahrradständerhalle,
Hundezwinger,
6 Bewachungstürme,
Kläranlage und
Sonderbau.

Der Bau des Lagers Gusen wurde bereits Ende 1939 begonnen, das Lager nach Aufstellung der ersten Baracken im Mai 1940 eröffnet. Der Ausbau erfolgte so wie beim Lager Mauthausen nach einem eigenen Bebauungsplan, das Lager sollte etwas mehr Häftlinge als Mauthausen aufnehmen. Infolge der Expansion und Funktionserweiterung der Konzentrationslager wurde auch das Lager Gusen bis 1944 sukzessive vergrößert.

Die Übernahme einer großen Zahl von Objekten des Lagers Gusen zum gleichen Zeitpunkt lässt darauf schließen, dass manche dieser Bauten schon längere Zeit fertig gestellt waren. Möglicherweise ist die Meldung auf den Jahresetat des KZ Mauthausen für das Jahr 1942 bezogen.

Die angeführten „Kammerbaracken" dienten zur Unterbringung von Häftlings- oder SS-Kleidung. Die Lagerverwaltung musste der Inspektion der Konzentrationslager monatlich eine Meldung über den aktuellen Kammerbestand übermitteln.[233]

Die angeführten Bauten für die Wasserver- und -entsorgung standen zum Teil in Zusammenhang mit den im Sommer 1941 zur Bekämpfung

232 AMM, ID31-24-01, Entwässerungsplan A.L. Gusen, vom 31.5.1941
233 BArch, NS 3/425, RFSS IKL Verwaltung an Lagerverwaltungen, betr. Kammerbestandsmeldung für SS- und Häftl. Bekleidung, vom 16.12.1941

der auftretenden Typhus- und Fleckfieberfälle beschlossenen Maßnahmen, unter denen vor allem die Verbesserung der Wasserversorgung als entscheidender Schritt angesehen wurde.[234]

Ob mit der „Verbrennungsanlage" das bereits seit Jänner 1941 genutzte Krematorium in Gusen gemeint ist, bleibt unklar.

Die Errichtung des „Hundezwingers" hing zusammen mit dem massiven Ausbau des Hundeeinsatzes im Zuge der Bewachung der Konzentrationslager ab Mitte 1942, für den im SS-WVHA mit einer neuen Unterabteilung D I/6 sowie einer eigenen Ausbildungsstaffel in Oranienburg die organisatorischen Voraussetzungen geschaffen wurden. Der Einsatz von speziell gezüchteten und auf die Verfolgung von Häftlingen abgerichteten Hunden war eine Reaktion sowohl auf die Personalknappheit der SS wie auf die neue Funktion der KZs als Arbeitskräftereservoir, die auch eine flexiblere Form der Bewachung notwendig machte. Um die „Einsatzfähigkeit" der Hunde zu gewährleisten und eine Gewöhnung an die Häftlinge zu unterbinden, sollte der Standort der Hundezwinger etwas abseits gewählt werden; es galt ein explizites Verbot der Fütterung durch Häftlinge, wenn es auch in der Praxis kaum eingehalten wurde.[235]

Mit dem „Sonderbau" war das in Errichtung befindliche Häftlingsbordell im Lager Gusen gemeint. Dafür wurde entlang der südlichen Lagermauer direkt neben dem Lagereingangsgebäude (dem Jourhaus) ein gemauertes Gebäude errichtet. Wie in Mauthausen wurden auch für dieses Bordell weibliche Häftlinge aus dem KZ Ravensbrück zur Sex-Zwangsarbeit hierher deportiert. Die Einrichtung des Gebäudes war erst Ende April 1943 abgeschlossen.[236]

Desgleichen wurde im Lager Gusen von der Firma Boos an die Bauleitung die fertiggestellte Zentralheizung übergeben und von der hies. Dienststelle übernommen.

234 Siehe Eintrag vom 30.3.1943

235 Vgl. Bertrand Perz, „... müssen zu reißenden Bestien erzogen werden." Der Einsatz von Hunden zur Bewachung in den Konzentrationslagern, in: Dachauer Hefte. Studien und Dokumente zur Geschichte der nationalsozialistischen Konzentrationslager 12 (1996) 12: Konzentrationslager: Lebenswelt und Umfeld, S. 139-158

236 Siehe Einträge vom 15.3.1943 und vom 28.4.1943. Vgl. Sommer, Das KZ-Bordell, S. 115-118

Die Firma „Friedrich Boos (VDI). Gesundheitstechnische Anlagen. Spezialfabrik für Heizungs-, Lüftungs- und sanitäre Anlagen" hatte ihren Sitz im Kölner Stadtteil Bickendorf. Sie war am 29. November 1901 als Fabrik für Zentralheizungen und sanitäre Anlagen gegründet worden und blieb bis zum Konkurs bzw. Vergleichsverfahren im Jahr 1952 an derselben Adresse in Köln. Der Firmeninhaber Friedrich Boos verstarb im April 1945, sein Schwiegersohn führte das Unternehmen bis zur Liquidierung weiter.

Die Firma Boos wurde von der SS in vielen Konzentrationslagern beschäftigt. Der Grund dafür ist nicht bekannt, Boos war vermutlich aber schon von Beginn an am Bau der staatlichen Konzentrationslager beteiligt, wie etwa ein 1937 in Sachsenhausen entstandenes Foto nahelegt.[237]

Konkret lassen sich Aufträge dieser Firma zur Einrichtung von Heizungen, sanitären Anlagen und Zyklon B-Entlausungskammern für die Lager Sachsenhausen, Flossenbürg, Auschwitz, Mauthausen und Gusen belegen. Boos wirkte wahrscheinlich auch bei der Einrichtung von Tötungsgaskammern mit. So war die Firma zum Zeitpunkt der Einrichtung der Gaskammer im Mauthausen von Ende 1941 bis Frühjahr 1942 in Mauthausen und Gusen mit Installationsarbeiten an den Zentralheizungen beschäftigt. Überdies weisen heizungstechnische Bauteile in der Gaskammer in Mauthausen auf eine Montage durch die Firma Boos hin, die andernorts dieselben Bauteile verwendete. Boos installierte in Auschwitz u.a. eine Entlüftungsanlage für das Krematorium I.[238]

14.10.42
Die Fa. M. Korner, Hart liefert für die Angorazucht Gusen 4 St. 12-teilige Ställe.[239]

15.10.42.
In den Monaten Oktober/November wurden für die Winterbevorratung bis zur neuen Ernete 1943 an Kartoffeln eingemietet:

  230.000 kg für Truppenverpflegung
4,100.000 kg für Häftlingsverpflegung.

237 Ein Foto mit vier Männern im Gespräch aus dem Album von Lagerkommandant Karl Otto Koch aus 1937 trägt die Bildunterschrift „Heizungsingenieur Boos im Gespräch". Vgl. Günter Morsch (Hg.), Von der Sachsenburg nach Sachsenhausen. Bilder aus dem Fotoalbum eines KZ-Kommandanten, Berlin 2007, S. 322 f

Das Reichsministerium für Ernährung und Landwirtschaft und das SS-WVHA hatten vereinbart, dass pro Häftling und Woche 7 kg Kartoffeln bereitgestellt werden sollten. Die Lagerverwaltungen wurden angewiesen, sich mit den jeweils zuständigen Wirtschaftsverbänden – für Mauthausen war das der Kartoffelwirtschaftsverband Donau-Alpenland mit Sitz im 1. Wiener Gemeindebezirk – hinsichtlich der eventuellen Einlagerung und Sicherstellung der Kartoffeln in Verbindung zu setzen. Mauthausen forderte auf dieser Basis für die Winterbevorratung 4.480 Tonnen an. Tatsächlich eingemietet wurden jedoch nur 4.100 Tonnen; weitere 230 Tonnen kamen noch für die Wachmannschaften hinzu.[240]

Von dieser Menge sind 1.500.000 kg in 3 neu errichteten Kartoffelbunkern, der Rest in Erdmieten untergebracht. Ein nennenswerter Verlust ist bisher nicht entstanden.[241]
Die Versorgung der Truppe und Häftlinge mit Frischgemüse ist reichnlich [sic!] und wechselvoll. Durch Abschlüsse mit einigen Lieferfirmen ist die Versorgung bis zur neuen Ernte sichergestellt.

Die „reichliche" Ernährung entsprach nicht der Realität der Häftlingsverpflegung, die Formulierung spiegelt aber das Bestreben der Verwaltung wider, den Anforderungen der SS-Führung zu entsprechen, die den Lagern eine Reihe von Maßnahmen zur Reduzierung der Sterblichkeit unter den Häftlingen vorschrieb, um mehr Arbeitskräfte für die Rüstungsindustrie zur Verfügung zu haben. Manche dieser Maßnahmen waren vollkommen ungeeignet, dem Massensterben entgegenzuwirken, da sie das Grundübel der Unterversorgung nicht beseitigten, sondern rein ideologisch motiviert waren. So ordnete etwa Himmler als vehementer Befür-

238 BArch, NS 4 Fl/68, Fa. Boos an SS-Neubauleitung Flossenbürg, betr. Entlausung, vom 21.3.1940; vgl. Jean-Claude Pressac, Die Krematorien von Auschwitz. Die Technik des Massenmordes, München-Zürich 1993, S. 185; Schreiben Rheinisch-Westfälisches Wirtschaftsarchiv zu Köln e.V. an den Verfasser, vom 21.6.1993

239 Siehe Eintrag vom 16.10.1941. Zur Firma konnten keine relevanten Informationen gefunden werden.

240 BArch, NS 3/490, fol. 93, WVHA, Amt Verpflegungswirtschaft an KLs, betr. Kartoffelbedarf für KL-Häftlinge, vom 5.10.1942

241 Siehe Eintrag vom 8.10.1941

worter einer „naturgemäßen“ Ernährung im Dezember 1942 an, die Gefangenenverpflegung auf Rohkost umzustellen. Vor allem sollten frisches Gemüse und Zwiebeln ausgegeben werden. Davon versprach sich Himmler eine Verbesserung des Gesundheitszustandes der Häftlinge.[242]

28.1o.42
Der Zivilangestellte Kahlert vom Amt B IV, SS-WVHA. besucht die Angorazucht im Lager Gusen. Die Zucht gilt als vorbildlich und wurde als eine am besten geführte bezeichnet.

Das Amt B IV (Rohstoffe und Beschaffungen) war nach Gründung des WVHA 1942 eine Zeit lang für die Kaninchenzucht zuständig.[243]

1.11.1942
Zu verpflegen sind 1.2oo SS-Männer und 1o.437 Häftlinge.

17.11.42
Von der Verwaltung KLM. werden die Kantinen sowie Friseurstuben im Lager Mauthausen und Gusen übernommen.

2o.11.42
Die seither vom K.L. Dachau geführten Arbeitskommandos Oberilzmühle/Passau, St. Lambrecht und Schloß Lind werden von der hies. Dienststelle übernommen.
Das Arbeitskommando Oberilzmühle erhält Verpflegung von hier aus gestellt.
Für Truppe und Häftlinge St. Lambrecht und Schloß Lind wird Verpflegung von der Treuhandverwaltung St. Lambrecht zur Verfügung gestellt.

Das Lager Passau I (Oberilzmühle) bestand von 16. oder 19. Oktober 1942 bis 2. Mai 1945. Die Gründung des Lagers erfolgte vom KZ Dachau aus, am 19./20. November 1942 wurde es jedoch, gemeinsam

242 Vgl. Naasner, Neue Machtzentren, S. 274 f
243 Siehe Eintrag vom 16.10.1941. Vgl. Kaienburg, Die Wirtschaft der SS, S. 836

mit den Außenlagern St. Lambrecht und Schloss Lind, dem KZ Mauthausen unterstellt. Die Häftlinge des Lagers arbeiteten an der Errichtung eines Unterwasserkraftwerkes an der Ilz. Die Stadt Passau hatte 1939 den Komplex Oberilzmühle erworben, um auf dieser Liegenschaft ein zweites Kraftwerk an der Ilz zu errichten. Unter politischem Druck wurde der Bauplatz im Mai 1942 den „Arno-Fischer-Forschungsstätten" übergeben, die ein technisch völlig neuartiges Unterwasserkraftwerk errichtet wollten, das oberirdisch nicht sichtbar und folglich gegen mögliche Luftangriffe geschützt sein würde. Aus dem KZ Dachau sollen im Oktober 1942 zunächst 20 bis 30 männliche Häftlinge nach Oberilzmühle gebracht worden sein, mit der Unterstellung unter das KZ Mauthausen erhöhte sich die Zahl dann auf ca. 80 Häftlinge.

Die Häftlinge waren in Baracken direkt auf der Baustelle untergebracht und überwiegend auch dort eingesetzt, einzelne arbeiteten im Sägewerk Oberilzmühle. Zur Zwangsarbeit zählten auch Aufräumungsarbeiten in der Stadt Passau nach Luftangriffen sowie die Beseitigung sogenannter Blindgänger.

Nachdem das SS-WVHA offensichtlich schon im Sommer 1944 vorhatte, die Häftlinge aus Oberilzmühle abzuziehen, einigte man sich mit Arno Fischer im September darauf, dass 70 Häftlinge bis Jahresende bleiben sollten. Am 2. Februar 1945 wurden 47 Häftlinge nach Mauthausen rücküberstellt und nur mehr 20 Häftlinge im Lager belassen. Ende März erhöhte sich der Häftlingsstand aus nicht bekannten Gründen wieder auf 35.

Beim Herannahen der amerikanischen Truppen wurde das Lager Ende April/Anfang Mai 1945 aufgelöst. Der Kraftwerksbau blieb bis Kriegsende, vermutlich wegen Baustoffknappheit, unvollendet.[244]

Im Benediktinerstift St. Lambrecht in der Steiermark bestand seit dem 13. Mai 1942 ein Außenlager des KZ Dachau für männliche Häftlinge, das nun dem KZ Mauthausen unterstellt wurde. Später kam hier noch ein Außenlager für weibliche Häftlinge hinzu.

244 Vgl. Elmar W. Eggerer, „Waldwerke" und „Oberilzmühle". Die Passauer KZ-Außenlager und ihr Umfeld 1942-1945, in: Winfried Becker (Hg.), Passau zur Zeit des Nationalsozialismus. Ausgewählte Fallstudien, Passau 1999, S. 527-542; Sepp Kufner, Die KZ-Außenstelle Mauthausen bei Oberilzmühle, in: Salzweg-Straßkirchen: Natur-Geschichte Kultur, hg. von der Gemeinde Salzweg, Salzweg 2002, S. 159-166; Bertrand Perz, Passau I (Oberilzmühle), in: Benz/Distel, Der Ort des Terrors, Bd. 4, S. 408-410; Christof Wagner, Entwicklung, Herrschaft und Untergang der nationalsozialistischen Bewegung in Passau 1920 bis 1945, Berlin 2007, S. 392-394

Das Stift war im Mai 1938 aufgelöst und unter kommissarische Verwaltung gestellt worden. Das kulturell bedeutende, wohlhabende und an landwirtschaftlichen Flächen reiche Kloster sollte dem Reichsgau Steiermark zufallen. Nachdem Himmler das Rasse- und Siedlungshauptamt der SS eingeschaltet hatte, wurden die landwirtschaftlichen Besitzungen des Klosters aber für 99 Jahre pachtweise an den „Deutschen Reichsverein für Volkspflege und Siedlerhilfe e.V." übergeben. Dieser sollte das beschlagnahmte kirchliche Vermögen für die SS-Siedlungsaktivitäten sichern und die ländlichen Besitzungen des Klosters weitgehend in Erbhöfe parzellieren. Himmler persönlich nutzte die ausgedehnten Forste des Klosters, um hochrangige Parteigenossen zur Jagd einzuladen, höhere SS-Führer verbrachten hier ihren Urlaub.

Für den Ausbau des Klosters zum Studien-, Schulungs- und Erholungszentrum der SS (wie auch für das zum Klosterbesitz zählende Schloss Lind) stellte SS-WVHA-Chef Pohl ab Mai 1942 bis zu 115 männliche Häftlinge zur Verfügung. Die Männer – vorwiegend Polen sowie einige Jugoslawen, Tschechen, Deutsche und Österreicher – wurden im Wirtschaftsgebäude des Klosters untergebracht.

Die Unterstellung von St. Lambrecht unter das KZ Mauthausen war mit einem kompletten Austausch der Wachmannschaft verbunden und führte zu einer drastischen Verschlechterung der Behandlung der Häftlinge. Im Juni 1943 wurden alle Häftlinge aus St. Lambrecht, vermutlich wegen des Verdachts von Fluchtvorbereitungen, möglicherweise auch wegen eines geplanten Attentats auf den Kommandoführer, nach Mauthausen überstellt und dort zum Teil sofort getötet, zum Teil aber auch an die Strafkompanie nach Gusen abgegeben. Die aus St. Lambrecht abgezogenen Häftlinge wurden rasch ersetzt: Am 2. Juli 1943 traf ein neuer Transport mit 99 spanischen Häftlingen und einem polnischen Lagerarzt aus Mauthausen ein.

Mit dem Umzug der „Publikationsstelle Wien" der „Südostdeutschen Forschungsgemeinschaft" in das Stift Anfang 1944 mussten die Häftlinge, die bis dahin vor allem beim Siedlungsbau und der Errichtung einer Villa für den Verwalter eingesetzt waren, auch für diese Institution arbeiten, die Begleitforschungen zur Umsiedlung von Volksgruppen, insbesondere zur Germanisierung Südosteuropas, sowie zur Vernichtungspolitik gegenüber den europäischen Juden durchführte. Es sind keine Todesfälle unter den Häftlingen in St. Lambrecht bekannt. Am 11. Mai 1945 erreichten britische Truppen das Kloster.

Schloss Lind zählte als landwirtschaftliches Gut zu den Besitzungen des Benediktinerstiftes St. Lambrecht und kam so ebenfalls in den pachtweisen Besitz des „Deutschen Reichsvereins für Volkspflege und Siedlerhilfe e.V.". Obwohl das kleine Arbeitskommando mit 20 Häftlingen in Schloss Lind eine Außenstelle des Männerlagers St. Lambrecht war, wurde es administrativ als eigenes Außenlager von Mauthausen geführt. Die Häftlinge wurden bei schweren landwirtschaftlichen Arbeiten und beim Wegebau eingesetzt. Am 5. Mai 1945 tauchten Angehörige der „Österreichischen Freiheitsbewegung" im Lager auf, erklärten die Häftlinge für befreit und statteten sie mit Ausweisen aus. Britische Truppen erreichten Schloss Lind am 11. oder 12 Mai 1945.[245]

25.11.42
Vom Bekleidungswerk der Waffen-SS Dachau Abt. Unterkunft[246] werden folgende Gebrauchsmittel geliefert:

300	Wassereimer,	
300	Wasserkannen,	
6500	Wolldecken,	
8000	Handtücher,	"G"
8000	Blechlöffel	"G".

Das Kürzel „G" für Gefangene verwendete die SS sowohl zur Kennzeichnung für die für den Lagerbedarf angefertigten Ausrüstungsgegenstände wie auch der gestreiften Bekleidung der Häftlinge.[247]

245 Zu St. Lambrecht und Schloß Lind vgl. Dietmar Seiler, Die SS im Benediktinerstift. Aspekte der KZ-Außenlager St. Lambrecht und Schloß Lind, Graz – Estergom – Paris – New York 1994; Anita Farkas, Geschichte(n) ins Leben holen. Die Bibelforscherinnen des Frauenkonzentrationslagers St. Lambrecht, Graz 2004; Anita Farkas, Kollektives Gedächtnis und Erinnerungsbedarf in der Steiermark. Auf den Spuren der Erinnerung an die Konzentrationslager Aflenz, Peggau und Schloß Lind, Dipl.Arb., Universität Klagenfurt/Celovec, 2001; Aramis (Hg.), A E I O U – draußt bist du, draußt bist du noch lange nicht. einschließen – ausgrenzen. Ein Millenniumsbeitrag zur österreichischen Identität quer durch die Künste (Malerei, Graphik, Installationen, Musik, Theater, Film und Vorträge). K. L. Mauthausen – Arbeitslager, Schloß Lind bei Neumarkt, Ober-Steiermark, Neumarkt o.J. [1996]; Barbara Distel, KZ-Kommandos an idyllischen Orten, in: Dachauer Hefte 15 (1999) 15, S. 54-65

246 Siehe Eintrag vom 12.12.1941

247 Vgl. Schmidt, Geschichte und Symbolik, S. 109; siehe Eintrag vom 9.11.1943

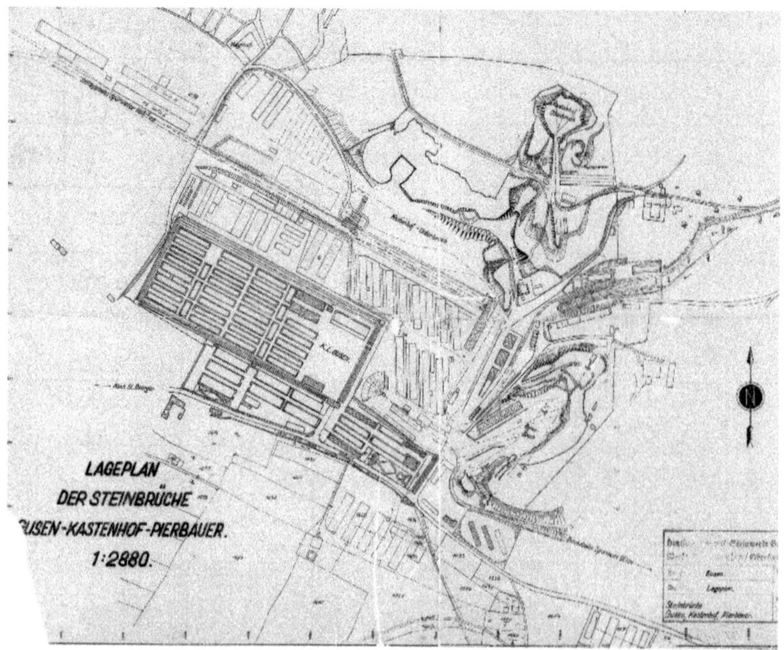

Abb. 13: Plan der Bauleitung der Deutschen Erd- und Steinwerke des KZ Gusen und der Steinbrüche Gusen, Kastenhof und Pierbauer, 15. Juni 1943

1.12.42.
Zu verpflegen sind 1.282 SS-Männer und 1o.263 Häftlinge.

1o.12.42.
Vom K.L. Auschwitz wurden 1oo SS-Angehörige /Volksdeutsche/ nach hier versetzt. Dieselben trafen in Zivilkleidung ein und mußten hier eingekleidet werden.

Bis zu diesem Zeitpunkt bestand die Bewachungsmannschaft vorwiegend aus deutschen und österreichischen Angehörigen der SS-Totenkopfverbände. Die Idee, die personelle Rekrutierungsbasis der Waffen-SS über die Grenzen Deutschlands hinaus zu erweitern, gab es schon vor Kriegsausbruch. Himmler kündigte bereits im November 1938 an, dass er die Absicht habe, „germanisches Blut in der ganzen Welt zu holen, zu rauben und zu stehlen."[248] Die Anwerbung, bei der sich die SS klar gegenüber der Wehrmacht durchsetzte, war zunächst eher volkstumspolitischen Motiven verpflichtet. Nach dem Überfall auf die Sowjetunion stand der Gedanke im Vordergrund, die personelle Basis der Waffen-SS, die im Winter 1941/42 hohe Verluste erlitten hatte, durch den Zugriff auf die über zwei Millionen Angehörigen der deutschsprachigen Minderheiten in Südosteuropa nicht nur zu erhalten, sondern noch auszubauen. Die Anwerbung der nach rassistischen Kriterien als „Volksdeutsche" bezeichneten Männer zur Waffen-SS, die im Frühjahr 1940 in Rumänien in großem Maßstab begann und nach dem Überfall auf Jugoslawien insbesondere auf dem Balkan massiv betrieben wurde, basierte zunächst weitgehend auf – freilich zum Teil schon unter hohem psychischen und auch physischen Druck der jeweiligen Volksgruppenführungen erzielten – Freiwilligenmeldungen. Parallel zu den ersten Anwerbungen wurden bei den jeweiligen Volksgruppen Organisationen nach dem Schema Allgemeine SS/Waffen-SS eingerichtet. Diese Gliederungen standen nicht nur den Volksgruppen als eine Art Selbstschutz und als Herrschaftsapparat zur Verfügung, sondern bildeten de facto bald einen Annex der Waffen-SS und konnten später reibungslos in diese eingegliedert werden.

Treibende Kraft der Anwerbungspolitik war SS-Brigadeführer Gottlob Berger, der Leiter des Ergänzungsamtes der Waffen-SS. Als die auf Freiwilligkeit beruhende Anwerbung nicht die erwarteten Erfolge zeitigte, erfolgte die Rekrutierung zunehmend zwangsweise, wobei hier Staatsverträge des Deutschen Reiches mit den betreffenden Staaten, in denen eine „völkische Wehrpflicht" festgelegt war, als Basis dienten sowie ein vereinfachtes Verfahren zur Erlangung der deutschen Staatsangehörigkeit.[249]

248 Rede Himmlers vom 8.11.1938, zitiert nach Wegner, Hitlers politische Soldaten, S. 302 f

249 Vgl. Robert Herzog, Die Volksdeutschen in der Waffen-SS (=Studien des Instituts für Besatzungsfragen in Tübingen zu den deutschen Besetzungen im 2. Weltkrieg, Bd. 5), Tübingen 1955, 16 f; Loránt Tilkovszky, Die Werbeaktionen der Waffen-SS in Ungarn, in: Acta Historica Academiae Scientiarum Hungaricae 20 (1974), S. 137-180; ders., Ungarn und die deutsche „Volksgruppenpolitik" 1938-1945, Köln-Wien 1981; Holm Sundhaussen, Zur Geschichte der Waffen-SS in Kroatien 1941-1945, in: Südostforschungen 30 (1971), S. 176-196; vgl. auch die entsprechenden Gutachten von Martin Broszat zu Ungarn, Kroatien und zur Slowakei, in: Gutachten des Instituts für Zeitgeschichte, Bd. 1, München 1958; Bd. 2, München 1966; Thomas Casagrande, Die volksdeutsche SS-Division „Prinz Eugen", Frankfurt a. M. - New York 2003, S. 183-211; Hördler, Die KZ-Wachmannschaften in der zweiten Kriegshälfte, S. 129

Die erzwungene Einziehung von Ausländern zum Dienst in der Waffen-SS war völkerrechtswidrig. Die Transporte der rekrutieren „Volksdeutschen" liefen über Wien, wo sich in der SS-Kaserne in Schönbrunn das Ersatz-Kommando der Waffen-SS befand.

Durch die Politik der Zwangsverpflichtungen sowie die Aufstellung von sogenannten germanischen Divisionen in besetzten Ländern änderte sich ab 1942 der Charakter der Waffen-SS, die sich ursprünglich als Elite voon Freiwilligen gesehen hatte. Die verstärkten Anwerbungen von „Volksdeutschen" seit dieser Zeit führten dazu, dass dann zu Jahresbeginn 1944 ca. ein Viertel aller Waffen-SS-Angehörigen aus dieser Gruppe stammte.[250] Die Zuweisung von „Volksdeutschen" an die Konzentrationslager hatte bereits Ende 1941 begonnen, insgesamt dürfte ihre Zahl in den Lagern bei über 10.000 gelegen haben.[251]

Der Tätigkeitsbericht verzeichnet zwischen dem 10. Dezember 1942 und dem 19. November 1944 1.057 ins KZ Mauthausen versetzte „Volksdeutsche" aus Kroatien, Rumänien, Ungarn, wobei die Herkunft nicht immer vermerkt wurde, wie der Eintrag oben zeigt.[252] Es ist nicht sehr wahrscheinlich, dass vor dem 1. Oktober 1941, an dem dieser 2. Tätigkeitsberichtes begonnen wurde, SS-Angehörige aus deutschsprachigen Minderheiten nach Mauthausen kamen, allerdings dürften im Tätigkeitsbericht nicht alle Überstellungen vermerkt worden sein. So weist eine Aufstellung der Amtsgruppe D des SS-WVHA für den September 1943 510 „volksdeutsche" SS-Angehörige aus Rumänien aus, der Tätigkeitsbericht bis zu diesem Zeitpunkt aber nur 300.[253] Überdies werden Slowaken, wie sie 1944 etwa in der im Außenlager Linz III eingesetzten 6. Kompanie aufscheinen, im Tätigkeitsbericht nicht erwähnt.[254]

---

250 Vgl. George H. Stein, Geschichte der Waffen-SS, Düsseldorf 1967, S. 151 ff

251 Vgl. Tuchel, Die Wachmannschaften, S. 141. Nach Stefan Hördler ist diese Zahl deutlich zu niedrig. Demnach waren allein 1943 7.000 von 15.000 Wachmannschafts-Angehörigen „Volksdeutsche", bis 1944/45 mindestens 15.000 Mann. Vgl. Hördler, Die KZ-Wachmannschaften in der zweiten Kriegshälfte, S. 129 f

252 Unter der Annahme, dass die 140 Rekruten der Ausbildungskompanie, die am 23.2.1943 erwähnt werden, ebenfalls aus den deutschsprachigen Minderheiten Südosteuropas stammten, erhöht sich die Zahl auf 1.197.

253 Vgl. Tuchel, Die Wachmannschaften, S. 143; Hördler, Die KZ-Wachmannschaften in der zweiten Kriegshälfte, S. 130

254 Vgl. Perz, KZ-Häftlinge als Zwangsarbeiter der Reichswerke „Hermann-Göring, S. 502 f

Bezogen auf die für den 15. Jänner 1945[255] überlieferte Gesamtzahl von 5.632 männlichen SS-Bewachern im Lagerkomplex Mauthausen, zeigt sich, dass wenigstens ein Fünftel der Bewacher aus den deutschsprachigen Minderheiten Südosteuropas stammte.[256] Allerdings ist hier eine mögliche Fluktuation der SS-Angehörigen nicht berücksichtigt. Überdies ist davon auszugehen, dass sich unter den im Rahmen der Evakuierung der Lager im Osten 1945 in großer Zahl nach Mauthausen gelangten SS-Angehörigen, ebenfalls sehr viele „volksdeutsche" SS-Angehörige befanden. Bei den 1.057 „volksdeutschen" SS-Angehörigen handelt es sich daher jedenfalls um eine Mindestzahl.

Die Zuweisung von „Volksdeutschen" war für die SS durchaus auch mit Problemen verbunden. Zum einen wurden diese von den übrigen SS-Angehörigen oft als minderwertig oder SS-Angehörige zweiter Klasse angesehen, was sich aus der wiederholten Androhung drakonischer Strafen durch die SS-Führung bei Fällen von Diskriminierung der „Volksdeutschen" ablesen lässt.[257] Außerdem verfügten die rekrutierten jungen Männer oft nur über sehr eingeschränkte Deutschkenntnisse, was bei der Ausbildung immer wieder zu Problemen führte.[258]

14.12.42.
Die Fa. R. Schniete, Stettin liefert 5.000 kg Fußbodenöl.

Die Firma Schniete belieferte alle Konzentrationslager mit diesem Produkt. So verkaufte sie – wie aus einer zeitgenössischen Aufstellung hervorgeht – im Oktober 1941 43.000 kg Fußbodenöl an die Lager, davon 6.000 kg an Mauthausen. Die Liste trägt für Mauthausen den Zusatzvermerk, dass „eine entsprechende Menge an das Lager Gusen abzugeben" sei.[259]

255 BArch, NS 3/439, Aufstellung über SS-Wachmannschaften und Häftlinge am 1. und 15.1.1945

256 20 Prozent ist als Mindestanteil zu verstehen.

257 BArch, NS 19/319, Reichsführer-SS an Phleps, vom 27.10.1943

258 International Military Tribunal, Bd. XI, Aussage Höß, S. 453. Vgl. zu den Integrationsproblemen Tuchel, Die Wachmannschaften, S. 148-150; Hördler, Die KZ-Wachmannschaften in der zweiten Kriegshälfte, S. 138 f

259 VHA Praha, Kt. Mauthausen 163/Ma/1/30, RFSS, Inspekteur der Konzentrationslager, Verwaltung an die Verwaltungen der Konzentrationslager, betr. Fußbodenöl, vom 18.10.1941

10.12.42.[260]
Das SS-Lager Bretstein wird aufgelöst.[261] Das Kommando wird einstweilen dem SS-Lager Steyr[262] zugeteilt.

Da in den Wintermonaten auf Grund der hohen Schneelagen im Bretsteintal ohnehin kaum Arbeiten durchgeführt werden konnten, wurden alle Häftlinge am 10. Dezember 1942 zum Bahnhof Thalheim im Murtal gebracht und mit der Bahn in das Außenlager Steyr überstellt, wo der Transport am nächsten Tag eintraf. Hintergrund dieser vorläufigen Lagerauflösung war aber die vom Generalbevollmächtigten für die Regelung der Bauwirtschaft bereits Mitte 1942 angeordnete kriegsbedingte, Stilllegung des Güterwegebaues. Im Juni 1943 arbeitete noch einmal ein kleines Häftlingskommando für mehrere Wochen an der endgültigen Auflösung des Außenlagers.

Für die lagereigene Mästerei wurden 45 Läuferschweine angekauft. Diese werden von den Abfällen der Lagerküche gemästet.[263]

18.-21.12.42
Wie jedes Jahr wurden die Julfeiern für Kompanien und Kommandantur-Stab im Gemeinschaftshaus des hies. Lagers durchgeführt.[264]

Bei der Julfeier 1942 war wie schon 1941 der Höhere SS- und Polizeiführer Ernst Kaltenbrunner geladen und hielt die Festrede.[265]

---

260 Die von der Chronologie abweichende Reihenfolge der Einträge folgt hier dem Tätigkeitsbericht.

261 Siehe Eintrag vom 12.11.1941; vgl. auch Angaben zum SS-Angehörigen Otto Kopischke, der vom 15.8. bis zum 11.12.1942 der Wachmannschaft in Bretstein zugeteilt war. NARA, RG 549, US vs. Kaspar Goetz et al., case 000-50-5-4

262 Siehe Eintrag vom 5.1.1942

263 Siehe Eintrag vom 17.7.1942

264 Siehe Eintrag vom 24.12.1941

265 BArch, BDC-Unterlagen Franz Ziereis, Fernschreiben Ziereis an HSSPF Querner, vom 6.12.1943

1.1.1943
Zu verpflegen sind 1.2oo SS-Männer und 14.553 Häftlinge.[266]
Der Frellerhof" in unmittelbarer Nähe des Lagers KLM. gelegen, wird übernommen und der Verwaltung als Wirtschaftsbetrieb angegliedert.

Der an der Zufahrtsstraße in unmittelbarer Nachbarschaft des KZ Mauthausen gelegene Bauernhof wurde 1902 von seinem Besitzer Freller an die Stadt Wien verkauft, die ihn als Bau- und Wirtschaftshof für ihre Steinbrüche nutzte. Die Verpachtung des Steinbruches im Wiener Graben durch die Stadt Wien an die SS im Juni 1938 umfasste auch den Frellerhof. Das Inventar des Hofes wurde an die SS verkauft, wobei der Kaufvertrag eine Rückkaufregelung enthielt, die schlagend werden sollte, wenn die Pacht des Steinbruches auslief. Mit dem Erwerb von Steinbruch und KZ-Gelände durch die SS im Jahr 1941 ging auch der Frellerhof in das Eigentum der SS bzw. des Deutschen Reiches über. Die sehr viel spätere offizielle Übernahme des Frellerhofes durch die Verwaltung des Lagers hing möglicherweise mit dem Umstand zusammen, dass der vollständige Kaufpreis durch die SS erst zwei Jahre nach Abschluss des Kaufvertrages entrichtet wurde.

Der Frellerhof gelangte nach Abschluss des Staatsvertrages 1955 als „Deutsches Eigentum" in den Besitz der Republik Österreich und wurde in der Folge an die Pächterfamilie Spindler verkauft, die dort seit den 1990er Jahren eine „Moststube" betreibt.[267]

266 Die bisher angenommene Zahlenschätzung lag mit ca. 14.000 Häftlingen darunter. Vgl. Maršálek, Die Geschichte, S. 126

267 Die Quellen zu den Pacht- und Verkaufsverhandlungen der Stadt Wien mit der SS finden sich im Wiener Stadt- und Landesarchiv (1.3.2.245.A51/5). Andreas Kranebitter, Der Steinbruch „Wiener Graben" und die Errichtung des KZ Mauthausen, in: KZ-Gedenkstätte Mauthausen. Mauthausen Memorial 2008, S. 58-73. Ein Teil des Archivbestandes wurde von Gerhard Botz bereits 1970 verwendet. Vgl. Gerhard Botz, Das Geschäft mit dem Tod. Die Errichtung des Konzentrationslagers Mauthausen, in: Die Zukunft. Sozialistische Zeitschrift für Politik, Wirtschaft und Kultur (1970) 9-10, S. 22 f. Vgl. http://www.frellerhof.at/hauptframe.htm (Zugriff 24.11.2010)

4.1.1943
An Häftlingsbekleidung langen hier ein: 8.900 Tuchmäntel, 9.000 Tuchröcke, 9.000 Tuchhosen und 10.300 Mützen.

Es handelte es sich um eine der letzten umfangreichen Lieferungen von regulärer Häftlingsbekleidung – sogenannte „G"-Bekleidung" – nach Mauthausen. Bereits im Februar 1943 wurde wegen des Mangels an textilen Rohstoffen stattdessen Kleidung ermordeter Juden aus den Vernichtungslagern mit der Tarnbezeichnung „Altbekleidung Ost" nach Mauthausen geliefert.[268]

6.1.1943
Vom Bekleidungswerk der Waffen-SS Dachau[269] werden für das 2. Halbjahr des Wirtschaftsjahres 42/43 über Abruf des SS-WVHA. Reinigungsgeräte, wie Besen und Bürsten angeliefert.

7.1.1943
Zur Instandsetzung des Außen- und Innenanstriches der Unterkünfte sowie der Wirtschaftsbaracken im Lager Mauthausen und Gusen liefert die Firma Kapler, Linz Farben an.[270]
Die lt. Verfg. vom 15.12.42 des SS-WVHA. abgegebenen schwarzen Uniformen müssen nach 5-tel Wert errechnet und nach Berlin gemeldet werden.

Angehörige der SS-Totenkopfverbände trugen in den 1930er Jahren schwarze Dienstuniformen. Wie in der SS-Verfügungstruppe wurden jedoch verbreitet Übungsuniformen verwendet, um die schwarze Dienstuniform zu schonen. Im März 1936 wurde eine erdbraune Dienstuniform im Konzentrationslager eingeführt. Sie bestand aus Feldmütze, Rock und Stiefelhosen (Kniehosen) und war im Schnitt identisch mit

268 Siehe Eintrag vom 27.2.1943
269 Siehe Eintrag vom 12.12.1941
270 Siehe Eintrag vom 9.10.1941

der schwarzen Uniform. Die Wachposten am Haupteingang, die öffentlich sichtbar waren, benutzten jedoch weiterhin die schwarze Uniform, die auch als Ausgehuniform in Gebrauch blieb.

Ab 1937 wurden die Totenkopfverbände – und um 1940 dann alle KZ-Wachmannschaften – mit einheitlichen feldgrauen Dienstuniformen ausgestattet, wie sie auch in der Verfügungstruppe in Verwendung waren. Die feldgraue Uniform der Waffen-SS blieb bis Kriegsende Standard.[271]

11.1.1943
Für das neuerrichtete Arbeitskommando Linz werden 100 Häftlinge und 25 SS-Männer abgestellt. Die Verpflegung wird mittels LKW bzw. Waggon wöchentlich überführt. Gekocht wird in eigener Küche.

Mitte Dezember 1942 waren ca. 30 Häftlinge zum Aufbau eines Außenlagers auf dem Hüttengelände der Reichswerke „Hermann Göring" nach Linz verbracht worden. Mit dem Transport vom 11. Jänner 1943 wurde das Lager offiziell als Außenlager Linz I geführt.

Der Bau des Hüttenwerkes Linz der Reichswerke „Hermann Göring" im Rahmen des Vierjahresplans zur Sicherung der wehrwirtschaftlichen Autarkie begann unmittelbar nach dem „Anschluss" Österreichs. 1939 erfolgte der Spatenstich zu den an die Hütte angrenzenden Eisenwerken Oberdonau, die sich zu einem der größten deutschen Panzerwerke entwickelten. Der forcierte Aufbau großindustrieller Strukturen im Reichsgau Oberdonau führte ab 1940 zu einem erheblichen Arbeitskräftemangel. So fehlten im Herbst 1941, als die ersten beiden Hochöfen der Hütte Linz angeblasen wurden, Arbeitskräfte zur Verwertung der anfallenden Hochofenschlacke. RWHG-Chef Pleiger unterbreitete deshalb der SS-Führung den Plan, die Hochofenschlacke der Hütte Linz in einer Kooperation zwischen RWHG und SS gemeinsam zu verarbeiten, wobei die SS KZ-Häftlinge als Arbeitskräfte stellen sollte. Nach langwierigen Verhandlungen einigte man sich darauf, die Schlackenverwertung als

271 Vgl. Andrew Mollo, Uniforms of the SS, Bd. 4: SS-Totenkopfverbände, London 1972, S. 22 bzw. Dienstvorschrift für Konzentrationslager (Lagerordnung), Berlin 1941, S. 21 bzw. S. 29; vgl. auch Rudolf Absolon, Wehrgesetz und Wehrdienst, 1935-1945. Das Personalwesen in der Wehrmacht (=Schriften des Bundesarchivs, Bd. 5), Boppard am Rhein 1960, S. 97

Pachtbetrieb zur Gänze dem SS-Unternehmen Deutsche Erd- und Steinwerke zu übertragen.

Bis Ende Juni 1943 wurden über 700 Häftlinge nach Linz gebracht, teilweise um bei Bauarbeiten in der Hütte Linz eingesetzt zu werden, vor allem aber um den Bau des Schlackenwerkes voranzutreiben. Die größten Gruppen stammten aus Polen, Jugoslawien und der Sowjetunion. Das „Schlackenkommando" war bei den Häftlingen wegen der körperlich anstrengenden und gefährlichen Arbeit besonders gefürchtet.

Das Interesse der Reichswerke, Häftlinge für die Herstellungs- und Produktionsarbeiten direkt im Hüttengelände zu verwenden sowie bei der Tochterfirma Stahlbau GmbH einzusetzen, führte zum Ausbau des Lagers im ersten Halbjahr 1944 und zur Zuweisung weiterer Häftlingsgruppen. Die Firmenleitung der Reichswerke in Linz nutzte dabei ihre engen gesellschaftlichen Kontakte zur Mauthausener SS, um günstige Voraussetzungen für diese weiteren Häftlingszuweisungen zu schaffen. Die Zahl der Häftlinge stieg auf ca. 960.

Der erste große alliierte Luftangriff auf die Reichswerke am 25. Juli 1944 zerstörte das Lager Linz I so massiv, dass eine weitere Nutzung nicht mehr in Frage kam, die überlebenden Häftlinge wurden folglich in das Lager Linz III überstellt.[272]

Insgesamt wurden in der Zeit seines Bestandes in das Außenlager Linz I 1.756 Häftlinge eingewiesen, verzeichnet sind (ohne die Todesfälle infolge des Luftangriffs) acht Tote.[273]

12.1.1943
An Häftlingsbekleidung wird angeliefert: Hemden, Unterhosen, Socken und Wollwesten.

Ende Mai 1942 hatte das SS-WVHA den Lagern mitgeteilt, dass der Bedarf an Socken für Häftlinge nicht mehr gedeckt sei. Es wurde daher an-

272 Siehe Eintrag vom 25.7.1944

273 Zu Linz I und III siehe Perz, KZ-Häftlinge als Zwangsarbeiter, S. 449–590; Bertrand Perz, Nationalsozialistische Konzentrationslager in Linz, in: Mayrhofer/Schuster, Nationalsozialismus in Linz, Bd. 2, S. 1041-1094; Helmut Fiereder, Die Häftlinge in den Konzentrationslagern Linz I/III und Linz II, in: Mayrhofer/Schuster, Nationalsozialismus in Linz, Bd. 2, S. 1095-1106; Bertrand Perz, Linz I, in: Benz/Distel, Der Ort des Terrors, Bd. 4, S. 392-394

geordnet, dass Häftlinge Socken künftig nur mehr in der kalten Jahreszeit tragen dürften.[274]

```
14.1.1943
Errichtung des Arbeitslagers Groß-Raming. Abgestellt
werden 300 Häftlinge und 25 SS-Männer. Die Versorgung
mit Verpflegung wird wie beim Außenkommando Linz ge-
handhabt. Die Zubereitung der Verpflegung erfolgt
gleichfalls in eigener Küche.
```

Am 15. Jänner 1943 trafen die ersten 300 Häftlinge aus Mauthausen in Großraming ein. Sie sollten gemeinsam mit anderen Zwangsarbeitern das seit Herbst 1942 in Bau befindliche Ennskraftwerk Großraming errichten. Während das Kraftwerk Ternberg[275] speziell zur Versorgung der Großbetriebe der Reichswerke „Hermann Göring" in Linz gedacht war, wollte die Kraftwerke Oberdonau AG mit der von ihr errichteten Kraftwerkskette, die neben Großraming auch Staning und Mühlrading umfasste, den Strombedarf der Stadt Linz, deren Bevölkerungszahl nach NS-Planungen auf über 300.000 Einwohner anwachsen sollte, und allgemein jenen der expandierenden Industrien decken.

Insgesamt wurden zum Bau des Kraftwerkes ca. 1.800 Häftlinge nach Großraming transportiert, die größte Gruppe kam aus Jugoslawien. Die Arbeitskräfte – neben den Häftlingen zivile AusländerInnen und Kriegsgefangene – waren im „Gemeinschaftslager Ennskraftwerkbau" im Gemeindegebiet von Reichraming untergebracht, 14 der dort aufgestellten Baracken dienten als Konzentrationslager. In Dipoldsau, zwischen Weyer und Großraming gelegen, wurde später ein zusätzliches Lager eingerichtet, höchstwahrscheinlich um zu lange Anmarschwege der Häftlinge zu ihren Arbeitsstätten zu vermeiden. Die ca. 130 dort von Juli 1943 bis Ende August 1944 festgehaltenen Häftlinge mussten bei Straßenverlegungen und Brückenbauten arbeiten.

Der Alltag der Häftlinge in Großraming war von schwerer Zwangsarbeit geprägt. 227 Häftlinge kamen in diesem Außenlager ums Leben, für

274 BArch, NS 3/425, SS-WVHA D IV Verwaltung an KL, betr. Socken für Häftlinge, vom 26.5.1942

275 Siehe Eintrag vom 15.5.1942

Dipoldsau lassen sich 22 Todesfälle nachweisen. Ende August 1944 wurde das Außenlager Großraming aufgelöst.

Bis zur Einstellung der Bauarbeiten im September 1944 waren 37 Prozent der baulichen und ein Prozent der maschinenelektrischen Teile des Kraftwerkes fertig gestellt. Der Bau wurde später von der neu gegründeten Ennskraftwerke A.G. übernommen und 1950 abgeschlossen.[276]

25.1.1943
Die Firma Max Weihönig, Freiwaldau liefert zur Füllung bzw. Nachfüllung der Strohsäcke 106 Ballen Holzwolle.

Als Matratzen für die Häftlinge dienten Strohsäcke, die sowohl mit Holzwolle als auch mit Stroh gefüllt wurden. Addiert man die im Tätigkeitsbericht genannten Zahlen, so wurden bis Juli 1944 weitere 61.428 kg Holzwolle geliefert. Die seit 1916 bestehende Firma Holzindustrie Max Weihönig OHG in Adelsdorf über Freiwaldau im Reichsgau Sudetenland war auf die Produktion von Holzwolle, Holzwolleseilen und Leichtbauplatten spezialisiert.[277] Neben der Firma Weihönig traten die Firmen Meyer (Celle), Buhl (Schönhorst) und Frank & Moormann (Linz) als Lieferanten auf.[278]

29.1.1943
Für die Reinigung der Unterkünfte und Wirtschaftsbaracken langen von der Firma Ed. Frieb, Wien[279] 400 Stück Birkenbesen ein.

Die Bürsten-, Pinsel- und Besenfabrik Ed. Frieb hatte ihren Sitz am Rennweg 72 im 3. Wiener Gemeindebezirk. Die heute noch existierende Firma Frieb-Bümag GmbH, Wimpassing/Leitha, Österreich, gehört zusammen mit der Bümag e.G., Stützengrün, Deutschland, zu den bedeutendsten eu-

276 Vgl. Brunnthaler, Strom für den Führer; Rathkolb/Freund, NS-Zwangsarbeit in der Elektrizitätswirtschaft; Florian Freund, Groß-Raming, in: Benz/Distel, Der Ort des Terrors, Bd. 4, S. 365-367

277 Vgl. Industrie-Compass 1943/1944, Deutsches Reich: Sudetenland

278 Siehe Einträge vom 21.10.1943, 5.2.1944 und 5.7.1944

279 Vgl. Industrie-Compass 1941, Deutsches Reich: Ostmark, S. 1247; http://www102.internetworld.at/frieb/ (Zugriff am 6.11.2012)

ropäischen Anbietern von Sortimenten in den Bereichen Haushaltspflege, gewerbliche Reinigung und Körperpflege mit einem hohen Eigenproduktionsanteil. Schwesterfirmen sind auch in Lettland, Tschechien, in der Slowakei, in Ungarn, Rumänien, Bulgarien und Serbien-Montenegro aktiv.

1.2.1943
Zu verpflegen sind 1.149 SS-Männer und 1.482o [sic!] Häftlinge.[280]

2.2.1943
2.000 Stück Erkennungsmarken werden beschriftet und an den Kommandanturstab und an die beiden Wachsturmbanne Mauthausen und Gusen ausgegeben.

Alle Angehörige der Waffen-SS erhielten, den Wehrmachtsoldaten und Angehörigen anderer im Krieg eingesetzter Formationen (wie etwa der Organisation Todt) vergleichbar, eigene Erkennungsmarken. Diese Marken waren teilbare Metallplaketten mit identen Angaben zur Person und militärischen Einheit auf beiden Hälften der Marke. Die Marke diente vor allem zur Identifizierung im Todesfall. Ein Teil verblieb beim Toten, der andere wurde für die Meldung des Todesfalls abgetrennt. Die Zahl der ausgegebenen Erkennungsmarken ist insoweit beachtlich, als zu diesem Zeitpunkt die Zahl der SS-Angehörigen im KZ-System von Mauthausen zusammen nicht mehr als 1.149 betrug. Erst im Dezember 1943 wurde die 2.000er Marke überschritten.

Es ist davon auszugehen, dass hier Vorbereitungen für größere Versetzungen zu Feldeinheiten getroffen wurden.

3.2.1943
Die Firma Max Korner, Hart liefert:

36	Stück	Häftlingssärge
100	- " -	Bettstellen aus Holz, zweiteilig
100	- " -	Bettstellen aus Holz, dreiteilig.

280 Tippfehler, die richtige Zahl von 14.820 Häftlingen liegt etwas über der bisherigen Schätzung von 14.400, die sich aber explizit auf keinen genauen Monatstag bezieht. Vgl. Maršálek, Die Geschichte, S. 126

Abb. 14: Innenaufnahme einer SS-Baracke mit Hitlerbild (SS-Aufnahme)

Die Betten waren ursprünglich für das Lager Neuengamme bei Hamburg vorgesehen wurden aber gem. Verfg. d. SS-WVHA. der hies. Verwaltung zugewiesen.

Die 1943 mehrmals vermerkte Lieferung von Särgen steht in Zusammenhang mit der Gründung neuer Außenlager. Die Toten der meisten Außenlager wurden zu den Krematorien nach Mauthausen und Gusen gebracht. Die Leichen- und Bestattungsgesetze sahen für die Überführung von Leichen die Einhaltung strikter Versargungsvorschriften vor.[281] Mit dem Anstieg der Todeszahlen wurden jedoch auch mehrere Leichen in einen Sarg gelegt.[282] Die großen Außenlager Ebensee und Melk erhielten 1944 eigene Krematorien, da sich die mit LKWs durchgeführten Leichentransporte nach Mauthausen bei der hohen Zahl von Todesfällen in diesen Lagern als zu aufwendig erwiesen. Hinzu kam noch, dass – um

281 Siehe dazu auch das Internationale Abkommen über Leichenbeförderung vom 10.2.1937 (RGBl 1938 II S. 199)

282 Vgl. Perz, Projekt Quarz, S. 456

Treibstoff einzusparen – Transportfahrten grundsätzlich nur eingeschränkt durchgeführt werden durften und die Krematorien in Mauthausen und Gusen überlastet waren.

Für die Häftlingsunterkünfte in Mauthausen wurden sowohl zwei- wie dreistöckige Betten verwendet, in denen gewöhnlich pro Bett zwei Häftlinge schlafen mussten.

Die vom SS-WVHA angeordnete Umleitung der Lieferung von Neuengamme nach Mauthausen macht deutlich, dass sich die übergeordnete KZ-Verwaltung in die Zuteilung von Ressourcen an die Lager sehr direkt einmischte.

9.2.1943

Über Veranlassung des SS-WVHA. werden von dem Großdeutschen Bilderdienst, Berlin 2o Stück Führerbilder angeliefert.

Der Großdeutsche Bilderdienst war 1942 von SS-WVHA-Chef Pohl gegründet worden, nachdem es zu Konflikten mit der bisher für die Bilderproduktion der SS zuständigen F. F. Bauer GmbH gekommen war.[283] Da die Anbringung von Hitlerporträts in allen öffentlichen Räumen der SS üblich war, stand die Lieferung vermutlich in Zusammenhang mit der Expansion des Lagers.

11.2.1943

Durch die Firma Alois Kapler, Linz kamen 1.217 kg Chlorkalk zur Desinfektion der Abortanlagen und Unterkünfte zur Anlieferung.[284]
Die Firma Max Korner, Hart liefert 3o Stück Häftlingssärge.[285]

12.2.1943

Bei der Firma Rechberger, Linz wurde Ersatz für bezahltes Bruchgeschirr beschafft.[286]

283 Vgl. Kaienburg, Die Wirtschaft der SS, S. 488 f
284 Siehe Eintrag vom 9.10.1941
285 Siehe Eintrag vom 3.2.1943
286 Siehe Eintrag vom 26.10.1941

Abb. 15: Erster in Mauthausen errichteter Krematoriumsofen der Firma Kori, Berlin (Aufnahme nach Mai 1945)

16.2.1943
Der Gauleiter von Wien Baldur von Schirach besucht das Lager Mauthausen und Gusen.

Baldur von Schirachs Besuch fügt sich in die Reihe von Visiten verschiedener Gauleiter ein. Wegen seiner früheren Position als Reichsjugendführer der NSDAP und Jugendführer des Deutschen Reiches zählte von Schirach zweifellos zu den prominentesten Besuchern des KZ Mauthausen. Über den Grund seines Besuches vor dem Nürnberger Militärtribunal sagte er Folgendes aus:

„Es war eine Zusammenkunft in Linz, an der verschiedene Dienststellen der Ostmark teilnahmen. Es waren Besprechungen über wirtschaftliche oder landwirtschaftliche Probleme, und am späten Nachmittag sind wir dann in das Konzentrationslager Mauthausen gefahren, auf Einladung des Gauleiters Eigruber. Ich habe mich damals etwas darüber gewundert, daß der Gauleiter diese Einladung aussprechen konnte; ich nahm an, er hatte vorher mit den SS-Dienststellen Fühlung genommen, und Eigruber hatte deswegen uns dorthin eingeladen, weil er, ich glaube, eine Gewehrfabrik oder so etwas Ähnliches dort zu errichten beabsichtigte; es stand jedenfalls, genau weiß ich es nicht mehr, im Zusammenhang mit der Fertigung der Steyr-Werke."[287]

Die Verlagerung der Gewehrfertigung der Steyr-Daimler-Puch AG nach Gusen war zu diesem Zeitpunkt tatsächlich gerade in Gang.[288] Von Schirach, dem nach eigener Aussage der Steinbruch, die Zahnstation und offensichtlich auch das Krematorium gezeigt wurden und für den die Häftlingskapelle ein kleines Konzert geben musste, bestritt vehement, bei der Führung durch Ziereis etwas über Misshandlungen oder Grausamkeiten erfahren zu haben. Der als Häftling dem Krematoriumskommando angehörende Johann Kanduth sagte zum Besuch von Schirach vor Gericht aus:

„Ich weiß, daß Baldur von Schirach das Krematorium besichtigt hat. Wir mußten hierzu vorher alles aufräumen und reinigen. Für die Verbrennung der Leichen wurden 5 Särge herbeigeschafft, die Freigabescheine wurden gefertigt und die Urnen bereitgestellt. Im Beisein von Schirachs wurden die Leichen verbrannt, die Asche in die betr. Urne getan und diese ordnungsgemäß verlötet. Es war alles ganz hygienisch, fand von Schirach. Die Vergasungsanlage wurde ihm nicht gezeigt. Es sind an diesem Tage normal verstorbene Leichen verbrannt worden."[289]

Besichtigungen durch prominente Besucher folgten, wenn es sich bei den Gästen nicht um Personen aus dem SS- und Polizeiapparat wie Ernst Kaltenbrunner oder um mit dem Lager eng verbundene NS-Funktionäre wie Gauleiter August Eigruber handelte, die auch Hinrichtungen beiwohnten, in der Regel einer genauen Inszenierung.[290] Krematorien und Bordelle durften ohne ausdrückliche Genehmigung durch den RFSS bei Besichtigungen weder gezeigt werden noch durfte zu den Gästen über diese Einrichtungen gesprochen werden.[291] Insoweit erhielt von Schirach mit der Besichtigung des Krematoriums bereits mehr Einblick als andere Besucher. Es ist aber davon auszugehen, dass von Schirach in seiner Posi-

287 Der Nürnberger Prozeß: Einhundertachtunddreißigster Tag. Freitag, 24. Mai 1946. Digitale Bibliothek, Bd. 20: Der Nürnberger Prozeß, S. 17867 (vgl. NP, Bd. 14, S. 479)

288 Vgl. Perz, Projekt Quarz, S. 91-93

289 Landesgericht Hagen, 11 Ks 1/70, Zeugenaussage Johann Kanduth in der Hauptverhandlung am 27.5.1970 gegen Werner Fassel und Martin Roth beim Landgericht Hagen

290 Vgl. Maršálek, Die Geschichte, S. 248 f

291 BArch, NS 3/426, Amtsgruppe D, Amtsgruppenchef an Lagerkommandanten, betr. Besichtigung von Konzentrationslagern, vom 10.11.1943

tion – ganz unabhängig von diesem Besuch – über die Vorgänge in den KZs ebenso Bescheid wusste wie über die Folgen der Deportationen der Wiener Juden nach Osten – Deportationen, für die er sich vehement eingesetzt hatte.[292]

Am Tag vor dem Besuch von Schirachs hatte Verwaltungsführer Strauß wieder die Dienstgeschäfte in der Abteilung übernommen.

19.2.1943

Zur Erneuerung ausgebrannter Roste sind von der Firma Kaliba, Prag 137 Stück Roststäbe beschafft worden.

Das KZ Mauthausen verfügte neben den mit Kohle bzw. Koks betriebenen Zentralheizungsöfen auch über eine große Zahl von kleinen, einzeln beheizbaren Öfen in den Baracken. Vermutlich waren die im Eintrag genannten Ofenersatzteile nicht für die Krematoriumsöfen vorgesehen, da diese direkt durch die Herstellerfirmen Kori bzw. für Gusen Topf & Söhne gewartet wurden.

Die Firma Joh. Kaliba & Co. Kommanditgesellschaft mit Sitz in Prag, Linzerstraße 124, war eine Spezialfabrik für eiserne Sparherde, Backöfen, Kochkessel und sämtliche Küchenmaschinen, insbesondere für gewerbliche Zwecke. Kaliba belieferte den ost- und südosteuropäische Raum inklusive der Türkei.[293]

20.2.1943

Bekleidung und Ausrüstung für 170 neueingezogene SS-Angehörige wird angefordert.

Woher diese neu eingezogenen SS-Angehörigen stammten, ist nicht bekannt.

22.2.1943

52 SS-Unterführer und Männer werden zu Feldeinheiten versetzt, davon waren allein von der Verwaltung sämtliche Sachbearbeiter. Ersatz wurde nicht gestellt.

292 Vgl. Hans Safrian, Die Eichmann-Männer, Wien-Zürich 1993, S. 96 f

293 Vgl. Industrie-Compass 1943/44, Böhmen und Mähren, Slowakei, hg. unter Mitwirkung des Zentralverbandes der Industrie für Böhmen und Mähren, S. 865

Seit 1941 erfolgte – um den Personalnachschub der kämpfenden SS-Einheiten zu sichern – ein systematischer Austausch des kampftauglichen SS-Personals der Lager durch SS-Angehörige, die bei Fronteinheiten nicht mehr eingesetzt werden konnten. Der Kampfeinsatz entsprach aber auch der nach SS-Grundsätzen notwendigen militärischen Bewährung jedes SS-Mannes. Die aus deutscher Sicht mit Stalingrad verbundene dramatische Entwicklung verschärfte die Notwendigkeit der Personalrekrutierung für die Front. Die Personalknappheit zeigt sich deutlich an dem Vermerk, dass für die eingezogenen Angehörigen des Kommandanturstabes kein Ersatz gestellt wurde, was allerdings nicht auf Dauer zutraf. Bei den Wachmannschaften geschah der personelle Ersatz 1943 vor allem durch die Rekrutierung sogenannter Volksdeutscher.[294]

23.2.1943
Die Ausbildungskompanie mit 14o Rekruten wird aus Kammerbeständen[295] eingekleidet und mit der notwendigen Ausrüstung versehen.
Die reichseigenen schwarzen Uniformen werden an das Bekleidungswerk Dachau und die schwarzen Ausrüstungsgegenstände an das Bekleidungswerk Oranienburg abgeliefert.

Nach Ravensbrück:

1o3	Stück	Dienströcke
1o6	- " -	Stiefelhosen
9o	- " -	Hosen, lang
17	- " -	Reithosen
99	- " -	Mäntel
96	- " -	Dienstmützen
91	- " -	Feldmützen

Nach Oranienburg:

1o3	- " -	Schulterriemen
2o6	- " -	Schulterriemenschlaufen
31	- " -	Brotbeutel
34	- " -	Feldflaschen o. Trinkbecher

294 Siehe Eintrag vom 10.12.1942; vgl. zum systematischen Austausch zwischen Konzentrationslager-Personal und Fronteinheiten Tuchel, Die Wachmannschaften, S. 140 f

295 Siehe Eintrag vom 12.10.1942

Bei den hier genannten schwarzen Uniformen dürfte es sich um die bereits am 7. Jänner 1943 angeführten Uniformen handeln. Sie wurden nicht an das Bekleidungswerk Dachau, sondern am 23. April 1943 an das Bekleidungswerk Ravensbrück abgeliefert.[296]

Das Bekleidungswerk Ravensbrück war eines von vier bei Konzentrationslagern eingerichteten Betrieben dieser Art.[297] Die Textilproduktion und -verwertung begann unmittelbar nach der Gründung des Lagers, schon im Sommer 1939. In die 1940 eigens für Ravensbrück gegründete Gesellschaft für Textil- und Lederverwertung wurden in der Folge die bereits vorhandene Schneiderei, Strickerei und Rohrmattenflechterei integriert und der Betrieb dann noch durch weitere Produktionssparten, wie Weberei, Kürschnerei und Strohschuhflechterei, erweitert. Die weiblichen Häftlinge arbeiteten sowohl in der Neuproduktion wie in der Verwertung von Altsachen.[298]

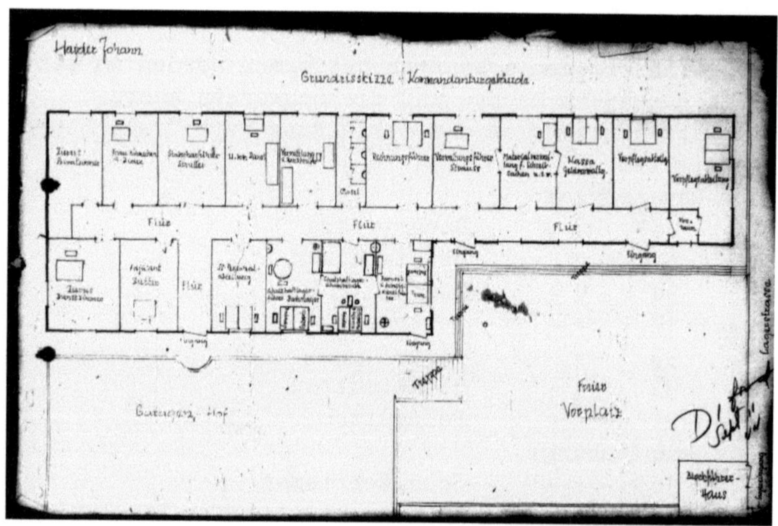

Abb. 16: Geschäftszimmereinteilung der Kommandantur nach einer Skizze des SS-Angehörigen Johann Haider

296 Dachau ist ein Schreibfehler, vgl. auch Eintrag vom 23.4.1943
297 Siehe Eintrag vom 1.6.1942
298 Ausführlich dazu Kaienburg, Die Wirtschaft der SS, S. 939-977

23.2.1943

Die Deutschen Auslieferungswerke Berlin-Lichterfelde-West liefern für die hiesige Angorazucht-Station 6 Stück 12-teilige Ställe.[299]

Es handelt sich hier um einen Schreibfehler, gemeint war das SS-Unternehmen Deutschen Ausrüstungswerke GmbH, das seine Zentrale in Berlin-Lichterfelde-West hatte.

26.2.1943

Für das vor der Fertigstellung stehende Kommandantur-Gebäude brachte die Firma Ing. Otto Jahn, Budweis zur Einrichtung der Geschäftszimmer[300]

1o	Stück	Schreibtische für Führer
1o	- " -	Rollschränke
2o	- " -	Schreibtische gew. mit Schubladen

zur Lieferung.[301]

Das neue Kommandanturgebäude, das die bisherige Kommandanturbaracke ersetzte, wurde mit neuer Einrichtung versehen. Neben dem Kommandanten selbst waren im Kommandanturgebäude wesentliche Abteilungen und Unterabteilungen des Lagers untergebracht wie die Adjutantur, die Verwaltung inkl. Rechnungsführung, die Kassa und Verpflegung, die Schutzhaftlagerführung, der Arbeitseinsatz, die SS-Personalangelegenheiten sowie die Telefonvermittlung und die Fernschreibstelle.[302]

27.2.1943

An Zivilbekleidung (Altbekleidung Ost) erh~~e~~ält das hies. Lager als Ergänzung der knapp gewordenen Häftlingsbekleidung zugewiesen:

299 Siehe Eintrag vom 16.10.1941

300 Über die Firma Jahn liegen keine relevanten Informationen vor.

301 Siehe Eintrag vom 5.2.1942

302 Siehe Grundskizze des Kommandanturgebäudes von Johann Haider, die sich allerdings auf die alte Kommandanturbaracke beziehen dürfte. NARA, RG 549, US vs. Haider et al., case 000-50-5-13, Grundskizze des Kommandanturgebäudes von Johann Haider

6.500	Mäntel
2.500	Röcke
1.300	Hosen
2.800	Westen
18.091	Hemden und
16.213	Unterhosen.

Die in Ravensbrück hergestellte sogenannte blau-weiß gestreifte „G"-Bekleidung (Gefangenen-Bekleidung) war spätestens 1942 auf Grund mangelnder Zuteilung von entsprechenden Rohstoffen durch das Reichswirtschaftsministerium, das sich vorrangig um die Versorgung der Wehrmacht und der Zivilbevölkerung kümmerte, für den Bedarf der expandierenden Lager nicht mehr ausreichend.

Im November 1942 ordnete das SS-WVHA an, dass zwar wegen der Fluchtgefahr Häftlinge in Außenkommandos unbedingt blau-weiß gestreifte Kleidung tragen müssten, dass aber Häftlinge, die sich nur innerhalb der Lager oder auf Arbeitsplätzen ohne Fluchtmöglichkeiten aufhielten, auch mit Zivilkleidung ausgestattet werden dürften. Im Februar 1943 verfügte das Amt D des SS-WHVA, dass bei polnischen und russischen Häftlingen von nun an die mitgebrachte Zivilkleidung zu verwenden sei. Um die Fluchtgefahr zu verringern, wurde die Zivilkleidung mit Farbzeichen als Häftlingskleidung kenntlich gemacht.[303] Ab Ende Februar 1943 erhielten Häftlinge in den Lagern dann generell Zivilkleidung anstelle der „Zebra"-Kleidung.

Bei der „Altbekleidung Ost" handelte es sich um die an die KZs auf Reichsgebiet gelieferte Kleidung jener europäischen Juden, die in den nationalsozialistischen Vernichtungslagern auf polnischem Gebiet ermordet worden waren. Diese Kleidung fand zum Teil auch in Mauthausen weitere Verwendung.[304]

303 Siehe Eintrag vom 9.4.1943

304 Vgl. Perz/Sandkühler, Auschwitz und die „Aktion Reinhardt", S. 304; Kaienburg, Die Wirtschaft der SS, S. 542-548; Schmidt, Geschichte und Symbolik, S. 69 ff

29.2.1943[sic!][305]
Der Tierbestand der Angorazucht-Station Gusen weist am Ende des Berichtsmonats 1.371 Tiere auf, davon sind 38 Zuchtrammler und 163 Zuchthäsinnen.[306]

1.3.1943
Zu verpflegen sind 1.188 SS-Angehörige und 14.562 Häftlinge.
Die für die Winterbevorratung 1942/43 in Erdmieten bzw. Kartoffelbunkern eingelagerten Kartoffeln sind in sehr gutem Zustand. Verluste entstanden bisher so gut wie keine. Der Bedarf des Lagers an Gemüse aus der vorjährigen Ernte konnte ohne Schwierigkeiten beschafft werden.

Die Tatsache, dass die Ernte des Jahres 1942 offensichtlich gut war, zeigt einmal mehr, dass die permanente Mangelversorgung der Häftlinge zumindest in dieser Phase in keinem Zusammenhang mit Versorgungsschwierigkeiten stand, sondern Teil des Repressionssystems war. Die enorme Expansion des Lagers führte mehr als ein halbes Jahr später zu einer 50prozentigen Reduzierung der Kartoffelration für die Häftlinge.[307]

2.3.1943
Für die Instandsetzung des Außen- und Innenanstriches der Lager Mauthausen und Gusen treffen von der Firma Kapler, Linz die hierzu notwendigen Materialien ein.[308] Desgleichen werden von derselben Firma 1o Fässer Chlorkalk beschafft.[309]

305 Das richtige Datum dürfte nach der Logik der Einträge der 28.2.1943 sein, da 1943 kein Schaltjahr war.
306 Siehe Eintrag vom 16.10.1941
307 Siehe Eintrag vom 15.11.1943
308 Siehe Eintrag vom 7.1.1943
309 Siehe Eintrag vom 9.10.1941

4.3.1943
Die Firma Burnus GmbH. liefert für die Wäscherei KLM. 1.000 kg Enzymolin.

Die Burnus GmbH ging aus einer Seifensiederei und Kerzenzieherei hervor, die 1836 von August Jacobi als kleiner Handwerksbetrieb in Darmstadt gegründet worden war. Der Firmenname geht auf ein vor dem Ersten Weltkrieg vom Chemiker Otto Röhm entwickeltes, erstes enzymatisches Waschmittel zurück, das unter dem Namen Burnus (nach der weißen Bekleidung der Araber) patentiert wurde. Die Firma hieß zuerst August Jacobi und Sohn, wurde dann von der Firma Röhm und Haas übernommen und als August Jacobi AG neugegründet; erst 1937, nach mehreren Veränderungen der Firmenstruktur, erhielt sie den Namen BURNUS AG und wurde schließlich 1938 in die bis heute so firmierende BURNUS Gesellschaft mbH umgewandelt.[310]

Das Waschmittel Enzymolin wurde seit 1925 von der Burnus GmbH hergestellt.[311]

6.3.1943
Zufolge Befehl des Reichsführers-SS sind auf dem Dienstmantel wieder Kragenspiegel zu tragen. Es wurden daraufhin 2.000 Stück Kragenspiegel angefordert.

Aus Einsparungsgründen war das Tragen von Kragenspiegeln am 1. Juni 1942 untersagt worden.[312]

8.3.1943
Zur Reinhaltung der Lager Mauthausen und Gusen sowie der angeschlossenen Zweiglager sind durch die Firma Tobias Altzinger, Perg Reinigungsmaterialien beschafft worden.

---

310 Zur Unternehmensgeschichte der Burnus-Gruppe siehe http://www.burnus.de/company/history.html (Zugriff 28.7.2010)

311 Burnus ließ Enzymolin 1925 als Markenprodukt registrieren. Vgl. Registerauskunft Deutsches Patent- und Markenamt (http://register.dpma.de/DPMAregister/marke/register/343364/DE, Zugriff 20.3.2012)

312 Vgl. Andrew Mollo, Uniforms of the SS, Bd. 6: Waffen-SS 1933-1945, London 1972, S. 30 f

Die Firma Tobias Altzinger wurde 1878 als Gemischtwarenhandlung in Perg gegründet. Bereits zu Beginn des 20. Jahrhunderts wurde dem Geschäft ein Großhandel mit Lebensmitteln und ländlichen Gebrauchsgütern angeschlossen. Während des Zweiten Weltkrieges zählte das Unternehmen zu einem wichtigen Verteiler von Lebensmitteln und alltäglichen Bedarfsartikeln in der Region.[313]

10.3.1943
Zur Einrichtung der neuerstellten Unterführer-Wohnbaracke sind von der Firma Jahn, Budweis 40 Stück Tische für 2-4 Mann eingetroffen.
Auf Grund der für das Bauunterhaltsjahr 42/43 angemeldeten erforderlichen Ausbesserungen des Anstriches treffen von der Firma Kapler, Linz[314] die Restsendungen der Materialien ein.

15.3.1943
Entsprechend der Verfg. d. SS-WVHA. langen für den Häftlings-Sonderbau des Lagers Gusen[315] von den Ausrüstungswerken Dachau[316] die angeforderten Unterkunftsgeräte ein.

17.3.1943
Es erfolgt die Übernahme des neuen Kommandantur-Gebäudes von der Bauleitung der Waffen-SS u. Polizei Mauthausen.[317]

22.3.1943
Für Reinigungszwecke der gesamten Unterkünfte langten die bei der Firma Hans Treutler Frankfurt/M. bestellten 990 kg Putzmittel hier ein.[318]

313 Zur weiteren Entwicklung der Firma siehe http://www.altzinger.at/ (Zugriff 20.3.2012)
314 Siehe Eintrag vom 9.10.1941
315 Siehe Eintrag vom 12.10.1942
316 Siehe Eintrag vom 8.10.1941
317 Siehe Eintrag vom 5.2.1942
318 Zur Firma Treutler konnten keine relevanten Angaben gefunden werden.

Abb. 17: Neues Kommandanturgebäude, in dem sich auch die Dienstzimmer des Verwaltungsführers befanden, 1942 (SS-Aufnahme)

25.3.1943
Für 50 neueingestellte SS-Angehörige wird Bekleidung und Ausrüstung angefordert.
100 SS-Männer werden zur Kraftfahrschule Apeldoorn versetzt, bekleidungsmäßig rüsten dieselben ordnungsgemäß ab.

Wer die 50 SS-Angehörigen waren, die neu eingestellt wurden, ist nicht bekannt. Möglicherweise waren sie der Ersatz für die am 22. Februar 1943 abberufenen Sachbearbeiter der Verwaltung.[319]

Die Kraftfahrschule der Waffen-SS im holländischen Apeldoorn war eines der zahlreichen SS-Schulungszentren zur Ausbildung von Angehörigen der Waffen-SS. Der Hinweis auf die ordnungsgemäße Abrüstung lässt darauf schließen, dass die SS-Männer nach der Ausbildung nicht nach Mauthausen zurückkehren sollten, vermutlich wurden sie für Fronteinheiten ausgebildet.

319 Siehe Eintrag vom 22.2.1943

29.3.1943
Die Restauslieferung der für die Führerunterkünfte bei der Firma Feicht in Linz bestellten Einrichtungsgegenstände ist erfolgt.
Eine erneut vorgenommene Überprüfung des Inventars des Frellerhofes[320] ergab zum Teil starke Abweichungen, deren Klärung zur Zeit noch schwebt. Zur endgültigen Abwicklung wird durch das SS-WVHA. für den früheren Pächter Pfarr, welcher bei der Truppe im Westen Dienst versieht, ein Urlaub beantragt.

Die seit 1870 bestehende Firma Johann Feicht in Linz, Rainerstraße 19, bezeichnete sich als ein Spezial-Ausstattungsgeschäft für Bettfedern, Bettwaren, Daunendecken, Weißwaren sowie Brauausstattungen und Hoteleinrichtungen.[321]

Das Inventar des in unmittelbarer Nähe zum Lager gelegenen Bauernhofes, des als Wirtschaftshof genutzten „Frellerhofes", war bereits im Rahmen des im Juni 1938 abgeschlossenen Pachtvertrages zwischen der Stadt Wien und der SS über den Steinbruch im Wienergraben auf Basis eines diesem Pachtvertrag beiliegenden Verzeichnisses um RM 12.000 an die SS verkauft worden. Mit dem Kauf des Frellerhofes im Jahr 1941 und seiner definitiven Übernahme durch die Lagerverwaltung im Jahr 1943 war offensichtlich eine neuerliche Überprüfung des Inventars verbunden.[322]

30.3.1943
Mit Schreiben dieses Datums vom SS-WVHA. wurde die 3. Getränkeportion genehmigt. Es können pro Kopf und Tag 1 Flasche Sudentenquell für die Truppe und 2 g Tee-Ersatz für Häftlinge zusätzlich ausgegeben werden.
Das zur Verpflegung der Häftlinge erforderliche Freibankfleisch kann hier nicht voll beschafft werden.
Auf Anforderung der hies. Dienststelle wurden vom Viehwirtschaftsverband Donauland 4.000 kg Freibank-

320 Siehe Eintrag vom 1.1.1943
321 Vgl. Industrie-Compass 1942, Deutsches Reich: Ostmark, S. 1323
322 Pachtvertrag abgedruckt in Kranebitter, Der Steinbruch „Wiener Graben", S. 58-73

fleischkonserven zugewiesen. Die noch vorhandenen Bestände reichen bis Ende Juni 1943.

Das an die SS-Angehörigen ausgegebene Mineralwasser stammte aus einer von der SS 1938 übernommenen Mineralwasserherstellung in der Nähe von Marienbad, die in der Folge als SS-Firma „Sudetenquell GmbH" geführt wurde.[323] Die Versorgung der Mauthausener SS mit Mineralwasser hing mit der mangelnden Qualität des für das Lager zur Verfügung stehenden Wassers zusammen. Für SS und Zivilangestellte war das Trinken des Wassers in ungekochtem Zustand verboten.[324] Verunreinigtes Wasser stand im Verdacht, Ursache für die im Sommer 1941 auftretenden Typhusfälle auch unter dem SS-Personal zu sein. Deshalb vereinbarten die Lagerführung und die Gemeinden Mauthausen und St. Georgen, die Wasserversorgung auszubauen.[325]

Tee-Ersatz wurde während des Krieges anstelle des importierten Schwarzen Tees aus heimischen Pflanzen (Sträuchern, Kräutern, Früchten etc.) hergestellt.

Die für das Lager Mauthausen freigegebenen Fleischkontingente wurden zum größten Teil über die verschiedenen Wirtschaftsverbände bezogen, so auch das Freibankfleisch. Der Viehwirtschaftsverband Donauland hatte, wie die meisten für das österreichische Gebiet zuständigen Wirtschaftsverbände, seinen Sitz im 1. Wiener Gemeindebezirk, Riemergasse 14.[326]

Freibankfleisch stammte von Tieren, die durch Notschlachtungen, Unfälle und ähnliches zu Tode gekommen waren und daher nicht in den normalen Verkauf kommen durften. Der Verzehr dieses Fleisches war aber nicht gesundheitsschädlich. Der Preis für Freibankfleisch lag erheblich unter dem normalen Fleischpreis. Freibankfleisch spielt in den Industriestaaten wegen des Überangebots an Fleisch heute keine Rolle mehr.

323 Vgl. Naasner, SS-Wirtschaft und SS-Verwaltung, S. 163 f

324 Vgl. Archiv der Stadt Linz, Bestand Nachkriegszeit, B 75, maschinschriftlich verfasster Bericht über das KZ Mauthausen des in der Bauleitung Mauthausen tätigen Ingenieurs Robert T. Busenkell, o.J. [1945], S. 2

325 OÖLA, Bestand 17_LReg ab 1926, Mikrofilm 435, Korrespondenz der Zivilbehörden über die Fleckfiebererkrankungen in Mauthausen-Gusen im Jahr 1941 und über die Frage der Wasserversorgung des Lagers

326 Vgl. Amtskalender 1942. Amtsverzeichnis und Geschäfts-Adreßbuch für den Reichsgau Oberdonau, Linz 1941, S. 195

31.3.1943
Verschiedentlich festgestelltes Vorkommen von Ungeziefer wurde in Verbindung mit dem SS-Standortarzt des KL.Ma. durch sofortige Desinfektion niedergehalten. Bisherige Schwierigkeiten bei der Beschaffung von Zyklon B sind überwunden worden.

Die Belieferung des Lagers Mauthausen mit Zyklon B erfolgte durch die Firma Heerdt-Lingler, neben der Firma Tesch & Stabenow der Hauptlieferant dieses von der Firma Degesch hergestellten Schädlingsbekämpfungsmittels.[327] Bei periodischen Entlausungsaktionen wurde das Giftgas zum Teil von der beauftragten, staatlich zugelassenen Linzer Reinigungs- und Entwesungsanstalt des SA-Obersturmführers Anton Slupetzky mitgebracht, die als einschlägig konzessionierte Firma seit Mitte 1940 Entwesungen der Baracken in Mauthausen und Gusen mit Zyklon B durchführte. Seit aber – parallel zur Errichtung von Blausäure-Entwesungskammern in Mauthausen und Gusen – SS-Angehörige zu „Desinfektoren" ausgebildet wurden, konnte die SS ab Herbst 1941 Zyklon B auch ohne die Beiziehung der Firma Slupetzky verwenden.[328] Dies machte den Einsatz des Gases in der im Frühjahr 1942 in Betrieb genommenen Gaskammer in Mauthausen durch die SS möglich, wobei Slupetzky bei deren Bau noch beratend tätig war.

Anhand der überlieferten Quellen lässt sich feststellen, dass zwischen Dezember 1940 und September 1943 mindestens 2.000 kg Zyklon B nach Mauthausen geliefert wurden.[329] Zum Teil kam das über Heerdt-Lingler georderte Giftgas direkt von den Herstellerfirmen, den Kaliwerken Kolin und der Dessauer Zuckerraffinerie. Bei Lieferschwierigkeiten half die Firma Slupetzky aus.[330]

327 Zu den Zyklon B-Lieferungen an Konzentrationslager vgl. Kalthoff/Werner, Die Händler des Zyklon B; Hayes, Die Degussa im Dritten Reich; Forschungsgruppe Zyklon B (Hg.), Zyklon B. Die Produktion in Dessau und der Missbrauch durch die deutschen Faschisten, Norderstedt 2007

328 Heerdt-Lingler GmbH, gez. R.S. an die Verwaltung des KL Mauthausen, betr. Bescheinigung für SS-Rottenführer Kattner, vom 21.10.1941, Nürnberger Dokument NI-11091

329 BArch, NS 3/411, Buchhaltungskartei von Heerdt-Lingler. Vgl. davon leicht abweichend Kalthoff/Werner, Die Händler des Zyklon B, S. 185 ff

330 NARA, RG 549, US vs. Altfuldisch et al., case 000-50-5, eidesstattliche Erklärung von Heinrich Eisenhöfer, vom 15.2.1946

Die hier angesprochene Überwindung der Probleme bei der Beschaffung von Zyklon B bezieht sich möglicherweise auf eine von Anton Slupetzky gemeinsam mit dem Apotheker des KZ Mauthausen, SS-Hauptsturmführer Erich Wasicky, unternommene LKW-Fahrt zu den Kaliwerken Kolin, um von dort mehr oder weniger die gesamten Lagervorräte an Zyklon B abzutransportieren. Slupetzky und Wasicky sollen bei dieser Fahrt zwischen 2.000 und 4.000 kg des Giftgases mitgenommen haben, wobei die Übernahme wie eine Beschlagnahme verlaufen sein dürfte.[331]

Reichsminister Speer, Gauleiter u. Reichsstatthalter Eigruber, der Generaldirektor der Hermann Göring-Werke, Linz sowie der Generaldirektor der Steyr-Daimler-Puch A.G. besuchen die beiden Lager Mauthausen und Gusen.

Der Besuch des Reichsministers für Bewaffnung und Munition, Albert Speer, erfolgte vor dem Hintergrund des zunehmenden Einsatzes von KZ-Häftlingen in der Rüstungsindustrie. Anlass für den Besuch, den Speer in Begleitung Paul Pleigers, des Generaldirektors der Reichswerke „Hermann Göring", (und vermutlich auch Wilhelm Schilkens, des Direktors des Standortes Linz der RWHG)[332] sowie Dr. Georg Meindls, des Generaldirektors der Steyr-Daimler-Puch AG, absolvierte, waren konkrete Kooperationsprojekte der beiden Unternehmen mit der SS beim Häftlingseinsatz. Die Reichswerkeführung war schon am 4. Juli 1942 aus demselben Grund in Mauthausen zu Besuch gewesen.[333]

331 NARA, RG 549, US vs. Altfuldisch et al., case 000-50-5, handschriftliche eidesstattliche Erklärung von Erich Wasicky, vom 11.2.1946; Zeugenaussage von Dr. Max Stoecker gegenüber dem Staatsanwalt in Frankfurt am Main, vom 19.4.1948, zitiert nach Kalthoff/Werner, Die Händler des Zyklon B, S. 187 f

332 Für den Reichswerke-Standort Linz fungierte zu dieser Zeit Wilhelm Schilken als Generaldirektor und gleichzeitig als Statthalter von Paul Pleiger. In der Chronik von Reichsminister Speer wird aber für den 30.3. explizit vermerkt, dass „der Minister im Beisein des Gauleiters Eigruber und der Herren Pleiger, Prof. Porsche und Rückwied die Reichswerke Herrmann Göring in Linz" besuchte und „eine Besichtigung des Nibelungenwerkes in St. Valentin und der SS-Fertigung in Mauthausen" folgten. BArch, R3/1777. Mit großer Wahrscheinlichkeit begleiteten – wie aus einer späteren Korrespondenz von Schilken mit Pleiger hervorgeht – sowohl Pleiger als auch Schilken Speer beim Besuch von Mauthausen (siehe weiter unten).

333 Siehe Eintrag vom 4.7.1942

Die Visite in Mauthausen fand – folgt man der Chronik von Minister Speer – nicht am 31., sondern schon am 30. März 1943 statt. Speer besichtigte an diesem Tag auch die Reichswerke in Linz, die Panzerfertigung im Nibelungenwerk in St. Valentin sowie einzelne Fertigungszweige der SDPAG in Steyr.

Die RWHG waren daran interessiert, sich der Häftlingszwangsarbeit auch über das Projekt der Schlackenverwertung hinaus in der Hütte Linz bedienen zu können. Tatsächlich gelang es, in Verhandlungen zwischen SS-WVHA-Chef Pohl, Lagerkommandant Ziereis und der Reichswerkeführung im Laufe des Jahres 1943, die Zahl der in Linz eingesetzten Häftlinge zu erhöhen. Die Reichswerkeführung pflegte aus diesem Grund engen Kontakt mit der Lagerführung in Mauthausen, u.a. durch die Abhaltung gemeinsamer Kameradschaftsabende.[334] Zeitgleich bemühte sich das Management auch um die Zuweisung von KZ-Häftlingen für die Arbeit am steirischen Erzberg.[335]

Ein wesentlicher Grund für den Besuch von Speer in Mauthausen und Gusen lag wohl in der von der SDPAG mit der SS für den 1. April 1943 vereinbarten Verlegung einer Gewehrproduktion (Karabiner) zum Lager Gusen. Die SDPAG hatte vom Reichsministerium für Bewaffnung und Munition unter Speer Anfang 1943 den Auftrag erhalten, die Karabinerfertigung erheblich auszuweiten.[336] Die bereits bestehende Kooperation zwischen dem KZ Mauthausen und der SDPAG, die im März 1942 zur Errichtung des KZ Steyr-Münichholz geführt hatte, wurde nun durch die Transferierung dieser Waffenherstellung nach Gusen intensiviert. Das Arrangement sah vor, dass die SDPAG auf eigene Rechnung und Verantwortung in Gusen produzierte, das SS-WVHA die Häftlinge bereitstellte und die DESt die dafür notwendigen Räumlichkeiten an die SDPAG vermietete. Für die geplante Herstellung von monatlich 10.000 Karabinern stellte die DESt vorerst acht Fertigungshallen direkt neben dem Häftlingslager zur Verfügung. Die schrittweise Erweiterung der Produk-

334 Vgl. Perz, KZ-Häftlinge als Zwangsarbeiter, S. 491 ff; die Reichswerke ließen überdies ihre Betriebsmannschaft gegen die Fußballmannschaft der SS Mauthausen spielen; vgl. dazu Karl Fallend, ZwangsarbeiterInnen: (Auto-)Biographische Einsichten (=NS-Zwangsarbeit: Der Standort Linz der Reichswerke Hermann Göring AG Berlin, 1938-1945, hg. von Oliver Rathkolb, Bd. 2), Wien-Köln-Weimar 2001, S. 110-120

335 Siehe Eintrag vom 15.6.1943

336 NARA, Mikrofilm, T 77/744/1976356, Kriegstagebuch Rüstungskommando Linz, 1. Quartal 1943

tion führte dazu, dass die SDPAG 1945 in bereits 18 Hallen Teile für Gewehre, Maschinenpistolen und Flugmotoren fertigte. Ende 1944 sollen bis zu 6.000 Häftlinge für die SDPAG tätig gewesen sein.[337]

Zwar erhielt die SS die direkte Kontrolle über die Produktion in Gusen nicht – diese verblieb bei der SDPAG, die auch über das entsprechende Know-how verfügte –, aber ein spezielles Arrangement, welches die Produktion der Kontrolle des Oberkommandos des Heeres (OKH) entziehen sollte, machte die Zusammenarbeit sowohl für die SDPAG als auch für die SS besonders interessant. Dieses Arrangement rief umgehend Kritik seitens des OKH hervor. Schon die Art der Auftragsvergabe stieß dort auf Ablehnung. Offensichtlich hatte Speer der Produktion im KZ Gusen zugestimmt, ohne das zuständige Heereswaffenamt davon zu informieren. Besonders empfindlich reagierte das Heereswaffenamt aber auf den Umstand, dass die SDPAG dem OKH die übliche Kontrolle über Quantität und Qualität der Produkte vorenthalten wollte. Augenscheinlich sollte diese Kontrolle in Gusen unterbleiben, um das OKH über die tatsächliche Zahl der von der SDPAG an die SS gelieferten Karabiner im Unklaren zu lassen. Für das SS-WVHA bot sich dadurch die Möglichkeit, an eine größere Zahl von Waffen zu kommen, als das die Kontingentierungen des OKH vorgesehen hätten. Das SS-WVHA war an zusätzlichen Waffen deshalb besonders interessiert, weil die Wachmannschaften der Konzentrationslager beim SS-Führungshauptamt, das die Waffen innerhalb der SS verteilte, nicht als erstklassige Einheiten galten und bei der Waffenzuteilung darum benachteiligt wurden. Die Amtsgruppe D des SS-WVHA versuchte deshalb, sich auf eigene Faust zusätzliche Waffen zu verschaffen. Die SDPAG soll in solchen Dingen separaten Abmachungen mit der SS nicht abgeneigt gewesen sein. Kritik an dieser Praxis der SS beantwortete Glücks mit dem Hinweis, dass er von jedem Waffen nähme, von dem er sie bekommen könne.

Die SDPAG wiederum hatte sich mit der Verlegung der Karabinerfertigung in das KZ Gusen nicht nur das Wohlwollen des SS-WVHA gesichert, sie bekam im Gegenzug auch dringend benötigte Arbeitskräfte und erhielt überdies die Möglichkeit, nicht ordnungsgemäß gefertigte Teile, die das Heer nicht abgenommen hätte, zu verkaufen, da die SS die Karabiner erst nach dem Zusammenbau und nur durch einmaligen Anschuss überprüfen wollte. Auf diesen letzten Punkt bezog sich die Haupt-

337 Vgl. Kaienburg, Die Wirtschaft der SS, S. 639

kritik des Heereswaffenamtes. Da die aus Gusen und dem polnischen Zweigwerk der SDPAG in Radom zur Montage nach Steyr gelieferten Gewehrteile nicht getrennt gekennzeichnet waren, befürchtete die Abnahmestelle des Heeres, dass ungeprüfte, schadhafte oder nicht normgerechte Teile zum Einbau in Heereswaffen gelangen könnten.[338]

Der Besuch von Speer hatte für die SS-Lagerführung in Mauthausen unangenehme Begleiterscheinungen. Speer stellte nämlich den weiteren Ausbau des KZ Mauthausen angesichts der schwierigen Versorgungslage bei Baumaterialien für die Rüstungsindustrie und Knappheit an Arbeitskräften als zu aufwendig in Frage. Im Nürnberger Prozess gab Speer dazu an: „Ich erfuhr bei Betriebsbesichtigungen in Linz, dass an der Donau, in der Nähe des Lagers Mauthausen, eine große Hafenanlage und umfangreiche Bahnanlagen gebaut werden, um die Pflastersteine des Steinbruches Mauthausen an die Donau zu bringen. Dies war eine reine Friedensaufgabe, die ich auf keinen Fall gestatten konnte, die gegen alle von mir erlassenen Anordnungen verstießen. Ich meldete mich kurz vorher an, um mich an Ort und Stelle zu überzeugen, ob diese Bauten Tatsachen sind und um deren Stillegung zu verlangen, als Einzelbeispiel, um für Ordnung auch innerhalb der Wirtschaftsverwaltung der SS auf diesem Gebiet zu sorgen. Ich erklärte dabei, daß es richtiger ist, diese Arbeitskräfte im Kriege nicht für Friedensbauten zu beschäftigen, sondern im Stahlwerk in Linz arbeiten zu lassen."[339]

Auch wenn man Speers Ausführungen zum Grund seines Besuches mit Vorsicht beurteilen muss, so wird der Zusammenhang mit der Gewehrproduktion in Gusen nicht erwähnt und Speer bekundete, dass es ihm „innerlich widerstand, in ein derartiges Lager, in dem Gefangene gehalten werden, überhaupt hereinzugehen", so war es wohl tatsächlich der großzügig geplante Bau des „SS-Hafens Mauthausen", der den Unmut des Ministers hervorrief.[340]

Unmittelbar nach seinem Aufenthalt in Mauthausen und Gusen wandte er sich persönlich an Himmler: „Während es uns für den Ausbau von

338 Vgl. Perz, Projekt Quarz, S. 91 ff

339 Hauptverhandlung im Nürnberger Hauptkriegsverbrecher-Prozeß. Einhundertachtundfünfzigster Tag. Mittwoch, 19. Juni 1946. Digitale Bibliothek, Bd.20: Der Nürnberger Prozeß, S. 20784 (vgl. NP, Bd. 16, S. 490)

340 Vom SS-Hafen Mauthausen-Gusen existieren verschiedene Pläne, siehe u.a. BArch, R2/12187, Grunderwerb Hafen Gusen; OÖLA, BH Perg, Schachtel 62/1903-56/Agrarische Angelegenheiten „Geplanter Bau eines Hafens in Mauthausen",vom 20. 2.1943

Rüstungswerken des unmittelbaren Frontbedarfs nicht nur an Eisen und Holz, sondern auch an Arbeitskräften fehlt, musste ich anlässlich meiner Besichtigung des Konzentrationslagers Mauthausen sehen, dass die SS Planungen durchführt, die mir unter den heutigen Verhältnissen mehr als großzügig erscheinen". Speer forderte angesichts der Umstände den Übergang zu einer „Primitivbauweise" bei den Konzentrationslagern.

Der damit letztlich kritisierte SS-WVHA-Chef Pohl wollte die von Speer erwünschten Einschränkungen des Bauvolumens nicht hinnehmen und beschwerte sich in einer internen Stellungnahme an Himmler heftig über Speer:

„1.) Der Reichsminister Speer tut so, als ob wir ohne sein Wissen sehr großzügig und zeitfremd in den Konzentrationslagern herumbauen. Er verschweigt, daß jedes Bauvorhaben in den KL von uns ordnungsgemäß angemeldet worden ist und daß er selbst unter dem 2.2.1943 die Genehmigung erteilt hat. Die beiliegenden GB-Bauzettel stammen nicht von uns, sondern sind uns in dieser gedruckten Form von der Dienststelle des Herrn Reichsministers Speer selbst zugestellt worden. Der Reichsführer-SS kann hieraus ersehen, daß der Reichsminister Speer über alle Bauvorhaben bis ins einzelne im Bilde gewesen ist und sie auch genehmigt hat. Ich bitte um baldige Rücksendung der grünen Zettel.

2.) Diese grünen GB-Bauzettel stellen zunächst einmal die generelle Baugenehmigung dar. Wir müssen auf Grund dieser generellen Baugenehmigung durch den Reichsminister Speer nunmehr durch seinen örtlichen Beauftragten die Freigabe beantragen. Auch das ist fast durchwegs geschehen. Die örtlichen Beauftragten des Reichsministers Speer haben die Freigabe erteilt und die erforderlichen Kontingente zur Verfügung gestellt.

3.) Ich stelle also fest, daß nicht nur die Zentraldienststellen des Reichsministers Speer, sondern auch seine örtlichen Beauftragten bis ins letzte über unsere Bauvorhaben unterrichtet waren und sie schriftlich genehmigt haben."[341]

Zwischen Speer und SS wurde vereinbart, eine Inspektionsreise von Vertretern beider Institutionen zu den Lagern zu machen und die Bauvorhaben einer Prüfung zu unterziehen. [342] In einem nicht abgesandten Brief-

341 BArch, NS 19/1542, Speer an Himmler, vom 5.4.1943; ebd., Pohl an SS-Obersturmbannführer Dr. Brandt, Pers. Stab RFSS, vom 19.4.1943

342 Siehe Eintrag vom 6.5.1943

entwurf von Pohl für ein Schreiben von Himmler an Speer wurde resümierend festgehalten, dass die Vorwürfe von Speer unbegründet seien. Auch in Bezug auf Mauthausen „konnten nicht unerlaubte oder unbegründete Bauwerke festgestellt werden. Die Bauvorhaben in Mauthausen, welche einen umfangreichen und aufwändigen Eindruck machen, insbesondere die Mauern, wurden bereits in einer Zeit durchgeführt, in der eine Anspannung in der Bauwirtschaft nicht vorgelegen hat.".[343]

1.4.1943
Zu verpflegen sind 1.164 SS-Männer und 14.918 Häftlinge.

2.4.1943
Die Fa. Tobias Altzinger[344] liefert 100 Stück Scheuertücher an.

3.4.1943
Von der Fa. Ludwig Geise, Frankfurt/M. treffen 3 Ballen Verdunkelungspapier ein.[345]

Für die Gebäude des KZ Mauthausen galten hinsichtlich der Verdunkelung grundsätzlich dieselben Regeln wie für alle anderen Baulichkeiten, deren Fenster zur Verminderung der Gefahr von Luftangriffen abgedunkelt werden mussten. Für die Abdeckung der Fensterflächen wurde ein spezielles schwarzes, gestärktes Papierprodukt verwendet.

6.4.1943
Für die lagereigene Wäscherei langen von der Fa. Kapler, Linz[346] 306 kg calz. Soda ein.

Calciniertes Soda oder wasserfreies Natriumcarbonat ist ein Salz der Kohlensäure und kommt u.a. als Grobwaschmittel zum Einsatz.

343 BArch, NS 19/1542, Speer an Himmler, vom 5.4.1943; ebd., Pohl an SS-Obersturmbannführer Dr. Brandt, Pers. Stab RFSS, vom 19.4.1943, Himmler an Speer, Juni 1943
344 Siehe Eintrag vom 8.3.1943
345 Zur Firma Geise konnten keine relevanten Informationen gefunden werden.
346 Siehe Eintrag vom 9.10.1941

Von der Firma Rechberger, Linz[347] werden zur Erneuerung von zerbrochenen Fenstergläsern 1 Kiste d.i. 5oo kg Ornamentglas beschafft.

Das strukturierte Ornamentglas wurde bei Fenstern und Türen verwendet, wenn ein Ein- oder Ausblick nicht gewünscht war.

7.4.1943
Übernahme des BW X/5a = Umbau der Baracke auf eine Friseurstube und Bekleidungskammer[348] erfolgt.

Die Bezeichnung „BW" steht als Abkürzung für „Bauwerk".[349] Bauwerke im KZ Mauthausen wurden mit der Bezeichnung „BW X" und der entsprechenden Baunummer hinter einem Schrägstrich angegeben.[350] Auf den Bauplänen findet sich allerdings auch die Bezeichnung „BA" anstatt „BW", vermutlich handelt es sich hierbei um bereits fertig gestellte Bauwerke.[351] Ob es sich bei dem X um eine Abkürzung handelt oder der Buchstabe einfach für das Stammlager steht, ist nicht bekannt. Im Lager Gusen wurde das X durch ein G ersetzt, das Kürzel lautete hier also „BW G", Siedlungsbauten der SS-Siedlung erhielten die Bezeichnung „BW S".

Die Baunummern hinter dem Schrägstrich wurden für das Hauptlager offensichtlich nach einem ersten Generalbebauungsplan vergeben. So erhielt die Kommandantur die Gebäudenummer 1, weitere SS-Baracken die Nummern bis 8, alle (baugleichen) Häftlingsbaracken im Schutzhaftlager wurden mit der Nummer 9, die Funktionsgebäude entlang des Appellplatzes mit 10 folgende nummeriert. Umbauten bereits vorhandener Gebäude oder Neubauten, die Funktionen anderer Bauwerke übernahmen, wurden mit einem zusätzlichen Kleinbuchstaben („a", „b" usw.)

347 Siehe Eintrag vom 26.10.1941
348 Siehe Eintrag vom 12.10.1942
349 Diese Bezeichnung wurde in den Konzentrationslagern generell verwendet. So findet sich die Erklärung dieser Abkürzung in verschiedenen Korrespondenzen zum KZ Auschwitz, in denen „BW" eindeutig für „Bauwerk" steht. Vgl. bei Pressac abgedruckte Dokumente. Pressac, Auschwitz. Technique and operation, S. 246
350 AMM, KL Mauthausen Lageplan-Etat 1942, 501b, gezeichnet 16.2.1942, Änderungen bis 1.5.1942
351 „BA" könne für „Bau ausgeführt" bzw. „Bauausführung" oder auch „Bauabschnitt" stehen.

gekennzeichnet, so wandelte sich, wie der vorliegende Eintrag zeigt, die Baracke 5 durch Umbau in die Baracke 5a. Hinter der Nummer konnten aber auch Großbuchstaben stehen, die auf bestimmte Funktionen der Gebäude verwiesen, wie etwa 9 I.B, wobei „I.B." als Abkürzung für „Isolierbaracke" fungierte.

Später geplante zusätzliche Gebäude erhielten fortlaufend höhere Nummern, weshalb die Abfolge der Nummern einen gewissen Rückschluss auf die Abfolge der Ausbau- und Umplanungen zulässt, nicht aber auf die Bauausführung selbst. War ein Gebäude fertig gestellt, wurde es von der Bauleitung an die Verwaltung des Lagers übergeben, wobei der Termin der Fertigstellung nicht immer ident mit dem Datum der Übergabe war. So übernahm die Verwaltung oftmals mehrere Objekte auf einmal.

8.4.1943

Für die Küchenbetriebe sind von der Fa. Jos. Schachermayr, Linz 4 Stück Büchsenöffnermaschinen eingelangt.

Die im 19. Jahrhundert gegründete Schlosserei und Eisenhandlung Josef Schachermayer entwickelte sich rasch zu einer „Eisen-, Geschmeide-, Schlosserwaren-, Werkzeug- und Waffenhandlung" von überregionaler Bedeutung. Die Firma ist noch heute das in Österreich führende Unternehmen bei Baubeschlägen und ist darüber hinaus in den Bereichen Befestigungstechnik, Maschinen und Werkzeuge, Küchengeräte, Armaturen und Einbauspülen, Baufertigteile und Lagertechnik tätig.[352]

Zur Reinigung der Unterkünfte treffen von der Fa. Ed. Frieb, Wien[353] 300 Stück Birkenbesen ein.

9.4.1943

Für die Innenkommandos wurden bis jetzt 790 Zivilanzüge, mit Farbzeichen versehen, ausgegeben.[354]

352 Vgl. Lackner/Stadler, Fabriken in der Stadt, S. 452 f; http://www.schachermayer.at (Zugriff 13.8.2010)

353 Siehe Eintrag vom 29.1.1943

354 Siehe Eintrag vom 27.2.1943

Abb. 18: Bau des oberen Teils der Mauer des Schutzhaftlagers zwischen SS- Garagenhof und Wäscherei, 1941 (SS-Aufnahme)

Das SS-WVHA hatte angeordnet, dass die aus Mangel an Häftlingskleidung ausgegebene Zivilkleidung speziell markiert werden musste, um die Identifizierung von Häftlingen im Falle von Fluchtversuchen zu erleichtern. Die Markierung geschah entweder durch die Kennzeichnung der Kleidung mit Farbstrichen oder durch das Einsetzen gestreifter Stoffstücke in die Zivilkleidung.[355]

10.4.1943
Übernahme des BW X/34 = Lagerbereich-Umzäunung.
Übernahme des BW X/16-d-1 = Lagermauer.

Das Lager war mit einem Zaun ausgestattet, der in der Nacht unter Strom gesetzt wurde.

355 Vgl. Schmidt, Geschichte und Symbolik, S. 70-73; siehe Fotos von befreiten Häftlingen im KZ Mauthausen mit eingesetzten gestreiften Stoffstücken in: das sichtbare unfassbare, S. 187, S. 191

Die großen Lagermauern wurde in zwei Phasen errichtet, wobei zunächst sogenannte deutsche „befristete Vorbeugungshäftlinge“, später spanische Gefangene tätig waren.[356] Der Abschnitt BW X/16-d-l bezeichnet die Nordwestseite des Lagers.

13.4.1943
Die mit der Halbjahresanforderung für Unterkunftsgeräte im November 1942 angeforderten Massagebänke für das Revier sind eingetroffen.

Der Plural „Reviere“ lässt darauf schließen, dass die Massagebänke sowohl im Truppenrevier als auch im Häftlingsrevier, in dem besonders privilegierte Häftlinge Aufnahme fanden, Verwendung gefunden haben. Eine Verwendung im Sonderrevier, das einen Tag nach diesem Eintrag das Sanitätslager bezog, und wo die Masse der kranken und abgearbeiteten Häftlinge untergebracht war, ist auszuschließen.[357]

14.5.1943[358]
**Übernahme von BW X/6 = Häftlingskammerbaracke.[359]
Die Fa. T. Altzinger Perg[360] brachte 450 kg Sidol zur Auslieferung.**

Zum Zeitpunkt der Übernahme der Häftlingskammerbaracke mit der Bauwerksziffer BW X/6 nächst der SS-Kantine war diese bereits längst unter der Kennziffer BA X/6a für den Umbau je zur Hälfte in eine Verwaltungs- und Geschäftszimmerbaracke bzw. Zahnstation und Führerwohnzimmer vorgesehen. Die Baracke beherbergte in der Folge die Politische Abteilung des KZ Mauthausen, in der Häftlinge erkennungsdienstlich behandelt und verhört wurden.[361]

356 Fabréguet, Entwicklungen und Veränderung, S. 195
357 Siehe Eintrag vom 2.8.1943
358 Schreibfehler, richtig: 14.4.1943
359 Siehe Eintrag vom 12.10.1942
360 Siehe Eintrag vom 8.3.1943
361 Landesgericht Hagen, 11 Ks 1/70 Verfahren gegen Werner Fassel und Martin Roth beim Landesgericht Hagen, Skizze von Fassel mit Situierung der politischen Abteilung. AMM, KL Mauthausen Lageplan-Etat 1942, 501b, gezeichnet 16.2.1942, Änderungen bis 1.5.1942

Sidol war ein gängiges Metallputzmittel, das von der Firma Siegel & Co., GmbH, Köln-Braunsfeld, hergestellt wurde. Die 1903 gegründeten Sidol-Werke fusionierten Ende der 1960er Jahre mit der Thompson AG, Anfang der 1970er Jahre übernahm der Henkel-Konzern dieses Unternehmen. Die Firma Henkel vertreibt heute unter dem Produktnamen Sidol eine ganze Palette von Reinigungs- und Pflegemitteln.[362]

15.4.1943
Gem. der am 1.1.43 erfolgten Anforderung treffen von der Heeresstandortverwaltung Fulda 300 Stück Kerzen ein.
Für die Lagerfeuerwehr liefert die I.G. Farbenindustrie Frankfurt/M-Höchst 1 Holztrommel Tutogenöl für Schaumbildnergeräte.

Beide Lieferungen sind im Zusammenhang mit der Durchführung einer ganzen Reihe von Schutzmaßnahmen gegen alliierte Luftangriffe zu sehen. Die Kerzen, die ab diesem Zeitpunkt in periodischen Abständen zu je 300 Stück geliefert wurden, konnten der SS während der kriegsbedingt zunehmenden Stromausfälle als Notbeleuchtung dienen sowie als einfache Warnzeichen für Sauerstoffmangel in Luftschutzbunkern.

Der systematische Aufbau einer Lagerfeuerwehr war bereits zu Beginn des Krieges erfolgt, in der Folge wurden auch Vorkehrungen für den Fall von Brandkatastrophen nach Luftangriffen getroffen.[363] Die Gebäude erhielten Tarnanstrichen, 1944 wurde so wie bei allen Lagern auch in Mauthausen Feuerlöschteiche errichtet.

Im März 1942 hatte die Verwaltung der Inspektion der Konzentrationslager angeordnet, die Feuerwehren aller Lager, die noch nicht über Schaumlöscheinrichtungen verfügten, mit solchen auszustatten und bereits vorhandene Kraftspritzen mit Schaumvorsatzgeräten auszurüsten. Diese Löschmethode hatte sich bei Öl- und Benzinbränden in Kraftwa-

362 http://www.sidol.de; http://www.bilderbuch-koeln.de/Alben/3864/Fotos/80064 (Zugriff 24.11.2010)

363 Vgl. Doris Warlitsch, Die (Lager-)Feuerwehr im Konzentrationslager Mauthausen – zwischen Widerstand und Kollaboration, in: KZ-Gedenkstätte Mauthausen. Mauthausen Memorial 2011. Forschung – Dokumentation – Information, Wien 2012, S. 71-95

genhallen besonders bewährt. Zur Schaumbildung diente Tutogen.[364] Unter diesem Produktnamen produzierten die zum IG-Farben-Konzern zählenden Farbwerke Hoechst AG diverse Luftschaum-Feuerlöschmittel, die bei den deutschen Feuerwehren breite Verwendung fanden.[365] Tutogen wird heute von der Chemischen Fabrik Pirna-Copitz GmbH hergestellt, die auf die Erzeugung von Schwer-, Mittel- und Leichtschaum für Schaumlöschanlagen sowie für den Feuerwehrbedarf spezialisiert ist.[366]

Feuerlöschgeräte sollten in der Geschichte des KZ Mauthausen noch eine wichtige Rolle spielen. So verwendeten die sogenannten K-Häftlinge des Blocks 20, die am 2. Februar 1945 aus dem Lager ausbrachen, zur Bekämpfung der mit Maschinengewehren ausgestatteten SS-Männer auf den Wachtürmen Handfeuerlöscher.[367]

19.4.1943
Über die Firma C. Bergmann Linz wurden 500 Stück Schamotteplatten beschafft.

Die heute noch bestehende, 1860 gegründete Bauhandelsfirma C. Bergmann in Linz zählte zu den ersten Zementhandelsunternehmen in Österreich. Darüber hinaus produzierte Bergmann seit 1880 auch Betonwaren; 1892 wurde ein Betonwerk in Linz-Kleinmünchen errichtet, die Produktpalette nach 1918 auf den Handel und die Verlegung von Fliesen sowie auf den Vertrieb von Bauglas erweitert. 1938 entstand in Traun/St. Martin ein neues Betonwerk, hauptsächlich zur Kanalrohrproduktion. Während des

364 BArch, NS 3/425, IKL Verwaltung an Verteiler V II, vom 13.3.1942

365 Zur Herstellung von Tutogen vgl. Bernhard Schmidt, Experimentelle Untersuchungen zur Frage der Einwirkung von „Tutogen"-Präparaten auf den Organismus, in: Zeitschrift für Hygiene, Bd. 139 (1954), S. 115-120

366 Vgl. Gisbert Rodewald/Alfons Rempe, Feuerlöschmittel, Stuttgart [7]2005, S. 96 ff; Holger de Vries, Brandbekämpfung mit Wasser und Schaum. Technik und Taktik, Landsberg [3]2008, S. 386; http://www.hotfrog.de/Firmen/CFP-Chemische-Fabrik-Pirna-Copitz (Zugriff 20.3.2012)

367 Vgl. Gregor Holzinger/Andreas Kranebitter, Sowjetische Kriegsgefangene im KZ Mauthausen und die Ereignisse der „Mühlviertler Hasenjagd". Perspektiven der Forschung, in: KZ-Gedenkstätte Mauthausen. Mauthausen Memorial 2010. Forschung – Dokumentation – Information, Wien 2011, S. 57-68 bzw. Matthias Kaltenbrunner, Der Lebensweg eines „K-Häftlings" – Viktor Nikolaevič Ukraincev, in: KZ-Gedenkstätte Mauthausen. Mauthausen Memorial 2010, S. 69-81

Krieges war das Unternehmen nicht nur in der Betonrohrproduktion, sondern auch in der Ausstattung von Luftschutzbauten tätig.[368]

Wo die Schamotteplatten in Mauthausen Verwendung fanden, ist nicht geklärt.

20.4.1943

Von der Fa. Ed. Frieb Wien treffen 200 Stück Reisstrohbesen ein.[369]

22.4.1943

Zur Desinfektion der Unterkünfte und Abortanlagen wurden bei der Fa. A. Kapler Linz 1.491 kg Chlorkalk[370] und für die Effektenkammer 170 kg Naphtalin angekauft.

In der Effektenkammer des Lagers wurden die persönliche Kleidung und jene Gegenstände der Häftlinge verwahrt, die sie bei ihrer Einlieferung abzugeben hatten.

Die Anwendung von Naphtalin schützt Stoffe, Kleider, Teppiche, Decken, Tierpelze und Naturfaserabdeckungen vor schädlichen Insekten. Lange Zeit war Naphthalin der Hauptbestandteil von Mottenkugeln, es wird aber heute wegen seines unangenehmen Geruchs oft durch andere Substanzen ersetzt.

23.4.1943

Die reichseigenen Uniformen (schwarz) werden an das Bekleidungswerk ~~Dachau~~ Ravensbrück[371] und die schwarzen Ausrüstungsgegenstände an das Bekleidungswerk Oranienburg abgesandt.[372]

Gem. Verfg. des SS-WVHA. Amtsgruppe D ist das Vordruckwesen dahin vereinheitlicht worden, dass in Hin-

368 Vgl. Lackner/Stadler, Fabriken in der Stadt, S. 449; http://www.c-bergmann.at/de/start.php (Zugriff 13.8.2010)

369 Siehe Eintrag vom 29.1.1943

370 Siehe Eintrag vom 9.10.1941

371 Siehe Eintrag vom 23.2.1943

372 Siehe Eintrag vom 7.1.1943 bzw. vom 23.2.1943

kunft Druckaufträge nur noch über dieses Amt an die Druckerei des KL. Auschwitz gereicht werden können.

Vor dem Hintergrund kriegsbedingter Einsparungsmaßnahmen ordnete die Amtsgruppe D des SS-WVHA am 27. März 1943 eine Vereinheitlichung des Vordruckwesens bei den Konzentrationslagern an. Für den internen Bedarf durften ab 1. April 1943 diese Vordrucke nur mehr zentral in der Druckerei des KZ Auschwitz hergestellt werden, alle Aufträge waren über die Amtsgruppe D abzuwickeln. Die bis dahin übliche selbständige Vergabe von Druckaufträgen durch die Lager auch an Privatunternehmen wurde untersagt. Die Aufträge für alle übrigen Vordrucke, z.B. für das Kassenwesen, die Besoldung, Verpflegung, Bekleidung und Unterkunft von SS-Angehörigen, mussten an den SS-Vordruckverlag Mayr, in Miesbach (Obb.) gerichtet werden.[373]

Offensichtlich hatte die Anordnung wenig Erfolg, denn Amtsgruppenchef Glücks mahnte am 4. Februar 1944 neuerlich eine Verwendung der Vordrucke aus Auschwitz ein, die „zum größten Teil bei den einzelnen Konzentrationslagern nicht benutzt" würden.[374]

28.4.1943
Für den Sonderbau der Unterkunft Gusen[375] sind von den Deutschen Ausrüstungswerken GmbH Dachau[376]
1o Stück Leibmatratzen mit Füllung von Seegras und
1o Stück Kopfmatratzen mit Füllung von Seegras eingelangt.

29.4.1943
Die Angorazuchtstation Gusen hat im Berichtsmonat insgesamt 2596o g Angorawolle an die Reichswollver-

373 ITS Arolsen, Doc.No.82329942#1 (1.1.0.6/0011/0256), SS-WVHA, A II, betr. Vordruckvereinheitlichung bei den Konzentrationslagern, vom 27.3.1943. Vgl. Kaienburg, Die Wirtschaft der SS, S. 489, FN 120

374 ITS Arolsen, Doc.No.82330012#1 (1.1.0.6/0012/139a/0029), Schreiben SS-WVHA, Glücks an die Kommandanten der KL, betr. Verwendung von KL-Vordrucken, vom 4.2.1944. Vgl. Kaienburg, Die Wirtschaft der SS, S. 489, FN 120

375 Siehe Einträge vom 12.10.1942 und vom 15.3.1943

376 Siehe Eintrag vom 8.10.1941

wertung zum Versand gebracht. Der Tierbestand beträgt 1375 Tiere.[377]

1.5.1943
Zu verpflegen sind 1.043 SS-Männer und 18.694 Häftlinge.

4.5.1943
Die Beschaffung von Geschäftszimmerbedarf erfolgt nunmehr zentral. Die erste Zuweisung wurde durch das SS-WVHA. Amt II zur Absendung gebracht. Die Zuteilung ist sehr gering und müssen größte Einschränkungen gemacht werden.

Die Anordnung steht vermutlich in Zusammenhang mit kriegsbedingten Einsparungsmaßnahmen. Die zentrale Beschaffung von Einrichtungs- wie Ausrüstungsgegenständen erlaubte der SS nicht nur, zu günstigeren Bedingungen einzukaufen, sondern auch den Verbrauch der Gegenstände in den KZs zu kontrollieren.

5.5.1943
Die Fa. Karl Mang, Wien liefert 1.000 Rollen Closettpapier. Die Beschaffung konnte noch im freien Handel gemacht werden. Die Ausgabe erfolgt im beschränktem [sic!] Maße für Kranke.

Die Firma Carl Mang GmbH, war eine Papiergroßhandlung im 2. Wiener Gemeindebezirk, Engerthstraße 161/163.[378] Dieser Eintrag macht deutlich, dass – angesichts der Zahl von 18.000 Häftlingen – nur eine kleine Minderheit mit Sanitärartikeln versorgt wurde.

377 Siehe Eintrag vom 16.10.1941
378 Nach Lehmann's Allgemeiner Wohnungsanzeiger, 1942, Bd. 1: Protokollierte Firmen, Teil II, S. 42 (http://www.digital.wienbibliothek.at/periodical/zoom/266249, Zugriff 3.6.2011)

6.5.1943
SS-Brigadeführer Dr. Kamler, Beauftragter des Reichsministers Speer, ist im KL. Mauthausen und Gusen zur Besichtigung und Aussprache.

Der Besuch von Dr. Hans Kammler, dem Leiter der Amtsgruppe C (Bauwesen) im SS-WVHA und somit Verantwortlichen für die Bauten der Konzentrationslager, stand in Zusammenhang mit dem von Speer nach seinem Besuch in Mauthausen gegenüber Himmler geäußerten Vorschlag, in den Konzentrationslagern eine „Primitivbauweise" anzuwenden. Speer hatte angeregt, dass sämtliche Konzentrationslager von einem seiner Mitarbeiter gemeinsam mit einem Beauftragten Himmlers im Hinblick auf die geforderten Einsparungen inspiziert werden sollten.[379] Kammler machte daraufhin gemeinsam mit einem Mitarbeiter von Speer eine Inspektionsreise durch die Konzentrationslager.

Eine der Hauptaufgaben Kammlers im SS-WVHA bestand in der Anpassung des SS-Bauwesens an die Erfordernisse der Rüstungswirtschaft. Ab Herbst 1943 war Kammler vor allem für den Bau unterirdischer Anlagen zwecks Verlagerung der Rüstungsindustrie unter die Erde verantwortlich. Die Errichtung dieser Anlagen war von der SS übernommen worden und wurde durch KZ-Zwangsarbeit vorangetrieben. In den Zuständigkeitsbereich des eigens eingerichteten SS-Sonderstabes Kammler fiel damit auch die Errichtung der unterirdischen Anlagen in Ebensee, St. Georgen an der Gusen und Melk. In der Endphase des Krieges erhielt Kammler eine Reihe von Aufgaben in der Rüstungswirtschaft.[380]

8.5.1943
Im neuzuerrichtenden Aussenkommando Loibl-Paß[381] soll eine eigene Schuhmacher- und Schneiderwerkstätte errichtet werden. Das erforderliche Handwerkzeug und Instandsetzungsmaterial wird zusammengestellt und zur Absendung gebracht.

379 BArch, NS 19/1542, Speer an Himmler, vom 5.4.1943
380 Vgl. zur Biografie von Kammler Rainer Fröbe, Hans Kammler, in: Smelser/Syring, Die SS, S. 311
381 Siehe Eintrag vom 2.6.1943

Abb. 19: Das Außenlager am Loibl-Pass (Südlager), 1944

Das Außenlager am Loiblpass wurde am 2. Juni 1943 eingerichtet und bestand bis zur chaotischen Auflösung des Lagers zwischen dem 6. und 8. Mai 1945. Die Häftlinge mussten beim Bau eines Straßentunnels für die Nord-Süd-Verbindung zwischen Klagenfurt und Ljubljana arbeiten.

Das 1941/42 unter Aufsicht der Organisation Todt begonnene Bauvorhaben wurde 1943 von der Firma Universale Bau AG übernommen. Jugoslawische Partisanen bekämpften den Tunnelbau und hatten im Juni 1942 das dort bestehende Zivillager in Brand gesetzt. Wegen der strategischen Bedeutung dieser wintersicheren Verkehrsverbindung für das deutsche Militär am Balkan, aber auch für die Beherrschung der annektierten und dem Reichsgau Kärnten angeschlossenen Teile Sloweniens, wurde der Bau dennoch fortgesetzt.

Nach der Einrichtung des KZ-Außenlagers, das aus einem Süd- und einem Nordlager in der Nähe der jeweiligen Tunnelportale bestand, ging der Bau rasch voran. Bis zu 1.300 Häftlinge – die größten Gruppen waren Franzosen und Polen – arbeiteten am Bau des Tunnels, hinzu kamen über 600 Zivilarbeiter, mehrheitlich aus Slowenien, viele davon zwangsverpflichtet.

Am 4. Dezember 1943 fand der Durchstich des 1.500 Meter langen Stollens durch den Kärntner Gauleiter Friedrich Rainer statt.[382] Um den Endausbau zu beschleunigen, sollte auf Sicherungsmaßnahmen weitgehend verzichtet werden, was für die Arbeitsbedingungen der KZ-Häftlinge schwerwiegende Folgen hatte. Ca. 40 Häftlinge kamen am Loiblpass ums Leben, einige wurden von der SS erschossen.

Im Herbst 1944 gab es Bestrebungen, den Bau des Tunnels einzustellen, weil aber die auf dem Rückzug vom Balkan befindliche Deutsche Wehrmacht diese Route dringend benötigte, wurde am Tunnel bis Mai 1945 weitergebaut.

Der reguläre Arbeitseinsatz der Häftlinge erfolgte bis zum 5. Mai 1945. Nach der Zusammenziehung der Häftlinge – auch jener des Außenlagers Klagenfurt – und der teilweisen Evakuierung des Lagers befreiten Partisanen am 8. Mai 1945 alle noch unter Bewachung der SS stehenden Häftlinge.[383]

Die hier erstmals erwähnte Maßnahme, in einem Außenlager eine eigene Schuhmacher- und Schneiderwerkstätte zu errichten, wurde fortan Praxis bei der Einrichtung fast aller Außenlager. Auch bereits bestehende Außenlager wurden sukzessive entsprechend nachgerüstet. Diese Reparatur von Schuhwerk und Bekleidung jeweils vor Ort ist vor dem Hintergrund der kriegsbedingt notwendigen Einsparungen von Transportfahrten zu sehen. Das Instandsetzungsmaterial für SS- und Häftlingsbekleidung sowie -schuhwerk mussten die Konzentrationslager halbjährlich beim SS-WVHA anfordern.[384]

382 Zur Biografie von Rainer vgl. Alfred Elste/Michael Koschat/Hanzi Filipič, NS-Österreich auf der Anklagebank. Anatomie eines politischen Schauprozesses im kommunistischen Slowenien, Klagenfurt/Celovec-Wien u.a. 2000

383 Vgl. zur Geschichte des Lagers Janko Tišler/Christian Tessier, Das Loibl-KZ. Die Geschichte des Mauthausen-Außenlagers am Loiblpass/Ljubelj, Wien 2007; Josef Zausnig, Der Loibl-Tunnel: das vergessene KZ an der Südgrenze Österreichs. Eine Spurensicherung, Klagenfurt 1995; André Lacaze, Le tunnel, Paris 1978; Florian Freund, Loiblpaß (Nord und Süd), in: Benz/Distel, Der Ort des Terrors, Bd. 4, S. 400-404; Lisa Rettl/Peter Pirker, „Ich war mit Freuden dabei." Der KZ-Arzt Sigbert Ramsauer. Eine österreichische Geschichte, Wien 2010

384 BArch, NS 3/425, SS-WVHA, Amt BII an die Verwaltungen der Konzentrationslager, betr. Terminänderung, vom 27.1.1942

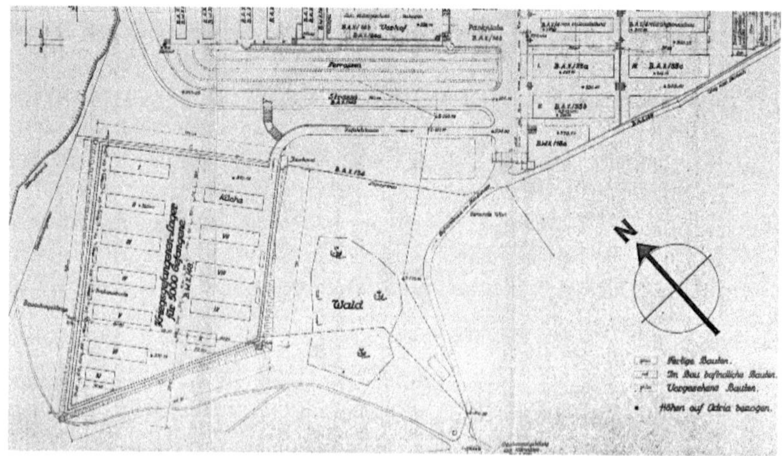

Abb. 20: Bauplan der SS-Neubauleitung des KZ Mauthausen 1942, Ausschnitt des geplanten Lagerbereichs für sowjetische Kriegsgefangene, nach Fertigstellung der ersten Baracken 1943 als „Sanitätslager" bezogen

10.5.1943

SS-Brigadeführer Lörner ist zwecks Besichtigung des Lagers anwesend.

Georg Nikolaus Lörner war zum Zeitpunkt seines Besuches Chef der Amtsgruppe B - Truppenwirtschaft im SS-WVHA. Sein Besuch gehörte zu jenen Besichtigungen, die Angehörige unmittelbar vorgesetzter Dienststellen in periodischen Abständen in das KZ Mauthausen führten.[385] Lörner war bereits zwei Wochen nach dieser Visite gemeinsam anderen hohen SS-Angehörigen ein weiteres Mal Gast in Mauthausen. [386]

11.5.1943

Die Kaliwerke A.G. Berlin[387] liefern 366 kg Zyklon B zur Desinfektion der Wäsche und Häftlingsbekleidung.[388]

385 Zur Biografie von Lörner vgl. Naasner, SS-Wirtschaft und SS-Verwaltung, S. 344 ff
386 Siehe Eintrag vom 25./26.5.1943
387 Richtig: Kaliwerke A.G. Kolin
388 Siehe Eintrag vom 31.3.1943

12.5.1943
Auf Grund der Halbjahresanforderung langen vom Hauptwirtschaftslager der Waffen-SS Abt. Unterkunft Milchkannern [sic!] sowie Teller ein.[389]

20.5.1943
Zur Deckung des Bedarfes für das Häftlingskrankenlager treffen vom Hauptwirtschaftslager[390]
300 Waschbecken, emaill. 20 Ofen aus Eisen
40 St. Ofenknie
200 Wassereimer, verz. 40 m Ofenrohr und ein.

Der seit Herbst 1941 im Bau befindliche Lagerteil „SU-Kriegsgefangenenlager" wurde ab 14. April 1943[391] als Häftlingskrankenlager genützt. Die 684 Häftlinge des Sonderreviers wurden in den fortan als „Sanitätslager", im Lagerjargon auch „Russenlager" bezeichneten Lagerbereich verlegt.[392] Das Lager war, da ursprünglich für sowjetische Kriegsgefangene vorgesehen, zunächst mit vier primitiven normierten Wehrmachtspferdestallbaracken als Unterkünften ausgestattet. Im Endausbau umfasste das Lager 10 deartige Baracken.

22.5.43
Für Instandsetzungszwecke liefert das Hauptamt Haushalt u. Bauten 5 Verschläge Fensterglas.
Das Bekleidungswer[k] Dachau bringt zur Lieferung:
4.000 Stück Handtücher sowie 10.000 Stück Wolldecken.[393]

389 Vermutlich ist das SS-Hauptwirtschaftslager Dachau gemeint, siehe Eintrag vom 6.10.1943

390 Es ist unklar, ob das SS-Hauptwirtschaftslager Dachau oder Oranienburg gemeint ist.

391 Vgl. Josef Podlaha, Surgery and Medical Care of the Prisoners in the Mauthausen Concentration Camp, in: Medical Science Abuses. German Medical Science as Practised in Concentration Camps and in the so-called Protectorate, reported by Czechoslovak Doctors, Prague 1946, S. 58-75, hier S. 60. VHA Praha, Kt. Mauthausen 143/Ma/1/29, Vorläufiger Bericht über die „Gesundheitspflege" für die Häftlinge in Mauthausen. Maršálek nennt den 14.3.1943. Maršálek, Die Geschichte, S. 165

392 Vgl. Maršálek, Die Geschichte, S. 165

393 Siehe Eintrag vom 12.12.1941

25.5.1943
Die Deutschen Ausrüstungswerke Dachau liefern 5.000 Stück Eßlöffel aus Holz.[394]

Am 15. April 1942 hatte das Amt DIV des SS-WVHA angeordnet, die in mehreren Konzentrationslagern, darunter auch in Mauthausen, praktizierte händische Produktion von Holzschuhen und Holzlöffeln mit „sofortiger Wirkung" einzustellen, um die Häftlinge für „wichtigere Arbeiten" frei zu bekommen. Hintergrund dieser Anordnung war die Umstellung des Arbeitseinsatzes der Häftlinge auf Zwangsarbeit in der Rüstungsindustrie. Ab nun wurden Holzschuhe und -löffel durch das Bekleidungswerk der Waffen-SS maschinell produziert. Holzvorräte bei den Lagern mussten an die örtlichen Betriebstätten der Deutschen Ausrüstungswerke abgegeben werden.[395]

25./26.5.43
Zur Besichtigung der Rüstungsvorhaben sind anwesend: SS-Obergruppenführer Pohl, SS-Gruppenführer Kaltenbrunner, SS-Gruppenführer Querner, SS-Brigadeführer Lörner.[396]

Unmittelbare Ursache der Besichtigung dürfte die offiziell ab dem 1. April 1943 in Gusen von der Steyr-Daimler-Puch AG betriebene Karabinerfertigung gewesen sein, die auch schon Minister Speer zu einem Lagerbesuch veranlasst hatte.[397] Aber auch die zwischen der DESt und dem Feldzeugkommando Wien im Februar 1943 vereinbarte Einrichtung einer Geschützteilefertigung im Wiener Graben in Zusammenarbeit mit dem Heereszeugamt Wien mag Motiv für diese Unterredung vor Ort gewesen sein.[398]

Rudolf Querner war seit dem 30. Jänner 1943 direkter Nachfolger des zum Chef der Sicherheitspolizei und des SD aufgestiegenen Ernst Kal-

394 Siehe Eintrag vom 8.10.1941

395 BArch, NS 3/452 f, SS-WVHA D IV an KL, betr. Holzschuhe- und Holzlöffelproduktion in den KL, vom 15.4.1942

396 Siehe Eintrag vom 10.5.1943

397 Siehe Eintrag vom 31.3.1943

398 Vgl. Fabréguet, Mauthausen, S. 369 f; Kaienburg, Die Wirtschaft der SS, S. 637 f

tenbrunner als Höherer SS- und Polizeiführer „Donau" im Wehrkreis XVII.[399] Es war vermutlich nicht der erste Besuch von Querner in Mauthausen, er dürfte bereits am 10. März 1943 seine erste Besichtigung als HSSPF in Mauthausen absolviert haben.[400]

30.5.43
Instandsetzungsmaterial für SS-Bekleidung, Ausrüstung und Häftlings-Bekleidung wird termingemäß für die Zeit vom 1.7.-31.12.43 angefordert.[401]

31.5.1943
Der Bestand der Angorazucht hat sich auf 1.442 Tiere erhöht. Der Wollertrag ist mehr als zufriedenstellend. Es wurden im Berichtsmonat insgesamt 50.86 kg, vornehmlich Wolle I. Klasse, an die Reichswollverwertung Berlin zur Absendung gebracht.[402]

1.6.1943
Zu verpflegen sind 1.164 SS-Männer und 19.546 Häftlinge.
--- " ---
Von der Bauinspektion "Reich-Nord" der Waffen-SS und Polizei Oranienburg langen 50 Stück Handfeuerlöscher samt 100 Stück Füllungen ein.

Die Lieferung dürfte in direktem Zusammenhang mit der Intensivierung der Luftschutzmaßnahmen stehen.

399 Ernst Rudolf Querner, geb. 1893 in Lehnsdorf, Selbstmord 1945, war ab Mai 1941 als Höherer SS- und Polizeiführer (HSSPF) Nordsee mit Sitz in Hamburg und nach seiner Zeit als HSSPF „Donau" von Oktober 1944 bis Anfang Mai 1945 als HSSPF Mitte tätig. Vgl. Ruth Bettina Birn, Die Höheren SS- und Polizeiführer. Himmlers Vertreter im Reich und in den besetzten Gebieten, Düsseldorf 1986, S. 70 bzw. 342 f

400 Dies geht aus einem Schreiben an Ziereis vom 3.3.1943 hervor, in dem eine Besichtigung für den 10.3.1943 angekündigt wird. BArch, BDC-Unterlagen Franz Ziereis

401 Siehe Eintrag vom 8.5.1943

402 Siehe Eintrag vom 16.10.1941

2.6.1943
Für das Bauvorhaben am Loibl-Paß wird von hier ein Arbeitskommando gestellt.[403] Zur Bewachung wird eine vollständige Kompanie in Marsch gesetzt. Die Mannschaft sowie Häftlinge werden von hier verpflegsmäßig sowie mit sämtlichen Bekleidungs- und Ausrüstungsstücken versorgt.

Die beiden Lager wurden von der 3. Kompanie des SS-Wachsturmbanns Mauthausen bewacht. Bis Oktober 1943 wohnten die SS-Männer in zwei Baracken auf der Südseite des Passes, danach wurde ein Teil der Wachmannschaft auf die Nordseite verlegt.[404]

--- " ---
Aus der Aktion "Altbekleidung Ost" treffen Mäntel, Hosen, Röcke und Leibwäsche ein.[405]

9.6.1943
Auf Grund von Bezugsscheinen liefert die Fa. Kapler Linz[406] 155 kg Petroleum und 310 kg calz. Soda[407].

11.6.43
Für die lagereigene Wäscherei treffen 3.000 kg Sekuron ein.[408]

15.6.1943
Das Arbeitslager in Eisenerz/Steiermark wird eröffnet.

Das Außenlager Eisenerz in der gleichnamigen Stadt in der Obersteiermark wurde am 15. Juni 1943 eingerichtet und bestand bis zum 14.

403 Siehe Eintrag vom 8.5.1943
404 Tišler/Tessier, Das Loibl-KZ, S. 80 ff
405 Siehe Eintrag vom 27.2.1943
406 Siehe Eintrag vom 9.10.1941
407 Siehe Eintrag vom 6.4.1943
408 Siehe Eintrag vom 30.6.1944

März 1945. Die rund 400 hier angehaltenen Häftlinge wurden bei der Erzgewinnung am steirischen Erzberg eingesetzt.[409]

Um die Produktion auszuweiten und die zur Wehrmacht eingezogenen Inländer zu ersetzen, waren am Erzberg bereits seit 1942 zahlreiche zivile ausländische Zwangsarbeiter und Kriegsgefangene beschäftigt. Wegen des rauen Klimas waren die Arbeitsbedingungen äußerst hart, was bei mangelhafter Versorgung zu einer raschen Entkräftung der Zwangsarbeiter führte.[410] Trotz des Wissens um die schwierigen Voraussetzungen für einen Häftlingseinsatz im Bergbau verhandelten die RWHG im Frühjahr 1943 über den „Einsatz eines Groß-Kz" in Eisenerz. Hintergrund für die Bemühungen um KZ-Häftlinge für den Erzberg waren die Befürchtungen, dass Schweden seine Eisenerzlieferungen einschränken bzw. einstellen könnte, was 1944 auch tatsächlich geschah. Eine geplante Untertagearbeit wurde jedoch verworfen, weil man annahm, dass die Häftlinge dieser Arbeit körperlich nicht gewachsen sein würden.[411]

Bei den Verhandlungen zeigte sich erneut die enge Kooperation zwischen Reichswerkeführung und SS.[412] Dir. Schilken wandte sich am 12. April 1943, zwei Wochen nach dem gemeinsamen Besuch von Minister Speer und der RWHG-Führung in Mauthausen, an seinen Vorgesetzten Paul Pleiger mit der Bitte um Intervention bei Himmler.[413]

Offensichtlich hatte Ziereis Direktor Schilken anlässlich des Mauthausen-Besuches mitgeteilt, dass das SS-WVHA keine Häftlinge für den Erzberg zur Verfügung stellen könne. Konzernchef Pleiger sollte daher bei Himmler erreichen, dass dieser Ziereis eine Anweisung für die Abstellung von Häftlingen erteile, die Ziereis nur durch eine entsprechende „Umdisponierung" von Häftlingen vornehmen könne.[414] Die Intervention scheint erfolgreich gewesen zu sein, am 15. Juni 1943 wurde in Eisenerz ein Außenlager des KZ Mauthausen eingerichtet.[415]

409 Vgl. zur Geschichte des Lagers Florian Freund, Eisenerz, in: Benz/Distel, Der Ort des Terrors, Bd. 4, S. 360-362
410 BArch, RL 3/6, Jägerstabsbesprechung, vom 9.5.1944
411 Vgl. Perz, Zwangsarbeit von KZ-Häftlingen, S. 99
412 Näheres zur Rolle Pleigers und Schilkens siehe Rathkolb, Am Beispiel Paul Pleigers, S. 287-322
413 AMM, B 6/3, Abschrift des Fernschreibens Göringstahl Linz an die Göringstahl Berlin, vom 12.4.1943. Siehe Eintrag vom 31.3.1943
414 Vgl. Rathkolb, Am Beispiel Paul Pleigers, S. 314
415 Vgl. Freund, Eisenerz, S. 360-362

Anfang September 1943 dürfte eine Belegstärke von 400 Personen erreicht worden sein, im Juli 1944 waren 469 Häftlinge im Lager anwesend.[416] Zwischen Februar 1944 und der Auflösung des Lagers am 14. März 1945 starben zwölf Häftlinge in Eisenerz, was jedoch angesichts der häufigen Rücktransporte kein Hinweis darauf ist, dass die Lebens- und Arbeitsbedingungen in Eisenerz besser gewesen wären als in anderen Außenlagern.

Im März 1945 wurden die Häftlinge von Eisenerz in das Außenlager Peggau verlegt und von dort aus nach Mauthausen rücküberstellt. Einige wenige Häftlinge dürften direkt nach Mauthausen gebracht worden sein.

--- " ---

Vom KL. Floßenbürg werden 138 SS-Männer nach hier versetzt. Die Bekleidung ist derart schlecht, daß sie zum größten Teil in diensttaugliche Stücke getauscht werden mußte. Erste Garnituren werden für diese Männer vom SS-WVHA. angefordert.

Es war gängige Praxis der Verwaltungsabteilungen der Konzentrationslager, bei Versetzungen von SS-Angehörigen in ein anderes Lager diese mit den schlechtesten Kleidungsstücken und Schnürschuhen auszustatten und sich damit mangelhafter Ausrüstung zu entledigen. Das SS-WVHA ordnete daher am 27. Mai 1942 – offensichtlich nicht das erste Mal – an, dass SS-Angehörige nur mit vollständigen „feldbrauchbaren" Uniformen und vollständiger Ausstattung versetzt werden durften und die Verwaltungen für die Einhaltung dieser Bestimmung verantwortlich gemacht würden. Die Anordnung hatte anscheinend wenig Wirkung, wie auch dieser Eintrag deutlich macht. Im August 1943 erging daher neuerlich eine entsprechende Anordnung an die KL-Verwaltungen.[417]

416 Diese und die folgenden Angaben nach APMAB, Syg. D-Mau 3, Bewegungen Außenkommandos

417 BArch, NS 3/425, WVHA D IV Verwaltung, betr. Bekleidung, vom 27.5.1942; BArch, NS 3/426, WVHA Amtsgruppe D IVa an Verwaltungen der KLs, betr. SS-Bekleidung bei Versetzungen, vom 2.8.1943

19.6.1943
In Wiener-Neustadt wird von hier ein Arbeitslager errichtet. Der Versand aller Erfordernisse erfolgt.

Das hier erwähnte Lager war das erste von zwei in Wiener Neustadt eingerichteten Außenlagern des KZ Mauthausen. Es bestand bis zum 20. November 1943. Die Häftlinge sollten in der V2-Raketenproduktion der Firma Rax-Werke GmbH arbeiten.

1938 hatte die Firma Henschel & Sohn die stillgelegte Wiener Neustädter Lokomotivfabrik übernommen und zu einem Produktionsstandort von Lokomotivtendern ausgebaut. Die Zugriffsmöglichkeiten auf die Ressourcen der eroberten Länder erlaubten die Verwirklichung des Plans, in Wiener Neustadt eine Geschützproduktion aufzuziehen: Eine in der Zwischenkriegszeit in der serbischen Stadt Kraljevo errichtete große Waggonreparaturwerkstätte wurde demontiert und in der Folge, bis zum Frühjahr 1943, in Wiener Neustadt aufgestellt, wo sie seitdem als „große Serbenhalle" bekannt ist. Im Frühjahr 1942 wurde das Wiener Neustädter Werk der Firma Henschel & Sohn unter der Bezeichnung Rax-Werke in ein selbstständiges Unternehmen umgewandelt. Auf Grund der wegen der Transportkrise an die Ostfront veränderten Prioritäten in der Rüstungswirtschaft sollte nun eine Großtenderfertigung für die am häufigsten eingesetzten Dampflokomotiven der Baureihe 50 bzw. 52 eingerichtet werden. Daneben war das Rax-Werk seit dem Frühjahr 1943 als einer von drei Produktionsstandorten für die A4-Rakete (V2) vorgesehen. Die Rax-Werke erhielten den Auftrag, die Montage der Raketen vorzubereiten und Prüfstände für den Test der Raketenbrennkammern zu errichten.

Als Arbeitskräfte für den Aufbau aller Raketenproduktionsstätten waren KZ-Häftlinge vorgesehen, für Wiener Neustadt sollten 2.200 Facharbeiter aus den Konzentrationslagern zugewiesen werden.

Am 20. Juni 1943 traf der erste Transport mit ca. 500 Häftlingen aus dem KZ Mauthausen ein, ein weiterer Transport mit über 700 Häftlingen folgte im August 1943. Die größten Gruppen bildeten Franzosen, Polen und Sowjetbürger.

Der erste Luftangriff auf Wiener Neustadt am 13. August 1943 betraf die „große Serbenhalle" nicht. Weitere Angriffe folgten am 1. und 24. Oktober. Der folgenreichste Luftangriff, bei dem auch die Produktionshalle schwer beschädigt wurde, fand am 2. November statt. Unter den Häftlingen gab es Tote und Verletzte, da sie die Halle nicht verlassen hatten dürfen.

Die Lebensbedingungen im Lager Wiener Neustadt waren zwar besser als im Stammlager Mauthausen, weil die Häftlingsfacharbeiter als kaum ersetzbar galten und daher etwas besser behandelt wurden, dennoch starben in den wenigen Monaten, die das Lager existierte, 30 Häftlinge.

Da die alliierten Luftstreitkräfte nicht nur Wiener Neustadt, sondern auch die Raketenforschungsanstalt Peenemünde und die Raketenproduktionsstätte in Friedrichshafen angegriffen hatten, beschloss der für die Fertigung zuständige Sonderausschuss A4, der von Munitionsminister Speer Ende 1942 eingerichtet worden war, die Produktion in einem einzigen unterirdischen Werk zu konzentrieren, das bei Nordhausen (Dora-Mittelbau) errichtet wurde. Die Forschungsanstalt sollte in eine neu zu errichtende Stollenanlage nach Ebensee übersiedeln. Die Arbeiten an den in Wiener Neustadt geplanten Prüfständen und an einer Sauerstofffabrik wurden eingestellt und nach Redl-Zipf verlegt. Diese Transferierung ging mit der Verbringung eines Großteils der Häftlinge des Außenlagers Wiener Neustadt in das neu eingerichtete Außenlager Redl-Zipf einher. Mit der Überstellung von 375 Häftlingen in das KZ Buchenwald am 20. November 1943 kam dann das endgültige Aus des (ersten) KZ in Wiener Neustadt. Ab 5. Juli 1944 wurden allerdings neuerlich Häftlinge nach Wiener Neustadt gebracht.[418]

25.6.1943
Von der Fa. E. Frieb Wien[419] werden 500 Stück Reisigbesen beschafft.
--- " ---
Vom Hauptwirtschaftslager Dachau[420] treffen verschiedene Reinigungsgeräte wie: Schrubber, Handfeger, Scheuerbürsten usw. ein.

26.6.1943
Für Desinfektionszwecke treffen von den Kaliwerken Kolin[421] 40 kg Zyklon B ein.[422]

418 Siehe Eintrag vom 5.7.1944
419 Siehe Eintrag vom 29.1.1943
420 Siehe Eintrag vom 1.6.1942
421 Siehe Eintrag vom 11.5.1943
422 Siehe Eintrag vom 31.3.1943

27.6.1943
Ab diesem Tage wird die Truppe nach Verpflegssatz III verpflegt. Die Truppe im Aussenlager Loibl-Paß[423] erhält jedoch den Verpflegungssatz II sowie die Hochgebirgszulage nach HDV 86/1 Ziff. 18.

Die SS-Wachmannschaften wurden nach den Verpflegungssätzen der Wehrmacht versorgt. Der Verpflegungssatz II sah gegenüber dem Verpflegungssatz III vor allem eine etwas höhere Brot- und Zuckerzuteilung vor.[424] Die H.Dv. (Heeres-Dienstverordnung) 86/1 regelte die Verpflegung der Wehrmacht bei besonderem Einsatz (sogenannte Einsatz-Wehrmachtverpflegungsvorschrift). Die Ziffer Nr. 18 bestimmte die Höhe der Zulagen bei außergewöhnlich schwierigen Verhältnissen sowie die Hochgebirgszulagen. Wenn etwa warme Mahlzeiten nur eingeschränkt verabreicht werden konnten, war für die Soldaten eine Zulage zur Abendkost „bis zur Höhe des halben Portionssatzes sowie von 100 g Schokolade oder Zuckerwaren" vorgesehen. „Ferner erhalten die Einheiten oder Teile von ihnen, die im Hochgebirge – über 1200 m – eingesetzt sind, als Höhenzulage eine dritte Getränkeportion nach den Sätzen der zweiten und zusätzlich eine Schokoladen- oder Zuckerwarenportion in Grenzen obiger Sätze – oder – soweit vorhanden – ähnliche Stärkungsmittel (getrocknetes Obst, Weinsäurezucker, Keks, Zitronenpulver)."[425]

Die beiden Loibl-Lager südlich und nördlich der Tunneleingänge befanden sich in einer Höhe von knapp unter 1.200 Meter, trotzdem wurde den Wachmannschaften der Verpflegungssatz II inklusive Hochgebirgszulage zuerkannt. Offensichtlich trug die SS-Führung damit dem Umstand Rechnung, dass die alte Passstraße auf über 1.300 Meter Höhe führte. Diese Regelung verweist zugleich darauf, wie strapaziös der Arbeitseinsatz für KZ-Häftlinge am Loiblpass war. Bei ihrer Versorgung wurde jedoch auf diese äußeren Faktoren im Unterschied zur SS in keiner Weise Rücksicht genommen.

423 Siehe Eintrag vom 8.5.1943
424 H.Dv.86/1, M.Dv. Nr. 595, L.Dv.86/1. Vorschrift für die Verpflegung der Wehrmacht bei besonderem Einsatz (Einsatz-Wehrmachtsverpflegungsvorschrift) vom 15.5.1939, Neufassung vom 20.6.1940, Berlin 1940, Anlage 1
425 Ebd., S. 14

30.6.43
Für den Wäschereibetrieb langen von der Fa. Burnus GmbH Darmstadt[426] 250 kg Enzymolin und 65 kg Wasserstoffsuperoxyd ein.

1.7.43
Zu verpflegen sind 1230 SS-Männer und 20.935 Häftlinge.

2.7.43
Die Fa. Glasow Berlin liefert 100 St. Speiseträger 31-50 Ltr. Inhalt.

Derartige Speisebehälter wurden benötigt, um die in der zentralen Häftlingsküche hergestellten Suppen auf die einzelnen Häftlingsbaracken zu verteilen. Über die Firma Friedrich K. Glasow liegen keine weiteren Informationen vor.

6.7.43
Das Aussenkommando Eisenerz wird mit Handwerkzeugen und Material für Schuhmacher und Schneider ausgerüstet. Weiters werden Bergstiefel, Gelenkgamaschen und Windjacken zugewiesen.[427]

Die Ausrüstung mit adäquater Bekleidung und festem Schuhwerk war für das SS-Wachpersonal vorgesehen.

16.7.43
Von der Heeresstandortverwaltung Fulda treffen 300 Kerzen ein.[428]

426 Siehe Eintrag vom 4.3.1943
427 Siehe Eintrag vom 8.5.1943
428 Siehe Eintrag vom 15.4.1943

--- " ---

Aus Kroatien langen 170 volksdeutsche SS-Angehörige ein. Bis zum Eintreffen der angeforderten Bekleidung, werden diese aus Kammerbeständen ausgerüstet.[429]

Nach der Gründung des kroatischen Ustascha-Staates begann die SS, wie schon zuvor in anderen südosteuropäischen Staaten, nun auch hier intensiv mit der Anwerbung von Freiwilligen. Allerdings geriet das SS-Hauptamt in Kroatien mit anderen deutschen Stellen in Konflikt, so etwa mit dem Auswärtigen Amt samt seiner nachgeordneten Gesandtschaft, dem OKW und der Volksdeutschen Mittelstelle (Vomi). Ging es bei diesen Konflikten zum Teil um Kompetenzfragen, so lag ein grundsätzliches Problem auch in der Rekrutierungspraxis selbst, die ja per se im Widerspruch zum Erhalt der Volksgruppe stand: Je mehr Männer der deutschsprachigen Minderheit von der Waffen-SS rekrutiert wurden, desto schwächer wurde die von der Vomi großzügig auf 180.000 bis 200.000 Personen geschätzte Gruppe der „Volksdeutschen" in Kroatien. Dies führte auch zu Spannungen innerhalb der SS, da diese über Himmlers Funktion als Reichskommissar für die Festigung deutschen Volkstums (in dieser Funktion unterstand ihm die Vomi) einerseits für Belange der Volksgruppe zuständig war, andererseits das SS-Hauptamt (respektive das SS-Ergänzungsamt des SS-HA) für den Ausbau und die Ergänzung der Waffen-SS verantwortlich zeichnete. Letzteres konnte sich langfristig mit seinen Interessen durchsetzen, da mit dem Andauern des Krieges der Bedarf an neuen Rekruten für die Waffen-SS drastisch anstieg. Bis 31. Dezember 1943 wurden in Kroatien 17.538 Männer zur Waffen-SS rekrutiert, was etwa 10 Prozent der gesamten Volksgruppe entsprach.[430]

429 Siehe Einträge vom 12.10.1942 und vom 10.12.1942

430 Vgl. Herzog, Die Volksdeutschen in der Waffen-SS, S. 16 f; Sundhaussen, Zur Geschichte der Waffen-SS in Kroatien, S. 176-196; vgl. auch die entsprechenden Gutachten von Martin Broszat zu Ungarn, Kroatien und zur Slowakei, in Gutachten des Instituts für Zeitgeschichte, Bd. 1 und 2; Casagrande, Die volksdeutsche SS-Division, S. 197-207

22.7.43
Über Auftrag des SS-WVHA. sendet die Fa. Georg Scherer Fürth 5 Tische für Mannschaften 5-1o Mann, die Fa. Adi Bln. 4o Spiegel für Unterführer und Mannschaften.

Die Firma Georg Scherer war eine bis vor wenigen Jahren in Fürth ansässige Möbelfirma. Über die Firma Adi, Berlin konnte keine relevante Information eruiert werden.

26.7.43
SS-Brigadeführer Glücks ist anwesend.[431] Besichtigung der Aussenlager.

Es ist anzunehmen, dass dem IKL-Chef anlässlich seines Besuchs mehrere Außenlager in der näheren Umgebung von Mauthausen-Gusen gezeigt wurden. In Frage kamen zu diesem Zeitpunkt die Produktionslager Linz I (Reichswerke „Hermann Göring") und Steyr-Münichholz (Steyr-Daimler-Puch AG) sowie die Lager bei den Bauten der Ennskraftwerke Groß-Raming und Ternberg.[432]

28.7.43
Die Fa. Rechberger Linz[433] liefert Eßnäpfe, Tassen, Teller, Kaffeekannen u. Untertassen. Bezahlt wurde(n) diese Gebrauchsgegenstände aus Forderungsnachweisen als Ersatz für Bruch.
Weiters kommen von dieser Firma für das Häftlings-Krankenlager Kartoffelschäler, Kochtöpfe, Bratpfannen und Tafelwaagen.
--- " ---
Vom Salinenwerk Ebensee werden 15.ooo kg Gewerbesalz zur Wasserenthärtung angeliefert.

431 Siehe Eintrag vom 15.10.1941

432 Vgl. Florian Freund/Bertrand Perz, Konzentrationslager in Oberösterreich 1938-1945, Linz 2007

433 Siehe Eintrag vom 26.10.1941

Da das aus dem Bereich der Donau zum Lager Mauthausen gepumpte Wasser einen hohen Kalkanteil aufwies, war eine Wasserenthärtung für die Wäscherei des Lagers notwendig.

Das Salinenwerk Ebensee im Salzkammergut, heute der Standort Ebensee der Saline Austria AG, existierte schon im 17. Jahrhundert, als dort das in Hallstatt abgebaute Salz in einem Sudhaus verarbeitet wurde. Wegen des hohen Holzbedarfs beim Siedevorgang war der Standort Ebensee mit seinem Holzreichtum für eine Saline gut geeignet. Die Saline wurde im 19. Jahrhundert modernisiert und in den 1970er Jahren auf großindustrielle Produktionsweise umgestellt.[434]

31.7.43
Aus der Aktion "Altbekleidung Ost" trifft wiederum Zivilbekleidung ein.[435]
--- " ---
Das Arbeitslager Wiener Neudorf wird errichtet. Die Verpflegung und Versorgung mit allen übrigen Erfordernissen erfolgt wie bei den übrigen Aussenlagern.

Am 2. August 1943 wurde der erste Transport von 203 KZ-Häftlingen als „Aufbaukommando" für das Lager Wiener Neudorf aus dem KZ Mauthausen überstellt. Das Lager bezweckte, Arbeitskräfte für Bau und Produktion der Flugmotorenwerke Ostmark (FO) direkt vor Ort in Wiener Neudorf bereitzustellen, und bestand bis 2. April 1945. Die FO, geplant als die größten und modernsten Flugmotorenwerke des Deutschen Reiches, waren ein Prestigeprojekt des Reichsluftfahrtministeriums. Der Aufbau des Wiener Neudorfer Werkes und der Zweigwerke im tschechischen Brünn und slowenischen Marburg war im Herbst 1941 nach Konflikten mit dem anfänglich beauftragten Junkers-Konzern dem Lizenzgeber Daimler-Benz übertragen worden. Monatlich sollten 1.000 Flugmotoren hergestellt werden. Als nach zweijähriger Bauzeit trotz des Einsatzes von bis zu 8.000 ausländischen Zivilarbeitern und Kriegsgefangenen noch immer kein einziger Motor das Werk verlassen hatte, bestellte Reichsluftfahrtminister Göring den Generaldirektor der Steyr-Daimler-Puch AG, Dr. Georg Meindl, zum kommissarischen Leiter der FO.

434 http://www.salinen.com/ (Zugriff 28.7.2010)
435 Siehe Eintrag vom 27.2.1943

Meindl versuchte, das Problem der Arbeitskräfteknappheit bei dem auf 20.000 Beschäftigte ausgelegten Werk Wiener Neudorf nach dem schon bei Steyr-Daimler-Puch bewährten Muster durch seine engen Beziehungen zur SS zu lösen. Er bat Himmler um ein Konzentrationslager mit 2.000 Häftlingen, von denen die Hälfte Metallfacharbeiter sein sollten. Als Gegenleistung wollte er die Interessen der Waffen-SS bei der Steyr-Daimler-Puch AG weiterhin wahren. Nur zwei Wochen nach seinem Schreiben an Himmler kamen die ersten Häftlinge nach Wiener Neudorf. Sie wurden zu Arbeiten in allen Bereichen der Firma herangezogen. Als Lager nutzte man die Baracken eines bestehenden Bauarbeiterlagers südlich des Firmengeländes. Laufend erfolgten nun neue Zuweisungen von Häftlingen, insgesamt waren es mindesten 4.256; die größten Gruppen stammten aus Jugoslawien, Polen, der Sowjetunion sowie aus Deutschland und Österreich. Am 20. Oktober 1944 erreichte des Lager seinen Höchststand mit 2.956 Häftlingen. Mindestens 207 Häftlinge verstarben oder wurden getötet, 39 Häftlingen gelang die Flucht.

Ein schwerer Luftangriff der 15. US-Luftflotte auf das Hauptwerk der FO in Wiener Neudorf beschädigte am 26. Juli 1944 das Konzentrationslager so gravierend, dass eine Transferierung des Lagers in das nordöstlich des Werkes gelegene Betriebsarbeiterlager III (Mitterfeld) vorgenommen werden musste, eine größere Anzahl von Häftlingen wurde bei dieser Gelegenheit in das Außenlager Aflenz bei Leibnitz versetzt.

Bis April 1944 bewachten Angehörigen der 2. Kompanie des SS-Totenkopfsturmbannes Mauthausen das Lager, danach stellten Soldaten der Luftwaffe die Wachmannschaften.[436] Darüber hinaus war eine besondere, als Hundestaffel bezeichnete Wacheinheit, die zur 37. Kompanie gehörte, mit ca. acht bis zwölf ausgebildeten SS-Hundeführern samt Hunden zur Absicherung des Motorenwerkes und einzelner Arbeitskommandos sowie zur Suche nach flüchtigen Häftlingen im Einsatz.

Am 2. April 1945 erfolgte die Evakuierung des Lagers, nachdem die sowjetischen Truppen nur mehr 25 Kilometer von Wiener Neudorf entfernt standen. Als Zielort des Evakuierungsmarsches war zunächst Kirch-

436 Diese dürften der 37. und 38. Kompanie des SS-Totenkopfsturmbanns Mauthausen/Gusen angehört haben. Anwesend waren auch Angehörige der 13. Kompanie in Wiener Neudorf. NARA, RG 549, US vs. Dura et al., case 000-50-5-2, eidesstattliche Erklärung Otto Schrader, vom 10.7.1946 bzw. Zeugenvernehmung Ernst Tröster

bichl in Tirol vorgesehen, wohin die FO im Frühjahr 1945 Teile ihrer Produktion verlagert hatten. Erst während des Marsches wurde wegen der militärischen Entwicklung Mauthausen als Zielort festgelegt. Es kam zu zahlreichen Erschießungen von marschunfähig gewordenen Häftlingen, dokumentiert sind 53 Todesfälle. Darüber hinaus liegen 54 Fluchtmeldungen und 25 Vermisstenmeldungen vor.[437]

--- " ---
Der zur Bewirtschaftung der Verwaltung unterstellte Reichshof "Frellerhof" hat seit seiner Übernahme (Januar 43) ein günstiges Gesamtbild erhalten. Sämtliche Einnahmen und Ausgaben werden durch die hies. Kasse verbucht.[438]

1.8.43
Zu verpflegen sind 1.388 SS-Männer und 21.003 Häftlinge.

2.8.43
Über Auftrag des SS-WVHA. lieferte zur Halbjahresanforderung die Fa. Albert Steinhoff, Duderstadt 2 Stück Ruhebetten mit abwaschbaren [sic!] Bezug, das SS-Wirtschaftslager Oranienburg[439] 1o Stück Deckenlampen mit Glaskugeln.

Die Firma Albert Steinhoff war eine Polstermöbelfabrik im niedersächsischen Duderstadt. Warum der Auftrag an diese Firma erging, ist nicht bekannt. Es gibt zwar Berührungspunkte zwischen der Geschichte der Firma Steinhoff und dem KZ-System, zeitlich aber erst nach diesem Auftrag. Zwischen 1938 und 1940 hatte Steinhoff an der neu gebauten Industriestraße in Duderstadt eine Möbelfabrik errichtet. Das Gebäude wurde aber nach seiner Fertigstellung von der Magdeburger Rüstungsfirma Polte bezogen. Polte hatte – finanziert durch das Reichsluftfahrt-

437 Vgl. Bertrand Perz, Wiener Neudorf, in: Benz/Distel, Der Ort des Terrors, Bd. 4, S. 461-465
438 Siehe Eintrag vom 1.1.1943
439 Siehe Eintrag vom 1.6.1942

ministerium – ab 1940 in Duderstadt ein großes Werk errichtet und begann 1941 mit der Herstellung von Flugabwehrgranaten. Im November 1944 wurde für das Polte-Werk auf dem Steinhoff-Gelände ein Außenlager des KZ Buchenwald eingerichtet. Die Häftlinge waren merheitlich ungarische Jüdinnen, die von Auschwitz über Bergen-Belsen nach Duderstadt überstellt worden waren.[440]

Bei der Fa. Alois Kapler Linz werden 2.553 kg Chlorkalk für Desinfektionszwecke[441] und 300 kg calz. Soda für den Wäschereibetrieb angekauft.[442]
Von der Firma W. Berg Altona[443] kommen durch Auftrag des SS-WVHA. 50 St. Bettstellen mit Stahldrahtmatratzen für die Reviere zur Lieferung.

Wie schon bei der Lieferung von Massagebänken[444] ist davon auszugehen, dass diese Betten im Truppenrevier und im Häftlingsrevier Verwendung gefunden haben, nicht aber im Sanitätslager, wo die Masse der kranken und abgearbeiteten Häftlinge untergebracht war.

8.8.43

300 Volksdeutsche aus Rumänien treffen von Oranienburg ein.[445] Bekleidung und Ausrüstung wird für diese Männer durch Fernschreiben angefordert.

Bis zu diesem Zeitpunkt waren insgesamt mindestens 570 „Volksdeutsche“ zur Verstärkung der Mauthausener Wachmannschaften zugewiesen worden, sie kamen zum größten Teil aus Rumänien.

Eine Aufstellung des SS-WVHA vom 9. September 1943 vermerkt für Mauthausen 510 Angehörige der deutschsprachigen Minderheit aus Rumänien, deren Zuweisung aber offensichtlich nicht zur Gänze im Tätig-

440 Vgl. dazu Götz Hütt, Das Außenkommando des KZ Buchenwald in Duderstadt. Ungarische Jüdinnen im Rüstungsbetrieb Polte, Norderstedt 2005
441 Siehe Eintrag vom 9.10.1941
442 Siehe Eintrag vom 6.4.1943
443 Über die Firma Berg konnten keine relevanten Informationen gefunden werden.
444 Siehe Eintrag vom 13.4.1943
445 Siehe Eintrag vom 10.12.1942

keitsberichtes vermerkt ist, nach welchem bis zu diesem Zeitpunkt maximal 400 der in Mauthausen eingesetzten Angehörigen deutschsprachiger Minderheiten aus Rumänien stammten.[446]

Das KZ Sachsenhausen in Oranienburg spielte eine wichtige Rolle für die Eingliederung dieser Personengruppe in das System der Konzentrationslager, viele „Volksdeutsche" erhielten dort eine kurze Ausbildung und kamen dann erst in die verschiedenen Konzentrationslager.[447]

Bis 31. Dezember 1943 waren aus Rumänien 54.000 Angehörige der deutschsprachigen Minderheit zur Waffen-SS eingezogen worden.[448]

14.8.43
Ausgesonderte und abgeschriebene SS-Bekleidung wird in 2 Kisten an die Altverwertungsstelle Sicherungsanstalt Straubing abgesandt.

Die heutige Justizvollzugsanstalt Straubing wurde in den Jahren 1898-1902 nach für damalige Verhältnisse modernsten Gesichtspunkten als Zuchthaus erbaut. Als Muster diente das englische Gefängnis Pentonville. Die Stadt Straubing hatte den Baugrund kostenlos überlassen. Am 1. Mai 1917 kam dann das „Krankenhaus für irre Verbrecher" – heute ist das psychiatrische Abteilung der Justizvollzugsanstalt – hinzu. Während des Zweiten Weltkrieges war die Anstalt vorübergehend mit mehr als 3.000 Gefangenen belegt, die Justizhäftlinge wurden zur Arbeit in der Altsachenverwertung herangezogen.[449]

Das Konzentrationslager Mauthausen sandte, wie andere Lager auch, laufend ausgemusterte SS-Bekleidung zur Instandsetzung nach Straubing, bezog von dort aber auch ausgebesserte Bekleidung und Ausrüstung für die SS. Am 31. Juli 1943 waren diese Abgaben nach Straubing allerdings eingeschränkt worden, künftig sollte ein Großteil der abgetragenen Kleidung für Instandsetzungsarbeiten noch in Verwendung stehender

446 Vgl. Tuchel, Die Wachmannschaften, S. 143; die 400 ergeben sich auch nur unter der Annahme, dass die ersten 100 aus Auschwitz überstellten „Volksdeutschen" aus Rumänien stammten.

447 Ebd., S. 142 f

448 Vgl. Herzog, Die Volksdeutschen in der Waffen-SS, S. 16 f

449 http://www.justizvollzug-bayern.de/JV/Anstalten/JVA_Straubing/ki/jva_sr (Zugriff 8.7.2010)

Uniformen direkt in den Lagern verwendet werden, um angesichts der Ressourcenknappheit den Verbrauch neuer Kleidung zu verringern.[450]

Zwischen dem Zuchthaus Straubing und dem KZ Mauthausen fand aber auch ein anderer Austausch statt: Vor dem Hintergrund des Abkommens Himmler-Thierack[451] wurden auch Justizhäftlinge aus Straubing an das Konzentrationslager überstellt, so am 8. Jänner 1943 215 Gefangene.[452]

17.8.43

Das Aussenkommando Wiener-Neudorf wird mit Schuhmacher- und Schneiderwerkzeugen sowie Instandsetzungsmaterial versorgt.[453]

18.8.43

Die Firma Max Korner, Hart liefert 100 Stück Särge.[454]

25.8.43

Für die Wiener Arbeitskommandos werden 500 Stahlhelme angefordert. Die Auslieferung wird genehmigt.

Zu diesem Zeitpunkt existierte im Reichsgau Groß-Wien einzig das Außenlager Wiener Neudorf bei den Flugmotorenwerken Ostmark, die Einrichtung des Außenlagers Schwechat für die Ernst Heinkel AG war in Vorbereitung. Vermutlich hing die Ausrüstung der Bewacher mit Stahlhelmen mit dem kurz zuvor erfolgten Luftangriff auf die Wiener Neustädter Rüstungsindustrie, dem ersten Luftangriff auf österreichischem Gebiet, zusammen.

450 BArch, NS 3/426, Amtsgruppe D – Konzentrationslager – an Verwaltungen der KL, betr. Aussonderung von SS-Dienstbekleidung, vom 31.7.1943

451 Siehe Eintrag vom 17.2.1944

452 VHA Praha, Kt. Mauthausen 162/Ma/1/30, Fernschreiben Kripo Regensburg an den Lagerkommandanten des KL. Mauthausen, betr. Überführung von Justizgefangenen, vom 6.1.1943

453 Siehe Eintrag vom 8.5.1943

454 Siehe Eintrag vom 3.2.1943

29.8.43
Durch das SS-WVHA. liefert der Holzgefäße-Vertrieb Bln 6 Stück Waschbottiche für die Wäscherei.[455]

30.8.43
Das Aussenkommando Wien-Schwechat wird errichtet. Verpflegung und Versorgung mit allem Nötigen erfolgt wie bei allen anderen Aussenlagern.

Dieses Außenlager bestand vom 30. August 1943 bis zum 13. Juli 1944 in Schwechat-Heidfeld beim Werk Wien der Ernst Heinkel AG (EHAG). Das Werk wurde auf dem 1938 errichteten Fliegerhorst Schwechat-Heidfeld eingerichtet. Ab Sommer 1942 hatten die in Rostock beheimateten Flugzeugwerke Ernst Heinkel AG als Folge der Luftgefährdung wesentliche Teile des Unternehmens in den Reichsgau Wien verlegt. Heute befindet sich auf dem ehemaligen Firmengelände der Vienna International Airport.

Das Schwechater Werk diente zunächst der Endmontage des Bombenflugzeugs He-177 und auch der Herstellung von Versuchsmustern der He 277, einer weiteren Version dieses Flugzeugtyps. In der Folge war Schwechat vor allem für die Produktion des Heinkel-Nachtjägers He-219 vorgesehen, dessen Produktion 1944 anlief. Die Verlagerung in den Wiener Raum im zweiten Halbjahr 1942 stieß von Anfang an auf Probleme: Die Arbeitskräfterekrutierung erwies sich wegen der Konzentration der Flugzeugproduktion im Raum Wien als schwierig.

Das Problem mangelnder Arbeitskräftezuteilung für die Produktion löste die EHAG durch den Einsatz von KZ-Häftlingen, nachdem Heinkel bereits in Oranienburg eng mit der SS kooperiert hatte. Am 30. August 1943 traf der erste Transport mit 92 mehrheitlich spanischen Häftlingen aus Mauthausen in Schwechat-Heidfeld ein. Bis Ende 1943 wurde das Lager Schwechat mit über 2.000, vorwiegend aus Polen, der Sowjetunion, Spanien und Italien stammenden Häftlingen belegt, Mitte April 1944 wurde ein Höchststand mit 2.638 Häftlingen erreicht. Die Mehrzahl der Häftlinge war in Tag- und Nachtschichten direkt in der Flugzeugproduktion eingesetzt. Die Haftbedingungen im Lager Schwechat waren vor allem im Frühjahr 1944 besonders schlecht, es herrschte Mangel an Wasser und an Betten, die Todesraten betrugen zwei Prozent im Monat.

455 Zum Berliner Holzgefäße-Vertrieb liegen keine relevanten Informationen vor.

Die ungestörte Produktion in Schwechat selbst war nur von kurzer Dauer. Nachdem im April 1944 erstmals 17 Stück des Nachtjägers He 219 im Heinkel-Werk Schwechat montiert worden waren, erfolgte am 26. April 1944 der erste alliierte Angriff auf das Werk.[456] Die Schäden an der Fabrik waren bei diesem Angriff noch eher gering, auf die Dauer von sechs Wochen wurde mit einer Produktionseinschränkung von 25 Prozent gerechnet. Allerdings kamen bei diesem Angriff mindestens 46 KZ-Häftlinge sowie 16 SS- bzw. Luftwaffenangehörige, darunter auch der Lagerführer SS-Obersturmführer Erich Engelhardt, ums Leben.[457]

Ein weiterer schwerer Luftangriff am 26. Juni 1944 führte zum vorübergehenden Totalausfall des Werkes. Wie beim ersten Angriff wurde dabei das Außenlager schwer getroffen, mindestens 128 der Häftlinge, die sich vor dem Angriff kaum schützen konnten, starben.

In der Folge wurde das Werk dezentralisiert und – bis zur Adaption der Seegrotte in Mödling-Hinterbrühl zu einem unterirdischen Produktionsstandort – auf verschiedene Brauereikeller in Wien und Schwechat aufgeteilt. Als Hauptstandort bezog Heinkel zunächst einen Brauereikeller in Jedlesee im Wiener Bezirk Floridsdorf nördlich der Donau, das Lager verlegte man am 13. Juli 1944 ebenfalls nach Floridsdorf. Später wurden dort untergebrachte Häftlinge aber auch wieder in Schwechat-Heidfeld und in Schwechater Brauereikellern zur Arbeit herangezogen.[458]

Am 31. März 1945 erfolgte die Verlegung der Häftlinge von Schwechat zum Unterkommando Mödling-Hinterbrühl, von wo am 1. April der gemeinsame Evakuierungsmarsch nach Mauthausen begann.[459]

---

456 Siehe Eintrag vom 26.4.1944

457 APMAB, Syg. D-Mau 3, Bewegungen Außenkommandos April 1945; vgl. Adolf Ezsöl, Das KLM-Arbeitslager Wien-Schwechat 2, in: Schwechater Archiv-Nachrichten. Informationen aus dem Historischen Archiv der Stadt Schwechat (November 1995) 2, S. 14 ff. Im Anhang finden sich bei Ezsöl auch die Listen der getöteten und vermissten Häftlinge.

458 Adolf Ezsöl, Die KZ-Aussenstellen Santa I und Santa II in Schwechat 1944-1945, Historisches Schwechat. Forschungsberichte aus dem Zeitgeschichtlichen Archiv Adolf Ezsöl, Nummer 1, September 2008

459 Vgl. Ezsöl, Das KLM-Arbeitslager Wien-Schwechat 2; Lutz Budraß, Flugzeugindustrie und Luftrüstung in Deutschland 1918-1945, Boppard am Rhein 1998, S. 782-785; Bertrand Perz, Wien-Floridsdorf, Wien Floridsdorf (AFA-Werke), Schwechat, in: Benz/Distel, Der Ort des Terrors, Bd. 4, S. 448-461

31.8.43
Der Bestand der Angorazucht beträgt 1.487 Tiere. Der Gesundheitszustand der Kaninchen ist gut, der Wollertrag im ansteigen begriffen.[46o]

1.9.43
Zu verpflegen sind 1667 SS-Männer und 21.111 Häftlinge.

1o.9.43
Das neuerrichtete Arbeitskommando Wien-Schwechat wird mit Werkzeugen und Instandsetzungsmaterial für die Schneider- und Schusterwerkstätte versorgt.[461]
--- " ---
Von der Fa. W. Kaiser Marburg treffen 992 kg Makulaturpapier ein.

Als Makulaturpapier bezeichnet man im Druckwesen schadhafte oder fehlerhafte Papierbögen, die ausgeschieden werden. Üblich war die Verwendung von Makulaturpapier als Untertapete im Malerhandwerk.

Marburg war seit Mitte des 19. Jahrhunderts Sitz der Marburger Tapetenfabrik, die heute zu den führenden Tapetenherstellern in Deutschland gehört. Wahrscheinlich wurde dieses Papier deshalb von einem Marburger Tapetenhandel vertrieben.[462]

13.9.43
Vom SS-Hauptwirtschaftslager Dachau treffen 5.ooo Stück Eßnäpfe aus Email ein.[463]

460 Siehe Eintrag vom 16.10.1941
461 Siehe Eintrag vom 8.5.1943
462 Zur Geschichte der Marburger Tapetenfabrik vgl. www.marburg.com/mt/unternehmen/historie.php (Zugriff 6.12.2010). Zur Firma Kaiser konnten keine relevanten Informationen gefunden werden.
463 Siehe Eintrag vom 1.6.1942

25.9.43
Das SS-Hauptwirtschaftslager Dachau liefert 5.000 Stück Eßlöffel aus Holz.[464]

26.9.43
500 Stück Reisigbesen treffen von der Firma Kronawitter München ein.

Die Münchner Firma Hermann Kronawitter ist bis heute auf den Vertrieb von Besen, Bürsten und Pinsel spezialisiert.

29.9.43
Zur Halbjahresanforderung langen durch das SS-WVHA. Bln von der Fa. R. Wunder 20 St. Stalleimer aus Holz ein.[465]

30.9.43
In der Nähe von Attnang-Puchheim wird ein neues Arbeitskommando aufgestellt. Alle Erfordernisse werden von hier erstellt.

Die nach alliierten Luftangriffen im Sommer 1943 beschlossene Verlegung der im Aufbau befindlichen Raketenproduktion des Wiener Neustädter Rax-Werkes in unterirdische Räume[466] führte u.a. zur Entscheidung, die für Wiener Neustadt vorgesehenen Prüfstände für Triebwerke und die geplante Sauerstofffabrik („Vorwerk") in die – allerdings erst auszubauenden – Keller der Brauerei Zipf in Oberösterreich zu verlegen. Am 30. September 1943 wurde die Direktion der Brauerei von diesem Vorhaben in Kenntnis gesetzt und am selben oder am darauffolgenden Tag wurde das Außenlager Redl-Zipf mit der Tarnbezeichnung „Schlier" bereits eingerichtet. In kurzen Abständen trafen Häftlingstransporte in Redl-Zipf ein: aus dem Außenlager Wien-Schwechat 48 Häftlinge, aus Mauthausen in mehreren Transporten ca. 400 Häftlinge, aus dem Außenlager Wiener Neustadt am 30. Oktober 600 Häftlinge. Die Zahl der

464 Siehe Eintrag vom 25.6.1943
465 Zur Firma Wunder liegen keine relevanten Informationen vor.
466 Siehe Eintrag vom 19.6.1943

Häftlinge stieg bis Ende Dezember 1943 auf ca. 1.900 an.

Die Zeit bis April 1944 war dominiert von den Bauarbeiten in den Kellern der Brauerei, von der Errichtung der Prüfanlagen für die Triebwerke der A4-Rakete sowie dem Aufbau eines riesigen Trafobunkers. Vom verantwortlichen Sonderausschuss A4, insbesondere aber von Wernher v. Braun wurde „schnellster Aufbau" gefordert. Entsprechend hart gestalteten sich in dieser ersten Phase die Lebensbedingungen der Häftlinge. Es wurde in Zwölfstundenschichten sieben Tage die Woche bei jedem Wetter gearbeitet. Die Sterblichkeit der Häftlinge war sehr hoch, bis April 1944 kamen 240 Häftlinge ums Leben.

Unmittelbar vor Fertigstellung der Anlagen zerstörte am 28. Februar 1944 eine Explosion einen Teil der Triebwerksprüfstände. 14 deutsche zivile Arbeiter kamen dabei ums Leben, jedoch keine Häftlinge. Nach der Wiederherstellung der Anlagen wurde ab April 1944 ein Großteil der Häftlinge sukzessive abtransportiert, in erster Linie in das ebenfalls für die Raketenproduktion errichtete Außenlager Ebensee.

Mit der Inbetriebnahme der Prüfstände in der ersten Maihälfte 1944 begann die zweite Phase des Lagers. Die Gebäude wurden getarnt, und der Betrieb „Schlier" lief als Zweigstelle einer Steinbruch-Verwertungs GmbH mit Adresse Attnang-Puchheim. Nur ca. 160 Häftlinge blieben für die laufenden Arbeiten zurück. Ihre Lebensbedingungen besserten sich durch die etwas leichtere Arbeit erheblich. Zwischen Mai und Oktober 1944 wurden keine Todesfälle registriert.

Am 29. August 1944 zerstörte abermals eine gewaltige Explosion die Prüfstände. 25 dort tätige Zivilisten kamen ums Leben. Häftlinge, die zu den Prüfständen keinen Zutritt hatten, waren nicht betroffen. Für die nun notwendigen Reparaturarbeiten wurden zahlreiche Häftlinge, unter ihnen auch 300 „Rotspanier", aus dem KZ Ternberg nach Zipf transportiert. Anfang Dezember erreichte die Zahl der Häftlinge mit ca. 1.000 einen neuerlichen Höchststand. Weil nun wieder Schwerarbeit zu leisten war, stieg auch die Zahl der Toten erneut an. Im Herbst und im Winter 1944/45 starben insgesamt 26 Häftlinge. Während die durch die Explosion nicht beeinträchtigte Sauerstoffproduktion weitergeführt wurde, stellte man die Bautätigkeit an den Prüfständen im Februar 1945 völlig ein. Dementsprechend reduzierte die SS die Zahl der Häftlinge auf etwa 500 Personen.

Ende April 1945 mussten Häftlinge aus Redl-Zipf gemeinsam mit Häftlingen aus dem KZ Ebensee im nahe gelegenen Attnang-Puchheim bei Aufräumungsarbeiten nach Luftangriffen auf dem dortigen Eisenbahnknotenpunkt Zwangsarbeit leisten.

Mitte April trafen 142 Häftlinge des „Kommandos Bernhard" unter Leitung von SS-Sturmbannführer Bernhard Krüger aus dem KZ Sachsenhausen in Redl-Zipf ein und wurden in einem abgetrennten Lagerbereich untergebracht. Dieses auf Geldfälschungen spezialisierte Kommando sollte in den Stollen die zuvor in Sachsenhausen betriebene Falschgeldproduktion wieder aufnehmen. Dazu kam es allerdings nicht mehr. Wegen der herannahenden amerikanischen Truppen wurde das Lager ab dem 2. Mai in das Außenlager Ebensee evakuiert.[467]

--- " ---

Durch die große Kapazität der hies. Wäscherei[468] ist es möglich, daß die Schmutzwäsche sämtlicher Aussenlager - ausschließlich dem Arbeitslager Loibl-Paß[469] und Wiener Neustadt[470] - gewaschen werden kann. Allerdings ist es erforderlich, daß die Wäscherei Tag und Nacht im [sic!] Betrieb ist. Sehr nachteilig, besonders in der kalten Jahreszeit, ist das Fehlen eines geräumigen Trockenboden(s).

Die am 18.3.1941 in Betrieb genommene maschinelle Wäscherei des Lagers, in einem der fest gemauerten Gebäude am Appellplatz des Schutzhaftlagers gelegen, war offensichtlich von Anfang an als Großwäscherei geplant worden. Die vorhandenen Kapazitäten mit einer Monatsleistung von 68.000 kg führten im April 1944 auch zur Überlegungen in der Stadt Linz, die Wäschereiaufträge der Lazarette und der Wehrmacht in das KZ Mauthausen zu verlagern und damit den örtlichen Wäschereien die Übernahme von mehr Aufträgen von Privatkunden zu ermöglichen.[471]

---

467 Die Darstellung folgt Florian Freund, Redl Zipf, in: Benz/Distel, Der Ort des Terrors, Bd. 4, S. 416-420 bzw. Freund/Perz, Konzentrationslager in Oberösterreich, S. 160-166

468 Siehe Eintrag vom 18.3.1944

469 Siehe Eintrag vom 8.5.1943

470 Siehe Eintrag vom 19.6.1943

471 OÖLA, BH Gmunden/Baumaßnahmen/Verlagerte Betriebe, B53-05/44, Aktenvermerk für Dipl.Ing. Braun, betr. Einschaltung des Wäschereibetriebes in Mauthausen zum Zwecke der zusätzlichen Versorgung der Stadt Linz, vom 21.4.1944 bzw. Schreiben an den Geschäftsführer der Gauhandwerkskammer Standler, vom 10.5.1944

Das Wäscherei wurde im Zuge der Einrichtung der Gedenkstätte 1949 in eine Kapelle und einen säkularen Weiheraum umgebaut.[472]

--- " ---

Durch die vielen Aussenlager und der dadurch bedingten Höhe des Häftlingsbestandes ist auch der Lagerraum für Lebensmittel zu klein geworden. Eine Vergrößerung ist dringend erforderlich.

Neben Kartoffelbunkern (siehe nächster Eintrag) wurde im Wiener Graben ein neues Magazin errichtet.[473]

1.1o.43

Zu verpflegen sind 1.659 SS-Männer und 2o.645 Häftlinge.[474]

Es wird mit der Kartoffeleinlagerung für das Winterhalbjahr 43/44 begonnen. Der diesjährige Bedarf beträgt 6,97o.ooo kg, wovon 3,o6o.ooo kg in den einzelnen Aussenlagern eingemietet werden. Die Beschaffung der erforderlichen Mengen Kartoffeln dürfte auf Schwierigkeiten stoßen, da seitens des Kartoffelwirtschaftsverbandes die volle Menge auf Grund der schlechten Ernte nicht zugeteilt werden kann. Als Ausgleich sollen Steckrüben verbraucht werden. Die Verhandlungen sind noch nicht endgültig abgeschlossen.

Im Lager Gusen wurden 2 weitere Kartoffelbunker neu gebaut, sodaß mit den 3 in Mauthausen bereits vorhandenen Kartoffelbunkern, insgesamt 5 zur Verfügung stehen. Von der einzulagernden Kartoffelmenge für die Lager Mauthausen und Gusen kann nunmehr etwa die

472 Vgl. Bertrand Perz, Die KZ-Gedenkstätte Mauthausen 1945 bis zur Gegenwart, Innsbruck-Wien-Bozen 2006, S. 97-99

473 Siehe Eintrag vom 26.7.1944

474 Diese Häftlingszahl liegt erheblich unter der bisherigen Schätzung von 21.767, die sich allerdings auf den 30.9.1943 bezieht. Vgl. Maršálek, Die Geschichte, S. 126

Hälfte in den Bunkern untergebracht werden, während der Rest weiterhin in Erdmieten untergebracht werden muß.[475]
Die Versorgung der Truppe und Häftlinge mit Frischgemüse war bisher ausreichend und wechselvoll.[476]
Die Beschaffung von Wintergemüse wird Schwierigkeiten mit sich bringen, da die Ernte aller Voraussicht nach im hies. Gebiet schlecht ausfallen wird.

Die Beschaffung von Nahrungsmitteln erfolgte über die regionalen Ernährungsämter, weshalb die Versorgung weitgehend von den Ernteergebnissen der Region abhängig war. Überdies durften bewirtschaftete Lebensmittel nur sehr beschränkt verwendet werden.[477]

Waren nach den bisherigen Verpflegungsportionssätzen 7 kg Kartoffeln pro Häftling und Woche vorgesehen, so sollten die hier bereits angedeuteten Schwierigkeiten bei der Anlieferung für die Häftlinge drastische Verschlechterungen mit sich bringen. Mitte November wurde die Halbierung der Kartoffelzuteilungen angeordnet.[478]

Die Zuteilung der im Krieg kontingentierten Kartoffeln erfolgte für das österreichische Gebiet über den Kartoffelwirtschaftsverband Ostmark bzw. Alpen-Donauland, der seinen Sitz im 1. Wiener Gemeindebezirk, Riemergasse 14, hatte.[479]

1.10.43
Auf die Beschaffung von Dauergemüse wie Karotten usw. aus überörtlichen Gebieten wird daher z.Zt. besonders Wert gelegt. Dieses Gemüse wird eingelagert um den zu erwartenden Ausfall in der hiesigen Gegend überbrükken zu können. Bis jetzt sind cca. 90.000 kg Gemüse sichergestellt.

475 Siehe Eintrag vom 8.10.1941
476 Siehe Eintrag vom 15.10.1942
477 Siehe Liste der Verpflegungsportionssätze und Rationssätze für die Waffen-SS und Polizei. Verpflegungssätze für KL.-Häftlinge je Kopf und je Woche, vom 1.6.1943, zitiert nach Naasner, Neue Machtzentren, S. 487
478 Siehe Eintrag vom 15.11.1943
479 Vgl. Amtskalender 1942. Amtsverzeichnis und Geschäfts-Adreßbuch für den Reichsgau Oberdonau, Linz 1941, S. 195; siehe auch Eintrag vom 30.3.1943

```
Die Brotversorgung des KL. Mauthausen sowie der nahe-
liegenden Aussenlager stockt zeitweise, weil die Hee-
resbäckerei Linz den umfangreichen Brotbedarf des
Konz.-Lagers nur unter den größten Anstrengungen lie-
fern kann. Der Bau einer eigenen Lagerbäckerei ist
projektiert. Die Vorarbeiten sind im Gange.
```

1938 hatte die deutsche Wehrmacht die bis 1934 im Eigentum der sozialdemokratischen Großeinkaufsgemeinschaft der Konsumvereine stehenden modernst eingerichteten Spaten-Brotwerke in der Semmelweisstraße übernommen und als Heeresbäckerei Linz weitergeführt.[480] Die Spaten-Brotwerke waren neben den „bürgerlichen" Ringbrotwerken Neuhauser u. Obermeyer die führende Brotfabrik in Linz.

Wegen der steigenden Häftlingszahlen war die Heeresbäckerei 1943 kaum mehr in der Lage, die benötigten Mengen Brot an das Konzentrationslager zu liefern. Zwar gelang es Anfang 1944, durch Beauftragung anderer Bäckereien in Steyr und Linz Abhilfe zu schaffen, die Planungen für eine SS-eigene Lagerbäckerei gingen aber weiter.[481] Als Standort für diese Großbäckerei wurde die vier Kilometer nordöstlich von St. Georgen an der Gusen, an der Bahnlinie Linz-Freistadt-Budweis gelegene Ortschaft Lungitz im Gemeindegebiet von Katsdorf gewählt. Dort waren bereits seit 1941 männliche Häftlinge des Lagers Gusen in einer Fabrik mit der Herstellung von Ziegeln für den Lagerbau beschäftigt gewesen. Ab 1943 diente das stillgelegte Ziegelwerk als Materiallager für die Messerschmitt-Werke in Gusen, in denen ebenfalls Häftlinge arbeiten mussten.

Von Herbst 1943 bis Ende 1944 wurde in Lungitz unter Einsatz von Häftlingen aus Gusen an der Errichtung der Großbäckerei sowie dem Aufbau eines Häftlingslagers gearbeitet. Dieses Lager Lungitz (auch als Gusen III bezeichnet) bestand vermutlich vom 26. Dezember 1944 bis zum 5. Mai 1945.[482] Bis zu 274 männliche Häftlinge waren dort untergebracht und arbeiteten in der Bäckerei und vermutlich auch im Materialla-

480 Zur Geschichte der Spatenbrot-Werke vgl. Lackner/Stadler, Fabriken in der Stadt, S. 369-372. Die Autoren erwähnen die Übernahme durch die Wehrmacht allerdings nicht.

481 Siehe Eintrag vom 19.3.1944

482 Siehe Eintrag vom 26.12.1944

ger der Firma Messerschmitt. Da der Häftlingsstand von Gusen III nicht separat ausgewiesen wurde, sind bis heute keine genauen Zahlen über Fluktuation und Sterblichkeit bekannt. Das Lager Gusen III wurde am 5. Mai 1945 durch die US-Armee befreit.[483]

6.10.43
Vom Hauptwirtschaftslager Abt. Unterkunft Dachau werden auf Grund der Jahresanforderung für die Führerheime, Unterführerheime und Kantinen Biergläser, Bierseidel, Groggläser, Limonadenkannen usw. geliefert.[484]
Von der Fa. Bergamnn[485], Linz treffen 44.8 qm Bauglas zur Instandhaltung der Fenster ein.

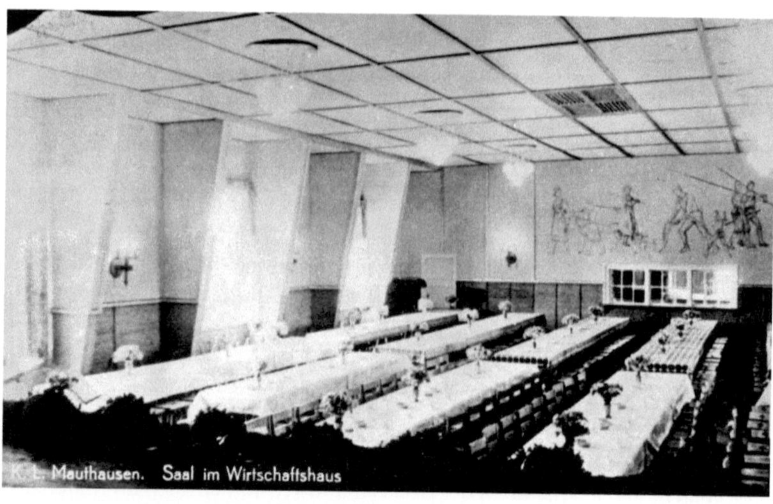

Abb. 21: Die SS-Kantine als versendbare Postkarte

483 Vgl. Leo Reichl, Zeitgeschichtlicher Bericht über das KZ-Lager Lungitz (genannt Gusen III), in: Katsdorfer Heimatblätter. Heimatkundliche Schriftenreihe zur Geschichte des Raumes Katsdorf, Katsdorf 2001; Bertrand Perz, Gusen III, in: Benz/Distel, Der Ort des Terrors, Bd. 4, S. 380-382

484 Siehe Eintrag vom 1.6.1942

485 Richtig: Bergmann. Siehe Eintrag vom 19.4.1943

12.10.43
Die Fa. Rebstein Ravensbrück[486] liefert 4 Wasserwannen aus Holz. Diese werden in den Küchen benötigt.
Es treffen 110 Volksdeutsche aus Ungarn ein.[487] Die Einkleidung erfolgt aus Kammerbeständen.[488] Das Bekleidungssoll wurde noch am gleichen Tage angefordert.

20.10.43
Die Gefangenen-Eigentumsverwaltung meldet, daß die Unterbringungsmöglichkeit für das hier lagernde Häftlingseigentum sehr schlecht ist. Die hier lagernden Bekleidungsstücke liegen bis 150 Säcke auf einander in einem Fach. Zur Aushebung eines einzelnen Sakkes müssen alle übrigen darüber befindlichen Säcke umgelagert werden. Durch das Aufeinanderlagern und Umlagern erleidet die Garderobe als auch die Effektensäcke selbst Schaden. Ständen größere Räumlichkeiten zur Verfügung könnten die Effektensäcke aufgehängt werden was diese erwähnten Schadensfälle ausschließt.
Die Heeresstandortverwaltung Fulda sendet 300 Stück Kerzen.[489]

Die den Häftlingen bei der Einweisung ins Lager abgenommenen persönlichen Gegenstände und Kleidung wurden in der sogenannten „Effektenkammer" in Säcken aufbewahrt. Im Falle der Entlassung wurden diese Effekten wieder ausgefolgt, im Falle des Todes wurden vorhandene Geldbeträge an Angehörigen ausgefolgt, allerdings galt das nur für be-

486 Vermutlich handelt es sich um einen Schreibfehler, es gibt keine Hinweise auf eine Firma Rebstein in Ravensbrück, sehr wohl aber auf eine in Ravensburg. Nachdem dem Verfasser des Tätigkeitsberichtes das Frauenkonzentrationslager Ravensbrück bekannt sein musste, wäre eine derartige irrtümliche Schreibweise naheliegend. Dank an Insa Eschebach für diesen Hinweis
487 Siehe Eintrag vom 10.12.1942
488 Siehe Eintrag vom 12.10.1942
489 Siehe Eintrag vom 15.4.1943

stimmte Häftlingsgruppen, keinesfalls für sowjetische oder als jüdisch kategorisierte Häftlinge. Ab Mitte des Krieges wurde diese Ausfolgung an Angehörige massiv eingeschränkt.

Wegen der durch die ständige Expansion des Lagers entstehenden Raumprobleme wurde ab Juni 1943 mit dem Bau eines schon länger geplanten Wirtschaftshofes mit 6 Baracken nordwestlich des Lagers rechts des Weges zum Steinbruch begonnen. Bis Ende 1944 waren 3 der 4 geplanten Baracken mit massiver Unterkellerung sowie zwei Normbaracken des Typs "Wehrmachtspferdestallbaracken" fertiggestellt.[490]

21.10.43
Die Firma Johann Buhl Schönhorst liefert 1 Waggon = 5260 kg Holzwolle.[491]

1.11.43
Zu verpflegen sind 1.887 SS-Männer und 25.224 Häftlinge.[492]

2.11.43
Vom Bekleidungswerk der Waffen-SS Dachau kommen 10.000 Stück Handtücher und 5.000 Stück Wischtücher zur Anlieferung.[493] Die Firma Hermann Nier, Beierfeld sendet 50 Stück Stall-Laternen.
Die Firma Friedrich K. Glasow Berlin liefert 100 Stück Speiseträger a 50 Ltr.[494]

490 BArch, NS 4 Ma/55, Bauleitung der Waffen-SS und Polizei, Mauthausen/Oberdonau, Bericht über die im Jahre 1944 von der Bauleitung der Waffen-SS und Polizei, Mauthausen/Oberdonau durchgeführten Baumassnahmen, vom 25.1.1945; AMM, KL Mauthausen Lageplan-Etat 1942, 501b, gezeichnet 16.2.1942, Änderungen bis 1.5.1942

491 Siehe Eintrag vom 25.1.1943. Zur Firma Buhl konnten keine relevanten Informationen gefunden werden.

492 Die Häftlingszahl liegt erheblich über der bisherigen Schätzung von 23.7000, die sich allerdings auf den Vortag (31.10.1943) bezieht. Vgl. Maršálek, Die Geschichte, S. 126

493 Siehe Eintrag vom 12.12.1941

494 Siehe Eintrag vom 2.7.1943

Seit ihrer Gründung im Jahre 1902 produziert die Firma Herrmann Nier im sächsischen Beierfeld Petroleumlaternen. Der vor allem auf Sturmlaternen spezialisierte Betrieb entwickelte sich in der Zwischenkriegszeit zum – neben der Firma Dietz in den USA – weltweit größten Sturmlaternenhersteller mit bis zu 12 Mio. Stück ausgelieferten Lampen pro Jahr. Neben der zivilen Laternenproduktion fertigte man auch Laternen und diverse Ausrüstungsgegenstände für das Militär, etwa Verdunklungs-Luftschutzlaternen. Nach 1945 wurde die Firma in den VEB Metall-Waren umgewandelt, die Familie Nier gründete in Schleswig-Holstein in Hohenlockstedt unter dem Namen Nier-Feuerhand GmbH eine neue Firma.[495]

9.11.43
Für die SS-Bekleidungskammer werden vom Bekleidungslager Linz aus italienischem Beutegut div. Instandsetzungsmaterialien und Wollbekleidung (Unterhosen, Wollwams) übernommen.

Durch die Besetzung Italiens, die Entwaffnung des Militärs und die Gefangennahme eines Großteils der italienischen Soldaten fielen sehr große Mengen an Waffen, Fahrzeugen und Ausrüstungsgegenständen in deutsche Hand, darunter auch Tausende Tonnen Bekleidung, die zum Teil an die SS abgegeben wurde.[496]

9.11.43
Gem. Verfg. SS-WVH(A) treffen aus den einzelnen Verfügungslagern Bekleidung "G" sowie Häftlingswäsche ein.

Zu diesem Zeitpunkt kam die Häftlingsbekleidung bereits zu einem großen Teil aus den Vernichtungslagern im besetzten Polen unter der Bezeichnung „Altbekleidung Ost“.[497] Dass ergänzend weiterhin auch ge-

495 Zur Geschichte der Firma Nier vgl. http://www.feuerhand.info/ (Zugriff 15.10.2010)
496 Vgl. Gerhard Schreiber, Die italienischen Militärinternierten im deutschen Machtbereich 1943-1945. verraten – verachtet – vergessen, München-Wien 1990, S. 214-220
497 Siehe Eintrag vom 27.2.1943

streifte „G"-Kleidung geliefert wurde, hing vor allem mit der Expansion der Außenlager zusammen. Um Fluchtversuche zu unterbinden, erhielten Häftlinge dort weiterhin die leicht erkennbare, gestreifte Kleidung. Der Mangel an Kleidung in den Lagern war zu diesem Zeitpunkt insgesamt bereits so groß, dass SS-WVHA-Chef Pohl den Lagerkommandanten empfahl, den arbeitenden Häftlingen als Wärmeschutz die Verwendung von Altpapier unter der Kleidung zu ermöglichen. Auch dabei sah sich Pohl veranlasst zu betonen, dass diese Maßnahme einzig dem Zweck diene, die Arbeitskraft der Häftling optimal auszubeuten, und nicht aus Gründen der „falsche[n] Gefühlsduselei" verfügt werde. Im Sommer 1944 ging die IKL wegen des Mangels an „G"-Kleidung daran, auch in den Außenlagern das Tragen von Zivilkleidung anzuordnen.[498] Dass die unzureichende Bekleidung die Sterblichkeit unter den Häftlingen in die Höhe trieb, war den Verantwortlichen durchaus bewusst, Abhilfe wurde dennoch nicht geschaffen.[499]

15.11.43

Der Kartoffelsatz für Häftlinge wird mit diesem Tage von 1.000 gr. auf 500 gr. pro Kopf und Tag herabgesetzt. Die durch die Herabsetzung ausfallende Kartoffelmenge muß durch Roggenmehl Nährmittel und Steckrüben ausgeglichen werden. Durch die Kartoffelkürzung ist trotz erheblicher ~~Nezuzu~~ Neuzugänge die Versorgung des hies. Lagers voraussichtlich bis 31.7.44 für Truppe wie für Häftlinge im großen und ganzen sichergestellt.

Die sich bereits Anfang Oktober 1943 abzeichnende radikale Kürzung der Kartoffelzuteilungen wurde nun umgesetzt.[500] Dass man sich zu diesem Zeitpunkt nicht mehr sicher war, ob die Versorgung des Lagers trotz rasch steigender Häftlingszahlen damit künftig gewährleistet werden konnte, verrät die Formulierung „voraussichtlich" und „im großen und

498 Zitiert nach Schmidt, Geschichte und Symbolik, S. 72

499 Vgl. etwa den Bericht des Melker Lagerarztes über den Zusammenhang von Krankenstand und Bekleidung; erwähnt bei Perz, Projekt Quarz, S. 410 f

500 Siehe Eintrag vom 1.10.1943

ganzen". Mit 1. Jänner 1944 traten diese Kürzungen für alle Konzentrationslager in Kraft. Die neuen Verpflegungssätze sahen 3,5 kg Kartoffeln und als Ersatz für den gestrichenen Teil der Kartoffelration 2 kg der minderwertigen Steckrüben pro Häftling und Woche vor.[501] Steckrüben wurden in der Folgezeit beim Ausfall der Gemüseversorgung der Häftlinge generell als Ersatz herangezogen.[502]

16.11.43

Das neue Aussenlager Solvey-Kalksteinbergwerke[503] wird dem khies. Lager angeschlossen. Die haltbaren Lebensmittel werden monatl. dorthin geschafft. Frischgemüse, Butter und Fleisch wird gleich anderen weiter entfer[n]ten Aussenlagern örtlich beschafft.

Das am 18. November 1943 unter dem Decknamen Solvay-Kalksteinbergwerke eingerichtete, aber ebenso als „SS-Arbeitslager Zement" bekannte KZ Ebensee diente der Errichtung zweier Stollenanlagen. Der Name Solvay leitete sich von der in Ebensee seit dem 19. Jahrhundert ansässigen gleichnamigen Sodafabrik ab.[504] Die Stollenanlagen, eines der ersten Bauprojekte des SS-Sonderstabes Kammler, waren für die Raketenversuchsanstalt Peenemünde bestimmt, die dort wesentliche Teile ihrer Forschungseinrichtung wie Prüfstände der A4-Raketen („V2") unterbringen wollte.

Wegen geologischer Schwierigkeiten, ständig neuer Forderungen der Peenemünder Raketenforscher nach mehr Raum und darauffolgender Befehle des Rüstungsministeriums, Bauvolumen einzusparen, aber auch wegen allgemeiner kriegswirtschaftlicher Schwierigkeiten war die Fertigstellung der unterirdischen Anlagen alsbald nicht mehr absehbar. Da die A4-Raketen trotz des gewaltigen Aufwandes auch im Sommer 1944 noch nicht einsatzbereit und die Alliierten bereits in der Normandie gelandet waren, entschied Hitler, dass ein Teil der Stollen in Ebensee anders verwendet werden sollte. Die Stollenanlage „A" in Ebensee wurde im

501 Vgl. Liste der Verpflegungsportionssätze und Rationssätze, vom 1.1.1944, abgedruckt bei Naasner, Neue Machtzentren, S. 489

502 Siehe Einträge vom 15.11.1943 und vom 30.1.1944

503 Richtige Schreibweise: Solvay-Kalksteinbergwerke

504 Vgl. zur Geschichte des Solvay-Konzerns http://www.solvay.at (Zugriff 15.10.2010)

Rahmen eines groß angelegten Notprogramms zur Sicherung der Mineralölversorgung im Rahmen des „Geilenberg-Programms" für die Einrichtung einer Raffinerie beansprucht, die kurz vor Kriegsende tatsächlich teilweise in Betrieb ging. Doch auch die fertig gestellten Bereiche der Raffinerie konnten nie mit voller Kapazität arbeiten, da die Alliierten ab Herbst 1944 begannen, die Verkehrswege systematisch zu bombardieren.

Der Plan, die Stollenanlage „B" für die Raketenforscher auszubauen, wurde Ende 1944 aufgegeben. Bereits fertig gestellte Stollen erhielt die Steyr-Daimler-Puch AG zur Produktion von Motorenteilen und Bremstrommeln für Lastwagen und Panzer. Der Ausbau der Stollenanlage ging bis zum 4. Mai 1945 in unvermindertem Tempo weiter.

Bis das eigentliche, vier Kilometer außerhalb von Ebensee gelegene Lager im Februar 1944 fertig aufgebaut war, waren die Häftlinge provisorisch in einer ehemaligen Weberei am Ortsrand von Ebensee untergebracht. Die SS rechnete von Beginn an mit einer hohen Anzahl von Toten: Im Frühjahr 1944 ordnete sie den Bau eines Krematoriums an, das am 31. Juli 1944 in Betrieb ging. Ab Sommer 1944 wurden zahlreiche Wehrmachtsangehörige zur Bewachung des KZ Ebensee abkommandiert.

Vom Zeitpunkt der Einrichtung des Außenlagers am 18. November 1943 bis zum Jahresende 1944 stieg die Zahl der Häftlinge auf ca. 9.000 an. Diese Häftlinge waren in der Regel auf Grund ihrer beruflichen Qualifikation bzw. nach ihrer Arbeitsfähigkeit ausgesucht worden.

Ab Anfang 1945 schickte die Mauthausener SS-Kommandantur aus den Lagern im Osten eintreffende Evakuierungstransporte, nach Ebensee ab April 1945 auch solche aus den östlich gelegenen Außenlagern von Mauthausen. Trotz eines massenhaften Sterbens stieg die Zahl der Häftlinge in diesem Lager bis Ende April 1945 auf über 18.500 an. Die Häftlinge des KZ Ebensee stammten aus fast allen Ländern Europas, die größte Gruppe kam aus Polen.

Auf Grund der Arbeit in drei Achtstundenschichten bzw. in Tag- und Nachtschichten, die jeweils elf Stunden dauerten, befanden sich die Häftlinge in einem permanenten Erschöpfungszustand. Mangelnde Hygiene, schwerste Arbeit, Unterernährung, ungenügende Bekleidung und schlechte Unterkunft verursachten zahlreiche Erkrankungen und führten vor allem ab dem Winter 1944/45 zu hohen Todesraten. Bis zur Befreiung verstarben über 8.100 Häftlinge.

US-Truppen befreiten das Lager Ebensee am 6. Mai 1945. Wegen der katastrophalen Versorgungssituation in den letzten Wochen vor der Befreiung waren viele Häftlinge so geschwächt, dass trotz sofortiger amerikanischer Hilfsmaßnahmen im Lauf des Monats noch über 700 Häftlinge verstarben.[505]

17.11.43
Die Fa. Rechberger Linz liefert eine größere Menge Gebrauchsgegenstände vornehmlich für die Küchen.[506]

18.11.43
Für das neue Aussenlager Solvey-Kalksteinbergwerke[507] werden Werkzeuge sowie Material zur Errichtung und Verb[r]auch in der dortigen Schneider- und Schuhmacherwerkstätte ausgeliefert.[508]

22.11.43
Das Außenkommando Oberilzmühle[509] wird gleichfalls mit Schneider- und Schuhmacherwerkzeug ausgerüstet.[510] Die Schuhmacherwerkstätte wird von der Baracke 23 in die SS-Bekleidungskammer verlegt.

Die im Lagerabschnitt II lange Zeit untergebrachten Einrichtungen der SS (Baracke 21 bis 24) wurden mit der Erweiterung des Schutzhaftlagers sukzessive in den SS-Bereich verlegt. Seit April 1943 wurde die SS-Baracke 5 zur SS-Bekleidungskammer umgebaut.[511]

505 Zur Geschichte des Lagers vgl. Florian Freund, „Arbeitslager Zement". Das Konzentrationslager Ebensee und die Raketenrüstung, Wien 1989; ders., Häftlingskategorien und Sterblichkeit in einem Außenlager des KZ Mauthausen, in: Herbert/Orth/Dieckmann, Die nationalsozialistischen Konzentrationslager, S. 874-886; ders., Die Toten von Ebensee. Analyse und Dokumentation der im KZ Ebensee umgekommenen Häftlinge 1943-1945, Wien 2010

506 Siehe Eintrag vom 26.10.1941

507 Richtige Schreibweise: Solvay-Kalksteinbergwerke

508 Siehe Eintrag vom 8.5.1943

509 Siehe Eintrag vom 20.11.1942

510 Siehe Eintrag vom 8.5.1943

511 Siehe Eintrag vom 7.4.1943

24.11.43
Die Fa. Tobias Altzinger, Perg[512] liefert Waschmittel wie Schmierseife, Vim und auch Viehsalz.

Vim war ein seit 1911 nicht nur in Großbritannien, sondern auch in Deutschland produziertes weitverbreitetes Haushaltsputzmittel. Hergestellt wurde es von der Sunlicht-Seifenfabrik AG in Mannheim-Rheinau, die vom britischen Unternehmer William Hesketh Lever 1899 gegründet worden war. 1929/30 wurde Sunlicht durch den damals größten Firmenzusammenschluss der Welt Teil der neuen Unilever Ltd., die bis heute existiert. Während des Krieges versuchte das NS-Regime, die völlige Eigentumsübernahme der deutschen Unilever-Konzernteile und -gesellschaften, die zentrale Bedeutung für die deutsche Ernährungs-, Öl- und Fettwirtschaft hatten, im Rahmen der Sequestration des „feindlichen Vermögens" durch die Einsetzung eines kommissarischen Verwalters im Jahr 1941 voranzutreiben. Unilever verblieb aber bis 1945 im Status eines kommissarisch verwalteten Unernehmens.[513]

25.11.43
Vom Hauptwirtschaftslager der Waffen-SS Oranienburg/Berlin treffen 3.2oo Wolldecken ein.[514]

27.11.43
Vom Bekleidungslager Dachau[515] sowie vom Lager der Altbestände der Sicherungsanstalt Straubing[516] wurden mittels LKW m. Anhänger die am 11. ds. Mts. angeforderte Bekleidung und Ausrüstung für 3oo neu eingetroffene volksdeutsche Rekruten abgeholt.[517]

512 Siehe Eintrag vom 8.3.1943
513 Zur kommissarischen Verwaltung des Unilever-Konzerns vgl. Stefan H. Lindner, Das Reichskommissariat für die Behandlung feindlichen Vermögens im Zweiten Weltkrieg, Stuttgart 1991, S. 81-85; zur Firmengeschichte siehe die Selbstdarstellung des Konzerns http://www.unilever.de/ueberuns/unseregeschichte/ (Zugriff 20.3.2012)
514 Siehe Eintrag vom 1.6.1942
515 Siehe Eintrag vom 12.12.1941
516 Siehe Eintrag vom 14.8.1943
517 Siehe Eintrag vom 8.8.1943

30.11.43
Die Angorazuchtstation Gusen weist einen Bestand von 1480 Tieren auf. Der Wollertrag ist mehr als zufriedenstellend und beträgt im Durchschnitt 40 kg monatlich.[518]

1.12.43
Zu verpflegen sind 2.167 SS-Männer und 25.224 Häftlinge.

2.12.43
Das für die am 12.10.43 eingetroffenen 110 Volksdeutsche(n) angeforderte Bekleidungssoll trifft ein.[519]

7.12.43
90 SS-Unterführer und Männer werden zum Höheren SS-- und Polizeiführer Krakau versetzt. Inmarschsetzung erfolgt mit Patronentaschen und Gamaschen.

Die Versetzung der SS-Männer ist in direktem Zusammenhang zu sehen mit der Unterstellung des Zwangsarbeitslagers Płasów unter das SS-WVHA, seiner Umwandlung in ein Konzentrationslager mit Wirkung vom 1. Jänner 1944 sowie der Bildung eines SS-Totenkopfsturmbannes zur Bewachung des Lagers.[520]

Der für das Generalgouvernement zuständige Höhere SS- und Polizeiführer Ost war seit 9. November 1943 Wilhelm Koppe, der den seit Oktober 1939 in dieser Funktion tätigen Friedrich-Wilhelm Krüger abgelöst hatte.[521] Koppe war zuvor als HSSPF Warthe u.a. für die Einrichtung des Vernichtungslagers in Chełmno verantwortlich gewesen.[522]

518 Siehe Eintrag vom 16.10.1941
519 Siehe Eintrag vom 12.10.1943
520 Vgl. Angelina Awtuszewska-Ettrich, Płasów – Stammlager, in: Wolfgang Benz/Barbara Distel (Hg.), Der Ort des Terrors. Geschichte der nationalsozialistischen Konzentrationslager, Bd. 8, München 2008, S. 235-288
521 Vgl. Birn, Die Höheren SS- und Polizeiführer, S. 72
522 Ebd., S. 339

Nach der Altverwertungsstelle Straubing werden in 3 Kisten ausgesonderte, abgeschriebene SS-Bekleidung gesandt.[523]

11.12.43
Auf persönlichen Befehl (Fernschreiben) durch SS-Obergruppenführer Pohl werden 12 kompl. Garnituren Bekleidung an SS-Angehörige im Reservelazarett Znaim durch PKW überbracht.

Der Grund für die Anordnung Pohls ist nicht bekannt.

15.12.43
Auf Anordnung des SS-WVHA. treffen aus den einzelnen Verfügungslagern Bekleidung "G" und Häftlingswäsche ein.[524]

18.12.43
Im Gemeinschaftshaus findet wie alle Jahre die Julfeier statt.[525] Als Marketenderware wurde an 278o SS-Männer je eine Flasche Wein, 1/2 Ltr. Spirituosen sowie Zigaretten (5o Stück) ausgegeben. Außerdem wurde verausgabt 5oo g Backwaren, 125 g Keks, 18o g Zuckerwaren und 25o g Äpfel.

Für die Julfeier hatte Lagerkommandant Ziereis mit dem Verweis auf die vorjährige Anwesenheit von Ernst Kaltenbrunner dessen Nachfolger als Höherer SS- und Polizeiführer Rudolf Querner eingeladen, der sich auch bereit erklärte, anlässlich der Feier zu den Angehörigen des Kommandantur-Stabes zu sprechen. Ob es dazu kam ist, nicht bekannt.[526]

523 Siehe Eintrag vom 14.8.1943
524 Siehe Eintrag vom 9.11.1943
525 Siehe Eintrag vom 24.12.1941
526 BArch, BDC-Unterlagen Franz Ziereis, Fernschreiben Ziereis an HSSPF Querner, vom 6.12.1943; Rev. Hauptmann der Schp. an SS-Obersturmbannführer Ziereis, vom 10.12.1943

Unter Marketenderware werden gemeinhin für den Bedarf der Soldaten zum Verkauf stehende Lebens- und Genussmittel sowie Gebrauchsgegenstände bezeichnet. Üblich war die Ausgabe von in besetzten Gebieten beschlagnahmten Alkoholika, Lebensmitteln und Zigaretten.

20.12.43
Das Aussenlager Wiener-Neustadt wird aufgelassen.[527]
Die durch Fein[d]einwirkung vernichteten Wäsche- und Gerätestücke werden vorbehaltlich der Genehmigung abgeschrieben werden.
Zum Transport von Kartoffeln, Gemüse, Kohle und dgl. vom Bahnhof Mauthausen bzw. Gusen zum Lager, sowie für Fahrten innerhalb des Lagers, werden dringend Zugpferde benötigt. Nach Mitteilung des Amtschefs D II ist die Verwendung von Häftlingen für letztere Fahrten nicht mehr statthaft. Genehmigungsantrag zur Beschaffung von 8-10 Zugpferden sowie der erforderlichen Geschirre wird an die vorgesetzte Dienststelle eingebracht.

Das Ziehen von Wagen, Loren und Walzen gehörte in den Konzentrationslagern zu den schwersten körperlichen Arbeiten, die von Häftlingen verrichtet werden mussten. Mit der Ausrichtung der Zwangsarbeit auf die Kriegswirtschaft erschien es der für den Arbeitseinsatz von Häftlingen im SS-WVHA zuständigen Abteilung nicht mehr zweckmäßig, Häftlinge anstelle von Zugtieren bei Transporten einzusetzen. Am 27. Jänner 1944 wurden zehn Pferde aus Polen nach Mauthausen gebracht.[528]

28.12.43
Das Hauptwirtschaftslager der Waffen-SS Dachau liefert:

250 Speiseträger je 50 Ltr. Inhalt[529]	32 m Rauchrohr
16 Ofen aus Eisen	32 St. Knie[530]

527 Siehe Eintrag vom 19.6.1943
528 Siehe Eintrag vom 7.1.1944 bzw. vom 27.1.1944
529 Siehe Eintrag vom 2.7.1943
530 Siehe Eintrag vom 1.6.1942

1.1.44.
Zu verpflegen sind 2.191 SS-Männer und 25.521 Häftlinge.

5.1.44.
Als Teillieferung zur Jahresanforderung sendet das Hauptwirtschaftslager der Waffen-SS Oranienburg eine größere Lieferung Gebrauchsgegenstände.[531]
Durch die Dienststelle "Der Standortälteste der Waffen-SS" in Linz werden an die Lazarette in Linz Bekleidungsstücke für SS-Angehörige ausgeliefert.

7.1.44.
Die im Dezember v.J. angeforderten Zugpferde (1o Stück) sind auf Kriegsdauer genehmigt.[532]
Von der SS-Bekleidungskammer sind im Laufe der letzten Monate 5oo Paar getragene, ausgesonderte Schnürschuhe an die Häftlingsbekleidungskammer abgegeben worden.

Aus der Sicht der SS für die eigenen Männer nicht mehr verwendungsfähiges Schuhwerk, das auch für eine Reparatur nicht mehr in Frage kam, wurde periodisch an die Häftlingsbekleidungskammer abgegeben.[533] Eine entsprechende Anordnung war am 12. August 1942 vom Leiter der Verwaltungsabteilung der IKL an die Lagerverwaltungen ergangen. Ausdrücklich wurden darin die Verwaltungsführer angehalten, instand gesetzte Schuhe mit Gummisohlen und Flickleder nicht der gängigen Lagerpraxis entsprechend an Funktionshäftlinge abzugeben, sondern an fußkranke Häftlinge oder solche, die lange Anmarschwege zu ihren Arbeitsstätten zurücklegen mussten. Die Anordnung ist vor dem Hintergrund der 1942 erfolgten Ausrichtung der Lager auf Zwangsarbeit zu sehen. An der Praxis der internen Lagerverteilung dürfte dies aber wenig geändert haben.[534]

531 Siehe Eintrag vom 1.6.1942
532 Siehe Eintrag vom 22.12.1943 bzw. vom 27.1.1944
533 Siehe Einträge vom 27.3., 19.5., 26.7. und 15.8.1944
534 BArch, NS 3/425, SSWVHA, Amt DIV Verwaltung, betr. Schnürschuhe, vom 12.8.1942

24.1.44.
Zur Wasserenthärtung langen 224 kg Permutit ein. Lieferfirma ist die Permutit A.G. Rathenow.

Bei Permutit handelt es sich um ein gängiges Produkt zur Wasserenthärtung. Die 1912 gegründete Permutit AG mit Sitz in Rathenow an der Havel war auf Wasseraufbereitung spezialisiert.

27.1.44.
Vom Heimat-Pferdepark Kielce werden die für das hiesige Lager genehmigten 1o Zugpferde abgeholt.

Die Waffen-SS unterhielt auf Reichsgebiet wie auch in den besetzten Gebieten eine Reihe sogenannter Heimatpferdeparks zur Versorgung und Unterstützung der SS-Kavallerie mit Pferden und war auch mit der entsprechenden veterinärmedizinischer Infrastruktur ausgestattet.[535]

3o.1.44.
Die Beschaffung von Frischgemüse wird immer schwieriger, es ist aber bis jetzt gelungen immer noch im großen ganzen die erforderlichen Mengen zu beschaffen. An die Häftlinge konnten zum Teil allerdings nur Steckrübern [sic!] verabreicht werden.[536] Für die Truppe steht Feingemüse zur Verfügung, jedoch nicht so wechselvoll wie in der gleichen Zeit des Vorjahres, da die Ernte des Spätgemüses, wie befürchtet, zum größten Teil ausgefallen war.[537]

1.2.44.
Zu verpflegen sind 2.473 SS-Männer und 26.135 Häftlinge.
15o ukrainischen Wachmannschaften sind von Lublin zum KLM. versetzt die stark abgetragenen Uniformen dieser

535 Vgl. David Stone, Hitler's Army 1939-1945: The Men, Machines and Organisation, London 2009, S.176
536 Siehe Eintrag vom 1.10.1943
537 Siehe Eintrag vom 15.10.1942

Männer werden ausgetauscht [sic!]. Das Bekleidungslager Ravensbrück stellt zu diesem Zweck 90 Garnituren schwarze Uniformen zur Verfügung.

Die Männer der ukrainischen Wachmannschaften waren aus den SU-Kriegsgefangenenlagern rekrutiert und im SS-Ausbildungslager Trawniki bei Lublin zu Wachsoldaten ausgebildet worden. Sie dienten als Wachpersonal der Vernichtungslager der „Aktion Reinhard“ im Generalgouvernement. Auf Basis einer Vereinbarung zwischen dem für den Judenmord im Generalgouvernement verantwortlichen SS- und Polizeiführer im Distrikt Lublin, Odilo Globocnik, und SS-WVHA-Chef Pohl wurden sie nach Beendigung der „Aktion Reinhard“ im Herbst 1943 von der Inspektion der KL übernommen. In den Folgemonaten wurden ca. 1.300 Angehörige dieser Wachmannschaften in die verschiedenen Konzentrationslager versetzt, noch 1943 etwa nach Flossenbürg, Buchenwald und Sachsenhausen. Die Zuweisung an das KZ Mauthausen erfolgte über das KZ Sachsenhausen und daher erst im Februar 1944. Ob die 150 Personen, wie hier festgehalten, ausschließlich Ukrainer waren, ist zu hinterfragen. Unter den „Trawnikis“ finden sich neben ehemaligen sowjetischen Kriegsgefangenen (darunter auch Urkainer) Balten und Angehörige deutschsprachiger Minderheiten.[538]

4.2.44.
Das Bekleidungswerk der Waffen-SS Dachau liefert einen Teil zur Jahresanforderung und zwar: Besen, Scheuertücher und Bürsten.[539]

5.2.44.
Von der Firma Frank & Moormann, Linz treffen 6099 kg Holzwolle ein.

538 Vgl. Black, Die Trawniki-Männer, S. 309-352; Eric C. Steinhart, The Chameleon of Trawniki: Jack Reimer, Soviet Volksdeutsche, and the Holocaust, in: Holocaust and Genocide Studies 23 (2009) 2, S. 239-262; Tuchel, Die Wachmannschaften, S. 141

539 Siehe Eintrag vom 12.12.1941

Die Firma Frank & Moormann mit Sitz in Linz betrieb ein Holzhandelsgeschäft und Hobelwerk, und weiters ein Säge- und Holzwollewerk im nahe bei Enns gelegenen oberösterreichischen Ort Raffelstetten (heute ein Teil von Asten). Die Firma befand sich im Besitz von Eugen Frank und Theodor Moormann und beschäftigte 1941 zwischen 16 und 20 Arbeitskräfte. Der Betrieb war mit über 42 Tonnen Hauptlieferant von Holzwolle für Mauthausen.[540]

15.2.44.
9o SS-Angehörige werden zu den K.L. Dachau und Groß Rosen versetzt. Eine Teilauslieferung von Bekleidung wird vom Bekleidungslager Linz-Ebelsberg abgeholt.

17.2.44.
Die Einrichtungen des hies. Lagers werden vom Justizminister Dr. Thierack besichtigt. In Begleitung sind der Chef der Deutschen Polizei und des SD[541] SS-Obergruppenführer Dr. Kaltenbrunner sowie der Gauleiter des Reichsgaues Oberdonau Eigruber. Beanstandungen ergaben sich keine.

Im September 1942 hatten RFSS Himmler und Justizminister Thierack ein Abkommen über die Einweisung von Sicherungsverwahrten aus den Justizanstalten in die Konzentrationslager zur „Vernichtung durch Arbeit" abgeschlossen. Von den auf Basis dieser Vereinbarung in die KZs eingewiesenen ca. 10.000 als SV-Häftlinge bezeichneten Gefängnisinsassen gelangten zwei Drittel ab November 1942 nach Mauthausen und Gusen. Dass die SS in Mauthausen die von Himmler und Thierack gestellten Vorgaben zu erfüllen verstand, zeigt die Tatsache, dass von den mehr als 7.500 eingewiesenen SV-Häftlingen im März 1943 bereits über 3.300 nicht mehr am Leben waren. Der Besuch von Reichsminister Thierack in Mauthausen, wie so oft bei Besuchern in Begleitung von Eigruber und Kaltenbrunner, ist in direktem Zusammenhang mit diesem Abkommen zu sehen.

540 Vgl. Industrie-Compass 1941, Deutsches Reich: Ostmark, S. 939 bzw. S. 944
541 Richtig: Chef der Sicherheitspolizei und des SD

19.2.44.
Die Fa. Frank & Moormann, Linz[542] liefert 6099 kg Holzwolle.

25.2.44.
Ausgesonderte, abgeschriebene SS-Bekleidung wurde in 6 Kisten nach der Altverwertungsstelle Zuchthaus Straubing gesandt.[543]

1.3.44
Zu verpflegen sind 2.596 SS-Angehörige und 28.408 Häftlinge.[544]

3.3.44
Von der Fa. Burnus GmbH.[545] treffen 195 kg Telesil für den Wäschereibetrieb ein.

Telesil war ein von der Burnus GmbH hergestelltes Bleichmittel.[546]

6.3.44
Die Fa. Frank & Moormann, Linz[547] liefert 2 Waggon 5.134 kg und 6.295 kg Holzwolle zum Füllen der Strohsäcke.

9.3.44
Das Aussenlager Passau II wird errichtet.

542 Siehe Eintrag vom 5.2.1944
543 Siehe Eintrag vom 14.8.1943
544 Das Rapportbuch „Bewegungen Außenkommandos" nennt 29.044 männliche Häftlinge. APMAB, Syg. D-Mau 3, Bewegungen Außenkommandos
545 Siehe Eintrag vom 4.3.1943
546 Burnus ließ Telesil 1940 als Markenprodukt registrieren. Vgl. Registerauskunft Deutsches Patent- und Markenamt, http://register.dpma.de/DPMAregister/marke/register/534535/DE (Zugriff 11.8.2011)
547 Siehe Eintrag vom 5.2.1944

Das Außenlager Passau II bestand vom 9. März bis zum 7. November 1944 bei der Waldwerke GmbH am nördlichen Donauufer in Passau-Grubweg. Die Firmenbezeichnung Waldwerke GmbH war ein Tarnname für den ab 1942 errichteten Zweigbetrieb der Zahnradfabrik Friedrichshafen, der Mitte 1943 nach längeren Bauverzögerungen die Produktion in Passau aufgenommen hatte Mit den so zusätzlich gewonnenen Produktionskapazitäten für Panzergetriebe war zugleich die wegen der Gefahr von Luftangriffen angestrebte Dezentralisierung der Produktion erreicht. 1944 gewannen die Waldwerke durch die massive Bombardierung des Hauptwerkes in Friedrichshafen stark an Bedeutung.

Etwa 2.000 Arbeiter – zivile inländische Beschäftigte ebenso wie ausländische Zwangsarbeiter – produzierten in den Waldwerken neben Panzergetrieben auch Bunkertüren und verschiedene Kleinteile. Am 9. März 1944 wurden die ersten 100 männlichen Häftlinge aus Mauthausen nach Passau II überstellt, Anfang Mai erfolgte ein zweiter Transport mit 125 Personen. Durch weitere Transporte stieg die Häftlingszahl bis 13. September 1944 auf den Höchststand von 340. In der Mehrzahl stammten die Häftlinge aus Polen, der Sowjetunion und Frankreich. Im Vergleich mit ähnlichen Produktionslagern weist Passau II mit zwei Todesfällen eine sehr niedrige Todesrate auf. Die Gründe für die Auflösung des Lagers im November 1944 sind nicht bekannt. Die Überstellung der Insassen nach Flossenbürg anstatt nach Mauthausen deutet darauf hin, dass die fachlich qualifizierten Häftlinge für Rüstungsfertigungen mit hoher Priorität, evtl. für die Produktion der Firma Messerschmitt, benötigt wurden.[548]

Von der Fa. C. Bergmann Linz[549] wurden 2.500 kg Chamottemörtel zur Instandsetzung der Krematoriumsanlage beschafft.

Der Formulierung nach zu schließen, war hier das mit Kori-Öfen ausgestattete Krematorium in Mauthausen gemeint, sonst wäre Gusen wohl als Zusatz vermerkt. Zu dieser Zeit waren in Mauthausen zwei Krematoriumsöfen der Firma Kori in Verwendung, von denen der eine seit Mai

548 Vgl. Eggerer, „Waldwerke“ und „Oberilzmühle“, S. 527-542; Bertrand Perz, Passau II (Waldwerke), in: Benz/Distel, Der Ort des Terrors, Bd. 4, S. 410-413

549 Siehe Eintrag vom 19.4.1943

1940 und der andere seit Mai 1942 in Betrieb war.[550] Die Schamotteauskleidung der Öfen musste periodisch erneuert werden, Reparaturen konnten aber auch die Folge einer Überbeanspruchung der Öfen sein.

10.3.44
Das Lehrgangskommando SD mit durchschnittlich 700 Mann wird im hiesigen Lager verpflegt. Der Aufenthalt soll 10- 14 Tage dauern.
Die anfallenden Reparaturen an Uniformen, Schuhzeug und Ausrüstung wurden hier ausgeführt. Nicht passende Uniformstücke und Schnürschuhe wurden bei cca. 100 Männern ausgetauscht.

Hinter dem als Tarnung verwendeten Begriff des „Lehrgangskommandos" verbargen sich die für die Besetzung Ungarns zusammengezogenen Polizeieinheiten, zu welchen auch das „Sondereinsatzkommando" von Adolf Eichmann zählte. Die Deportationsspezialisten des RSHA bereiteten sich hier auf die unmittelbar nach dem Einmarsch in Ungarn beginnende Deportation Hunderttausender ungarischer Juden nach Auschwitz vor.[551]

Für das neuerrichtete Aussenlager Passau II[552] wurden sämtliches Handwerkzeug für die Schuhmacher- und Schneiderwerkstätten ausgegeben.[553]

15.3.44
An das Aussenlager Leibnitz/Graz wird eine Schneidernähmaschine sowie sämtliches Schuhmacher- und Schneiderwerkzeug geliefert.[554]

Das Außenlager bestand vom 9. Februar 1944 bis zum 2. oder 4. April 1945 in der kleinen Ortschaft Aflenz an der Sulm bei Leibnitz in der südlichen Steiermark. Zweck der hier durchgeführten Arbeiten war die Verlagerung der Flugmotorenteileproduktion der Steyr-Daimler-Puch AG vom

550 Siehe Eintrag vom 21.5.1942
551 Siehe dazu die Einleitung
552 Siehe Eintrag vom 9.3.1944
553 Siehe Eintrag vom 8.5.1943
554 Siehe Eintrag vom 8.5.1943

Standort Graz-Thondorf in unterirdische Anlagen. Das große Grazer Werk war 1941/42 im Rahmen des „Göring-Programms“ zur Steigerung der Luftwaffenrüstung gemeinsam mit dem Flugmotorenwerk in Steyr zur Herstellung von Daimler-Benz-Flugmotoren errichtet worden und stellte unter Einsatz von ausländischen Zwangsarbeitern insbesondere Zahnräder und Kurbelwellen her. 1943 hatte das Werk Graz auch die Produktion entsprechender Teile für die Panzerfertigung übernommen.

Bei der ab Herbst 1943 intensiv betriebenen Suche nach unterirdischen Verlagerungsorten für die Konzernbetriebsstätten der Steyr-Daimler-Puch AG war für das Werk Graz-Thondorf am schnellsten ein Standort gefunden worden. Für die Fertigung der Kurbelwellen und Getriebezahnräder hatte man südlich von Graz im Römer-Kalksteinbruch Aflenz bei Leibnitz noch Ende 1943 geeignete Stollen ausfindig gemacht, die nun unter dem Tarnnamen „Kalksteinwerke“ für die Verlagerung des Werkes Graz-Thondorf ausgebaut wurden. Bis Juli 1944 sollten 8.000 m² unterirdische Fläche bezugsfertig sein.

Am 9. Februar 1944 trafen 201 männliche Häftlinge in Aflenz ein, um ein KZ in der Nähe des Steinbruchs, auf einem Acker unmittelbar an der Straße von Leibnitz nach Retznei, aufzubauen. Zur Arbeit im Stollenbau und später auch in der Produktion wurden insgesamt ca. 920 Häftlinge in das Lager überstellt, im Juli 1944 kamen allein 200 Facharbeiter aus dem Außenlager Wiener Neudorf. Von Leibnitz kamen 301 Häftlinge wieder weg, weil sie ab Herbst 1944 für den Stollenbau im Außenlager Peggau gebraucht wurden.

Nach nationaler Herkunft stammten die größten Häftlingsgruppen aus der Sowjetunion und aus Polen. Die schweren Arbeits- und Lebensbedingungen führten zum Tod von 78 Häftlingen.

Nach der Auflösung des Lagers Anfang April 1945 trieb man die Häftlinge in Fußmärschen in das Außenlager Ebensee. Kranke und Marschunfähige wurden während des Marsches erschossen, mindestens acht Häftlinge sind bei der Evakuierung ums Leben gekommen.[555]

555 Vgl. Bertrand Perz, Das Aussenlager Graz-Leibnitz des KZ Mauthausen in Aflenz an der Sulm für die Steyr-Daimler-Puch AG, in: Helmut Kandl/Johanna Kandl (Hg.), Wächterhaus. In Erinnerung an die Ermordeten und Toten in Aflenz bei Leibnitz, einem KZ-Aussenlager von Mauthausen, Graz 2009, o.S. Die 407 Häftlinge wurden am 19.4.1945 als Zugang registriert. Freund, „Arbeitslager Zement“, S. 458

17.3.44
Die SS-Mannschaftsbaracke-U.K. Baracke BW X, 2-II und die Umfassungsmauer des Bereiches KL. Mauthausen wurde von der Bauleitung der Waffen-SS und Polizei übernommen.

Diese Mannschaftsbaracke befand sich zwischen der Baracke VI, in der die Politische Abteilung untergebracht war und der Baracke VII, in der sich lange Zeit die Häftlingseffektenkammer und auch Büros des Schutzhaftlagerführers befanden.[556]

18.3.44
Die maschinelle Einrichtung der Wäscherei im KL.M. wurde am 18.3.41 in Betrieb genommen. Seit dieser Zeit wurden bis einschließlich dem 17.3.44 insgesamt 1,660.000 kg Trockenwäsche gewaschen. An Waschmitteln wurden verbraucht:

Enzymolin[557] :	13.400 kg	Seifenflocken :	480 kg
Waschpulver :	1.290 kg	Calgon :	3.525 kg
Sekuron[558] :	18.400 kg	Telesil[559] :	520 kg
calz. Soda[560] :	8.925 kg	Gardinol :	400 kg
Ecolit :	100 kg		

Für 1 kg Trockenwäsche wurden somit 28.5 g Waschmittel verbraucht.
Die Monatsleistung der Wäscherei ist auf rund 68.000 kg angewachsen.[561]

Bei den hier angeführten Waschmitteln handelt es sich um damals gängige Produkte, die zum Teil bis heute in Verwendung sind (siehe Verweise auf einzelne Einträge).

556 AMM, KL Mauthausen Lageplan-Etat 1942, 501b, gezeichnet 16.2.1942, Änderungen bis 1.5.1942
557 Siehe Eintrag vom 4.3.1943
558 Siehe Eintrag vom 30.6.1944
559 Siehe Eintrag vom 3.3.1944
560 Siehe Eintrag vom 6.4.1943
561 Siehe Eintrag vom 30.9.1943

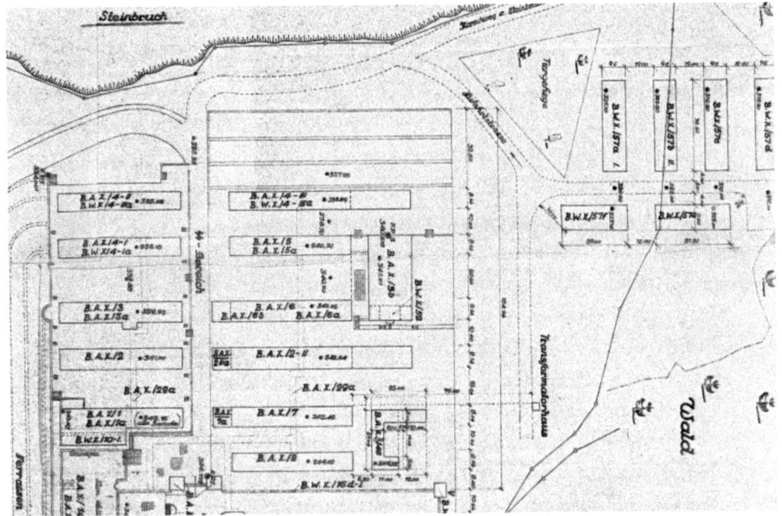

Abb. 22: Bauplan der SS-Neubauleitung des KZ Mauthausen 1942, Ausschnitt SS-Bereich

Das Wasserenthärtemittel Calgon (der Kunstname ist aus den Wörtern „Calzium" und „gone" zusammengesetzt) wurde 1933 von der gleichnamigen Firma in Pittsburgh, Pennsylvania auf den Markt gebracht und wird heute von der Firma Reckitt-Benckiser produziert und vertrieben.

Gardinol war ein von der Firma Henkel angebotenes Waschmittel. Die Firma Böhme hatte zu Beginn der 1930er Jahre mit Gardinol das erste synthetische, auf Basis von Fettalkoholsulfaten erzeugte Waschmittel der Welt entwickelt, Böhme war 1934 durch den Düsseldorfer Henkel-Konzern übernommen worden.[562]

19.3.44
Zum Tag "Soldaten sammeln für das WHW" werden 12oo Liter Erbseneintopf an die Bevölkerung im Standortbereich K.L. Mauthausen ausgegeben.

562 Bernd Kaiser, Die Implikationen wirtschaftspolitischer Rahmenbedingungen für die Rohstoffbeschaffung internationaler Industrieunternehmen und sich hieraus ergebende Unternehmensstrategien am Beispiel der Henkel-Gruppe, Inaugural-Diss., Universität Erlangen-Nürnberg, 2009, S. 117; vgl. Wilfried Feldenkirchen/Susanne Hilger, Menschen und Marken. 125 Jahre Henkel, 1876-2001, Düsseldorf 2001, S. 351

Das im Herbst 1933 gegründete Winterhilfswerk (WHW) war zunächst vor allem als Hilfseinrichtung zur Unterstützung von Bevölkerungsschichten gedacht, die infolge der Wirtschaftskrise verarmt waren. Die Haus- und Straßensammlungen, kombiniert mit einem Abzeichenverkauf, der gleichzeitig ein Zusammengehörigkeitsgefühl innerhalb der „Volksgemeinschaft" schaffen sollte, waren von intensiver Propaganda des Goebbels-Ministeriums begleitet. Das Spendenaufkommen war hoch und das WHW konnte rasch riesige Summen erwirtschaften, mit denen ab Mitte der 1930er Jahre vor allem die mit dem WHW eng verflochtene „Nationalsozialistischen Volkswohlfahrt" (NSV) finanziert wurde. Das WHW wurde somit zum Aushängeschild nationalsozialistischer Fürsorge- und Sozialpolitik, nicht zuletzt entlastete es den Staatshaushalt hinsichtlich der Sozialausgaben beträchtlich.

Neben Einzelpersonen wurden auch Firmen, Verbände und verschiedenste Institutionen zur Leistung von Spenden angehalten. Der Spendenakquirierung dienten unterschiedlichste Anlässe wie Veranstaltungen, Lotterien oder auch die sogenannten Eintopfsonntage. Wehrmacht und SS beteiligten sich wie andere Organisationen an derartigen Aktionen.

Bereits im Herbst 1933 hatte die neue NS-Regierung die deutschen Haushalte wie auch Gasthäuser und Restaurants dazu angehalten, an bestimmten Sonntagen der Monate Oktober bis März nur ein kostengünstiges Eintopfgericht zu kochen und die dadurch erzielten Einsparungen dem Winterhilfswerk zugute kommen zu lassen. Die Kampagne „Soldaten sammeln für das WHW" zählte zu diesen Sonntagsaktionen und wurde vor allem während des Krieges von Wehrmacht und SS durchgeführt.[563]

Die Brotversorgung des Lagers die durch die Überbelastung des bisherigen Lieferanten, der Heeresbäckerei Linz, von Zeit zu Zeit ins Stocken geriet läuft zur Zeit wieder reibungslos. Zur Brotlieferung wurden an

563 Vgl. zum Winterhilfswerk Herwart Vorländer, Die NSV. Darstellung und Dokumentation einer nationalsozialistischen Organisation, Boppard am Rhein 1988; ders., NS-Volkswohlfahrt und Winterhilfswerk des Deutschen Volkes, in: Vierteljahrshefte für Zeitgeschichte 34 (1986) 3, S. 341-380, hier S. 374; Florian Tennstedt: Wohltat und Interesse. Das Winterhilfswerk des Deutschen Volkes: Die Weimarer Vorgeschichte und ihre Instrumentalisierung durch das NS-Regime, in: Geschichte und Gesellschaft 13 (1987) 2, S. 157-180

Stelle der Heeresbäckerei 2 Privatfirmen verpflichtet und zwar die Brotfabrik u. Kunstmühle, Steyr und die Ringbrotwerke Neuhauser u. Obermeyer in Linz.[564]

Die Ringbrotwerke wurden 1917 von den Urfahrer Bäckermeistern Alois Neuhauser und Franz Obermeyr gegründet, sie waren neben der Heeresbäckerei (den ehemaligen Spaten-Brotwerken) die zweite Linzer Großbäckerei.[565]

Die Kunstmühle und Brotfabrik in Steyr, Leopold Werndl-Straße, befand sich im Besitz von Franz und Maria Ortmann. Franz Ortmann hatte überdies auch die Brotfabrik und Kunstmühle in Garsten bei Steyr gepachtet.[566]

20.3.44
Vom SS-WVH(A). Oranienburg treffen 300 Stück Kerzen und 1 Stück Handfeuerlöscher ein.[567]

21.3.44
Durch die Fa. Joh. Stocker, Linz werden 100 Stücl [sic!] Waschbecken und 219 Stück Klosettschalen angeliefert.

Die Johann Stocker GmbH mit Sitz in Linz, Herrenstraße 48, war ein Unternehmen für Zentralheizungs-, Wasser- und Gasinstallationen und wurde seit 1940 von Dir. Erich Dießler, Dr. Ing. Ernst Witting und Ing. Ernst Wasenbelz geführt.[568]

22.3.44
Die Fa. O-Fix GmbH Lahr liefert 300 kg Ofix die IG-Farben Höchst 100 kg Tutogen[569] für Schaumlöscher der Feuerwehr.

564 Siehe Eintrag vom 1.10.1943
565 Vgl. Lackner/Stadler, Fabriken in der Stadt, S. 372
566 Vgl. Industrie-Compass 1942, Deutsches Reich: Ostmark, S. 865
567 Siehe Eintrag vom 15.4.1943
568 Vgl. Industrie-Compass 1942, Deutsches Reich: Ostmark, S. 704
569 Siehe Eintrag vom 15.4.1943

O-Fix dient bis heute als universelles Reinigungspulver für Fliesen und Metallflächen und wird nach wie vor von der Firma O-FIX Artur von Manger Fabrik chemisch-technischer Produkte in Lahr im Schwarzwald hergestellt. Der Vertrieb des Produktes liegt in Deutschland bei der Firma Chem-Tech mit Sitz in Herbolzheim.[570]

24.3.44
An das Arbeits-Lager in Klagenfurt werden div. Schuhmacherwerkzeuge ausgegeben.[571]

Das Außenlager Klagenfurt in der neu errichteten SS-Kaserne in Klagenfurt-Lendorf bestand vom 19. November 1943 bis zum 6./7. Mai 1945. Die Häftlinge wurden von der „Bauleitung der Waffen-SS und Polizei in Klagenfurt“ beim Bau einer „SS-Junkerschule“ beschäftigt. Die von einem einfachen Stacheldrahtzaun umgebene Häftlingsbaracke wurde im Kasernenhof aufgestellt. Die Häftlinge mussten Baracken für Pferde und SS-Junker, Luftschutzstollen, einen Feuerlöschteich und ein Schwimmbad errichten. Darüber hinaus sollen sie auch bei der Beseitigung von Bombenschäden in Klagenfurt und bei Bauarbeiten an SS-Wohnhäusern Zwangsarbeit geleistet haben. Zu ihrer Bewachung waren ein SS-Offizier und 14 SS-Schützen eingesetzt. Mitte 1944 erreichte das Lager mit 130 Insassen seinen Höchststand. Die Lebens- und Arbeitsbedingungen waren besser als in anderen Lagern, zwei Todesfälle können für dieses Lager nachgewiesen werden. Am 6. Mai 1945 befahl die SS, die Häftlings- und die SS-Baracke abzureißen. Am 7. Mai wurde das Lager aufgelöst und die Häftlinge wurden in das Außenlager Loiblpass transportiert.[572]

570 Siehe Branchenbuch der Stadt Lahr unter http://branchenbuch.meinestadt.de/lahr-schwarzwald (Zugriff 20.3.2012); zur Vertriebsfirma Chem-Tech siehe http://www.chemtech-herbolzheim.de (Zugriff 20.3.2012)

571 Siehe Eintrag vom 8.5.1943

572 Vgl. Peter Gstettner, Das „vergessene“ KZ in Lendorf vor den Toren der Stadt Klagenfurt. Ein Vorschlag zur Geschichtsaufarbeitung und Erinnerung, in: Zeitgeschichte 28 (2001) 3, S. 160-172; Maršálek, Die Geschichte, S. 97; Florian Freund, Klagenfurt, in: Benz/Distel, Der Ort des Terrors, Bd. 4, S. 384–386

27.3.44
Die ausgesonderte SS-Bekleidung wird mittels LKW nach der Altverwertungsstelle Zuchthaus Straubing gebracht.[573]
125 Paar ausgesonderte Schnürschuhe werden an die Häftlingsbekleidungskammer KLM abgegeben.[574]

29.3.44
In der lagereigenen Schweinemästerei sind zur Zeit 135 Schweine einschließlich Läufer und Ferkel vorhanden.[575]

1.4.44
Zu verpflegen sind 3.365 SS-Angehörige und 34.935 Häftlinge.[576]

4.4.44
Von der Fa. Albert Bader[577] treffen 5.000 Stück Holzlöffel und die [sic!] Fa. Dr. Egbert Neugebauer 2900 4-jährige Fichten für die Aufforstung einer Parzelle im Wiener Graben ein.

Die Firma Dr. Egbert Neugebauer war eine Forstbaumschule in der Gemeinde Munderfing im oberösterreichischen Bezirk Braunau.[578]

5.4.44
Die Fa. Frank & Mo(o)rmann Linz[579] liefert 5.464 kg Holzwolle.

573 Siehe Eintrag vom 14.8.1943
574 Siehe Eintrag vom 7.1.1944
575 Siehe Eintrag vom 17.7.1942
576 Das Rapportbuch „Bewegungen Außenkommandos" nennt 35.003 männliche Häftlinge. APMAB, Syg. D-Mau 3, Bewegungen Außenkommandos
577 Zur Firma Albert Bader liegen keine relevanten Informationen vor.
578 http://www.munderfing.at/gemeindeamt/html/Heimatbuch1977-Handwerk-Gewerbe.pdf (Zugriff 2.10.2010)
579 Siehe Eintrag vom 5.2.1944

8.4.44
Von der Bauleitung der Waffen-SS und Polizei werden übernommen: Zubau von 3 Geschäftszimmern für Schutzhaftlager-Führer BWX/7a, Sammelbehälter für die Wasserversorgung BWX/44, SS-Mannschafts U.K. Baracke mit Keller u. Kesselhaus BWX/33b.[580]

Die Baracke mit der Baukennziffer BW X/7 befand sich im SS-Bereich nordwestlich des Schutzhaftlagers (von der vom Steinbruch auf das Schutzhaftlagertor zulaufenden Lagerstraße aus gesehen war sie die fünfte Baracke links, direkt gegenüber der Kommandantur). Die Erweiterung der Büroräume für die Schutzhaft-Lagerführung (BW X/7a) erfolgte durch eine Verlängerung dieser Baracke zur Lagerstraße hin.[581]

Die Wasserversorgung des Lagers war auf Grund seiner Lage auf einer Anhöhe von Anfang an schwierig. Bis zur Installation einer Pumpanlage mussten die Häftlinge während des Lageraufbaus das Wasser in Tankwagen zum Lager hinaufziehen. Der Bau eines großen Sammelbehälters (BW X/44) unter dem Appellplatz auf der Höhe des Wäschereigebäudes ermöglichte die Speicherung größerer Wassermengen im Lager.[582]

Da Frischgemüse noch nicht zu beschaffen ist, wird die Zeit bis zur neuen Ernte teils mit Tonnengemüse und teils mit Faßgemüse überbrückt. Die bezugsscheinpflichtigen Lebensmittel werden ohne Verzögerung herangeschafft.[583]

12.4.44
Vom SS-WVHA., Oranienburg treffen 15o Stück Speiseträger 31-5o Liter ein.[584]

580 Siehe Eintrag vom 1.12.1941
581 AMM, KL Mauthausen Lageplan-Etat 1942, 501b, gezeichnet 16.2.1942, Änderungen bis 1.5.1942
582 Siehe Eintrag vom 30.3.1943
583 Siehe Eintrag vom 15.10.1942
584 Siehe Eintrag vom 2.7.1943

16.4.44
Vom Bekleidungswerk der Waffen-SS und Polizei langen ein:

15.000 Stück Handtücher, 500 Stück Wolldecken,
15 kg Baumwollzwirn, usw., usw.

Die umfangreichen Lieferungen erfolgten vor dem Hintergrund rapide zunehmender Einweisungen von Häftlingen in den Lagerkomplex Mauthausen-Gusen. In den drei Monaten seit Anfang 1944 war die Zahl der Häftlinge von ca. 25.000 auf 35.000 gestiegen, in den folgenden drei Monaten bis Ende Juni erhöhte sich die Zahl auf über 51.000. Innerhalb eines halben Jahres hatte sich die Häftlingszahl mehr als verdoppelt, wobei Häftlinge vor allem für die unterirdische Verlagerung der Rüstungsindustrie in das Lager Gusen und in neu errichtete Außenlager überstellt wurden.

21.4.44
Das Aussenlager Melk wird in Betrieb genommen. Die Versorgung mit Verpflegung erfolgt wie bei den meisten übrigen Aussenlagern. Die haltbaren Lebensmittel werden monatlich mit der Bahn überführt. Fleisch, Butter, Frischgemüse, Kartoffeln usf. werden örtlich beschafft. Die hierzu erforderlichen Bezugscheine werden von der hies. Dienststelle zugewiesen.

Zwischen dem 21. April 1944 und dem 15. April 1945 bestand in der Pionierkaserne der Stadt Melk an der Donau eines der größten Konzentrationsaußenlager auf österreichischem Gebiet. Zweck des Lagers war die Errichtung einer unterirdischen Fabrik für die Steyr-Daimler-Puch AG. Die SDPAG war als Herstellerin besonders kriegswichtiger Rüstungsgüter für die Alliierten ein Angriffsziel hoher Priorität. Die ab Herbst 1943 erwogenen Schutzmaßnahmen und Verlagerungspläne für die SDPAG bezogen sich in erster Linie auf die speziell gefährdete Kugellagerproduktion und die Flugmotorenfertigung in Steyr und Graz sowie die kommissarisch verwalteten Flugmotorenwerken Ostmark in Wiener Neudorf. Zur unterirdischen Verlagerung wurde ab Anfang 1944 (neben einem kleineren Stollenbauvorhaben in Leibnitz) an der Errichtung einer großen unterirdischen Fabrik unter dem Decknamen „Quarz“

gearbeitet. Dieser Neubau einer Stollenanlage in Roggendorf bei Melk, der vor allem dank der Unterstützung des mit der Sicherung der Kugellagerproduktion beauftragten Generalkommissars Phillip Kessler[585] rasch genehmigt wurde, sollte der SDPAG mit einer geplanten Produktionsfläche von 65.000 m^2 als zentrales Verlagerungsobjekt dienen. Neben der Kugellager- und Flugmotorenfertigung wollte man auch Teile der Panzerfertigung des Zweigbetriebes „Nibelungenwerk" hier unterbringen.

Das SDPAG-Management verfolgte dieses Großprojekt besonders vehement, da es auch unter den Bedingungen der Verlagerung durch seinen Umfang eine rationelle Betriebsgröße garantierte. Die Initiative zum Einsatz von KZ-Häftlingen in Melk ging wie schon 1942 im Fall des Außenlagers in Steyr und 1943 in Wiener Neudorf vom Generaldirektor der SDPAG, Georg Meindl, aus, der im Februar 1944 Vertretern des Reichsluftfahrtministeriums und des Reichsministeriums für Rüstung und Kriegsproduktion vorschlug, die bei den Flugmotorenwerken Ostmark eingesetzten KZ-Häftlinge samt den Baracken nach Melk zu übersiedeln. Durch die Übernahme des Bauvorhabens „Quarz" in das Stollenbauprogramm des SS-Sonderstabes Kammler unter dem Projektnamen B9 war der Boden bereitet und die Entscheidung zum Einsatz von KZ-Häftlingen fiel wenig später auf interministerieller Ebene. Zur Durchführung dieses Bauvorhabens, das trotz der Oberbauleitung Kammlers de facto unter der Kontrolle einer eigens gegründeten Tochterfirma der SDPAG, der Quarz GesmbH, stand, wurden zwischen dem 21. April 1944 und der Evakuierung Mitte April 1945 über 14.390 Häftlinge in das KZ Melk verbracht. Die größeren nationalen Gruppen bildeten Polen, Ungarn, Franzosen, Sowjetbürger, Deutsche, Italiener, Griechen und Jugoslawen. Etwa 30 Prozent aller nach Melk eingewiesenen Häftlinge waren als „Juden" kategorisiert. Bis Ende Jänner 1945 stieg die Zahl der Häftlinge im Lager auf über 10.000. Der letzte große Transport mit 2.000 Häftlingen aus dem evakuierten KZ Auschwitz traf in Melk am 29. Jänner 1945 ein. In diesem Transport befanden sich auch 119 Kinder.

Als Wachmannschaften waren ca. 500 Soldaten der Luftwaffe eingesetzt, die im Herbst 1944 zur SS überstellt wurden.

Die Mehrzahl der Häftlinge war von Anfang an im Schichtsystem beim Stollenbau eingesetzt. Zu diesem Zweck brachte man sie mit dem

585 Vgl. Perz, Projekt Quarz, S. 150-153

Zug vom Bahnhof Melk zur mehrere Kilometer entfernt gelegenen Baustelle in Roggendorf, wo sie von den Baufirmen übernommen wurden. Der Mangel an ordentlichem Baugerät, technische Schwierigkeiten bei Vortriebsmaschinen und das Versagen der Betonpumpen führten dazu, dass fast alle Vortriebs- wie Betonierungsarbeiten händisch durchgeführt werden mussten. Wegen des hohen Grundwasserspiegels standen die Häftlinge dabei oft knöcheltief im Wasser. Infolge mangelnder Sicherheitsvorkehrungen kam es immer wieder zu Unfällen. Völlig unzureichende Ernährung, überfüllte Unterkünfte und mangelhafte Bekleidung, die Umstände des Arbeitseinsatzes, die ständige Hetze und wiederholte Misshandlungen führten zu einem raschen körperlichen Verfall bei den Häftlingen und einem rapiden Ansteigen der Sterblichkeit ab Herbst 1944. Insgesamt sind im Lager Melk mindestens 4.801 Häftlinge ums Leben gekommen. Die höchste Todeszahl ist für Jänner 1945 mit über 1.019 Sterbefällen dokumentiert. Im Dezember 1944 wurde in Melk ein lagereigenes Krematorium in Betrieb genommen.

Zwischen dem 11. und dem 15. April 1945 wurden 7.401 Häftlinge mittels Bahn, Schiff und in Fußmärschen in das Hauptlager Mauthausen und in das Außenlager Ebensee überstellt. Mindestens 30 schwerkranke transportunfähige Häftlinge wurden kurz vor der Auflösung des Lagers von der SS ermordet. 36 Häftlinge kamen auf den Evakuierungstransporten ums Leben.[586]

Von der Bauleitung der Waffen-SS und Polizei werden übernommen:
Neubau einer Strasse vom KLM. nach Marbach BWX/38, Bewässerungsanlage BWX/19, Heizkanäle KLM BWX/29 und 29a.

Der ursprüngliche Verlauf der Straße vom Frellerhof Richtung Marbach ging direkt über das Gelände des Schutzhaftlagers, die Straße musste daher nach 1938 verlegt werden und verlief nun südlich des Lagers. Auf dieser Straße konnte die anwohnende Zivilbevölkerung bis in die unmittelbare Nähe des Lagers gelangen.[587] Ob die Fertigstellung der Strasse erst

586 Vgl. allgemein zur Geschichte des KZ Melk Perz, Projekt Quarz

587 AMM, KL Mauthausen Lageplan-Etat 1942, 501b, gezeichnet 16.2.1942, Änderungen bis 1.5.1942

1944 erfolgte oder nur die Übernahme durch die Verwaltung zu diesem Zeitpunkt erfolgte, ist unklar.

Das Lager Mauthausen verfügte über ein von der Firma Boos installiertes aufwendiges Zentralheizungssystem, das bis auf die Häftlingsbaracken einen Großteil des Lagers mit Wärme versorgte. Von den Häftlingsbaracken war nur die Baracke 1, in der die Lagerschreibstube und ab 1942 auch das Häftlingsbordell untergebracht waren, an die Zentralheizung angeschlossen. Für die Rohrverbindungen der Zentralheizung zwischen den einzelnen Gebäuden wurden eigene Heizkanäle gebaut.[588]

21.4.44

Die Deutschen Ausrüstungswerke GmbH Dachau übersenden 15o Bettstellen aus Holz 2-teilig.[589]
Vom Unterkunftslager Prag-Rusin treffen 3ooo Stück Leibstrohsäcke und 1oooo Stück Kopfpolstersäcke sowie 7ooo Stück Wolldecken und 7.5oo Leibstrohsäcke ein.
Ausständig sind noch 3ooo Stück Wolldecken, die wohl in den nächsten Tagen einlangen werden.

In Prag-Rusin befand sich sowohl ein Polizeihaftlager (dabei handelt es sich um einen Lagertypus, der vor allen in den besetzten Gebieten unter der Hoheit des Befehlshabers der Sicherheitspolizei und des SD eingerichtet wurde)[590] wie auch eine SS-Kaserne, in der u.a. das SS-Panzer-Grenadier-Ersatz- u. Ausbildungs-Bataillon und die SS-Kraftfahr-Lehr-Abteilung Prag-Rusin stationiert waren. Vermutlich ist hier die SS-Kaserne gemeint.

23.4.44

Feindlicher Luftangriff auf Steyr. Eine sofortige telefonische Rückfrage ergibt eine verhältnismäßige nur geringe Beschädigung des dortigen Aussenlagers.

588 Siehe Eintrag vom 12.10.1942. Vgl. den Forschungsbericht der bauarchäologischen Untersuchung des Reviergebäudes: Paul Mitchell/Günter Buchinger, Die Baugeschichte des Neuen Reviergebäudes, KL Mauthausen, Wien 2010 (unveröffentlichtes Manuskript)

589 Siehe Eintrag vom 8.10.1941

590 Vorwort, in: Wolfgang Benz/Barbara Distel (Hg.), Der Ort des Terrors. Geschichte der nationalsozialistischen Konzentrationslager, Bd. 9, München 2009, S. 8

Vernichtet wurden [sic!] unter anderem ein Teil der wöchentlichen Lebensmittelfassung.

Die Wälzlagerproduktion der Steyr-Daimler-Puch AG in Steyr-Münichholz war mit zwölf Prozent der deutschen Gesamtproduktion ein wichtiges alliiertes Angriffsziel im Rahmen des strategischen Luftkrieges. Die Alliierten räumten der Flugzeugindustrie und der für die Rüstungsindustrie zentralen Wälzlagerproduktion bei ihren Angriffen Priorität ein. Bereits am 23. und 24. Februar 1944 war das Wälzlagerwerk Ziel eines amerikanischen Luftangriffes gewesen, er hatte die Maßnahmen der Dezentralisierung und unterirdischen Verlagerung der Produktion beschleunigt. In diesem Zusammenhang war auch der Bau der unterirdischen Fabrik mit dem Decknamen „Projekt Quarz" in Roggendorf bei Melk beschlossen worden, der zur Einrichtung des KZ Melk am 21. April 1944 führte.

In der letzten Phase der „high priority campaign" im Rahmen des strategischen Luftkriegs der Westalliierten von März bis Mai 1944 erfolgten bei weitgehend errungener Lufthoheit die bis dahin meisten Angriffe auf die deutsche Flugzeugindustrie.[591] In dieser Phase wurde auch das Wälzlagerwerk der SDPAG in Steyr-Münichholz am 2. April 1944 schwer getroffen. Bei diesem Angriff kamen fünf Häftlinge ums Leben. Der Angriff vom 23. April 1944 führte dagegen zu keinen größeren Schäden.[592]

Die angeforderte SS-Bekleidung und Ausrüstung für 150 Ukrainer[593] vom Bekleidungswerk in Dachau[594] und der Altverwertungsstelle in Straubing[595] trifft ein.

Die „Trawniki-Männer" bekamen keine SS-Uniformen, sie behielten ihre Sonderbekleidung, die sie schon bei ihrem Einsatz im Generalgouvernement trugen.[596]

---

591 United States Strategic Bombing Survey (USSBS) 4: Aircraft Division Industry Report, Washington 1945, S. 69

592 NARA, Mikrofilm T 77/747/1980748, Kriegstagebuch Rüstungsinspektion XVII, vom 2.4.1944; vgl. Perz, Projekt Quarz, S. 132-135

593 Siehe Eintrag vom 1.2.1944

594 Siehe Eintrag vom 12.12.1941

595 Siehe Eintrag vom 14.8.1943

596 Peter Black, Foot Soldiers of the Final Solution, S. 12; Hördler, Die KZ-Wachmannschaften in der zweiten Kriegshälfte, S. 132

26.4.44
Von Prag-Rusin langt die Restlieferung und zwar 3.000 Stück Wolldecken ein.[597]

Feindlicher Luftangriff auf Schwechat. Die entstandenen Schäden lassen sich vorerst noch nicht genau feststellen.[598]

27.4.44
Vom Hauptwirtschaftslager der Waffen-SS Abteilung Unterkunft Dachau treffen ein:[599]
3000 Handtücher, 3000 Eßbestecke, 14 Öfen aus Eisen, 800 Leibstrohsäcke, 800 Kopfpolstersäcke, 3000 Dekkenbezüge, 100 Bettlaken, 3000 Wischtücher, 200 Wassereimer, 500 Eßnäpfe, 5000 Trinkbecher, 400 Waschbecken usw., usw.
Der alte Häftlingsappellplatz BWX/21 wurde übernommen.

Die umfangreiche Lieferung aus dem Hauptwirtschaftslager Dachau war möglicherweise eine Teillieferung im Rahmen der Jahresanforderungen des Lagers sowohl für den Bedarf des Lagerpersonals wie auch der Häftlinge. Der Umfang der Lieferung spiegelt die Expansion des Lagerkomplexes Mauthausen wider.

Während der Aufbauphase des Lagers befand sich der Appellplatz links vom Eingangstor zum Schutzhaftlager. Die nordwestliche Umfassungsmauer bestand zu diesem Zeitpunkt noch nicht, das Häftlingslager reichte noch in den späteren SS-Bereich hinein. Ab 1941/42 fand der große neue Appellplatz Verwendung.[600]

597 Siehe Eintrag vom 21.4.1944
598 Siehe Eintrag vom 30.8.1943
599 Siehe Eintrag vom 1.6.1942
600 Sie Situierung des alten Appellplatzes geht aus einer Planskizze des tschechischen Häftlings Frantisek Kord hervor, der als Bauvermesser im Baubüro des Lagers tätig war. AMM, A/03/05, Skizze vom KL Mauthausen von 1939-1942

30.4.44
Die entstandenen Schäden durch den Bombenangriff auf Schwechat wurden nunmehr festgestellt. Erheblich ist der Ausfall an Gebrauchsgegenständen und Bekleidung. Antrag auf Abschreibungsgenehmigung wird erstellt. Die notwendigsten fehlenden Gebrauchsgegenstände sowie Bekleidungsstücke wurden bereits an das Lager Schwechat ausgeliefert.

Dieser Eintrag bezieht sich auf den Luftangriff vom 26. April 1944. Der Tod von mindestens 46 KZ-Häftlingen sowie 16 SS- bzw. Luftwaffenangehörigen, darunter auch des Lagerführers SS-Obersturmführer Erich Engelhardt, findet keine Erwähnung.[601]

1.5.44
Zu verpflegen sind 3.976 SS-Angehörige und 38.243 Häftlinge.[602]

2.5.55[603]
Von der Bauleitung der Waffen-SS und Polizei Mauthausen wurden die Häftl. Wasch- u. Abortbaracken BWG/2 und das prov. Transformatorenhaus der SS-Siedlung Mauthausen BWS/8 übernommen.

Die Baupläne für das Lager Gusen weisen zwei Zeilen mit drei bzw. vier Baracken aus, die quer zu den Häftlingsbaracken angeordnet waren und die sanitären Anlagen enthielten. Die Barackenzeile mit drei Sanitärbaracken wurde später durch eine vierte Baracke ergänzt, in der ab 1941 das Krematorium des Lagers untergebracht war.[604]

Mit dem Bau der SS-Siedlung für das Personal des Kommandanturstabes knapp einen Kilometer südwestlich des Lagers Mauthausen hatte die SS-Neubauleitung im August 1941 begonnen. Bis Ende 1943 waren sie-

601 Siehe Einträge vom 30.8.1943 und vom 26.4.1944
602 Das Rapportbuch „Bewegungen Außenkommandos" nennt 37.892 männliche Häftlinge. APMAB, Syg. D-Mau 3, Bewegungen Außenkommandos
603 Richtig: 2.5.44
604 AMM, ID31-24-01 Entwässerungsplan A.L. Gusen, vom 31.5.1941

Abb. 23: Doppelhäuser in der ehemaligen SS-Siedlung Mauthausen, heute „Bernaschek-siedlung", 2005 (Aufnahme Stephan Matyus)

ben Doppelwohnhäuser komplett fertig gestellt, weitere vier Häuser standen zu diesem Zeitpunkt im Rohbau.[605] Zu Kriegsende umfasste die Siedlung elf Wohnhäuser und ein Haus im Rohbau, insgesamt waren ca. 50 Häuser geplant gewesen. Die im Rahmen des Siedlungsprojektes ebenfalls vorgesehene Regulierung des ca. 5 Hektar umfassenden Baugeländes sowie der Bau der Straßen und gesamten Kanalisation waren bereits in vollem Umfang erfolgt.[606] Beim Arbeitskommando „Siedlungsbau" waren in Mauthausen zeitweise bis zu 90 Häftlinge, darunter auch Frauen eingesetzt.[607] Alle Siedlungshäuser waren bis auf das wesentlich größere Kommandantenhaus als Doppelwohnhäuser ausgeführt.

605 BArch, NS 4 Ma/55, Bauleitung der Waffen-SS und Polizei, Mauthausen/Oberdonau, Bericht über die im Jahre 1944 von der Bauleitung der Waffen-SS und Polizei, Mauthausen/Oberdonau durchgeführten Baumassnahmen, vom 25.1.1945

606 AMM, BMI 27.180-9/50 GeZl.RE.139,993.9/50, Bericht des Regierungsrates a.D. Ernst Celekovic über „das Gelände des ehemaligen Konzentrationslagers Mauthausen und seiner Nebenanlagen", vom 4.9.1948; AMM, ZVM VS-212/3-1949, ZVM an BMI, betr. ehemaliges KZ.-Lager Mauthausen, vom 19.1.1949

607 Vgl. Baumgartner, Die vergessenen Frauen, S. 204 f; vgl. auch die täglichen Aufstellungen der Arbeitskommandos des Schutzhaftlager durch den Arbeitseinsatzführer. AMM, Y/45c (Original in den Archives Nationales, Paris)

1947 übergab die sowjetische Besatzungsmacht die Bernaschek-Siedlung – sie wurde in Erinnerung an den in Mauthausen ermordeten oberösterreichischen Politiker Richard Bernaschek so benannt – gemeinsam mit dem Lager an die Republik Österreich.[608] Die komplizierten eigentumsrechtlichen Fragen und Rückstellungsansprüche der Grundbesitzer konnten erst nach Abschluss des Staatsvertrages 1955 geklärt werden. Die Gemeinde Mauthausen förderte in der Folge den Ausbau der Siedlung entsprechend den ursprünglichen Ausbauplänen der SS, weil die Grundstücke bereits aufgeschlossen waren.[609]

4.5.44
Die Fa. C. Bergmann Linz[610] liefert 1000 Stück Chamotteziegel und 20 Stück Chamotteplatten zur Ofeninstandsetzung.
Das Referat für Schädlingsbekämpfung der Waffen-SS und Polizei übersendet diverse Mittel zur Vertilgung von Ratten, Mäusen, Fliegen usw.
Frank und Mo(o)rmann Linz[611] liefert wiederum 5.403 kg Holzwolle.

6.5.44
Die Halbjahres-Anforderung des Instandsetzungs-Materials für die Truppe[612] trifft vom Bekleidungslager Dachau[613] ein.

8.5.44
Ogrf. Pohl besucht die Rüstung St.-Georgen und "Zement".
Vom SS-WVHA. Oranienburg langen 100 Stück Bettstellen aus Holz 2-teilig ein.

608 Im Übergabevertrag wird irrtümlicherweise der Namen des Bruders, Ludwig Bernaschek, angeführt.
609 Vgl. zur Nachgeschichte der SS-Siedlung Bertrand Perz, Die KZ-Gedenkstätte Mauthausen, S. 82-88
610 Siehe Eintrag vom 19.4.1943
611 Siehe Eintrag vom 5.2.1944
612 Siehe Eintrag vom 8.5.1943
613 Siehe Eintrag vom 12.12.1941

Der Baufortschritt bei den unter Leitung des SS-Sonderstabes Kammler errichteten unterirdischen Anlagen in Ebensee (unter dem Tarnnamen „Zement“ [614]) und in St. Georgen an der Gusen (unter dem Tarnnamen „Esche“ bzw. „Bergkristall“[615]) wurde von vorgesetzten Stellen laufend inspiziert. Der in diesem Eintrag erwähnte Besuch des SS-WVHA-Chefs Oswald Pohl verweist, ebenso wie der Besuch des Rüstungsministers Speer am 6. Juli 1944, darauf, welch große Bedeutung die gesamte NS-Führung diesen Bauvorhaben für die Weiterführung des Krieges zumaß.[616]

Wo die genannten angelieferten Bettstellen verwendet wurden, ist nicht bekannt.

14.5.44
Die Salzabgabestelle der Saline Ebensee[617] liefert ("liefert" handschriftlich eingefügt) 15000 kg Salinen- (Gewerbe)-Salz für die Permutitanlage.[618]

15.5.44
Für die unter Tag" und in Rüstung ~~wurden~~ eingesetzten Häftlinge wurden höhere Verpflegungssätze genehmigt. Erhöht wurden im wesentlichen die Portionssätze für Fleisch, Fett und Brot. Die in der Rüstung eingesetzten Häftlinge erhalten pro Kopf und Woche: (zu den Schwerarbeitersätzen)
eine Fleischzulage von ... 50 g und
eine Fettzulage von ... 35 g.
Die "unter Tag" eingesetzten Häftlinge erhalten an Zulagen pro Kopf und Woche zuzüglich den Schwerarbeitersätzen:

614 Siehe Eintrag vom 18.9.1943
615 Vgl. Bertrand Perz, „Wir haben in der Nähe von Linz unter Benutzung von KZ-Männern ein Vorhaben.“ Zur Genese des Projektes Bergkristall, in: KZ-Gedenkstätte Mauthausen. Mauthausen Memorial 2009, S. 55-78
616 Siehe Eintrag vom 6.7.1944
617 Siehe Eintrag vom 28.7.1943
618 Siehe Eintrag vom 24.1.1944

Brot ... 165o g, Fleisch ... 4oo g und
Margarine ... 17o g.
Anstelle von 1oo g Roggenbrot werden 1oo g Weißbrot (Semmeln) ausgegeben. Das Freibankfleisch (frisch) wird mit 1/3 = 1:1 und 2/3 = 1:2 angerechnet.[619]
An die kranken Häftlinge innerhalb des Lagerbereiches werden die vom Standortarzt beantragten und von der Reichsärztekammer genehmigten Krankenzulagen in Form von Vollmilch, Butter, Nährmittel, Eier usw. unter teilweiser Einbehaltung von Frischfleisch, verabreicht.

Die Formulierung „innerhalb des Lagerbereichs" verweist darauf, dass diese Zusatzernährung jenen wenigen „priviliegierten" Häftlingen vorbehalten war, die im Krankenrevier des Lagers Aufnahme fanden. Am 15.Mai 1944 befanden sich nach der lagereigenen Statistik 50 Häftlinge im Revier, im Sanitätslager dagegen 5273 Häftlinge.[620]

Die Halbjahres-Anforderung des Instandsetzungs-Materials für Häftlinge trifft vom Bekleidungslager Ravensbrück ein.[621]

19.5.44
141 Paar ausgesonderte Schnürschuhe werden an die Häftlings-Bekleidungskammer abgegeben.[622]

2o.5.44
Die mit Verfügung vom 6.5.44 und 26.5.44 nach hier versetzten 88o Soldaten des Heeres werden eingekleidet. Bekleidung und Ausrüstung sind vorläufig für die ersten 255 Mann vom Amt B II genehmigt und ausgeliefert worden.

619 Siehe Eintrag vom 30.3.1943
620 APMAB, Syg. D-Mau 3, Bewegungen Außenkommandos
621 Siehe Eintrag vom 8.5.1943
622 Siehe Eintrag vom 7.1.1944

Der Einsatz von Zehntausenden KZ-Häftlingen bei der Untertageverlagerung setzte eine erhebliche Aufstockung der Bewachungsmannschaften der Konzentrationslager voraus. Der SS fehlten dazu aber trotz Rekrutierung der „Volksdeutschen" die personellen Ressourcen. Sie begann daher, von der Wehrmacht Soldaten für die KZ-Bewachung zu fordern, indem sie argumentierte, dass die Einrichtung der zahlreichen Außenlager ja gerade mit den vielen im Zuge der Rüstungsproduktion notwendigen Bauvorhaben zusammenhinge. Rüstungsminister Albert Speer hatte Ende 1943 mit seinem Himmler gegenüber geäußerten Vorschlag, ältere Wehrmachtssoldaten zur SS zu überstellen, diese auf ein neues Rekrutierungsfeld verwiesen, das sie nun zu nützen versuchte.

Der interministerielle und für die unterirdische Verlagerung der Rüstungsindustrie zuständige Jägerstab beschäftigte sich von seiner Einrichtung am 1. März 1944 an intensiv mit der Frage der Bewachungsmannschaften. Konsequenterweise sprachen sich die SS-Vertreter im Jägerstab von vornherein gegen die Heranziehung von Zivilpersonen, wie etwa Angehörigen des Werkschutzes, zur Bewachung aus, da diese – im Gegensatz zu den Wehrmachtssoldaten – der SS nicht unterstellt worden wären.

Die Luftwaffe, für deren Interessen die unterirdischen Anlagen hauptsächlich errichtet wurden, erklärte sich als erster Wehrmachtsteil bereit, Soldaten zur KZ-Bewachung abzustellen.

Am 9. Mai 1944 genehmigte Hitler vor dem Hintergrund der geplanten Heranziehung von 100.000 ungarischen Juden vor allem für den Bau von Großbunkeranlagen der Organisation Todt die Überstellung von „10000 deutsche[n] Soldaten, die von der Krim zurückgebracht wurden, als Bewachungsmannschaften zum Einsatz ungarischer Juden, KZ-Häftlinge usw". Die Wehrmacht war bezüglich der Konzentrationslager nicht nur zur Kooperation mit der SS bereit, sondern erklärte sich zur Übernahme unmittelbarer Exekutivaufgaben im System der Konzentrationslager bereit.[623]

623 Vgl. Heinz Boberach, Die Überführung von Soldaten des Heeres und der Luftwaffe in die SS-Totenkopfverbände zur Bewachung von Konzentrationslagern 1944, in: Militärgeschichtliche Mitteilungen 21 (1983) 2, S. 185-190; Bertrand Perz, Wehrmacht und KZ-Bewachung, in: Mittelweg 36. Zeitschrift des Hamburger Instituts für Sozialforschung 4 (1995) Oktober/November, S. 69-82; ders., Wehrmachtsangehörige als KZ-Bewacher, in: Walter Manoschek (Hg.), Die Wehrmacht im Rassenkrieg. Der Vernichtungskrieg hinter der Front, Wien 1996, S. 168-181

Bereits vor der im Tätigkeitsbericht vermerkten Überstellung waren Luftwaffesoldaten zu drei Außenlagern des KZ Mauthausen versetzt worden. Zwei dieser Außenlager gehörten zu Stollenbaustellen des SS-Sonderstabes Kammler. Ende März 1944 wurden dem KZ Gusen die ersten 50 Soldaten vom Luftgau Wien als Vorkommando zugewiesen und zusätzliche 270 in Aussicht gestellt; weitere Zuweisungen erfolgten am 15. April 1944 zum KZ Wiener Neudorf und am 21. April 1944 zum KZ Melk.[624]

22.5.44
Das SS-WV-Hauptamt übersandte 9o Stück Weckeruhren leihweise für Außenlager und Verwendung im Dienstgebrauch.

26.5.44
Makulaturpapier wird von der Fa. Kaiser Marburg geliefert, 449 kg treffen ein.[625]
Das Außenlager Linz III wird in Betrieb genommen. Die Verpflegung der Häftlinge geschieht durch das Werk, für die Wachmannschaft wird die Verpflegung von der hiesigen Dienststelle gestellt.

Die Reichswerke „Hermann Göring" in Linz, die zusätzliche Arbeitskräfte für den Panzerbau der Eisenwerke Oberdonau benötigten, verhandelten im ersten Halbjahr 1944 mit dem KZ Mauthausen über eine massive Ausweitung des bereits bestehenden Häftlingseinsatzes. Da das Lager Linz I für die Aufnahme weiterer Häftlinge nicht ausreichte, wurde als neues Lager das im Linzer Stadtteil Kleinmünchen, unmittelbar neben dem Werksgelände befindliche Zwangsarbeiterlager Nr. 54 der Reichswerke ausgewählt. Am 22. Mai 1944 wurden dort erstmals Häftlinge untergebracht, innerhalb kürzester Zeit erfolgte dann die Zuweisung Tausender weiterer Häftlinge aus Mauthausen. Am 6. Oktober 1944 be-

624 BArch, Militärarchiv, RL 3/4, Steno. Bericht Jägerstab, vom 27.3.1944. Ab 15.4.1944 beim KZ Wiener Neudorf, ab 21.4.1944 beim KZ Melk. Zu Melk vgl. Perz, Projekt Quarz, S. 238 f; zu Wiener Neudorf, Perz, Wehrmachtsangehörige, S. 168

625 Siehe Eintrag vom 10.9.1943

fanden sich 5.660 Häftlinge im neuen Lager Linz III, womit dieses Außenlager das mit Abstand größte im gesamten RWHG-Konzern war.

Von den insgesamt 6.786 Häftlinge in dieses Außenlager eingewiesenen Häftlingen hatten sich 1.167 zuvor schon im Lager Linz I der RWHG befunden. Betrachtet man die nationale Herkunft, so kamen die größten Gruppen aus Ungarn, Polen, der Sowjetunion, Italien, Frankreich und dem Deutschen Reich. Unter den deutschen Häftlingen waren auch Österreicher, unter den Polen und Ungarn auch jüdische Häftlinge.

Die aus Mauthausen zugewiesenen Wachmannschaften des Lagers hatten zum Teil ursprünglich der Wehrmacht angehört, zum Teil stammten sie aus der Gruppe der „Volksdeutschen" bzw. der Gruppe der in Trawniki ausgebildeten ukrainischen Wachmänner. In der Endphase wurden auch Volkssturmangehörige zur Bewachung herangezogen.

Waren die Häftlinge des Lagers Linz III zunächst für den Panzerbau in den Eisenwerken Oberdonau und der Stahlbau GmbH vorgesehen, so dehnte sich ihr Arbeitseinsatz bis Frühjahr 1945 auf immer mehr Bau- und Produktionsbereiche aus, vor allem auf den Bereich des Hüttenwerks. Daneben wurden die Beseitigung von Schäden nach Luftangriffen inner- und außerhalb der Reichswerke, insbesondere bei der Reichsbahn, sowie der Luftschutzstollenbau zunehmend Schwerpunkte des Arbeitseinsatzes.

Auf Grund der vielfältigen Inanspruchnahme waren die Arbeitsbedingungen der Häftlinge sehr uneinheitlich. Generell nahm die Arbeitsbelastung durch zunehmenden Zeitdruck und die Ausdehnung der Arbeitszeiten – vor allem bei der Beseitigung der Bombenschäden – zu. Der Umgang der Firmenangehörigen mit den Häftlingen war unterschiedlich: Manche versuchten, die Häftlinge durch Misshandlungen zu höheren Leistungen anzutreiben, andere bemühten sich, solche Misshandlungen – die dennoch zahlreich dokumentiert sind – zu verhindern.

Im Lager Linz III kamen einschließlich der Toten des Luftangriffs vom 25. Juli 1944 mindestens 701 Häftlinge ums Leben. Insgesamt waren die Überlebenschancen im Lager Linz III wesentlich geringer als im Lager Linz I. Die Tatsache, dass in Linz III zwei Drittel der Todesfälle in den letzten eineinhalb Monaten vor der Befreiung verzeichnet sind, verweist sowohl auf die mangelnde Versorgung als auch auf den zunehmenden Arbeitsdruck in der Endphase. In der letzten Phase kam es darüber hinaus auch zur gezielten Tötung Kranker, darunter einer größeren Zahl jüdischer Häftlinge.

Das Lager wurde am 5. Mai 1945 durch amerikanische Truppen befreit, zu diesem Zeitpunkt befanden sich dort zwischen 4.800 und 4.900 Häftlinge.[626]

28.5.44
Die Unterkunftskammer (Wäschelager) übersiedelt in die neue Baracke im Wirtschaftshof.
Die Angorazuchtstation im Lager Gusen weist einen Tierbestand von 1485 Stück auf. Der Gesundheitszustand der Tiere ist gut und der Ertrag an Wolle mehr als zufriedenstellend.[627]

Der Wirtschaftshof des Lagers mit sechs großen Baracken und einer Abortbaracke, nördlich des Lagers und rechts vom Weg zum Steinbruch im Wiener Graben gelegen, war seit Juni 1943 im Aufbau begriffen und diente als Magazin zur Aufbewahrung des Eigentums der Häftlinge (der sogenannten Häftlingseffekten) sowie der Häftlingsbekleidung.[628]

31.5.44
Ausgesonderte und abgeschriebene Bekleidungsstücke werden an die Altverwertungsstelle Zuchthaus Straubing abgesandt.[629]

1.6.44
Zu verpflegen sind 4.479 SS-Angehörige und 41.931 Häftlinge.[630]

626 Zu Linz III siehe Perz, KZ-Häftlinge als Zwangsarbeiter, S. 449-590; Bertrand Perz, Linz III, in: Benz/Distel, Der Ort des Terrors, Bd. 4, S. 398–400; zur Sozialstruktur der überlebenden Häftlinge vgl. Fiereder, Die Häftlinge in den Konzentrationslagern Linz I/III und Linz II, S. 1095-1106

627 Siehe Eintrag vom 16.10.1941

628 BArch, NS 4 Ma/55, Bauleitung der Waffen-SS und Polizei, Mauthausen/Oberdonau, Bericht über die im Jahre 1944 von der Bauleitung der Waffen-SS und Polizei, Mauthausen/Oberdonau durchgeführten Baumassnahmen, vom 25.1.1945

629 Siehe Eintrag vom 14.8.1943

630 Das Rapportbuch „Bewegungen Außenkommandos“ nennt 41.554 männliche Häftlinge. APMAB, Syg. D-Mau 3, Bewegungen Außenkommandos

2.6.44
Der Reichsführer-SS, Gauleiter Eigruber sowie Staatsrat Pleyer[631] besuchen das hiesige Lager. Beanstandungen ergaben sich keine.

Heinrich Himmler hat als Reichsführer-SS Mauthausen mehrfach inspiziert. Für das Frühjahr 1941 lassen sich zwei Besuche feststellen, ein Besuch erfolgte aller Wahrscheinlichkeit nach am 23.April[632], ein weiterer am 31. Mai 1941. Eine in den Zeitraum des Tätigkeitsberichtes Nr. 2 fallende, dort aber nicht vermerkte Visite ist auch für Oktober 1942 belegt. Über mögliche weitere Besuche Himmlers in Mauthausen liegen – mit Ausnahme dieses hier am 2. Juni 1944 vermerkten Aufenthaltes – keine konkreten Angaben vor.

Die neuerliche Anwesenheit von RWHG-Chef Pleiger[633] gemeinsam mit Himmler und Eigruber in Mauthausen stand in unmittelbarem Zusammenhang mit der aktuellen massiven Ausweitung des Häftlingseinsatzes in den RWHG am Standort Linz, die dem Panzerbau der Eisenwerke Oberdonau dienen sollte. Wegen der zu diesem Zeitpunkt anlaufenden Großbauvorhaben zur Untertageverlagerung der Rüstungsindustrie konnte die Lagerführung der KZ-Verwaltung dem steigenden Bedarf an Häftlingszwangsarbeitern nur schwer Rechnung tragen. Die RWHG-Führung versuchte, um die Konzerninteressen dennoch durchzusetzen, daher mit allen Mitteln, die Lagerführung in Mauthausen positiv zu stimmen, und arbeitete dabei offensichtlich auch mit Bestechung, wie aus einem

631 Richtig: Pleiger

632 Im Dienstkalender Himmlers ist zwar im Gegensatz zum Besuch vom 31.5.1941 für April 1941 kein Besuch in Mauthausen vermerkt. Der April-Besuch lässt sich aber durch mehrere Quellen belegen. Für den von Hans Maršálek und anderen genannten Sonntag, den 27.4.1941, findet sich kein entsprechender Eintrag im Himmler-Kalendarium. Der wegen des Überfalls auf Jugoslawien in Bruck an der Mur residierende Himmler fuhr an diesem Tag nach Graz und flog nach Berlin. Aus dem Personalakt des SS-Angehörigen Gustav Seifert geht hervor, dass dieser als Leiter der Abteilung VI (Schulung, Ausbildung und Fürsorge) von Himmler persönlich anlässlich seines Besuches in Mauthausen mit Wirkung vom 23.4.1941 zum SS-Obersturmführer befördert wurde. Dieses Datum lässt sich auch mit dem Dienstkalender von Himmler in Übereinstimmung bringen, der für den 23.4.1941 den Eintrag enthält: „RFSS fährt zu einer Besichtigung. Gegen 20.00 Zurück in Bruck“. Vgl. die entsprechenden Einträge in: Der Dienstkalender, S. 149-165; BArch, BDC-Unterlagen Gustav Seifert

633 Siehe Einträge vom 4.7.1942 und vom 31.3.1943

internen Schreiben von Pleigers Linzer Stellvertreter, Generaldirektor Schilken, hervorgeht: „Den für uns ungeheuer wichtigen Einsatz von KZ-Häftlingen steuere ich persönlich. Sämtliche Verhandlungen mit dem Kommandanten des Lagers Mauthausen, SS-Standartenführer Ziereis, werden von mir persönlich geführt. Wenn möglich, ist auf die Wünsche des KZ's in Bezug auf Hilfestellung irgendwelcher Art durch die HGW einzugehen. Es muß jedem klar sein, daß dies für uns eine einmalige Gelegenheit ist, die Produktion in kürzester Zeit zu steigern."[634]

In der Folge wurden über 5.000 Häftlinge zusätzlich in das neu eingerichtete Lager Linz III eingewiesen.[635]

3.6.44
Vom Bekleidungswerk Dachau[636] treffen ein:

500 St.	Haarbesen,	450 St.	Piassavabesen,
200 St.	Handfeger,	500	Schrubber,
600	Stiele,	2000	Scheuertücher,
250	Klosettbürsten,	2000 St.	Staubtücher.

Piassava ist ein Sammelbegriff für verschiedene Palmfasern aus Südamerika, die zur Herstellung von Bürsten und insbesondere von Besen verwendet werden.[637]

Die Fa. Frank & Mo(o)rmann Linz[638] sendet 4500 kg Holzwolle.

5.6.44
Von der Fa. Altzinger Perg[639] werden 3155 kg Putzmittel und 2 Karton Zünder beschafft.

634 Rundschreiben RW Alpine Linz, Schilken, betr. KZ-Einsatz, vom 22.6.1944, zitiert nach August Meyer, Das Syndikat Reichswerke „Hermann Göring", Braunschweig-Wien 1986, S. 293
635 Siehe Eintrag vom 26.5.1944
636 Siehe Eintrag vom 12.12.1941
637 Brockhaus Enzyklopädie, Bd. 17, Mannheim [19]1992, S. 154
638 Siehe Eintrag vom 5.2.1944
639 Siehe Eintrag vom 8.3.1943

10.6.44
Um jeweils eine Überbrückung der Gemüseversorgung von der alten bis zur neuen Ernte zu erreichen, wurden 8 gemauerte Sauerkrautbottiche im Keller der Häftlingsküche mit einem Fassungsvermögen von ca. 50 to Sauerkraut, eingebaut.

Der Bau der Krautbottiche verweist auf eine von Himmler inspirierte Anordnung des SS-WVHA-Chefs Pohl zur Änderung des Speiseplans der KZ-Häftlinge zwecks Verbesserung ihres Gesundheitszustandes. Die gesundheitliche Schwächung der Häftlinge kollidierte mittlerweile mit der Ausrichtung des KZ-Systems auf den Arbeitseinsatz in der Rüstungsindustrie. Der hohen Häftlingssterblichkeit, die ganz wesentlich auch auf völlig unzureichende Ernährung zurückging, glaubte der Naturkostanhänger Himmler mit der Ausgabe von Rohkost begegnen zu können und beauftragte das SS-WVHA daher mit der entsprechenden Umstellung der Ernährung. In Himmlers Vorstellungswelt war die Ernährung römischer Soldaten und ägyptischer Sklaven ideal gewesen und sollte das Vorbild sein. Pohl konnte Himmler im September 1943 berichten, dass nun ein Drittel der Nahrungsmittel im rohen Zustand verabreicht und zusätzlich zur Rohkost auch Sauerkraut und ähnliche Nahrungsmittel ausgegeben würden.[640]

19.6.44
Der Gauleiter von Oberdonau SS-Ogrf. Eigruber weilt im hiesigen Lager.[641]

Der Grund für Eigrubers Anwesenheit ist nicht bekannt. An diesem Tag traf ein Transport mit 1.500 ungarischen Juden aus Auschwitz in Mauthausen ein. Sie waren als Arbeitskräfte für den vom SS-Sonderstab Kammler angeleiteten Bau der unterirdischen Stollenanlagen vorgesehen.[642]

640 Vgl. Naasner, Neue Machtzentren, S. 274 f
641 Siehe Eintrag vom 24.12.1941
642 Vgl. Perz, Projekt Quarz, S. 248 f; Maršálek, Die Geschichte, S. 119

21.6.44
1 Stück Schneidernähmaschine wird an das Arbeitslager Linz III[643] ausgeliefert. Schuhmacher- u. Schneiderwerkzeuge[644] wurden von diesem Lager vom Lager Schlier[645] übernommen.

Die Werkzeuge wurden im Außenlager Schlier (Redl-Zipf) nicht mehr gebraucht, da das Lager im April und Mai 1944 nach der Fertigstellung der Raketenversuchsanlage stark verkleinert worden war. Der Häftlingsstand sank in dieser Zeit von fast 1.500 auf 160 Häftlinge. Die in Redl-Zipf nicht mehr benötigten Häftlinge wurden in das ebenfalls für die Zwecke der unterirdischen Verlagerung der Raketenproduktion eingerichtete Außenlager Ebensee überstellt.[646]

21.6.44
Feindlicher Bombenangriff auf Schwechat. Das dortige Außenlager wurde stark beschädigt.[647]
Von der Bauleitung der Waffen-SS und Polizei wird übernommen:
die Schlammbeete bei der mech. Kläranlage BWX/40,
der Umbau der Häftlingsbaracke 5 auf ein prov. Häftl. Revier BWX/54,
der Umbau der Kantine und des Bildwerferraumes BWX/52.

Der Datumseintrag ist in Bezug auf den Luftangriff unrichtig, denn der Luftangriff auf Schwechat mit seinen verheerenden Folgen für die Häftlinge geschah am 26. Juni 1944. Da zweimal hintereinander der 21.6. 1944 im Tätigkeitsbericht erscheint, handelt es sich offensichtlich um einen fehlerhaften Eintrag, der möglicherweise darauf zurückgeht, dass Einträge wohl erst einige Tage nach den jeweiligen Ereignissen erfolgt sind.

643 Siehe Eintrag vom 26.5.1944
644 Siehe Eintrag vom 8.5.1943
645 Siehe Eintrag vom 30.9.1943
646 Vgl. Florian Freund, Redl Zipf, in: Benz/Distel, Der Ort des Terrors, Bd. 4, S. 416-420
647 Siehe Eintrag vom 30.8.1943

Die Schlammbecken der Kläranlage waren nach Plänen aus dem Jahr 1941 einige Hundert Meter von der Kläranlage entfernt, bei der vom Lager zum Bahnhof führenden Uferstraße vorgesehen.[648] Wo sie letztlich genau lagen, ist offen, denn Luftaufnahmen von 1944 zeigen Becken in unmittelbarer Nähe der mechanischen Kläranlage, während die in den NS-Plänen eingezeichneten Schlammbecken auf diesen Bildern nicht zu erkennen sind.

Der Vermerk über die Übernahme der in ein provisorisches Häftlingsrevier BW X/54 umgebauten Häftlingsbaracke 5 ist unklar, da der Umbau bereits 1942 erfolgt sein dürfte und das Revier im zweiten Halbjahr 1944 sukzessive in das neue Reviergebäude BW X/8a am Appellplatz verlegt wurde.[649] Unklar ist auch der Grund für den Umbau der Kantine und des Kinos.

Vom Hauptwirtschaftslager der Waffen-SS Dachau[650] treffen Portionskellen, Wassereimer und Liegestühle ein.
Das Referat für Schädlingsbekämpfung sendet Chlorkalk[651], Dizan und 6 kg "M".

Dizan war ein ein Pflanzenschutzmittel der Firma Hoechst.

23.6.44
Von der Bauleitung der Waffen-SS und Polizei wurden übernommen:
Die Kommandanturkammer BWX/5 und die Häftlingsrevierbaracke BWX/8.

Die Kommandanturkammer BW X/5 (ein Lagerraum für den Bedarf der Kommandantur) und die Revierbaracke BW X/8 lagen im SS-Bereich nordwestlich des Schutzhaftlagers.

648 Svaz protifašistických bojovníků (SPB Praha), KL Mauthausen Katasterplan 1297, 17.4.1941, letzte Änderungen 16.7.1941 (Kopie im Besitz des Verfassers)
649 Vgl. Maršálek, Die Geschichte, S. 159; siehe Eintrag vom 18.5.1942 und auch vom 25.6.1944
650 Siehe Eintrag vom 1.6.1942
651 Siehe Eintrag vom 9.10.1941

Vermutlich ist der zweite Teil des Eintrags fehlerhaft, denn die als Häftlingskrankenbau genützte Baracke BWX/8 war, nachdem sie durch den Bau der nordwestlichen Mauer des Schutzhaftlagers im SS-Bereich zu liegen kam, bereits ab Mai 1942 zum Truppenrevier umgebaut worden. Das Häftlingsrevier war in eine Hälfte der Häftlingsbaracke 5 verlegt worden.[652] Möglicherweise ist mit BWX/8 das im Sommer 1944 teilweise fertig gestellte neue Häftlingsreviergebäude am Appellplatz mit der Bezeichnung BWX/8a gemeint.[653]

27.6.44
Vom Heeresverpflegsmagazin Mauthausen werden geliefert:
10.000 kg Stroh.

Ab Mitte 1944 wurde neben Holzwolle Stroh zum Befüllen der als Matratzen dienenden Säcke angeliefert. Als Lieferant scheint im Tätigkeitsbericht ausschließlich das Heeresverpflegsmagazin Mauthausen auf, das bis Ende September 1944 insgesamt mehr als 62 Tonnen Stroh lieferte.

Frank & Mo(o)rmann, Linz[654] liefert 5591 kg Holzwolle. Durch den ständigen Zugang an Häftlingen steigen auch die Mengen der erforderlichen Ver- und Gebrauchsgüter. Obwohl diese Beschaffung immer schwieriger wird, ist es bisher immer noch gelungen das notwendigste zeitgerecht heranzuschaffen.

30.6.44
Die Fa. Böhme Fettchemie Wien sendet 3.000 kg Sekuron.

Die Böhme Fett-Chemie GmbH wurde 1881 als Firma H. Th. Böhme zur Herstellung von Chemikalien, Lacken und ähnlichen Produkten gegründet, Hauptsitz war Chemnitz-Kappel. Der Betrieb wurde vor allem durch sein 1933 eingeführtes seifenfreies Waschmittel Fewa bekannt.

652 Siehe Eintrag vom 18.5.1942
653 Siehe AMM, KL Mauthausen Lageplan-Etat 1942, 501b, gezeichnet 16.2.1942
654 Siehe Eintrag vom 5.2.1944

1934 kam es zur Übernahme durch den Düsseldorfer Henkel-Konzern und zur Umbenennung in Böhme Fett-Chemie GmbH, Chemnitz. Nach einer kurzen Phase der treuhändischen Verwaltung ab 1946 und der anschließenden Enteignung wurde der Firmenmantel des in der sowjetischen Besatzungszone gelegenen Betriebs 1950 nach Hamburg verlagert und ab 1951 in der neu gegründeten Böhme Fettchemie GmbH, Hamburg, fortgeführt. Die Firma ging 1962 in Konkurs.[655]

Das heute von Henkel vertriebene Securon gehört als Komplexbildner zu den sogenannten Textilhilfsmitteln, die bei der Herstellung, Verarbeitung und Veredelung, bei Färbeprozessen und in der chemischen Reinigung Verwendung finden.[656]

Durch den feindlichen Bombenangriff auf das Außenlager in Schwechat gingen größere Mengen an Lebensmitteln (fast die gesamte Monatsfassung) Unterkunftsgeräte, Gebrauchsgegenstände sowie Bekleidung verloren. Soweit vorhanden, wurde vorerst das nötigste, beschafft und an das Lager ausgegeben.[657]

1.7.44.
Zu verpflegen sind 5.033 SS-Angehörige und 51.618 Häftlinge.[658]

2.7.44
48 SS-Angehörige werden in feldverwendungsfähigen Garnituren nach Krakau versetzt.

---

655 http://de.answers.com/Q/Wo_ist_Böhme_Fettchemie_GmbH (Zugriff 20.3.2012) http://www.archiv.sachsen.de/archive/chemnitz/3999_3330393533.htm (Zugriff 27.7.2010)

656 Vgl. Abschlussbericht Vermeiden von Emissionen aus der Textilveredlung in das Abwasser durch Anwenden der Erkenntnisse einer neuartigen Nachweismethode zu den Strukturen oxidativ abgebauter chemischer Hilfs- und Farbstoffe an das Ministerium für Umweltschutz und Naturschutz und Landwirtschaft und Verbraucherschutz (MUNLV), vorgelegt von der Bergischen Universität Wuppertal Analytische Chemie, Wuppertal, Juli 2004; http://www.lanuv.nrw.de/wasser/abwasser/forschung/pdf/AbschlussberichtTextilveredlung.pdf (Zugriff 27.7.2010)

657 Siehe Eintrag vom 30.8.1943 bzw. vom 21.6.1944

658 Das Rapportbuch „Bewegungen Außenkommandos" nennt 49.254 männliche Häftlinge. APMAB, Syg. D-Mau 3, Bewegungen Außenkommandos

Möglicherweise stand diese Versetzung in Zusammenhang mit Vorbereitungen zur Räumung von Lagern in Polen. Auf Grund der prekären militärischen Lage wurde auch das KZ Plaszow (in Płaszów am südostlichen Rand von Krakau gelegen) sukzessive verkleinert, am 10. August 1944 trafen über 4.500 männliche Häftlinge in Mauthausen ein. Der Transport war am 6./7. August in Płaszów aufgebrochen.[659] Die nach Krakau versetzten SS-Angehörigen könnten als Wachmannschaften für diesen Transport vorgesehen gewesen sein, die Ausstattung mit „feldverwendungsfähigen Garnituren" verweist aber eher auf eine Versetzung zu Feldeinheiten.

5.7.44
Von der Fa. Meyer, Celle treffen 2 Waggon Holzwolle mit 4334 und 3499 kg ein.[660]

6.7.44
Reichsminister Speer besucht das KLM. Besichtigung der Rüstungsvorhaben.

Nach seinem Besuch am 31. März 1943 (siehe Eintrag) und dem Zusammentreffen mit KZ-Häftlingen in den Reichswerken „Hermann Göring" am 25. Juni 1944, als er dem Unternehmen anlässlich der großen Rüstungstagung in Linz[661] in Begleitung des Gauleiters Eigruber einen Besuch abstattete, war dies bereits der dritte Kontakt von Speer mit dem KZ Mauthausen.[662]

Sein neuerlicher Besuch in Mauthausen erfolgte nur zweieinhalb Wochen nach seinem Linzaufenthalt. Speer besichtigte nun den Fortschritt

659 Zur Geschichte des KZ Plaszow (polnisch Płaszów) vgl. Awtuszewska-Ettrich, Płaszów – Stammlager, in: Benz/Distel (Hg.), Der Ort des Terrors, Bd. 8, S. 233-288, hier S. 278

660 Zur Firma Meyer konnten keine relevanten Informationen gefunden werden.

661 Vgl. Perz, KZ-Häftlinge als Zwangsarbeiter, S. 449-590, hier S. 449 ff

662 Allein schon diese Mauthausen-Besuche widerlegen die Selbstdarstellung von Speer, die auch noch in den 1990er Jahren ganz unkritisch von Gitta Sereny übernommen wurde, wenn sie das Zusammentreffen mit KZ-Häftlingen in den Reichswerken in Linz als Speers „einzige[n] überlieferte[n] Besuch eines Konzentrationslagers" bezeichnet. Vgl. Gitta Sereny, Albert Speer. Das Ringen mit der Wahrheit und das deutsche Trauma, München 1997, Foto vor S. 433

Abb. 24 Gauleiter August Eigruber und Rüstungsminister Albert Speer, Begegnung mit KZ-Häftlingen in den Reichswerken „Hermann Göring" in Linz, 25. Juni 1944 (Aufnahme Hanns Hubmann)

der beiden Untertagebauvorhaben des SS-Sonderstabes Kammler in St. Georgen (Kammler-Projekt B 8 „Esche" bzw. „Bergkristall")[663] und Ebensee („Zement")[664] und soll, so Hans Kammler in einem Schreiben an den persönlichen Stab des RFSS, „von beiden Bauvorhaben der Waffen-SS vollkommen befriedigt gewesen sein".[665] Speer scheint sich an den katastrophalen Arbeitsbedingungen der KZ-Häftlinge, die ihm bei der Besichtigung kaum verborgen geblieben sein können, nicht gestoßen zu haben.

Das neuerrichtete Arbeitslager Wiener-Neustadt wird mit Schneidernähmaschine und Handwerkszeug für Schuhmacher ausgestattet.[666]

---

663 Vgl. Perz, „Wir haben in der Nähe von Linz", S. 55-78

664 Siehe Eintrag vom 18.9.1943

665 BArch, NS 19 neu/ 2065, Kammler an RFSS Persönl. Stab, z.Hd. Dr. Brandt, betr. Besichtigung der Bauvorhaben B 8 und Zement durch Reichsminister Prof. Speer, vom 12.7.1944

666 Siehe Einträge vom 19.6.1943 und vom 8.5.1943

Am 5. Juli 1944 kam es zur neuerlichen Einrichtung eines Außenlagers in der Wiener Neustädter „Serbenhalle“, nachdem das erste Lager am 20. November 1943 aufgelöst worden war.[667] Ende Jänner 1944 waren die Rax-Werke in das Marine-Artillerie-Leichter (MAL)-Programm einbezogen worden. Bei diesem Programm ging es um den Bau von kleinen Schiffen, der sich technologisch nur geringfügig von der Produktion der Lokomotivtender unterschied. Anfang Februar 1944 war eine neuerliche Heranziehung von KZ-Häftlingen mit dem zuständigen Rüstungskommando Mödling erörtert worden und nun, am 5. Juli, traf ein erster Transport mit 500 Häftlingen in Wiener Neustadt ein. Neben der Zwangsarbeit in der MAL-Fertigung wurden Häftlinge für die Beseitigung von Bombenschäden herangezogen. Da die Tenderfertigung in den Rax-Werken nach dem Abzug von Zivilarbeitern unter Arbeitskräftemangel litt, beschloss man seitens der Firmenleitung, auch für diesen Produktionsbereich Häftlinge anzufordern. Ende Juli 1944 traf daraufhin ein weiterer Transport mit 204 Häftlingen ein, die in der Tenderfertigung Zwangsarbeit leisten mussten.

Die Zahl der Häftlinge bewegte sich bis zur Auflösung des Lagers am 30. März 1945 zwischen 500 und 700. Die größten Häftlingsgruppen bildeten Polen, Sowjetbürger und Italiener. Mindestens 42 Häftlinge kamen ums Leben. Bewacht wurde das Lager von Soldaten, die die Marine an die SS abstellte. Die Evakuierung des Lagers begann am 30. März 1945 und endete nach mehrtägigen Fußmärschen am 9. April im Außenlager Steyr. 22 Häftlinge wurden in der Evakuierungsphase als verstorben registriert; sie dürften wegen Marschunfähigkeit auf dem Transport erschossen worden sein.[668]

8.7.44.

Luftangriff auf Melk[669] und Floridsdorf. In den Aussenlagern wurden Schäden und Verluste an Menschen verursacht.

667 Siehe Eintrag vom 19.6.1943

668 Vgl. Florian Freund/Bertrand Perz, Das KZ in der „Serbenhalle“. Zur Kriegsindustrie in Wiener Neustadt, Wien 1988; Bertrand Perz, Rüstungsindustrie in Wiener Neustadt 1938-1945, in: Sylvia Hahn/Karl Flanner (Hg.), „Die Wienerische Neustadt“. Handwerk, Handel und Militär in der Steinfeldstadt, Wien-Köln-Weimar 1994, S. 47-89

669 Siehe Eintrag vom 21.4.1944

Der US-amerikanische Luftangriff auf das Lager Melk und auch auf Floridsdorf am 8. Juli 1944 geschah im Rahmen von Angriffen der 15. US-Luftflotte auf Ölraffinerien und Flugplätze im Raum Wien. Besonders fatal für die Häftlinge wirkte sich der Angriff auf Melk aus. Um 11 Uhr Vormittag griffen dreißig amerikanische Bomber, begleitet von Jagdflugzeugen, die Pionierkaserne mit Bomben und Maschinengewehren an. Der Angriff dauerte nur 15 Minuten. Offensichtlich wussten die Alliierten nicht, dass die Kaserne knapp zwei Monate zuvor in ein Außenlager umgewandelt worden war.

Die Folgen dieses Bombardements waren verheerend. Mehrere Gebäude der Pionierkaserne waren schwer beschädigt. Nach der Todesmeldung der Melker SS kamen durch den Angriff 223 Häftlinge ums Leben, darunter 147 ungarische Juden, die in der direkt getroffenen großen Garage untergebracht gewesen waren. Noch am Tage des Angriffs wurde ein Transport mit 197 Schwerverletzten nach Mauthausen gebracht. Es muss davon ausgegangen werden, dass die meisten dieser Verwundeten nicht überlebten. Die SS-Lagerbesatzung des Außenlagers Melk ergriff in der Folge als Vergeltung für den Luftangriff, bei dem auch 22 Angehörige der Wachmannschaften ums Leben gekommen waren, Repressalien gegen die jüdischen Häftlinge.[670]

Das Außenlager Wien-Floridsdorf bestand zum Zeitpunkt des Luftangriffs offiziell noch nicht, die Verlegung des Außenlagers Schwechat erfolgte erst am 13. Juli, allerdings waren seit Mai 1944 etwa 200 Häftlinge aus Schwechat mit der Adaptierung der örtlichen Brauereikeller für die Heinkel-Flugzeuproduktion beschäftigt, während Zivilarbeiter auf dem Sportplatz des Floridsdorfer Athletiksportklubs (FAC) in unmittelbarer Nachbarschaft der Brauereikeller Barackenunterkünfte für das spätere Lager Wien-Floridsdorf errichteten.[671]

13.7.44.
Die Fa. Max Korner, Hart liefert 2oo St. Bettstellen aus Holz.
Das Referat für Schädlingsbekämpfung der Waffen-SS und Polizei Auschwitz sendet 6o Stück Notaborte.

670 Vgl. Perz, Projekt Quarz, S. 358-365

671 Vgl. Perz, Wien-Floridsdorf, Wien-Floridsdorf (AFA-Werke), Wien-Schwechat, in: Benz/ Distel, Der Ort des Terrors, Bd 4, S. 448-461

Von der Fa. Meyer, Celle treffen wiederum 3750 kg Holzwolle ein.

Möglicherweise hing die Lieferung von Notarborten mit der Errichtung des neuen Lagerabschnitts (Lagers III) zusammen.[672]

18.7.44
In Wien-Floridsdorf wird die Schneider- und Schuhmacherwerkstätte eingerichtet. Die Werkstätten werden ausreichend mit Instandsetzungsmaterial und allem Erforderlichem [sic!] ausgerüstet.[673]
Durch die Dienststelle des "Standortältesten der Waffen-SS" Linz werden div. Bekleidungsstücke an SS-Angehörige von Feldeinheiten ausgegeben. Belege werden erstellt.
Mit dem heutigem [sic!] Tage wurden in der hies. Wäscherei seit dem 18.3.41 insgesamt 2 Millionen kg Wäsche gewaschen. Dies entspricht einer Tagesdurchschnittsleistung von rund 2.000 kg Trockenwäsche. Zurzeit werden bei Tag- und Nachtbetrieb Leistungen von über 6.000 kg Trockenwäsche erzielt. Bei der bestehenden Einrichtung von 6 Waschmaschinen mit max. 100 kg Ladegewicht (Trockenwäsche), 4 Schleudern, 2 Dampfmangeln, 2 Kaltmangeln und 2 elektr. Bügelpressen stellt dies allerdings eine Überbelastung dar.

Die Dimension der Wäscherei im Häftlingslager macht deutlich, dass die SS die Lagerausbauten zwar auf große Häftlingszahlen ausgelegt hatte – was 1943 auf Kritik von Minister Speer gestoßen war –, dass aber selbst diese Ausbauten dem enorme Anstieg der Häftlingszahlen 1944 längst nicht mehr entsprachen. Schon aus diesem Grund verschlechterte sich die materielle Versorgung der Häftlinge mit dem Steigen der Gesamtzahl zwangsläufig. Häftlinge mussten vielfach monatelang mit derselben Kleidung auskommen, ohne dass diese gewaschen wurde.

672 Siehe Eintrag vom 9.8.1944
673 Siehe Eintrag vom 8.5.1943

19.7.44
Die Salinenverwaltung Ebensee[674] liefert 15.000 kg Gewerbesalz für die Permutitanlage.[675]
Von der Verwaltung KL. Auschwitz treffen 5000 Stück Handtücher ein.

Aus Auschwitz gelieferte Ausrüstungsgegenstände und Textilien stammten in der Regel aus den Habseligkeiten der deportierten und ermordeten Juden.

22.7.44
Die SS-Bekleidungskammer gibt an 20 SA-Männer der hies. SA-Standarte leihweise 21 vollständige Garnituren Bekleidung und Ausrüstung aus. Die Männer sind für einen Italieneinsatz vorgesehen.

Es ist nicht bekannt, welchen Auftrag die SA-Angehörigen hatten. Möglicherweise hing der Einsatz mit den Bestrebungen des Chefs des Persönlichen Stabes des RFSS Himmler und seit Juli 1943 Höchsten SS- und Polizeiführers in Italien, Karl Wolff, zusammen, der die zunehmende Partisanentätigkeit durch Aufbietung aller verfügbaren Einheiten zu bekämpfen versuchte.

25.7.44
Bombenangriff auf die Hermann Göring-Werke Linz. Die dortigen Außenlager werden stark in Mitleidenschaft gezogen.
Beim Bombenangriff am 8. ds, Mts. auf Melk wurde im dort. Außenlager wurde [sic!] ein Teil der Lebensmittelfassung für 1 Monat vernichtet, sowie Unterkunftsgeräte und Bekleidung. Ersatz wurde sofort nachgeliefert.[676]

674 Siehe Eintrag vom 28.7.1943
675 Siehe Eintrag vom 24.1.1944
676 Siehe Eintrag vom 8.7.1944

Der erste alliierte Luftangriff auf Linz am 25. Juli 1944 galt den Reichswerken im Südosten der Stadt, die auch schwer getroffen wurden. Auf die Hütte Linz und die Eisenwerke Oberdonau fielen mehr als 1.200 Sprengbomben. Die Reichswerke meldeten zunächst 48 im Werksgelände gefundene Leichen, darunter drei werksfremde Personen, machten aber keine Angaben zu den ums Leben gekommenen KZ-Häftlingen, unter denen die meisten Opfer zu verzeichnen waren.

Die Zahl der getöteten Häftlinge war zunächst nicht genau bekannt, da die Lagerführung den Überblick verloren hatte. Viele der Toten waren nicht mehr identifizierbar. Nachdem in der Folge 113 Leichen und Leichenteile von mindestens 25 Personen in das Krematorium des KZ Gusen gebracht worden waren, ging die SS von insgesamt 138 Toten aus.

Das Lager Linz I war durch den Luftangriff so stark zerstört, dass eine weitere Nutzung nicht mehr in Frage kam. Die SS überstellte die 631 verbliebenen Häftlinge am 3. August 1944 in das Lager Linz III und erklärte Linz I am selben Tag für aufgelöst.[677]

26.7.44
1o4 Paar ausgesonderte Truppenschnürschuhe werden von der SS-Bekleidungskammer an die Häftlingsbekleidungskammer abgegeben.[678]
Um die durch die starke Erhöhung des Verpflegungsstandes notwendig gewordene Einlagerung der großen Lebensmittelbeständen [sic!] durchzuführen, reichen die vorhandenen Lagerräume nicht mehr aus. Es wird, um gleichzeitig auch jeder unnötigen Beanspruchung von Kraftfahrzeugen entgegenzutreten, Lagerraum (Baracke 4o x 12 m) im Wiener Graben (Nähe Großgarage) eingerichtet.

Die rasch steigenden SS- und Häftlingszahlen – im ersten Halbjahr 1944 hatte sich die Gesamtzahl der Häftlinge im KZ-Komplex Mauthausen von 25.000 auf über 50.000 verdoppelt, die Zahl der SS-Angehörigen

---

677 Vgl. Richard Kutschera, Die Fliegerangriffe auf Linz im Zweiten Weltkrieg, in: Historisches Jahrbuch der Stadt Linz, hg. vom Archiv der Stadt Linz, Linz 1966, S. 267-277; siehe Eintrag vom 11.1.1943 bzw. vom 26.5.1944

678 Siehe Eintrag vom 7.1.1944

war von 2.100 auf über 5.000 gestiegen – machten einen weiteren Ausbau der Lebensmittelbevorratung notwendig, wobei wegen der kriegsbedingten drastischen Einschränkungen bei Treibstoffen auf kurze Wege für die Anlieferung zu den Lagern Mauthausen und Gusen geachtet wurde. Daraus ergab sich die Situierung des Lagerraums im Wiener Graben zwischen der DESt-Siedlung am Eingang des Wiener Grabens und der SS-Garage.[679]

In der eigenen Schweinemästerei sind zur Zeit 122 Schweine einschließlich Läufer und Ferkel vorhanden.[680]

30.7.44
Der diesjährige Anbau in der hies. Gärtnerei hat sich recht gut entwickelt. Das angebaute Gemüse steht, trotz des an Humus armen Boden[s], recht gut. Es ist gelungen Kunstdünger wie Kalisalz, Kalksalpeter und Kalkammoniaksalpeter in ausreichender Menge zu beschaffen. Unter dem Durchschnitt blieben eigentlich nur die Bohnen, dies ist auf die kalte Witterung im Mai zurückzuführen. Die Kerne wurden Mitte dieses Monats gelegt und gegen Ende Mai traten derartige Fröste auf, daß die Saat in der naßkalten Erde nur zum Teil aufging.[681]

1.8.
Zu verpflegen sind 5.209 SS-Angehörige und 50.321 Häftlinge. 3.317 Häftlinge werden durch Firmen in Aussenkommandos verpflegt.

Die in den Außenlagern der Reichswerke in Linz, des Nibelungenwerkes in St. Valentin und der Lenzinger Zellwolle AG in Lenzing unterge-

679 Diese Situierung ergibt sich aus der Auswertung der zeitgenössischen alliierten Luftaufnahmen.
680 Siehe Eintrag vom 17.7.1942
681 Siehe Eintrag vom 12.11.1941

brachten Häftlinge wurden von den jeweiligen Unternehmen mitverpflegt. Zu dieser Maßnahme – Übernahme der Verpflegung durch einzelne Grundstoff- und Rüstungsfirmen sowie Gegenverrechnung mit der SS – entschloss man sich wegen der enormen Zunahme des Arbeitseinsatzes von Häftlingen in den Außenlagern. Die gleichzeitig notwendigen kriegsbedingten Einsparungen bei Transportfahrten verunmöglichten eine zentrale Versorgung durch das Lager Mauthausen.[682]

Von der SS-Standortverwaltung Auschwitz langen 8500 Stück Handtücher, 500 Stück Wischtücher, 150 Stück Rasiermesser und 5964 Stück Scheren ein. Die Scheren wurden der SS-Bekleidungskammer übergeben. Weiters brachte die gleiche Stelle 440 kg Seife zu Lieferung. Diese Seife wurde an die für die B-Maßnahmen eingesetzten Häftlinge zusätzlich abgegeben.

Die laufend eintreffenden Materiallieferungen aus dem KZ Auschwitz verweisen auf die große Zahl von Textilien und Gebrauchsgegenständen, die mit der Deportation von Juden nach Auschwitz-Birkenau gelangt waren.

Die Ausgabe von Seife an die bei den – hier als „B-Maßnahmen" bezeichneten – Untertagebauten des SS-Sonderstabes Kammler (gemeint sind das Projekt „Zement" in Ebensee, das Projekt B8 „Bergkristall" bzw. „Esche" in St. Georgen an der Gusen sowie das Projekt B9 „Quarz" in Roggendorf bei Melk) Zwangsarbeit leistenden Häftlinge verweist auf Bemühungen der SS, die Arbeitskraft der Häftlinge bei den kriegswichtigen Stollenbauten zu erhalten. Derartige Einzelmaßnahmen blieben aber ohne Effekt, da die völlig unzureichende materielle Versorgung, die Nahrungsmittelknappheit sowie die schwere Arbeit im Akkord ein längerfristiges Überleben der Häftlinge im Untertagebau unmöglich machten.

682 Das Rapportbuch „Bewegungen Außenkommandos" nennt 53.004 männliche Häftlinge. APMAB, Syg. D-Mau 3, Bewegungen Außenkommandos. Zu St. Valentin siehe Eintrag vom 23.8.1944 bzw. Stefan Wolfinger, Das KZ-Aussenlager St. Valentin, Wien 2009, S. 62; zu Lenzing siehe Eintrag vom 16.10.1944; zu den Reichswerken siehe Eintrag vom 26.5.1944

9.8.
Bei der Firma Rechberger[683] in Linz wurden 500 Stück Eßnäpfe beschafft.
Vom Heeresverpflegsmagazin Mauthausen wurden 20.000 kg Stroh zur Füllung von Strohsäcken für das zum Bezug fertiggestellte Lager III abgeholt.[684]
In Erwartung einer größeren Anzahl von Zugängen wurden von der Heeresstandortverwaltung Linz Zelte besorgt und die Bauleitung der Waffen-SS und Polizei Mauthausen mit der Aufstellung des Zeltlagers beauftragt. (Bisher insgesamt 12 Zelte verschiedener Größen.)

Am 8. April 1944 war mit dem Bau des sogenannten Sonderlagers III (BWX/72) begonnen worden, einem Lagerabschnitt, der südöstlich an das bisherige Schutzhaftlager angrenzte. Das Anfang August 1944 weitgehend fertig gestellte Lager bestand aus fünf RAD-Holzbaracken, war von einer Umfassungsmauer umgeben und mit drei zusätzlichen Wachtürmen gesichert.[685]

Eine zusätzliche Lagererweiterung erfolgte durch die Einrichtung eines großen Zeltlagers nordöstlich des Schutzhaftlagers. Diese Vergrößerung stand vermutlich in direktem Zusammenhang mit dem Warschauer Aufstand, der am 1. August 1944 begonnen hatte und in dessen Folge man mit dem Eintreffen einer großen Zahl von Gefangenen rechnete. Die Warschauer Zivilbevölkerung war ab dem 5. August zu Zehntausenden hinter deutsche Linien geflüchtet, um dem Kampfgeschehen zu entgehen. Insgesamt wurden etwa 350.000 Einwohner Warschaus vor und nach der Kapitulation der Aufständischen zwischen April und Oktober 1944 innerhalb des Generalgouvernements verstreut oder zur Zwangsarbeit und in Konzentrationslager verschleppt, was ein klarer Bruch der Kapitulationsvereinbarung war, da nur Kombattanten ins KZ überstellt

683 Siehe Eintrag vom 26.10.1941
684 Siehe Eintrag vom 27.6.1944
685 BArch, NS 4 Ma/55, Bauleitung der Waffen-SS und Polizei, Mauthausen/Oberdonau, Bericht über die im Jahre 1944 von der Bauleitung der Waffen-SS und Polizei, Mauthausen/Oberdonau durchgeführten Baumassnahmen, vom 25.1.1945; siehe auch AMM, A 2_2, Bauleitung der Waffen-SS und Polizei Mauthausen/Oberdonau, Lageplan, vom 29.9.1943 mit nachträglichen Ergänzungen

werden sollten. Was an Stadtstruktur nach dem Aufstand noch übrig war, wurde in der Folge systematisch zerstört.[686]

Über die Zahl der in Mauthausen eingetroffenen Warschauer Männer, Frauen und Kinder herrscht keine völlige Klarheit. In einer internen Korrespondenz der Reichstatthalterei in Linz wird für den 1.September 1944 festgehalten, dass sich im KZ Mauthausen „zur Zeit ungefähr 3.000 Flüchtlinge aus Warschau" befänden und diese „schon in den nächsten Tagen geschlossen in der Landwirtschaft eingesetzt" werden sollten.[687] Diese Personen, darunter 400 bis 700 Frauen, sind in Mauthausen nicht registriert worden. Das Zeltlager diente zur Unterbringung der aus Warschau Evakuierten, ein Teil der Gruppe wurde möglicherweise auch im Lager III untergebracht.

Am 2. und 3. September sind 2990 Warschauer zur Zwangsarbeit auf Betriebe in Oberösterreich aufgeteilt worden. Das sie als „deutschfreundlich" eingeschätzt wurden, mussten sie auch nicht das sonst vorgeschriebene Kennzeichen „P" tragen.[688]

Im Unterschied zu diesen 3000 Personen wurden weitere Zugangstransporte aus Warschau am 2. und 4. September mit zusammen 2.756 Männern und 5. September mit 1.933 Männern als Häftlinge ins Lager übernommen und bekamen Nummern zugeteilt. [689]

Das Lager III diente im April 1945 zur Unterbringung von ca. 1.400 Häftlingen aus dem Sanitätslager, die in der Gaskammer ermordet werden sollten. Mehrere Hundert Häftlinge konnten dadurch gerettet werden, dass Funktionshäftlinge des Sanitätslagers bei den SS-Ärzten erfolgreich intervenierten.

11.8.
Vom Bekleidungswerk Dachau[690] werden 5 Stück Schneider-Haushaltmaschinen und 1 Schuhmachermaschine abgeholt.

686 Vgl. Borodziej, Der Warschauer Aufstand, S. 190 bzw. S. 205 f

687 OÖLA, Reichsstatthalterei 1940-1945, Mikrofilm 502 IIIA/M 1592/1944, Persönlicher Referent an Abteilung III z.H. v. Dr. Mayr im Hause, vom 1.9.1944. Der Akt enthält weitere Schreiben, die sich auf den Zwangsarbeitseinsatz von Warschauern in Oberösterreich beziehen.

688 Vgl. Baumgartner, Die vergessenen Frauen, S. 122-126

689 Vgl. Maršálek, Die Geschichte, S. 119

690 Siehe Eintrag vom 12.12.1941

Der Bedarf an Nähmaschinen und Schuhmacherwerkzeug wuchs infolge der steigenden Zahl von Häftlingen an, möglicherweise wurden die Gerätschaften für die Ausstattung der Außenlager benötigt.[691]

14.8.
Von Antwerpen-Stuivenberg treffen 300 Stück Mannschaftsschränke ein, vom Unterkunftslager der Waffen-SS Oranienburg 60 Stück Kellen zum Wasserschöpfen und 40 St. Ausschöpfkellen groß und vom KL. Placzow[692] (richtig Plaszow) 4803 Stück Wolldecken.

Die Lieferung aus Antwerpen ist möglicherweise in Zusammenhang mit Vorbereitungen zur Räumung der Niederlande zu sehen, die im September 1944 erfolgte.

Die Lieferung der knapp 5.000 Wolldecken erklärt sich aus einem Überstellungstransport, mit dem am 10. August eine etwa gleich große Zahl von Häftlingen aus dem KZ Plaszow eingetroffen war.[693]

15.8.
99 Paar ausgesonderte Truppenschnürschuhe werden von der SS-Bekleidungskammer an die Häftlingsbekleidungskammer übergeben.[694]

16.8.
2 Kisten mit abgeschriebener SS-Bekleidung werden an die Altverwertungsstelle Zuchthaus Straubing abgeliefert.[695]

19.8.
Errichtung des KLM/Außenlagers Peggau. In diesem Lager wird die Verpflegung der Häftlinge durch die

691 Siehe Eintrag vom 8.5.1943
692 Richtig: Plaszow
693 Siehe Eintrag vom 2.7.1944
694 Siehe Eintrag vom 7.1.1944
695 Siehe Eintrag vom 14.8.1943

Firma beigestellt; die Verarbeitung und Ausgabe der Verpflegung erfolgt durch die der hiesigen Verwaltung unterstellten Dienststelle in der im Lager durch die Firma errichteten Küche. Die Bewachungsmannschaft ist von fremder Einheit gestellt und wird direkt von der Firma verpflegt. Von hies. Bekleidungskammer werden die Werkzeuge für die Schneider- und Schusterwerkstätte gestellt.

Das Außenlager Peggau bestand vom 17. August 1944 bis zum 2. April 1945 im ca. 20 Kilometer nördlich von Graz gelegenen Hinterberg bei Peggau. So wie das Außenlager Leibnitz diente auch das Lager Peggau dem Bau einer Stollenanlage zur Verlagerung der Rüstungsproduktion der Steyr-Daimler-Puch AG unter die Erde. Das Flugmotorenteilewerk Graz-Thondorf (Werk Graz II) war 1941/42 im Rahmen des „Göring-Programms" zur Herstellung von Daimler-Benz-Flugmotoren errichtet worden und stellte unter Einsatz von ausländischen Zwangsarbeitern insbesondere Zahnräder und Kurbelwellen für Flugzeuge (ab 1943 auch für Panzer) her. Ein Luftangriff auf dieses Werk am 26. Juli 1944 war Auslöser für den Beginn des Baus einer Stollenanlage in Peggau, wo unter dem Tarnnamen „Marmor" eine unterirdische Fläche im Ausmaß von 9.400 m^2 entstehen sollte, da sich der bereits genutzte Marmorsteinbruch in Aflenz bei Leibnitz für weitere Produktionsverlagerungen als zu klein erwies.

Ein erster Transport mit 400 männlichen Häftlingen aus Mauthausen traf am 17. August 1944 in Peggau ein. Die Häftlinge mussten zunächst das aus etwa zehn Baracken bestehende Lager aufbauen.

Von September 1944 bis Anfang März 1945 arbeiteten ca. 600 bis 700 Häftlinge an der Errichtung der Stollenanlage. Durch die Überstellung aller Inhaftierten des Lagers Eisenerz im März 1945 erreichte das Lager einen Höchststand von 888 Häftlingen. Die meisten von ihnen stammten aus der Sowjetunion und Polen, kleinere Gruppen aus Frankreich, Italien und Jugoslawien. Die schwere Arbeit im Stollenbau in Tag- und Nachtschichten führte zu hohen Todeszahlen unter den Häftlingen. Insgesamt kamen in Peggau mindestens 71 Häftlinge ums Leben.

Als Lagerführer war der zuvor im Lager Aflenz/Leibnitz eingesetzte SS-Untersturmführer Fritz Miroff tätig. Als Wachmannschaften dienten neben einigen wenigen SS-Angehörigen ein Dutzend österreichische

Schutzpolizisten, denen wiederum ca. 50 ukrainische Wachsoldaten unterstanden.[696]

Am 2. April 1945 erfolgte die Evakuierung des Lagers. Vor dem Abmarsch aus Peggau wurden 15 kranke Häftlinge in einem der Stollen erschossen. Einige Häftlinge sollen auch in ein Gefangenenhaus nach Graz gebracht und am 18. März in der SS-Kaserne Wetzelsdorf erschossen worden sein. Die meisten Häftlinge wurden jedoch auf einem Fußmarsch in die ca. 30 Kilometer nördlich von Peggau gelegene Stadt Bruck an der Mur getrieben und von dort in Güterwaggons nach Mauthausen deportiert. Für den 7. April 1945 ist die Ankunft von 820 Häftlingen aus Peggau im Lager Mauthausen verzeichnet. Nach einer Aufstellung über Verstorbene vom April 1945 sind insgesamt 46 Häftlinge bis zum Eintreffen des Transports in Mauthausen ums Leben gekommen, weitere neun Häftlinge geflüchtet.[697]

Das Bekleidungssoll ist auf 2 Stück Hemden, 1 P. Schnürschuhe, 2 Stück Unterhosen herabgesetzt worden. Was darüber hinaus ausgegeben wurde wird wieder eingezogen.
Die im SS-Bekleidungslager seit 194o lagernden Altbestände an Bekleidung und Ausrüstung der SS-Standarte "Deutschland" wird [sic!] übernommen und vereinnahmt.

Die Kürzung der Ausrüstung der Wachmannschaften spiegelt die in militärischer Hinsicht zunehmend kritische Lage des Deutschen Reiches wider. Die Versorgung der kämpfenden Verbände wie auch der Wachmannschaften erfolgte immer weniger durch Neuproduktion sondern durch Umverteilung von Ressourcen und Verbrauch von Lagerbeständen.

Die SS-Standarte „Deutschland“ war eine von drei Regimentern, die aus der SS-Verfügungstruppe Mitte der 1930er Jahre hervorgegangen waren.[698]

696 Siehe Eintrag vom 1.2.1944
697 Bertrand Perz, Peggau, in: Benz/Distel, Der Ort des Terrors, Bd. 4, S. 414-416
698 Vgl. Wegner, Hitlers politische Soldaten, S. 103

21.8.
Von Antwerpen-Stuivenberg treffen neuerdings 300 Stück Mannschaftsschränke ein.[699]
22.8.
49 SS-Angehörige in feldverwendungsfähigen Garnituren nach dem K.L. Auschwitz versetzt.

Der Grund für die Versetzung ist nich geklärt.

23.8.
Errichtung des Aussenlagers St.-Valentin. Die Verpflegung für die Häftlinge wird durch die Firma gestellt. Die Verarbeitung und Ausgabe obliegt eigenem Küchenpersonal. Die Küche wird von der Firma errichtet. Die Bewachungsmannschaft wird von fremder Einheit gestellt und direkt von der Firma verpflegt.

Das Außenlager bestand bis zum 23. April 1945 in St. Valentin beim „Nibelungenwerk", einer Panzerfabrik der Steyr-Daimler-Puch AG. Das auf Initiative des OKH nach 1939 errichtete und 1942 in die SDPAG übernommene riesige Panzermontagewerk hatte für die Versorgung des deutschen Heeres strategische Bedeutung. So kamen 1943 44 Prozent aller im Deutschen Reich produzierten Panzer des Typs IV aus dem Nibelungenwerk, daneben wurde hier auch eine Reihe anderer neuer Panzertypen gebaut. Das Nibelungenwerk war damit eines der größten Panzerendfertigungswerke des Deutschen Reiches, dessen Rang auch in Werksbesuchen von Rüstungsminister Speer, Ferdinand Porsche und von Adolf Hitler Ausdruck fand. Das Nibelungenwerk blieb trotz seiner kriegswirtschaftlichen Bedeutung bis Herbst 1944 von Luftangriffen verschont, erlitt in der Folge aber erhebliche Zerstörungen. Gegen Ende des Krieges wurden deshalb einzelne Abteilungen nach Krems an der Donau und in Stollen nach Ebensee und Redl-Zipf verlegt.

Das Außenlager mit etwa zehn Baracken, das sich ca. 300 Meter hinter dem Werksgelände in der Nähe der „Einlaufbahn" für die Panzer befand, wurde mit der Ankunft von 500 männlichen Häftlingen, darunter 481

699 Siehe Eintrag vom 14.8.1944

polnischen Juden, am 22. August 1944 eröffnet. Die polnischen Juden gehörten zu jenem Transport aus dem Lager Plaszow, der am 10. August 1944 in Mauthausen eingetroffen war.[700] Ende August/Anfang September wurden weitere 1.000 Häftlinge nach St. Valentin überstellt, darunter viele als Zivilrussen kategorisierte Häftlinge. Auf Grund von Todesfällen und Rücküberstellungen nach Mauthausen stieg die tatsächliche Belegzahl des Lagers nie über 1.490 Häftlinge an. Bis Mitte März 1945 kamen mindestens 150 Häftlinge ums Leben.

Die Häftlinge arbeiteten zum Teil innerhalb der Panzerfabrik, wo sie – von der restlichen Belegschaft getrennt – in eigenen Hallen eingesetzt wurden, sie mussten aber auch an der Erhaltung der Panzerteststrecke in unmittelbarer Nähe des Lagers arbeiten und errichteten einen Luftschutzbunker.

Mit der Verlegung von Teilen der Produktion des Nibelungenwerkes nach Ebensee, wo noch in den letzten Tagen vor der Befreiung die Produktion von Bremstrommeln für Panzer aufgenommen worden sein soll, wurden auch die Häftlinge aus St. Valentin in das Außenlager Ebensee überstellt. Zwischen dem 20. und dem 23. April 1945 trafen insgesamt 695 Häftlinge aus St. Valentin in Ebensee ein.[701]

Errichtung des Außenlagers Wien III/Saurerwerke. Dieses Außenlager sowie das Lager Hirtenberg wird von der hiesigen Dienststelle verpflegungsmäßig betraut [sic!]. Die haltbaren Lebensmittel werden periodenweise durch Waggon angeliefert, während Fleisch, Butter, Firschgemüse [sic!], Kartoffeln usw. örtlich beschafft wird [sic!]. Die hierfür erforderlichen Bezugscheine werden von der hies. Verwaltung zugewiesen.

Das Außenlager bei der Österreichischen Saurerwerke AG im 11. Wiener Gemeindebezirk Simmering bestand vom 21. August 1944 bis zum 2. April 1945. Die 1914 gegründete Firma war auf die Lizenzproduktion von Fahrzeugen der Schweizer Lastwagen- und Autobusfirma Adolph Saurer spezialisiert und stand mehrheitlich im Besitz der Familie Radio-

700 Siehe Eintrag vom 14.8.1944

701 Vgl. Wolfinger, Das KZ-Aussenlager St. Valentin; Perz, Projekt Quarz, S. 57 f bzw. S. 97-100; ders., St. Valentin, in: Benz/Distel, Der Ort des Terrors, Bd. 4, S. 433-436

Radiis. Während des Krieges war Saurer u.a. mit der Herstellung von gepanzerten Beobachtungskraftwagen sowie mit der Fertigung von Panzerschleppern und -motoren befasst. Um den Rüstungsaufträgen nachzukommen, wurde der Betrieb in Simmering nach 1938 um neue Werksgebäude erweitert, die Zahl der Beschäftigten, darunter seit dem Beginn des Krieges ein hoher Prozentsatz ausländischer Zwangsarbeiter, erhöhte sich von 1.000 vor dem Krieg auf ca. 5.000 im Jahr 1944.

Vermutlich hing die Einrichtung des Außenlagers damit zusammen, dass RFSS Himmler Rüstungsminister Speer im Juli 1944 zugesagt hatte, für die Steigerung der Lastkraftwagenproduktion 12.000 KZ-Häftlinge zur Verfügung zu stellen.

Die ersten 150 männlichen Häftlinge wurden am 20. August 1944 aus dem KZ Mauthausen nach Wien-Simmering überstellt und waren bis zum Eintreffen eines weiteren Häftlingstransportes im September mit der Vorbereitung der Arbeitsplätze sowie dem Aufbau und der Einrichtung des KZ beschäftigt, für das ein bisher für ausländische Zwangsarbeiter genutztes Barackenlager adaptiert wurde. Für den Arbeitseinsatz der Häftlinge in der Panzerschlepperfertigung wurden die meisten Ein- und Ausgänge der Werkshalle C des Betriebs zugemauert.

Nach Fertigstellung des Lagers traf am 24. September 1944 ein zweiter Transport mit 850 Häftlingen ein. Zum selben Zeitpunkt begann der Arbeitseinsatz der Häftlinge im Werk. Bis zum 25. Februar 1945 stieg die Zahl der Häftlinge durch weitere Zugänge auf den Höchststand von 1.489.

Unter den Häftlingen befanden sich größere Gruppen von Polen, Sowjetbürgern, Tschechen, Jugoslawen, Franzosen und Italienern, ca. 150 Häftlinge waren als Juden kategorisiert. Für den gesamten Zeitraum bis zur Evakuierung weisen die SS-Aufzeichnungen 136 Rücküberstellungen nach Mauthausen, zwölf Fluchtfälle und mindestens 35 Todesfälle aus.

Die Bewachung des Lagers oblag zur SS übernommenen Wehrmachtsangehörigen und Landesschützen (bei letzteren handelte es sich oft um rekonvaleszente Soldaten), insgesamt etwa 130 Personen.

Am 2. April 1945 wurde das Lager evakuiert. Der Lagerälteste Kalteis, der systematisch ein Vertrauensverhältnis zu Kommandoführer SS-Hauptsturmführer Johann Gärtner aufgebaut hatte, konnte diesen davon abbringen, die kranken marschunfähigen Häftlinge zu töten. So wurden entgegen den entsprechenden Evakuierungsbefehlen aus Mauthausen 190 Häftlinge im Saurerwerk zurückgelassen und wenig später durch die

Rote Armee befreit. Der zweiwöchige Evakuierungsmarsch der übrigen Häftlinge führte durch die niederösterreichischen Voralpen in das Außenlager Steyr, das am 23. April 1945 die Ankunft von 1.076 aus den Saurerwerken kommenden Häftlingen registrierte. Von Steyr wurden die Häftlinge in der Folge in das Lager Gusen überstellt. Über den Verbleib von fast 160 Häftlingen besteht Unklarheit.[702]

Das Außenlager Hirtenberg bestand vom 28. September 1944 bis zum 16. April 1945. Die nationalsozialistische Industriestiftung Wilhelm-Gustloff hatte unter Federführung des thüringischen Gauleiters Fritz Sauckel und des Firmenvorstandes Otto Eberhardt nach dem „Anschluss" Österreichs 1938 erhebliche Anstrengungen unternommen, die renommierte Hirtenberger Patronenfabrik, die sich mehrheitlich im Besitz des Wiener Industriellen Fritz Mandl befunden hatte, im Rahmen der „Arisierung" jüdischen Eigentums unter ihre Kontrolle zu bringen. Die Übernahme sollte sich für die Gustloff-Stiftung aber schwierig gestalten. Mandl hatte noch kurz vor dem „Anschluss" finanztechnische Vorkehrungen getroffen, die eine einfache Beschlagnahme seines Besitzes unmöglich machten. Seine gesellschaftliche Stellung und internationale Bekanntheit – Mandl war u.a. mit der Filmschauspielerin Hedy Lamarr verheiratet – veranlasste die Nationalsozialisten überdies, bei der Übernahme auf Fragen der Rechtskonformität Rücksicht zu nehmen. In geheimen Vertragsverhandlungen mit Mandl konnte letztlich eine Vereinbarung über den Verkauf des Werkes erzielt werden.[703]

Die Patronenfabrik wurde nach der Übernahme durch die Gustloff-Stiftung ausgebaut. Das Werk zählte zu den Hauptproduzenten von Munition auf österreichischem Gebiet. Zu den vorwiegend weiblichen Beschäftigten kamen mehrere Tausend ZwangsarbeiterInnen, hauptsächlich Frauen aus der Ukraine, sowie Kriegsgefangene. Um das zunehmende Arbeitskräfteproblem zu lösen, bemühte sich die Firma im Juni 1944

702 Bertrand Perz, Wien (Saurerwerke), in: Benz/Distel, Der Ort des Terrors, Bd. 4, S. 445-448

703 Zur Geschichte der Hirtenberger Patronenfabrik bis 1939 und zur Erwerbung durch die Gustloff-Stiftung vgl. Marie-Theres Arnbom, Friedmann, Gutmann, Lieben, Mandl und Strakosch. Fünf Familienporträts aus Wien vor 1938, Wien-Köln-Weimar 2002, S. 19-62; Klaus-Dieter Mulley, Arbeiterschaft und Rüstungsindustrie im Triestingtal, in: ders./Hans Leopold, Geschosse – Skandale – Stacheldraht. Arbeiterschaft und Rüstungsindustrie in Wöllersdorf, Enzesfeld und Hirtenberg, Ebenfurth 1999, S. 264-292

auch um die Zuweisung von weiblichen KZ-Häftlingen aus Ravensbrück, deponierte aber zugleich den Wunsch, keine jüdischen Häftlinge zugeteilt zu bekommen.[704] Eine Überstellung von Häftlingen aus Ravensbrück kam zwar zunächst nicht zustande, trotzdem begannen die Gustloff-Werke im August 1944 mit der Einrichtung eines Konzentrationslagers, wobei hier auf ein bereits bestehendes Zwangsarbeiterlager zurückgegriffen werden konnte. Am 28. September 1944 trafen 391 weibliche Häftlinge in Hirtenberg ein, die unmittelbar zuvor von Auschwitz nach Mauthausen überstellt worden waren. Ende November 1944 wurden weitere elf Frauen, davon nun acht aus Ravensbrück, nach Hirtenberg gebracht.

Die Überwachung des Lagers übernahmen 25 SS-Männer, darüber hinaus waren auch weibliche Aufseherinnen eingesetzt.

Nach nationaler Herkunft stammten von den insgesamt 402 Häftlingen etwa die Hälfte aus der Sowjetunion und je ein Viertel aus Slowenien und Polen. Die Frauen mussten in Zwölfstundenschichten in der Munitionsfabrik arbeiten. Ein Todesfall ist für den 21. März 1945 verzeichnet.

Unmittelbar vor dem Herannahen der Roten Armee begann man, das Lager am 1. April 1945 zu evakuieren, die Insassen wurden zu Fuß über 170 Kilometer nach Mauthausen getrieben. Über 50 Frauen unternahmen dabei Fluchtversuche, über deren Erfolg jedoch nichts bekannt ist. Sieben sowjetische Frauen wurden „auf der Flucht erschossen“, möglicherweise konnten sie das Marschtempo nicht einhalten. 342 Frauen trafen um den 18./19. April in Mauthausen ein.[705]

30.8.
Vom WVHA Oranienburg treffen ein: 250 Tischgabeln, 250 Tischmesser und 250 Eßlöffel.

Dieses Essbesteck war vermutlich für die SS-Kantine vorgesehen, Häftlinge erhielten keine Messer und Gabeln.

---

704 Privatarchiv Dir. Erich Strobl, Hirtenberg, Gustloff-Werke Hirtenberg an KL Ravensbrück, betr. Häftlingseinsatz, vom 14.7.1944. Tatsächlich betrug in der Folge die Prozentzahl der jüdisch kategorisierten weiblichen Häftlinge in Hirtenberg nicht mehr als 0,75 Prozent. Baumgartner, Die vergessenen Frauen, S. 223

705 Zum Außenlager Hirtenberg vgl. Baumgartner, Die vergessenen Frauen, S. 140-148; France Filipič, Slowenen in Mauthausen, Wien 2004, S. 316-324; Bertrand Perz, Hirtenberg, in: Benz/Distel, Der Ort des Terrors, Bd. 4, S. 382-384

31.8.
Das Außenlager Großraming/Weyer wird aufgelöst.[706] Die dort eingelagerten Lebensmittelbestände sowie Unterkunftsgeräte werden nach Überprüfung und Richtigbefund übernommen und rücktransportiert.
Für die im Jägerprogramm eingesetzten KL-Häftlinge wurden zu den festgesetzten Verpflegssätzen einschließlich Schwerarbeiterzulagen außerdem ab 21. ds. Mts. folgende Zulagen genehmigt:

Fleisch (mögl. Freibank- o. Pferdefl.)[707]	200 gr	je	Kopf	und	Woche
Margarine	200 gr	"	"	"	"
"R"-Brot	800 gr	"	"	"	"
Nährmittel	50 gr	"	"	"	"
Teigwaren	50 gr	"	"	"	"
Entrahmte Frischmilch oder	0,5 Lt.	"	"	"	"
Quark	100 gr	"	"	"	"

Außerdem hat die Hauptvereinigung der deutschen Viehwirtschaft gestattet, daß den Häftlingen, die in kriegswichtigen Betrieben eingesetzt sind, das Freibankfleisch[708] im Verhältnis 1:2 zugeteilt werden kann.

Die 1944 deutlich sichtbare Tendenz, die Verpflegungssätze zunehmend an spezifische Arbeitsformen zu knüpfen, zeigt sich vor allem bei der Versorgung der in der Untertageverlagerung und generell im Jägerprogramm eingesetzten Häftlinge. Die Bezeichnung „Jägerprogramm" bezieht sich auf den Anfang März 1944 vom Reichsluftfahrtministerium gemeinsam mit dem Reichsministerium für Rüstung und Kriegsproduktion unter dem Namen „Jägerstab" eingerichteten Krisenstab, der – mit umfassenden Vollmachten ausgestattet – die Jagdflugzeugproduktion erhöhen sollte, um dem alliierten strategischen Luftkrieg zu begegnen. Eine der Hauptaktivitäten des Jägerstabes betraf die Dezentralisierung und Verlagerung der Flugzeugindustrie unter die Erde. Der Bau von mehr als 20 unterirdi-

706 Siehe Eintrag vom 14.1.1943
707 Siehe Eintrag vom 30.3.1943
708 Siehe Eintrag vom 30.3.1943

schen Großfabriken wurde vom Jägerstab an den SS-Sonderstab Kammler übergeben, der diese Projekte – dazu zählten auch die Errichtung der Großstollenanlagen in Ebensee, St. Georgen an der Gusen und Melk – mit einem Masseneinsatz von KZ-Häftlingen realisierte.

Die Häftlinge im Jägerprogramm sollten ausschließlich deshalb besser versorgt werden, weil man hoffte, so ihre Arbeitsleistung zu erhalten. Diesen Überlegungen lagen konkrete Untersuchungen des Rüstungsministeriums über den Zusammenhang von Ernährung und Leistungsfähigkeit vor allem bei der Untertagearbeit zugrunde.[709] Ob freilich die Anordnung, die Lebensmittelzuteilungen für KZ-Häftlinge im Jägerprogramm und speziell bei unterirdischen Bauvorhaben zu erhöhen, tatsächlich umgesetzt wurde, muss – jenseits des Umstandes, dass die Rationen in der KZ-Realität bei den Häftlingen ohnedies nie im vollen Umfang ankamen – nicht nur angesichts der ab dem Winter 1944 dramatisch steigenden Todeszahlen bei den großen Untertagebauvorhaben im KZ-Komplex von Mauthausen bezweifelt werden. So teilte der Oberberghauptmann im Reichswirtschaftsministerium, der für den gesamten Bergbau zuständigen Behörde, den für die einzelnen Untertagebauvorhaben verantwortlichen Bergämtern erst am 25. November 1944 mit, dass sich das Reichsministerium für Ernährung und Landwirtschaft dazu bereit erklärt habe, den im „Jägerprogramm eingesetzten KZ-Häftlingen, die ausschließlich unter Tage eingesetzt werden und unter ungünstigen Verhältnissen schwerste Arbeit zu verrichten haben“, die im Eintrag des Tätigkeitsberichtes schon knapp drei Monate früher genannten zusätzlichen wöchentlichen Verpflegungszulagen zu gewähren. Das Landesernährungsamt beim Reichsstatthalter von Niederdonau wiederum brachte diesen Erlass den Landräten, Oberbürgermeistern und Ernährungsämtern überhaupt erst am 4. Jänner 1945 zur Kenntnis, allerdings mit dem Zusatz, dass Häftlingen diese Zulagen nur dann gewährt werden dürften, wenn die Betriebe schriftlich erklärten, dass die Häftlinge keine „Sonderzuweisungen für den Einsatz in einem Sonderprogramm“ bezogen.

Bereits im Oktober 1944 wurde beschlossen, die im April 1944 festgelegten Essensrationen im Rahmen einer allgemeinen Herabsetzung der Lebensmittelrationen fast aller „gemeinschaftsverpflegten“ Arbeitsgruppen zu vermindern, nur die Zulagen für Schwerstarbeiter fielen nicht unter diese Kürzungen, sondern wurden sogar leicht erhöht. Die Reduk-

709 Vgl. Perz, Projekt Quarz, S. 322

tion der wöchentlichen Brotrationen (um 100 g) sowie der Kaffeersatzmittel (um 25 g) wurde im Tätigkeitsbericht am 19.11.1944 vermerkt. Die Lang- (bzw. Nacht-)Arbeiterzulage bei Brot wurde dagegen von 680 auf 780 g erhöht.[710]

„R"-Brot war die Abkürzung für die Bezeichnung „Russenbrot". Dieses Brot bestand zum Teil aus Materialien, die keinerlei Nährwert besaßen: Als Zusatz neben Roggenschrot wurden neben andere Beimengungen bis zu einem Drittel Zuckerrübenschnitzel verwendet. Diese Beimengung wurde zwar Ende 1942 durch das SS-WVHA aufgehoben, offensichtlich wurde aber in den Lager weiterhin „R"-Brot ausgegeben.[711]

In der lagereigenen Schweinemästerei sind 127 Schweine einschl. Läufer und Ferkel vorhanden.[712]
Die hies. Angorazuchtstation weist einen Bestand von 1482 Tieren auf. Die Tiere sind gesund und der Wollertrag recht zufriedenstellend.[713]

1.9.
Zu verpflegen sind 5.o11 SS-Angehörige und 58.8o1 Häftlinge. Weitere 7.563 Häftlinge werden von den Firmen verpflegt.[714]
Die Portionssätze beim Verpflegungssatz III (Truppe)[715] werden mit dem heutigen Tage wie folgt geändert:

710 BArch, R 3/3034, Protokoll der Besprechung des Rüstungsstabes im RMfRuK mit Flugzeugneubau-Firmenvertretern, vom 17.10.1944, fol. 133-136; BArch, R 7/1216, RWM, Oberberghauptmann an Oberbergämter, betr. Verpflegungszulagen für die im Jägerprogramm eingesetzten KZ-Häftlinge, vom 25.11.1944; Stadtarchiv Wiener Neustadt, Reichsstatthalter in Niederdonau, Landesernährungsamt Abtlg. B an Landräte und Oberbürgermeister (Ernährungsämter), vom 4.1.1945

711 BArch, NS 3/566, RFSS, SS-WVHA, Amt Verpflegungswirtschaft, Anordnung für das Verpflegungswesen Nr. 305, vom 18.12.1943

712 Siehe Eintrag vom 17.7.1942

713 Siehe Eintrag vom 16.10.1941

714 Die hier genannte Zahl von 66.364 Häftlingen weist ganz erheblich von jener des Rapportbuchs „Bewegungen Außenkommandos" ab, das 59.346 männliche Häftlinge anführt. APMAB, Syg. D-Mau 3, Bewegungen Außenkommandos

715 Siehe Eintrag vom 27.6.1943

Bisher:	Frischfleisch	Wochensatz	680 g -
Jetzt:		Wochensatz	640 g
	Brot ...	Tagessatz	700 g -
		Tagessatz 650 g	

Vom Heeresverpflegungsmagazin Mauthausen wurden 30.000 kg Stroh angeführt;[716] das Stroh wurde hauptsächlich zum Füllen von Strohsäcken für die im Zeltlager untergebrachten Zivilinternierten verwendet. Vier weitere Zelte werden errichtet.

Die Reduktion der Portionssätze auch für die Wachmannschaften verweist auf die kriegsbedingt zunehmenden Versorgungsschwierigkeiten. Es kann davon ausgegangen werden, dass derartige Verringerungen der Nahrungsmittelrationen die Bereitschaft, sich an den für die Häftlinge vorgesehenen Lebensmittelvorräten noch stärker zu bedienen, erhöht hat.

Die Bedingungen im Zeltlager, in dem die aus Warschau Deportierten untergebracht wurden, waren äußerst primitiv und von Improvisationen geprägt. Vor allem fehlte es an geeigneten sanitären Anlagen, die zwar noch geplant, aber bis Kriegsende nicht ausgeführt wurden. Die Anlieferung von Stroh verweist auf die zu diesem Zeitpunkt eintreffenden ersten Transporte aus Warschau.[717]

5.9.
146 Unterführer und Männer vom Wachsturmbann werden zum Marschverband Böhmen versetzt und abgerüstet.

Mit der Versetzung zu Feldeinheiten schieden die SS-Angehörigen aus dem Wachsturmbann Mauthausen aus; sie wurden daher ohne Ausrüstung transferiert.

7.9.
Vom Hauptwirtschaftslager der Waffen-SS Dachau treffen 10.000 Stück Wischtücher (als Handtücher zu ver-

716 Siehe Eintrag vom 27.6.1944
717 Siehe Eintrag vom 9.8.1944

wenden), 3000 St. Eßnäpfe email., sowie 300 Stück Speisetransportgeräte ein.[718]

9.9.

Eine Baracke zur Unterbringung der der [sic!] Verwaltung Mechaniker, Tischler-, Ofensetzer- und Malerwerkstätte wurde errichtet sowie eine weitere zur Unterbringung der Altmaterialien.
Die Versorgung der Lager Mauthausen/Gusen einschließlich Außenlager mit Frühkartoffeln lief ohne Störung. Auch die Gemüse anlieferung [sic!] war reich und wechselvoll. Es wurde außer den festgesetzten Portionssätzen mehrmals zusätzliches Gemüse an die Häftlinge verabreicht.
Der Bedarf für die Kartoffel-Winterversorgung 1944/45 für das [sic!] gesamte Lagerbereich - also einschl. Außenlager - wurde dem Kartoffelwirtschaftsverband Alpen- und Donauland[719] gemeldet. Mit Schreiben des KWV.[720] vom 22.9.44 erfolgte Freistellung der beantragten Mengen und Bekanntgabe der mit der Anlieferung beauftragten Kartoffelgroßverteiler.
Insgesamt wurden beantragt und auch freigegeben: 13,468.000.-- kg = 1.347 Waggon a 10 to.[721]
Die Ernteergebnisse für Süätgemüse[722] werden aufgrund der anhaltenden Trockenheit nicht besonders gut sein. Da während der Wintermonate die Beschaffung von Gemüse auf Schwierigkeiten stoßen dürfte, soll versucht werden, den Großteil des Winterbedarfes an Gemüse, soweit Lagermöglichkeiten vorhanden sind, einzulagern.

718 Siehe Eintrag vom 25.6.1943
719 Siehe Eintrag vom 1.10.1943
720 Abkürzung für Kartoffelwirtschaftsverband
721 Siehe Eintrag vom 18.11.1944
722 Richtig: Spätgemüse

Am südöstlichen Rand des Lagergeländes bestand eine Material- und eine Werkstattbaracke (BW X/32). Möglicherweise befanden sich die beiden Baracken aber auch nordöstlich des Schutzhaftlagers.

Bereits im Juni 1944 waren Krautbottiche im Kellergeschoß der Küchenbaracke errichtet worden, um den Mangel an Gemüseanlieferungen durch die Einlagerung von Kraut zu kompensieren. Deren Fassungsvermögen war aber nicht ausreichend, um den „Großteil des Winterbedarfs" aufzunehmen.[723]

15.9.
Von Oranienburg treffen 500 Stück Kragenspiegel, neue Ausführung mit doppelarmigen [sic!] **Hackenkreuz** [sic!], **ein.**

Die Zuteilung der Kragenspiegel stand in Zusammenhang mit der Übernahme der als Wachmannschaften eingesetzten Wehrmachtssoldaten in die SS. Die SS hatte mit der 1944 beginnenden und im großen Stil durchgeführten Rekrutierung von Wehrmachtsangehörigen zur Bewachung der Lager den letzten Rest ihrer Identität einer Elitetruppe von Freiwilligen aufgegeben. Umso mehr war es der SS-Führung ein Anliegen, durch eine spezifische Kennzeichnung dieser Wehrmachtssoldaten weiterhin zumindest den Schein zu wahren. In dieser Kennzeichnung sollte nach Himmlers Wunsch zum Ausdruck kommen, dass die Soldaten zwar der Befehlsgewalt und Gerichtsbarkeit der SS unterstellt waren, sie sich aber doch von den „alten" SS-Angehörigen unterschieden.[724] Gegen diese Hierarchisierung gab es Einwände vom Chef des SS-WVHA, Pohl, der durch eine „Deklassierung" der Wehrmachtssoldaten negative Auswirkungen auf deren „Dienstfreude" befürchtete.[725] Letztlich verständigte man sich Ende Juni 1944 auf ein neues Uniformabzeichen für die gesamten Wachmannschaften, die nun für die Kriegsdauer nicht den Totenkopf, sondern „einheitlich das doppelarmige Hakenkreuz auf dem Spiegel als Abzeichen" tragen soll-

723 Siehe Eintrag vom 10.6.1944
724 BArch, NS 19/1922, RFSS an Chef SS-Hauptamt und Chef SS-WVHA, vom 11.5.1944
725 BArch, NS 19/1922, Chef SS-WVHA Pohl an RFSS, betr. Übernahme von 10.000 Angehörigen des Heeres in die Waffen-SS, vom 5.6.1944

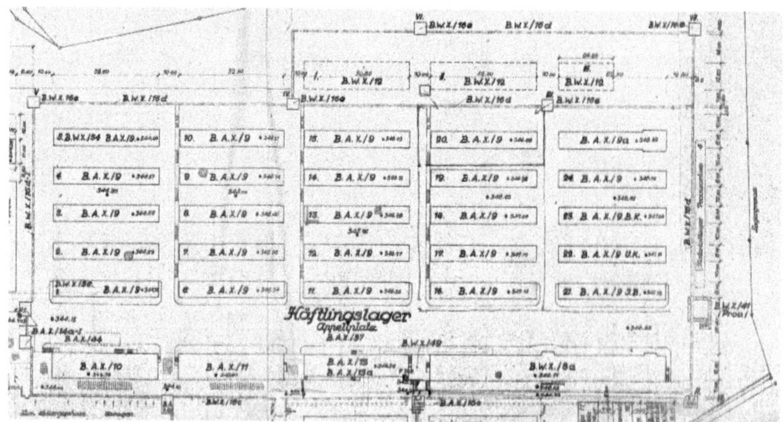

Abb. 25: Bauplan der SS-Neubauleitung des KZ Mauthausen 1942, Ausschnitt Schutzhaftlager

ten. Für altgediente SS-Angehörige wurde darüber hinaus das Tragen der „Sigrunen auf der linken Brustseite ihres Uniformrockes“ verfügt.[726] De facto blieb die Unterscheidung zwischen diesen SS-Männern und den ehemaligen Wehrmachtssoldaten also aufrecht, und hinzu kam noch, dass „Angehörige der Kommandanturstäbe und Totenkopf-Sturmbanne“, wie Pohl am 8. August 1944 anordnete, „erst die alten Totenkopfspiegel“ auftragen sollten.[727]

Von der Fa. Deutsche Erd- und Steinwerke G.m.b.H. Tonwerk Berlstadt trefffen 1o Kisten mit Aschenurnen (5o7) ein.

Urnen mit Krematoriumsasche wurden nur auf explizite Anforderung der Angehörigen versandt.[728] Diese Möglichkeit hatten aber praktisch nur die Angehörigen reichsdeutscher Häftlinge, denn die Überführung nach Westeuropa war seit dem 23. Jänner 1942 nicht mehr gestattet, und ab dem 12. September 1942 war auch der Versand von Urnen ins Protektorat Böhmen und Mähren verboten. Überdies wurde auch der Versand an jü-

726 BArch, NS 19/1922, RFSS an Kommandostab RFSS u.a., vom 27.6.1944
727 BArch, NS 19/1922, SS-WVHA an Lagerkommandanten u.a., betr. Uniformspiegel, vom 8.8.1944
728 Vgl. Maršálek, Die Geschichte, S. 187

dische Angehörige untersagt.[729] Bei Personen, die nach der Einteilung des KZ Mauthausen in die Lagerstufe III 1940/41 für „Schwerbelastete, insbesondere auch gleichzeitig kriminell-vorbestrafte und asoziale d.h. kaum noch erziehbare Schutzhäftlinge"[730] mit dem Vermerk „Stufe III" ins Lager eingewiesen wurden, musste die Todesmeldung den Hinweis enthalten, dass der Verstorbene bereits eingeäschert worden war.[731]

Die für die Führer-SS u. Häftlingsschneiderei vorgesehene Baracke wurde bezogen.

Die Schneiderei und SS-Unterkunft war für lange Zeit in der späteren Häftlingsbaracke 23 (BW X /9 B.K..) untergebracht und wurde nun in eine neue Baracke im SS-Bereich verlegt.[732]

18.9.
**Vom KL-Auschwitz treffen 10.000 Stück Eßlöffel und 10.000 Stück Eßgabeln ein,
vom Unterkunftslager Oranienburg 900 Stück Steinguttöpfe zwecks Konservierung von Waldfrüchten,
100 Stück Wassereimer, 100 Speisetransportgefäße sowie 70 Haarschneidemaschinen.**

Diese Lieferungen stehen möglicherweise schon in Zusammenhang mit der zunehmenden Verlegung von Häftlingen aus Ausschwitz in andere Lager in Vorbereitung der möglichen Räumung des Auschwitzer Lagerkomplexes. Zwar übertraf im September 1944 die Zahl der Einweisungen (ca. 39.000) die Überstellung in andere Lager (ca. 20.500) noch, bereits im Oktober ging aber die Zahl der Einweisungen auf 6.000 Personen zurück, während jene der Überstellungen auf 26.500 anstieg. Allein aus

729 BArch, NS 3/425, RSHA IV C 2 an IKL, betr. Überführung von Urnen in das Ausland, vom 23.1.1942 bzw. Amtsgruppe D an Lagerkommandanten, betr. Übersendung von Urnen der in den Konzentrationslagern verstorbenen Häftlinge, vom 12.9.1942

730 Nürnberger Dokument PS 106, Erlaß des Chefs der Sipo und des SD, vom 2.1.1941; Maršálek, Die Geschichte, S. 34. Zur Bedeutung dieser Einstufung siehe Orth, Das System, S. 86 f und 189 f

731 BArch, NS 3/425, RFSS an Sipo und SD, betr. Benachrichtigung der Angehörigen, vom 21.5.1942

732 Siehe AMM, KL Mauthausen Lageplan-Etat 1942, 501b, gezeichnet 16.2.1942

diesem Grund, und noch ohne Berücksichtigung der Todeszahlen, sank der Bedarf an Ausrüstungsgegenständen in Auschwitz beträchtlich.[733]

Die zur Brotversorgung des Arbeitslagers Solvay-Kalksteinbergwerke[734] eigens errichtete Bäckerei nimmt den Betrieb erstmalig auf.

Die im Lager Ebensee eingerichtete Bäckerei wurde von der SS eigenen „Deutschen Lebensmittel GmbH“ betrieben.[735]

20.9.
Das Aussenlager Ternberg wird aufgelöst. Die Unterkunftsgeräte, Wäschestücke sowie der Bestand an Lebensmittel wurde[n] überprüft, rücktransportiert und vereinnahmt.

Der im September 1944 gefasste Beschluss, den Bau des zu 80 Prozent fertig gestellten Ennskraftwerkes bei Ternberg einzustellen, hing mit dem Umstand zusammen, dass dieses Kraftwerk kurzfristig nichts zur Besserung der angespannten kriegswirtschaftlichen Situation beitragen hätte können. Die Häftlinge wurden am 18. September 1944 nach Mauthausen überstellt. Nach 1945 wurde der Kraftwerksbau von der neu gebildeten Ennskraftwerke AG übernommen und 1949 vollendet.[736]

23.9.
Von Sarmingstein treffen 2 Waggon Generatorholz ein.

Da viele Fahrzeuge im Deutschen Reich, aber auch in England, Frankreich und Italien, auf Holzgasgeneratorenbetrieb umgestellt wurden, war – um

733 Vgl. Danuta Czech/Wacław Długoborski (Hg.), Auschwitz 1940-1945. Studien zur Geschichte des Konzentrations- und Vernichtungslagers Auschwitz, Bd. 5: Epilog, Oświęcim 1999, S. 20-22
734 Siehe Eintrag vom 16.11.1943
735 Archiv Gedenkstätte Mauthausen, Sign. F/04/01, Aussage Wolfgang Sanner, vom 15.5.1945
736 Siehe Eintrag vom 15.5.1942

diese Motoren effizient nutzen zu können – die Bereitstellung von speziell aufbereitetem zerkleinertem und getrocknetem Holz notwendig.[737]

26.9.
Vom Heeresverpflegsmagazin Mauthausen werden wiederum 2500 kg Stroh angeliefert.[738]
Weitere 88 Unterführer und Männer werden zum Marschverband Böhmen versetzt. Die Abrüstung wird ordnungsgemäß durchgeführt.

Diese wie vorhergehende Versetzungen zu den Feldeinheiten der Waffen-SS müssen im Kontext des Interesses der SS-Führung gesehen werden, im Austausch gegen Wehrmachtssoldaten, die man für die Bewachung der wachsenden Zahl an Außenlagern insbesondere bei den Baustellen der Untertageverlagerung benötigte, weitere altgediente SS-Angehörige an die Front schicken zu können. So begeisterte sich Reichsführer-SS Himmler anlässlich einer derartigen Überstellung, dass diese die Möglichkeit böte, „noch einmal einen guten alten SS-Ersatz an die Front bringen" zu können.[739]

29.9.
Ein weiterer Waggon Generatorholz aus Sarmingstein trifft ein.[740]

30.9.
Ausgesonderte SS-Bekleidung in 3 Retourkisten an Bekleidungswerk Ravensbrück - Instandsetzung - abgeliefert.[741]
Die Gemüseernte in der hies. Gärtnerei ist bisher in allen Gemüsearten sehr zufriedenstellend. Den größ-

737 H. Gläser, Die Aufbereitung von Generatorholz, in: Holz als Roh- und Werkstoff 6 (1943) 7, S. 198-203
738 Siehe Eintrag vom 27.6.1944
739 BArch, NS 19/1542, Himmler an Jüttner, vom 2.8.1944, zitiert nach Tuchel, Die Inspektion der Konzentrationslager, S. 197; Perz, Wehrmachtsangehörige als KZ-Bewacher, S. 176; Hördler, Die KZ-Wachmannschaften in der zweiten Kriegshälfte, S. 127
740 Siehe Eintrag vom 23.9.1944
741 Siehe Eintrag vom 23.2.1943

ten Er(n)teertrag liefert Sellerie, Zwiebel, Porree und Salatarten. In Tomaten und Gurken ist die Ernte mittelmäßig. Es ist dies auf die verspätete Auspflanzung der Tomaten und Gurken infolge des verspäteten F(r)ühlings zurückzuführen.
Die Ernte ergebnisse [sic!] der hies. Gärtnerei werden der Truppen- resp. Häftlingsverpflegung zugeführt.[742]

1.1o.44.
Zu verpflegen sind 4.96o SS-Angehörige, 66.178 Häftlinge. Weitere 8.6o1 Häftlinge stehen in Firmenverpflegung.[743]

2.1o.44.
Von der Bauleitung der Waffen-SS und Polizei Mauthausen wird die Biologische Kläranlage BWX/35 übernommen sowie die Mechanische Kläranlage mit Abwässerkanal BWX/31.

Die mittlerweile außerordentliche Größe des Lagers Mauthausen machte den Bau einer aufwendigen eigenen Kläranlage notwendig. Die mechanische Kläranlage wurde 100 Meter südlich des Frellerhofes am Frellerhofweg errichtet, die biologische tiefer liegend in einem Graben, weitere 500 Meter entfernt (heute Bergstraße).[744] Dass ein Teil der Abwasserreinigung als biologische Kläranlage ausgeführt wurde, entsprach durchaus dem Interesse der SS-Führung an naturnahen Verfahren, wie es etwa auch in der Vorliebe für biodynamische Landwirtschaft zum Ausdruck kam.[745]

742 Siehe Eintrag vom 12.11.1941

743 Die hier genannte Zahl von zusammen 74.779 Häftlingen weist erheblich von jener des Rapportbuchs „Bewegungen Außenkommandos" ab, das 72.955 männliche Häftlinge anführt. APMAB, Syg. D-Mau 3, Bewegungen Außenkommandos

744 SPB Praha, KL Mauthausen Katasterplan 1297, 17.4.1941, letzte Änderungen 16.7.1941 (Kopie im Besitz des Verfassers)

745 Vgl. Wolfgang Jacobeit/Christoph Kopke, Die biologisch-dynamische Wirtschaftsweise im KZ. Die „Güter der Deutschen Versuchsanstalt für Ernährung und Verpflegung" der SS von 1939 bis 1945, Berlin 2002; SPB Praha, KL Mauthausen Katasterplan 1297, 17.4.1941, letzte Änderungen 16.7.1941 (Kopie im Besitz des Verfassers)

5.10.44.
Von der Bauleitung der Waffen-SS und Polizei wurden nachstehende Objekte übernommen:
SS-Badegebäude ... BWG/47 im Lager Gusen
Umbau der Kommandantur-Kammerbaracke auf eine SS-Friseurstube und SS-Bekleidungskammer
... BWX/5a im Lager Mauthausen
Neubau eines Sicherheitszaunes um das Schutzhaftlager KLM ... BWX/16a
Radio- u. Befehlsanlage im Häftlingslager u. Befehls- u. Fernsprechanlage im Kommandanturbereich
... BWX/18 und 28.

Die Formulierung „von der Bauleitung (...) übernommen" ist zweideutig. Gemeint ist die Übernahme durch die Verwaltung. Der Bericht der Bauleitung Mauthausen vermerkt für das Jahr 1944 den Bau des zweiten Teils der südwestlichen Umfassungsmauer, die mit einem Elektrozaun versehen war und sich auf einer Länge von 125 Metern vom Turm BWX/16b bis zum Sonderlager III erstreckte.[746] Die Kommandanturkammerbaracke BWX/5a war am 23. Juni1944 von der Bauleitung an die Verwaltung übergeben worden, warum jetzt der Umbau erfolgte, ist unklar.[747]

10.10.44.
Vom Referat für Schädlingsbekämpfung der Waffen-SS und Polizei in Auschwitz treffen verschiedene Schädlingsbekämpfungsmittel ein.

Vermutlich handelt es sich bei diesem Referat um die Stelle des „Sonderbeauftragten des Reichsführers SS zur Bekämpfung tierischer Schädlinge" in Auschwitz, die Anfang 1944 nach der Häufung von Malariafällen in Auschwitz eingerichtet und von SS-Sturmbannführer Guntram Pflaum

746 BArch, NS 4 Ma/55, Bauleitung der Waffen-SS und Polizei, Mauthausen/Oberdonau, Bericht über die im Jahre 1944 von der Bauleitung der Waffen-SS und Polizei, Mauthausen/Oberdonau durchgeführten Baumassnahmen, vom 25.1.1945

747 Siehe Eintrag vom 23.6.1944

geleitet wurde. Die Einrichtung dieser Stelle ist im Kontext der Malaria- und Fleckfieberforschungen der SS zu sehen.[748]

Welche Mittel nach Mauthausen gesandt wurden, ist nicht bekannt. Es ist denkbar, dass aus dem Lagerkomplex Auschwitz, dessen Auflösung vorbereitet wurde, auch Zyklon B-Vorräte nach Mauthausen gelangten. Zyklon B war in der letzten Kriegsphase nur begrenzt vorhanden, daher wurde im Lager Mauthausen im Herbst 1944 anstelle des für die Kleiderentlausung eingesetzten Blausäure-Entwesungsverfahrens auf ein neues Kurzwellenentwesungsverfahren umgestellt. Die in der Desinfektionsbaracke vom 18. Oktober bis zum 18. Dezember 1944 installierte Anlage war zuvor im KZ Lublin (Majdanek) verwendet worden.[749] Die Baracken selbst wurden zwecks Läusebekämpfung aber weiterhin periodisch mit Zyklon B begast.[750] Auch für die Giftgasmorde verwendete man weiterhin Zyklon B. Fünf Tage nach diesem Eintrag, am 15. Oktober 1944, wurden 45 Häftlinge, überwiegend russische Zivilarbeiter, in der Gaskammer getötet.[751]

15.1o.44.
Scheider- und Schuhmacherinstandsetzungsmaterial für die Häftlingswerkstätten sowie Truppe trifft ein. An die Außenlager Melk, Loibl-Paß[752] sowie Linz III[753] wurde je eine Schneidernähmaschine sowie div. Handwerkzeug für die Schuhmacher ausgeliefert.[754]

16.1o.44.
Das Außenlager Lenzing wird übernommen. In diesem Lager wird die Häftlingsverpflegung durch die interessierende Firma gegen Zahlung eines Verpflegsgeldsat-

748 Michael H. Kater, Das „Ahnenerbe" der SS 1935-1945: Ein Beitrag zur Kulturpolitik des Dritten Reiches, München 2006, S. 230 f

749 Die Installation wurde als Bauwerk BWX/77 verzeichnet. BArch, NS 4 Ma/55, Bauleitung der Waffen-SS und Polizei, Mauthausen/Oberdonau, Bericht über die im Jahre 1944 von der Bauleitung der Waffen-SS und Polizei, Mauthausen/Oberdonau durchgeführten Baumassnahmen, vom 25.1.1945

750 Siehe Eintrag vom 7.12.1944

751 Landgericht Hagen, 11Ks 1/70, Urteil im Verfahren gegen Werner Fassel und Martin Roth, S. 149 ff

752 Siehe Eintrag vom 8.5.1943

753 Siehe Eintrag vom 26.5.1944

754 Siehe Eintrag vom 8.5.1943

zes von RM 1.-- pro Häftling und Tag beigestellt. Die Verpflegung für die Aufseherinnen und die Wachmannschaft erfolgt nach Verpflegssatz III[755] ebenfalls durch die Firma gegen Zahlung eines Verpflegungssatzes von RM 1.2o pro Kopf und Tag. Bezugscheine für die Truppe werden von hier zur Verfügung gestellt.

Soweit bekannt, trafen die ersten 500 weiblichen Häftlinge erst zwei Wochen nach diesem Eintrag, am 30. Oktober 1944, in Lenzing ein und wurden am 3. November 1944 offiziell registriert. Die Frauen waren drei Tage zuvor in Auschwitz für den Arbeitseinsatz in Lenzing selektiert worden und in einer mehrtägigen Fahrt in Güterwaggons ohne Halt in Mauthausen direkt nach Lenzing gebracht worden. Bis Ende Jänner 1945 stieg die Zahl der Frauen, mehrheitlich ungarische Jüdinnen, auf 577.

Die Häftlinge mussten in der Zellwolle- und Papierfabrik Lenzing AG Zwangsarbeit verrichten. Die Thüringische Zellwolle AG hatte 1938 die Lenzinger Papierfabrik AG „arisiert" und die Zellwolle Lenzing AG gegründet, die Betriebe wurden 1940 fusioniert; sie hatten bis Kriegsende etwa 100.000 Tonnen Viskosefaser erzeugt.

Schon Ende 1939 arbeiteten erste ausländische Arbeitskräfte im Betrieb, bis Kriegsende stieg der Anteil der ausländischen Zivilarbeiter und Kriegsgefangenen auf 56 Prozent der Belegschaft.

Seit 1941 wurden in Lenzing Versuche zur Produktion von „Mycel" oder „Biosynwurst" angestellt, einer Eiweißmasse, die aus Abfällen der Celluloseproduktion gewonnen wurde. Mit der Aufnahme der Produktion im Jahr 1943 begannen auf Befehl Himmlers und unter der Leitung des Ernährungsinspekteurs der SS Dr. Ernst Günther Schenck Ernährungsversuche mit „Biosyn" an Häftlingen des KZ Mauthausen.[756] Dabei stellte sich heraus, dass das Produkt für die menschliche Ernährung ungeeignet war, die Experimente führten zum Tod von weit über hundert Häftlingen, viele wurden als arbeitsunfähig nach Hartheim deportiert und dort ermordet.

755 Siehe Eintrag vom 27.6.1943

756 Zu Schenck vgl. Christoph Kopke, Das KZ als Experimentierfeld: Ernst Günther Schenck und die Plantage in Dachau, in: Ralph Gabriel/Elissa Mailänder Koslov/Monika Neuhofer/Else Rieger (Hg.), Lagersystem und Repräsentation, Tübingen 2004, S. 13-28

Die Einrichtung des Lagers ist in einem engen Zusammenhang mit der Einrichtung des Frauen-Außenlagers Hirtenberg etwa ein Monat zuvor zu sehen.[757] In beiden Fällen dürfte der bis Herbst 1944 als Chef des Rüstungslieferungsamtes im Speer-Ministerium tätige SS-Brigadeführer Dr. Walter Schieber in seiner Doppelfunktion als Aufsichtsratspräsident der Wilhelm Gustloff-Stiftung und Vorstandsvorsitzender der Lenzinger Zellwolle- und Papierfabrik AG eine wichtige Rolle gespielt haben.

Die Häftlinge waren in Lenzing in zwei Hallen der ehemaligen Papierfabrik untergebracht. Vom Lager mussten die Frauen – begleitet von zehn bis zwölf SS-Aufseherinnen und Bewachern mit Hunden – etwa eine Dreiviertelstunde zur Zellwollefabrik marschieren. Die Arbeit erfolgte in zwei bis drei Schichten, meist in der Viskoseabteilung und in der Spinnerei und immer ohne Schutzvorrichtungen. Durch die Chemikalien kam es zu Augen- und Nervenleiden und zu zeitweiligen Erblindungen. Mit dem zunehmenden Mangel an Rohstoffen veränderte sich auch der Arbeitseinsatz der Frauen, die nun Erhaltungsarbeiten in und an den Kesseln und Röhren durchführen mussten. Insgesamt kamen in Lenzing zehn Frauen ums Leben.

Beim Herannahen der US-Truppen verließen die Bewacher und Aufseherinnen am 4. Mai das Lager. Am 5. Mai befreiten US-amerikanische Einheiten das Lager. Ein späteres Datum, wie von Paul LeCaer, einem französischen Überlebenden des Lagers Redl-Zipf, behauptet, ist unrichtig.[758]

18.1o.44.
Von der Bauleitung werden übernommen:
Lagerbereich-Umzäunung ... BWG/22 Lager Gusen und
1 Verwaltungs- u. SS-Revierbaracke
... BWG/14.

757 Siehe Eintrag vom 23.8.1944

758 Zur Lenzinger Produktion, zum Management unter Schieber, den Ernährungsversuchen und dem Außenlager vgl. die umfassende Studie von Roman Sandgruber, Lenzing. Anatomie einer Industriegründung im Dritten Reich (=Oberösterreich in der Zeit des Nationalsozialismus Bd. 9, hg. vom Oberösterreichischen Landesarchiv), Linz 2010; siehe auch Baumgartner, Die vergessenen Frauen; Margret Lehner, Lenzing Pettighofen, in: Hawle/Kriechbaum/Lehner, Täter und Opfer, S. 33-57; Szabolcs Szita, Ungarn in Mauthausen. Ungarische Häftlinge in SS-Lagern auf dem Territorium Österreichs, Wien 2006, S. 169; Florian Freund, Lenzing, in: Benz/Distel, Der Ort des Terrors, Bd. 4, S. 389-391.

Die Umzäunung des Lagers Gusen dürfte schon wesentlich früher fertig gestellt worden sein, allerdings wurde das Lager wegen des Baus der Untertagefabrik „Bergkristall" in St. Georgen 1944 durch die Errichtung des Lagerabschnitts Gusen II erheblich erweitert. Die Baracke BWG/14 befand sich nach den Bauplänen des Lagers Gusen im Bereich des Eingangs zum Schutzhaftlager.[759]

22.1o.44.
Vom Bekl. Werk Dachau[760] treffen 55o Paar Posten-Wachüberschuhe (Segeltuch mit Pelzfutter) ein.

Überschuhe für den Wachdienst sollten Erfrierungen verhindern, sie wurden sowohl aus Stroh und Filz als auch Pelz hergestellt. Bis zur Auflösung der NS-Ghettos in Polen wurden vieler dieser Schuhe dort produziert.[761]

25.1o.44.
Von der Bauleitung werden folgende Objekte übernommen:
Krankenlager Mauthausen mit 1 Isolierbaracke, 1 Büro- und Wohnbaracke, 1 Küchenbaracke und 1 Unterkunftsbaracke BWX/48.

Das SU-Kriegsgefangenenlager, mit dessen Bau am 1. Oktober 1941 begonnen und das seit dem Frühjahr 1943 als Kranken- bzw. Sanitätslager genutzt wurde, war im Oktober 1944 endgültig fertig gestellt. Kanalisations-, Straßen- und Platzbefestigungsarbeiten sowie der Innenausbau der Abort- und Waschbaracken bildeten den Abschluss der Arbeiten an diesem Lagerteil.[762]

759 AMM, ID31-24-01, Entwässerungsplan A.L. Gusen, vom 31.5.1941

760 Siehe Eintrag vom 12.12.1941

761 Vgl. „Unser einziger Weg ist Arbeit". Das Getto in Lodz 1940-1944, Frankfurt a.M.-Wien 1990, S. 122 f; Sudrow, Der Schuh im Nationalsozialismus, S. 510 f

762 BArch, NS 4 Ma/55, Bauleitung der Waffen-SS und Polizei, Mauthausen/Oberdonau, Bericht über die im Jahre 1944 von der Bauleitung der Waffen-SS und Polizei, Mauthausen/Oberdonau durchgeführten Baumassnahmen, vom 25.1.1945

26.1o.44.
Das Frauen-Lager Hirtenberg wird der Verwaltung KLM unterstellt.[763]

Am 15. September 1944 war in Mauthausen ein eigener, als Frauenkonzentrationslager Mauthausen (FKL) bezeichneter Lagerbereich für weibliche Häftlinge mit einer eigenen Häftlingsnummernserie eingerichtet worden.[764] Sukzessive wurden die in den damaligen Alpen- und Donaureichsgauen bestehenden Außenlager mit weiblichen Häftlingen, die bis dahin dem KZ Ravensbrück unterstanden, dem KZ Mauthausen unterstellt. Das Außenlager Hirtenberg war bereits seit seiner Gründung durch das KZ Mauthausen versorgt worden.[765]

3o.1o.44.
Bis zu diesem Tage wurden 747 Angehörige des Heeres und 252 Wachmannschaften aus Ers. Einheiten in Prag und Graz übernommen und ordnungsgemäß eingekleidet.[766]

Die Heeressoldaten stellten stellten somit ca. 13 Prozent der Wachmannschaften im KZ-System von Mauthausen. Ihre Zahl entsprach aber nur einem Drittel der zugewiesenen Luftwafffeangehörigen. Die wesentlich höhere Zuweisung von Luftwafffesoldaten ergab sich aus der Dominanz der KZ-Zwangsarbeit für die Luftrüstung sowohl in der Produktion (etwa bei den Flugmotorenwerken Ostmark in Wiener Neudorf oder bei Heinkel Schwechat bzw. Floridsdorf) als auch bei den Bauvorhaben der unterirdischen Verlagerung (etwa in Melk für die Steyr-Daimler-Puch AG und in St.Georgen an der Gusen für Messerschmitt). Mit ca. 140 Marineangehörigen des Außenlagers Wiener Neustadt stellte dieser Wehrmachtsteil die geringste Zahl an Wachmannschaften im KZ-System von Mauthausen.[767]

763 Siehe Eintrag vom 23.8.1944
764 Vgl. Baumgartner, Die vergessenen Frauen, S. 126 ff
765 Siehe Eintrag vom 23.8.1944
766 Siehe Eintrag vom 20.5.1944
767 Vgl. zu den Marinesoldaten Freund/Perz, Das KZ in der Serbenhalle, S. 197

1.11.44
Zu verpflegen sind 5.404 SS-Angehörige und 67.129 Häftlinge. Weitere 8.809 Häftlinge werden von den Firmen verpflegt.[768]

2.11.44
Das Zweiglager St. Ägid[769] wird in den Verwaltungsbereich des KLM. übernommen.

Das Außenlager St. Aegyd am Neuwalde im gebirgigen südlichen Niederösterreich bestand bis 1. April 1945 und wurde zunächst unter der Bezeichnung „K(raftfahr)T(echnische)L(ehranstalt) Wien der Waffen-SS" geführt. Diese Lehranstalt, zu der ein direkter Zusammenhang bestand, hatte ihren Sitz in der SS-Kaserne in Wien-Schönbrunn. Der Zweck der Errichtung des Lagers St. Aegyd ist nicht in allen Details geklärt. Aller Wahrscheinlichkeit nach sollte eine Entwicklungsstätte für neue Panzermotoren auf Basis einer Turbotriebwerkstechnologie von Schönbrunn nach St. Aegyd verlagert werden. Zu einer Rüstungsfertigung in St. Aegyd kam es jedoch nicht mehr. Die Häftlinge waren bis April 1945 ausschließlich mit dem Ausbau des Lagers und den Vorbereitungsarbeiten für die spätere Rüstungsproduktion beschäftigt. Mit letzteren hatte die SS die Firma Schmitt & Junk, ein Münchner Bauunternehmen mit Zweigniederlassung in Wien, sowie die in St. Aegyd ansässige Stephansdach Holzbau GesmbH beauftragt. In welchem Umfang die beiden Firmen Häftlinge einsetzten, ist nicht bekannt.

Als Standort für das Lager wurde ein bereits im Sommer 1944 beschlagnahmtes Grundstück am Rande der Ortschaft gewählt, das sich im Eigentum der katholischen Kirche befand. Das Lager – umgeben von Stacheldraht und vier Wachtürmen – umfasste zwei Häftlingsbaracken mit Nebengebäuden. Außerhalb des Häftlingslagers standen mehrere größere und kleinere Baracken für die SS. Die Wachmannschaften, ca. 30 bis 40 überwiegend „volksdeutsche" SS-Angehörige, waren in be-

768 Die hier genannte Zahl von zusammen 75.938 Häftlingen weist erheblich von jener des Rapportbuchs „Bewegungen Außenkommandos" ab, das 73.941 männliche Häftlinge anführt. APMAB, Syg. D-Mau 3, Bewegungen Außenkommandos
769 Richtig: St. Aegyd

schlagnahmten Gebäuden wie etwa dem Caritashaus untergebracht. Als Lagerführer fungierte der SS-Hauptscharführer Willi Auerswald, der zuvor als Rapport- und Arbeitsdienstführer im Außenlager Steyr eingesetzt gewesen war.

Insgesamt wurden 497 Häftlinge nach St. Aegyd deportiert. Mindestens 46 von ihnen sind bis zur Evakuierung des Lagers am 1. April 1945 ums Leben gekommen.

Die Evakuierung erfolgte zunächst per Bahn nach St. Pölten. Von dort mussten die Häftlinge nach Krems an der Donau marschieren, wo sie in der nahe gelegenen Haftanstalt Stein untergebracht wurden. Von Stein aus erfolgte der Weitertransport mit der Bahn nach Mauthausen. Vermutlich vier Häftlinge sind auf dem Evakuierungstransport oder unmittelbar vor dem Aufbruch in St. Aegyd ums Leben gekommen.[770]

Die Häftlings-Bekleidungskammer bezieht die neue Baracke im Wirtschaftshof.[771]
Von der Zentralverwaltung des K.L. Auschwitz treffen eine größere Menge Unterkunftsbedarfsgegenstände ein. Sie sind durchwegs beschädigt und müssen vorerst instandgesetzt werden.

Diese und weitere Lieferungen im November 1944 stehen mit der Räumung des Auschwitzer Lagerkomplexes im Zusammenhang.[772]

Die für die Zivilinternierten errichteten Zelte werden abgebrochen.

Da die im Agusut aus Warschau nach Mauthausen deportierten Männer und Frauen nach mehreren Wochen das Lager wieder verließen und als zivile ausländische Arbeitskräfte zur Zwangsarbeit in verschiedenen Orten des Reichsgaus Oberdonau herangezogen wurden, benötigte die Lagerführung das Zeltlager nicht länger.[773] Erst mit dem Eintreffen von

770 Zur Geschichte des Außenlagers St. Aegyd vgl. Christian Rabl, Das KZ-Aussenlager St. Aegyd am Neuwalde, Wien 2008

771 Siehe Eintrag vom 28.5.1944

772 Vgl. Czech/Długoborski, Auschwitz 1940-1945, S. 20-22; siehe Eintrag vom 7.11.1944

773 Siehe Eintrag vom 9.8. und vom 1.9.1944

Transporten mit Tausenden ungarischen Juden im April 1945, die zuvor Zwangsarbeit im östlichen Teil Österreichs, vor allem am Bau des sogenannten Südostwalls, geleistet hatten, wurde das Zeltlager reaktiviert.[774]

Je 1 Stück Schneidernähmaschine sowie div. Handwerkzeug für Schuhmacher und Schneider werden an die KLM/Arbeitslager Aegyd, Lenzing, Linz II und Floridsdorf ausgeliefert.[775]

Das Außenlager Linz II bestand vom 21. Februar 1944 bis zum Ende des Krieges und geht auf eine direkte Intervention Hitlers zurück, der den Bau eines Luftschutzstollens für die Stadtbevölkerung wünschte. Die Anlage von Luftschutzräumen oblag den städtischen Bauämtern. In Linz war dafür auf Weisung Hitlers Generalbaurat Hermann Giesler zuständig, der auch für einen großen Teil der Neugestaltung der „Führerstadt" Linz verantwortlich zeichnete. Die auf den allgemeinen Ressourcenmangel zurückzuführenden Schwierigkeiten beim Ausbau der Luftschutzräume veranlassten Hitler, der sich immer wieder persönlich in einzelne Angelegenheiten seiner Heimatstadt einmischte, zu Jahresbeginn 1944 die SS mit diesem Problem zu befassen. Himmler gab den „Wunsch des Führers" nach Ausbau der Luftschutzräume in Linz an das SS-WVHA mit der Anordnung weiter, den mit der unterirdischen Verlagerung betrauten Chef der Amtsgruppe C Bauwesen und Leiter des für die unterirdische Verlagerung zuständigen SS-Sonderstabes Kammler, Dr. Hans Kammler, zu beauftragen.

Wenige Wochen später – am 21. Februar 1944 – wurden die ersten 100 männlichen Häftlinge von Mauthausen nach Linz II gebracht. Sie sollten durch den Neubau von 700 Meter Aufenthaltsstollen das Fassungsvermögen der bestehenden Bier- und Weinkeller (Limoni-, Cembran- und Märzenkeller) vergrößern und durch den Bau zweier Verbindungsstollen von insgesamt 1.000 Meter Länge das Missverhältnis zwischen Einzugsgebiet und Fassungsvermögen der jeweiligen Keller entschärfen.

Die Häftlinge – insgesamt waren es letztlich 380 – wurden direkt im Märzenkeller in der Bockgasse untergebracht. Die größten Häftlings-

774 Siehe Eintrag vom 28.12.1944
775 Siehe Eintrag vom 8.5.1943

gruppen stammten aus der Sowjetunion und aus Polen. Bewacht wurde das Lager von ca. 50 vermutlich aus der Luftwaffe übernommenen SS-Angehörigen. In der Endphase bildeten dienstverpflichtete Schauspieler und Angestellte des Linzer Landestheaters das Wachpersonal.

Die Lebensbedingungen im Lager waren von der Unterbringung direkt am Arbeitsplatz in den Stollen geprägt. Die meisten Häftlinge kamen nur selten ans Tageslicht, was in Kombination mit der schweren Arbeit und schlechten Verpflegung rasch zum körperlichen Verfall führte. Im Stollenbau waren die Häftlinge bei Stemm-, Grabungs- und Montagearbeiten, beim Transport von Material sowie bei Spenglerarbeiten eingesetzt. Im Lager verstarben acht Häftlinge, die Bedingungen dürften sich trotz der scheinbar niedrigen Todesrate aber nicht wesentlich von anderen Stollenbau-Lagern unterschieden haben. Da das Lager Linz II über ein Krankenrevier nicht verfügte, wurden kranke und erschöpfte Häftling nach Mauthausen zurückgeschickt. Diese Verfahrensweise führte dazu, dass bis Anfang April 1945 44 Prozent aller Häftlinge in das Hauptlager zurückgebracht worden waren, die Mehrzahl wegen Krankheit oder körperlicher Erschöpfung.

Über die Umstände der Befreiung ist nichts bekannt, möglicherweise wurden die Häftlinge Ende April oder Anfang Mai 1945 in das Lager Linz III in den Reichswerken überstellt.[776]

7.11.44
Vom K.L. Auschwitz treffen 300 kg Altmaterial bestehend aus Näh- und Stoffgarne [sic!] **usw. für Reparaturen bei den Bekleidungskammern ein.**[777]

Am selben Tag erging von SS-WVHA-Chef Oswald Pohl an die Kommandanten eine ausführliche Anordnung betreffend die weitere Belieferung mit Häftlingsbekleidung, in dem er ankündigte, dass auf Grund der Kriegslage im Jahr 1945 mit keiner „nennenswerten Neubeschaffung von Häftlingsbekleidung" zu rechnen sei. Damit verband sich eine drastische Reduzierung der Häftlingsbekleidung. Auch im Winter sollte nur mehr die Sommerausstattung getragen werden, die Ausgabe von Män-

776 Perz, Nationalsozialistische Konzentrationslager, S. 1041-1094
777 Siehe Eintrag vom 2.11.1944

teln, Mützen und sonstiger wärmender Bekleidung wurde massiv eingeschränkt, neu eintreffende Häftlinge sollten ausschließlich weiter ihre Zivilkleidung weiter tragen.[778]

9.11.44
Das Bekleidungs-Werk Oranienburg liefert 980 Paar instandgesetzte Schnürschuhe sowie div. Beute-Ausrüstungsstücke.[779]

10.11.44
257 deutsche Rekruten aus Ungarn werden vollständig eingekleidet und ausgerüstet.[780]

18.11.44
Das KLM/Außenlager Passau II Waldwerke wird aufgelassen.[781] Sämtliche Unterkunfts, Wäschestücke usw. wird [sic!] vollständig abgeliefert. Desgleichen werden die noch dort eingelagerten Lebensmittelbestände wurden [sic!] nach Überprüfung und Richtigbefund durch Waggon rücktransportiert und vom Lebensmittelmagazin KLM. übernommen und vereinnahmt.
Die vom Kartoffelwirtschaftsverband Alpen-Donauland[782] freigegebenen 13,468.000.-- kg Kartoffeln = 1.347 a 10 to für die Wintereinlagerung 1944/45 wurden in Mauthausen/Gusen und den Außenlagern restlos eingelagert. Nach dem jetzigen Verpflegungsstand ist demnach die Kartoffelversorgung für Truppe und Häftlinge bis 31.7.45 gesichert.

Die auf Basis des Häftlingsstandes vom November 1944 angenommene Versorgungssicherheit war durch den enormen Zustrom von Häftlingen

778 BArch, NS 3/442, Chef des SS-WVHA an Kommandanten der Konzentrationslager betr. Belieferung der Konzentrationslager mit Häftlingsbekleidung, vom 7.11.1944
779 Siehe Eintrag vom 29.12.1941
780 Siehe Eintrag vom 10.12.1942
781 Siehe Eintrag vom 9.3.1944
782 Siehe Eintrag vom 1.10.1943

infolge der Evakuierungstransporte aus östlich gelegenen Konzentrationslagern ab Anfang 1945 keineswegs mehr gegeben. Extreme Unterversorgung der Häftlinge kennzeichnete die letzten Monate der Lager Mauthausen, Gusen und der verbliebenen Außenlager.

Im „Totenbettgeständnis", der Vernehmung von Ziereis nach seiner Festnahme durch US-Einheiten, hatte dieser Gauleiter Eigruber die Schuld für diese Unterversorgung gegeben. Eigruber habe ihm in den letzten Monaten nicht nur die „Verpflegung für alle Zugänge und schwachen Häftlinge versagt", sondern auch angeordnet, dass er „50 % der für den Winter vorbereiteten Kartoffel für den Gau abgeben" musste.[783] Eigruber wies die Beschuldigung, er habe zur Versorgung der Zivilbevölkerung des Gaues Oberdonau auf die Vorräte des KZ Mauthausen zurückgegriffen, im Dachauer Mauthausen-Hauptverfahren mit dem Hinweis zurück, dass zum Zeitpunkt der Befreiung noch Lagerbestände an Kartoffeln für vier Monate in Mauthausen vorhanden gewesen seien.[784] Wer immer von den beiden die Hauptverantwortung für die katastrophale Unterversorgung in den letzten Monaten trug, die durch Zeugenaussagen belegten vorhandenen Lagerbestände bei der Befreiung machen jedenfalls deutlich, dass die Unterversorgung Ausfluss einer konkreten Politik war und nicht allein auf Versorgungsmängel zurückzuführen ist.

19.11.44
Ab 69. Zuteilungsperiode wurde die Brotportion für Häftlinge pro Kopf und Woche von 2600 g um 100 g auf 2500 herabgesetzt. Ferner wurde Kaffee-Ersatz von 62.5 g auf 37.5 g pro Kopf und Woche herabgesetzt.[785] **Neueinkleidung von 120 deutschen Rekruten aus Ungarn.**[786]

Es ist nicht geklärt, ob diese Rekruten zur Gruppe der 257 am 10.11.1944 eingekleideten Soldaten gehörten oder ob es ein weiterer

783 AMM, P 18/2, Niederschrift des Verhörs des SS-Standartenführers Ziereis Franz, ehemaliger Lagerkommandant des Konzentrationslagers Mauthausen, vom 24.5.1945
784 NARA, RG 549, US vs. Hans Altfuldisch et al., case 000-50-5, Examination Eigruber
785 Siehe Eintrag vom 31.8.1944
786 Siehe Eintrag vom 10.12.1942

Zugang „volksdeutscher" Rekruten war. Es ist die letzte Einstellung von Angehörigen der deutschsprachigen Minderheit aus Ungarn, die im Tätigkeitsbericht vermerkt ist. Auf Grund der militärischen Entwicklung, die Rote Armee war im Rahmen ihrer Sommeroffensive Ende September 1944 bis auf ungarisches Gebiet vorgedrungen, ist eine weitere Rekrutierung wenig wahrscheinlich.

21.11.44

Es trifft 1 Waggon Truppenbekleidung und Ausrüstung für die übernommenen Luftwaffe-Angehörigen, sowie div. Bekle(i)dung für die bisher eingestellten K.L. Aufseherinnen vom Bekl. Werk Ravensbrück ein. Gleichzeitig langt 1 Waggon Bekleidung von Dachau ein.[787]

Anfang August 1944 kündigte der für die unterirdische Verlagerung zuständige SS-Obergruppenführer Dr. Hans Kammler an, bis Mitte des Monats alle Wachmannschaften, die Heer und Luftwaffe für die Bewachung der Häftlinge bei den unterirdischen Bauvorhaben zur Verfügung gestellt hatten, auch formell zur SS zu überführen.[788] Generell fand diese Versetzung in den Lagern am 1. September 1944 statt.[789] Der Zeitpunkt der sichtbaren Eingliederung der Luftwaffe- und Heeressoldaten durch Einkleidung in SS-Uniformen dürfte von Lager zu Lager aber erheblich variiert haben und zum Teil erst um die Jahreswende 1944/45 erfolgt sein.[790]

Für das am 15. September 1944 eingerichtete Frauenkonzentrationslager (FKL) Mauthausen sowie die Außenlager mit weiblichen Häftlingen wurden Frauen als SS-Aufseherinnen angeworben, zum Teil auch dienstverpflichtet. So arbeiteten nach einer SS-Aufstellung am 15. Jänner 1945 65 Aufseherinnen im Bereich des KZ Mauthausen.[791] KZ-Aufseherinnen

787 Siehe Eintrag vom 12.12.1941

788 BArch, Militärarchiv, RL 3/9, Steno. Bericht Rüstungsstab, vom 3.8.1944

789 Vgl. Miroslav Kárný, Waffen-SS und Konzentrationslager, in: Jahrbuch für Geschichte, Bd. 33, Berlin 1986, S. 231-261, hier S. 260; Perz, Projekt Quarz, S. 238; Hördler, Die KZ-Wachmannschaften in der zweiten Kriegshälfte, S. 136

790 Perz, Wehrmacht und KZ-Bewachung, S. 69-82

791 Maršálek, Die Geschichte, S. 184; BArch, NS 3/439, Aufstellung über SS-Wachmannschaften und Häftlinge am 1. und 15.1.1945

zählten zum SS-Gefolge und hatten sich vertraglich zur Dienstleistung bei der Waffen-SS verpflichtet. Sie wurden daher mit eigens geschaffenen feldgrauen Dienstuniformen ausgestattet. Am linken Ärmel trugen sie den Reichsadler als Hoheitsabzeichen.[792]

1.12.44
Zu verpflegen sind 5.812 SS-Angehörige, 66.291 Häftlinge, weitere 9.492 Häftlinge werden von den Firmen verpflegt.[793]

2.12.44
Die SS-Aufseherinnen in Lenzing werden eingekleidet.[794]

7.12.44
Die Bekleidung für die SS-Aufseherinnen Hirtenberg wird ausgeliefert.[795]
Die ständige Gefahr einer Verlausung macht eine Vergasung der Baracken notwendig. An diesem Tage wird die Baracke der SS-Bekleidungskammer entwest.

Bis 1942 erfolgte die Barackenentwesung mittels Zyklon B durch die Firma Slupetzky. Nachdem aber Ende 1941 SS-Angehörige im Umgang mit Zyklon B ausgebildet worden waren, ist davon auszugehen, dass die hier vermerkte Entlausung durch das Lagerpersonal selbst durchgeführt wurde.[796]

792 Simone Erpel, Einführung, in: dies. (Hg.), Im Gefolge der SS: Aufseherinnen des Frauen-KZ Ravensbrück, Berlin 2007, S. 21; Gudrun Schwarz, Frauen in Konzentrationslagern – Täterinnen und Zuschauerinnen, in: Herbert/Orth/Dieckmann, Die nationalsozialistischen Konzentrationslager, Bd. 1, S. 800-821, hier S. 805 f; Hördler, Die KZ-Wachmannschaften in der zweiten Kriegshälfte, S. 132

793 Die hier genannte Zahl von zusammen 75.783 Häftlingen weist erheblich von jener des Rapportbuchs „Bewegungen Außenkommandos" ab, das 73.636 männliche Häftlinge anführt. APMAB, Syg. D-Mau 3, Bewegungen Außenkommandos

794 Siehe Einträge vom 16.10.1944 und vom 21.11.1944

795 Siehe Eintrag vom 21.11.1944

796 Siehe Eintrag vom 31.3.1943

15.12.44
Der Frischgemüsebedarf konnte in den letzten Monaten weder für Häftlinge noch für die Truppe aufgebracht werden. Zurückzuführen ist dieser Mangel auf die fast völlig ausgefallene Spätgemüseernte. Um wenigstens teilweise einen Ausgleich für den Ausfall des Frischgemüses zu erreichen, wurden beim SS-WVHA 1oo to Trockengemüse beantragt. Freigabe erfolgte. 8o to sind bereits eingegangen.[797]
Die Ernteergebnisse aus der lagereigenen Gärtnerei wurden wie jedes Jahr der Truppen- bzw. Häftlingsverpflegung zugeführt.
Die lagereigene Schweinemästerei weist einen Bestand von 134 Schweinen einschl. Läufer und Ferkel auf.[798]

18.12.44
Mit der Umkleidung der Luftwaffe-Angehörigen in Melk wird begonnen.

Da der Häftlingseinsatz beim „Projekt Quarz" in Roggendorf bei Melk in erster Linie den Interessen der Luftwaffe diente, waren es auch Soldaten dieses Wehrmachtsteiles, die im KZ Melk als Bewacher Dienst versehen sollten. Zunächst waren für diese Aufgabe 350 Luftwaffesoldaten vorgesehen. Trotz großer Kriegswichtigkeit dieser Baustelle des SS-Sonderstabes Kammler verzögerte sich die Überstellung des gewünschten Wachpersonals nach der ersten Zuweisung von 200 Luftwaffesoldaten.

Bis 1. September 1944 kamen mehrere Gruppen von Luftwaffesoldaten nach Melk. Ein Teil von ihnen – jene, die im August 1944 ihren Dienst antraten – war zuvor im Kriegsgefangenenstammlager Gneixendorf bei Krems (Stalag XVII B) als Wachsoldaten eingesetzt gewesen.[799] Im Frühjahr 1945 befanden sich ca. 570 SS-Angehörige zur Bewachung der mehr als 8.300 Häftlinge in Melk, bis auf den engsten Kreis um die

797 Siehe Eintrag vom 15.10.1942
798 Siehe Eintrag vom 17.7.1942
799 Zentrale Stelle der Landesjustizverwaltungen zur Aufklärung nationalsozialistischer Verbrechen Ludwigsburg (ZStL), 419 AR-Z 4/64, Zeugenaussage Karl F., vom 27.1.1966 und 26.7.1967

Abb. 26: Hauptstollen B der Stollenanlage „Quarz" in Roggendorf bei Melk, 1987 (Aufnahme Michael Wrobel)

SS-Lagerführung stammte das Personal aus der Luftwaffe. Keine SS-Uniformen erhielten die zu den Lagern kommandierten Ärzte auf Grund ihrer Sonderstellung, so trug auch der als Lagerarzt dem Lager Melk zugeteilte Luftwaffenstabsarzt Dr. Josef Sora seine Offiziersuniform der Luftwaffe.[800]

20.12.44
Auf Grund einer Aktion im Fleischverbrauch für die Truppe wurden für die Dauer von 4 Wochen (27.11. bis 24.12.44) 240 g Frischfleisch wöchentlich mehr ausgegeben.
Eingespart wurden hierfür: 80 g Bratlingspulver, 50 g Nährmittel und 30 g Fett.

800 Nach den Zeugenaussagen von Angeklagten im US-Militärgerichtsverfahren gegen die Wachmannschaften des KZ Melk, US vs. Karl Theodor Moegle et al., case 000-50-5-26 erfolgte die Einkleidung erst im Jänner 1945, möglicherweise hat sich diese längere Zeit hingezogen. Vgl. Perz, Projekt Quarz, S. 238

Derartige Sonderzuteilungen an die Wachmannschaften standen im krassen Gegensatz zur Verschlechterung der Nahrungsmittelsituation bei den Häftlingen, deren Brotrationen erst im November wieder gekürzt worden waren.[801]

22.12.44
Die Umkleidung der Luftwaffe-Angehörigen im KLM/Ebensee wird durchgeführt.[802]

Ab Sommer 1944 kam vermutlich die Mehrheit der dem Außenlager Ebensee zugewiesenen Wachmannschaften von der Wehrmacht. Die Ausstattung mit SS-Uniformen erfolgte analog zu jener in Melk.[803]

24.12.44
Eine Julfeier[804] des Kdtr.-Stabes sowie der Kompanien findet so wie es alle Jahre bisher üblich war, nicht statt. Die Männern feiern soweit sie dienstfrei sind auf ihren Stuben.
Folgende Weihnachtssonderzuteilungen werden ausgegeben:
500 g Printen[805], 60 g Zuckerwaren und 1 Zigarre oder 3 Zigaretten.

Der Kommandanturstab und die Wachmannschaften hielten bis zu diesem Zeitpunkt jährlich Julfeiern in der Kantine des Lagers ab. Der Grund für die Absage der Feier ist nicht bekannt, wahrscheinlich war die dramatische militärische Lage des Deutschen Reiches dafür ausschlaggebend.

26.12.44
Das Zweiglager Lungitz wird in den Verwaltungsbereich des KL. Mauthausen übernommen.[806]

801 Siehe Eintrag vom 19.11.1944
802 Siehe Eintrag vom 18.12.1944
803 Freund, „Arbeitslager Zement", S. 141 f
804 Siehe Eintrag vom 24.12.1941
805 Printen: ein in Österreich nicht gebräuchlicher Begriff für einen stark gewürzten harten Pfefferkuchen
806 Siehe Eintrag vom 1.10.1943

28.12.44
Das KLM/Aussenlager Gunskirchen wird errichtet.

Der Aufbau eines Lagers im Gemeindegebiet von Gunskirchen im Bezirk Wels ab Dezember 1944 geschah offensichtlich in der Absicht, ein Auffanglager für die kurzfristige Aufnahme von Häftlingen zu schaffen. Wegen des provisorischen Charakters wurde auf sanitäre Einrichtungen, Küchen und ähnliches fast völlig verzichtet. Ab Ende Dezember 1944 arbeiteten bis zu 400 registrierte Häftlinge am Aufbau des Lagers, das ab 12. März 1945 unter den Bezeichnungen „Wels I“, „Behelfsheimbau“ und „Waldwerke“ geführt wurde.

Ende März 1945 wurden die Außenlager in den Reichsgauen Wien und Niederdonau wegen des Vormarsches der Roten Armee aufgelöst und die Häftlinge in Gewaltmärschen in die wenigen noch verbliebenen Lager in Mauthausen, Gusen, Steyr und Ebensee getrieben. Himmler gab am 28. März den Befehl zur Evakuierung der Arbeitslager entlang des „Südostwalls“ nahe der ungarischen Grenze und zur Überstellung der jüdischen Gefangenen nach Mauthausen. Zahlreiche Menschen wurden auf diesen Todesmärschen erschossen oder starben an Erschöpfung.

Mauthausen rechnete mit der Aufnahme von ca. 50.000 ungarischen Juden. Tatsächlich kamen in der Zeit vom 7. bis zum 25. April 1945 zwischen 17.000 und 20.000 ungarische Juden nach Mauthausen, wo sie ohne Registrierung und unter primitivsten Bedingungen im reaktivierten Zeltlager untergebracht wurden.[807]

Nach wenigen Tagen Aufenthalt mussten die geschwächten Häftlinge, unabhängig von Geschlecht, Alter und Registrierung, den Fußmarsch nach Gunskirchen antreten. Viele starben an den Entbehrungen oder wurden als marschunfähig von den begleitenden Wachmannschaften erschossen. Es ist zu vermuten, dass jenseits dieser Transporte aus dem Zeltlager Mauthausen weitere Transporte direkt von den Lagern beim Südostwallbau nach Gunskirchen erfolgten. Insgesamt erreichten bis Anfang Mai 17.000 bis 20.000 Männer, Frauen und Kinder Gunskirchen.

Im Lager und in den provisorischen, völlig überfüllten Baracken herrschten schwierigste Bedingungen. Es fehlte an Wasser, eine Küche wurde erst kurz vor der Befreiung eingerichtet und schließlich brach die

807 Siehe Eintrag vom 9.8.1944 bzw. vom 2.11.1944; vgl. Szita, Verschleppt, verhungert, vernichtet, S. 228

Versorgung des Lagers völlig zusammen, täglich starben etwa 150 Menschen. Zum Teil wurden die Toten in einem Massengrab beerdigt, zum Teil blieben sie einfach auf den Lagerstraßen liegen. Laut Zeugenaussagen gab der Lagerführer am 3. Mai 1945 bekannt, dass er das Lager den Amerikanern übergeben werde. Währendessen setzte sich schon ein Großteil der Bewacher in Zivilkleidung ab. Am gleichen Tag erreichten Mitarbeiter des Internationalen Roten Kreuzes das Lager und verteilten Essenspakete. Als am 5. Mai 1945 Einheiten der US-Army eintrafen, wehten bereits weiße Fahnen im Lager. Ungefähr 15.000 Häftlinge waren noch am Leben, großteils völlig entkräftet, zahlreiche Tote lagen unbestattet im Lagergelände. Über 1000 befreite Häftlinge verstarben in den Tagen und Wochen nach der Befreiung an den Folgen der Lagerhaft.[808]

808 Zu Gunskirchen vgl. Florian Freund, Gunskirchen (Wels I), in: Benz/Distel, Der Ort des Terrors, Bd. 4, S. 368-370; Doris Fath-Gottinger, Die ungarischen Juden auf ihrem Todesmarsch in das KZ Gunskirchen, Diss., Universität Linz, 2004; Kurt Tweraser, Sie sind da, wir sind frei! Vive l'Americansky! Anmerkungen zur Befreiung der Konzentrationslager in Oberdonau durch amerikanische Soldaten, in: Jahrbuch 1997, hg. vom Dokumentationsarchiv des österreichischen Widerstandes, Wien 1997, S. 89-110; Szita, Ungarn in Mauthausen, S. 134-143

Bibliografie

Rudolf Absolon, Wehrgesetz und Wehrdienst, 1935-1945. Das Personalwesen in der Wehrmacht (=Schriften des Bundesarchivs, Bd. 5), Boppard am Rhein 1960

Baris Alakus/Katharina Kniefacz/Robert Vorberg (Hg.), Sex-Zwangsarbeit in nationalsozialistischen Konzentrationslagern, Wien 2006

Michael T. Allen, Oswald Pohl – Chef der SS-Wirtschaftsunternehmen, in: Ronald Smelser/Enrico Syring (Hg.), Die SS. Elite unter dem Totenkopf. 30 Lebensläufe, Paderborn 2000, S. 394-407

Helga Amesberger/Katrin Auer/Brigitte Halbmayr, Sexualisierte Gewalt. Weibliche Erfahrungen in NS-Konzentrationslagern, Wien 2004

Amtskalender 1942. Amtsverzeichnis und Geschäfts-Adreßbuch für den Reichsgau Oberdonau, Linz 1941

Aramis (Hg.), A E I O U – draußt bist du, draußt bist du noch lange nicht. einschließen – ausgrenzen. Ein Millenniumsbeitrag zur österreichischen Identität quer durch die Künste (Malerei, Graphik, Installationen, Musik, Theater, Film und Vorträge). K. L. Mauthausen – Arbeitslager, Schloß Lind bei Neumarkt, Ober-Steiermark, Neumarkt o.J. [1996]

Marie-Theres Arnbom, Friedmann, Gutmann, Lieben, Mandl und Strakosch. Fünf Familienporträts aus Wien vor 1938, Wien-Köln-Weimar 2002

Angelina Awtuszewska-Ettrich, Płasów – Stammlager, in: Wolfgang Benz/Barbara Distel (Hg.), Der Ort des Terrors. Geschichte der nationalsozialistischen Konzentrationslager, Bd. 8, München 2008, S. 235-288

Zygmunt Baumann, Das Jahrhundert der Lager?, in: Mihran Dabag/Kristin Platt (Hg.), Genozid und Moderne, Bd. 1: Strukturen kollektiver Gewalt im 20. Jahrhundert, Opladen 1998, S. 81-99

Andreas Baumgartner, Die vergessenen Frauen von Mauthausen. Die weiblichen Häftlinge des Konzentrationslagers Mauthausen und ihre Geschichte, Wien 1997

Wolfgang Benz/Barbara Distel (Hg.), Der Ort des Terrors. Geschichte der nationalsozialistischen Konzentrationslager, Bd. 4, München 2006; Bd. 8, München 2008; Bd. 9, München 2009

Christian Bernadac, Des jours sans fin. Mauthausen III, Paris 1976

Ruth Bettina Birn, Die Höheren SS- und Polizeiführer. Himmlers Vertreter im Reich und in den besetzten Gebieten, Düsseldorf 1986

Peter Black, Ernst Kaltenbrunner: Vasall Himmlers. Eine SS-Karriere, Paderborn-Wien-München-Zürich 1991

Peter Black, Die Trawniki-Männer und die „Aktion Reinhard", in: Bogdan Musial (Hg.), „Aktion Reinhardt". Der Völkermord an den Juden im Generalgouvernement 1941-1944, Osnabrück 2004

Peter Black, Foot Soldiers of the Final Solution: The Trawniki Training Camp and Operation Reinhard, in: Holocaust and Genocide Studies 25 (2011) 1, S. 1-99

Heinz Boberach, Die Überführung von Soldaten des Heeres und der Luftwaffe in die SS-Totenkopfverbände zur Bewachung von Konzentrationslagern 1944, in: Militärgeschichtliche Mitteilungen 21 (1983) 2, S. 185-190

Włodzimierz Borodziej, Der Warschauer Aufstand 1944, Frankfurt a.M. 2001

José Borras, Histoire de Mauthausen. Les cinq années deportation des républicains espagnols, o.O. 1989

Gerhard Botz, Das Geschäft mit dem Tod. Die Errichtung des Konzentrationslagers Mauthausen, in: Die Zukunft. Sozialistische Zeitschrift für Politik, Wirtschaft und Kultur (1970) 9-10

Angela Brown, Vom „germanischen Julfest" zum „Totenfest". Weihnachten und Winterhilfswerk-Abzeichen im Nationalsozialismus, in: DHM 5 (1995) 14, hg. vom Deutschen Historischen Museum (http://www.dhm.de/magazine/weihnachten/Brownt.htm, Zugriff 15.10.2010)

Adolf Brunnthaler, Strom für den Führer. Der Bau der Ennskraftwerke und die KZ-Lager Ternberg, Großraming und Dipoldsau, Weitra 2000

Lutz Budraß, Flugzeugindustrie und Luftrüstung in Deutschland 1918-1945, Boppard am Rhein 1998

Marc Buggeln, Die weltanschauliche Schulung der KZ-Wachmannschaften in den letzten Kriegsmonaten. Der „Nachrichtendienst für die SS-Männer und Aufseherinnen in den Außenkommandos" im KZ Stutthof 1944/45, in: Angelika Benz/Marija Vulesica (Hg.), Bewachung und Ausführung. Alltag der Täter in nationalsozialistischen Lagern, Berlin 2011, S. 170-183

Thomas Casagrande, Die volksdeutsche SS-Division „Prinz Eugen“, Frankfurt a.M.-New York 2003

Pierre Serge Choumoff, Nationalsozialistische Massentötungen durch Giftgas auf österreichischem Gebiet 1940-1945 (= Mauthausen Studien, Bd. 1a hg. vom Bundesministerium für Inneres), Wien 2001

Danuta Czech, Kalendarium der Ereignisse im Konzentrationslager Auschwitz-Birkenau 1939-1945, Reinbek bei Hamburg 1989

Danuta Czech/Wacław Długoborski (Hg.), Auschwitz 1940-1945. Studien zur Geschichte des Konzentrations- und Vernichtungslagers Auschwitz, Bd. 5: Epilog, Oświęcim 1999

das sichtbare unfassbare. Fotografien vom Konzentrationslager Mauthausen, Katalog zur gleichnamigen Ausstellung, hg. vom Bundesministerium für Inneres, Wien 2005

Der Dienstkalender Heinrich Himmlers 1941/42, hg. von Peter Witte/Michael Wildt/Martina Voigt/Dieter Pohl/Peter Klein/Christian Gerlach/Christoph Dieckmann/Andrej Angrick, Hamburg 1999

Dienstvorschrift für Konzentrationslager (Lagerordnung), Berlin 1941

Digitale Bibliothek, Bd. 20: Der Nürnberger Prozeß

Barbara Distel, KZ-Kommandos an idyllischen Orten, in: Dachauer Hefte. Studien und Dokumente zur Geschichte der nationalsozialistischen Konzentrationslage 15 (1999) 15, S. 54-65

Stanisław Dobosiewicz, Vernichtungslager Gusen (=Mauthausen Studien, Bd. 5 hg. vom Bundesministerium für Inneres), Wien 2007

Thomas Dostal, Das „braune Netzwerk“ in Linz 1933-1938, in: Fritz Mayrhofer/Walter Schuster (Hg.), Nationalsozialismus in Linz, Bd. 1, Linz 2001, S. 21-136

Elmar W. Eggerer, „Waldwerke“ und „Oberilzmühle“. Die Passauer KZ-Außenlager und ihr Umfeld 1942-1945, in: Winfried Becker (Hg.), Passau zur Zeit des Nationalsozialismus. Ausgewählte Fallstudien, Passau 1999, S. 527-542

Daniel Ellmauer/Michael John/Regina Thumser, „Arisierungen“, beschlagnahmte Vermögen, Rückstellungen und Entschädigungen in Oberösterreich (=Veröffentlichungen der Österreichischen Historikerkommission, Bd. 17/1), Wien 2004

Alfred Elste/Michael Koschat/Hanzi Filipič, NS-Österreich auf der Anklagebank. Anatomie eines politischen Schauprozesses im kommunistischen Slowenien, Klagenfurt/Celovec-Wien u.a. 2000

Simone Erpel (Hg.), Im Gefolge der SS: Aufseherinnen des Frauen-KZ Ravensbrück, Berlin 2007

Adolf Ezsöl, Das KLM-Arbeitslager Wien-Schwechat 2, in: Schwechater Archiv-Nachrichten. Informationen aus dem Historischen Archiv der Stadt Schwechat (November 1995) 2

Adolf Ezsöl, Die KZ-Aussenstellen Santa I und Santa II in Schwechat 1944-1945, Historisches Schwechat. Forschungsberichte aus dem Zeitgeschichtlichen Archiv Adolf Ezsöl, Nummer 1, September 2008

Michel Fabréguet, Entwicklungen und Veränderung der Funktion des Konzentrationslagers Mauthausen 1938-1945, in: Ulrich Herbert/Karin Orth/Christoph Dieckmann (Hg.), Die nationalsozialistischen Konzentrationslager – Entwicklung und Struktur, Bd. 1, Göttingen 1998, S. 193-214

Michel Fabréguet, Mauthausen. Camp de concentration national-socialiste en Autriche rattachée (1938-1945), Paris 1999

Karl Fallend, ZwangsarbeiterInnen: (Auto-)Biographische Einsichten (=NS-Zwangsarbeit: Der Standort Linz der Reichswerke Hermann Göring AG Berlin, 1938-1945, hg. von Oliver Rathkolb, Bd. 2), Wien-Köln-Weimar 2001

Anita Farkas, Kollektives Gedächtnis und Erinnerungsbedarf in der Steiermark. Auf den Spuren der Erinnerung an die Konzentrationslager Aflenz, Peggau und Schloß Lind, Dipl.Arb., Universität Klagenfurt/Celovec, 2001

Anita Farkas, Geschichte(n) ins Leben holen. Die Bibelforscherinnen des Frauenkonzentrationslagers St. Lambrecht, Graz 2004

Doris Fath-Gottinger, Die ungarischen Juden auf ihrem Todesmarsch in das KZ Gunskirchen, Diss., Universität Linz, 2004

Wilfried Feldenkirchen/Susanne Hilger, Menschen und Marken. 125 Jahre Henkel, 1876-2001, Düsseldorf 2001

Helmut Fiereder, Die Häftlinge in den Konzentrationslagern Linz I/III und Linz II, in: Fritz Mayrhofer/Walter Schuster (Hg.), Nationalsozialismus in Linz, Bd. 2, Linz 2001, S. 1095-1106

France Filipič, Slowenen in Mauthausen (=Mauthausen Studien, Bd. 3, hg. vom Bundesministerium für Inneres) Wien 2004

Forschungsgruppe Zyklon B (Hg.), Zyklon B. Die Produktion in Dessau und der Missbrauch durch die deutschen Faschisten, Norderstedt 2007

Norbert Frei/Thomas Grotum/Jan Parcer/Sybille Steinbacher/Bernd C. Wagner (Hg.), Standort- und Kommandanturbefehle des Konzentrationslagers Auschwitz 1940-1945, München 2000

Florian Freund/Bertrand Perz, Das KZ in der „Serbenhalle". Zur Kriegsindustrie in Wiener Neustadt, Wien 1988

Florian Freund, „Arbeitslager Zement". Das Konzentrationslager Ebensee und die Raketenrüstung, Wien 1989

Florian Freund, Häftlingskategorien und Sterblichkeit in einem Außenlager des KZ Mauthausen, in: Ulrich Herbert/Karin Orth/Christoph Dieckmann (Hg.), Die nationalsozialistischen Konzentrationslager – Entwicklung und Struktur, Bd. 2, Göttingen 1998, S. 874-886

Florian Freund/Bertrand Perz, Konzentrationslager in Oberösterreich 1938-1945, Linz 2007

Florian Freund, Die Toten von Ebensee. Analyse und Dokumentation der im KZ Ebensee umgekommenen Häftlinge 1943-1945, Wien 2010

Florian Freund, Gunskirchen (Wels I) (S. 368-370), Lenzing (S. 389-391), Vöcklabruck (S. 443-444), Ternberg (S. 441–443), Loiblpaß (Nord und Süd) (S. 400-404), Eisenerz (S. 360-362), Redl Zipf („Schlier") (S. 416-420), in: Wolfgang Benz, Barbara Distel (Hg.), Der Ort des Terrors. Geschichte der nationalsozialistischen Konzentrationslager, Bd. 4: Flossenbürg – Mauthausen – Ravensbrück, München 2006

Ulrich Fritz, Wachmannschaften im KZ-Komplex Flossenbürg, in: Angelika Benz/Marija Vulesica (Hg.), Bewachung und Ausführung. Alltag der Täter in nationalsozialistischen Lagern, Berlin 2011, S. 23-39

Johan Galtung, Strukturelle Gewalt. Beiträge zur Friedens- und Konfliktforschung, Reinbek bei Hamburg 1975

Jacek Gassan/Alfons Kleina/Ewa Żyłowska/Wiesław Leszczyński, Stutthof. Das Konzentrationslager, Gdańsk 1996

Christian Gerlach/Götz Aly, Das letzte Kapitel. Der Mord an den ungarischen Juden, Stuttgart-München 2002

Ralf Gebel, „Heim ins Reich!“: Konrad Henlein und der Reichsgau Sudetenland (1938-1945), München 1999

H. Gläser, Die Aufbereitung von Generatorholz, in: Holz als Roh- und Werkstoff 6 (1943) 7, S. 198-203

Josef Goldberger/Cornelia Sulzbacher, Oberdonau, Linz 2008

Peter Gstettner, Das „vergessene“ KZ in Lendorf vor den Toren der Stadt Klagenfurt. Ein Vorschlag zur Geschichtsaufarbeitung und Erinnerung, in: Zeitgeschichte 28 (2001) 3, S. 160-172

Gutachten des Instituts für Zeitgeschichte, Bd. 1, München 1958; Bd. 2, München 1966

Christian Hawle/Gerhard Kriechbaum/Margret Lehner, Täter und Opfer. Nationalsozialistische Gewalt und Widerstand im Bezirk Vöcklabruck. Eine Dokumentation, Wien-Linz-Weitra-München 1985

Peter Hayes, Die Degussa im Dritten Reich. Von der Zusammenarbeit zur Mittäterschaft, München 2004

Isabell Heinemann, „Rasse, Siedlung, deutsches Blut“. Das Rasse- und Siedlungshauptamt der SS und die rassenpolitische Neuordnung Europas, Göttingen 2003

Robert Herzog, Die Volksdeutschen in der Waffen-SS (=Studien des Instituts für Besatzungsfragen in Tübingen zu den deutschen Besetzungen im 2. Weltkrieg, Bd. 5), Tübingen 1955

Gregor Holzinger/Andreas Kranebitter, Sowjetische Kriegsgefangene im KZ Mauthausen und die Ereignisse der „Mühlviertler Hasenjagd“. Perspektiven der Forschung, in: KZ-Gedenkstätte Mauthausen. Mauthausen Memorial 2010. Forschung – Dokumentation – Information, Wien 2011, S. 57-68

Stefan Hördler, Die KZ-Wachmannschaften in der zweiten Kriegshälfte. Genese und Praxis, in: Angelika Benz/Marija Vulesica (Hg.), Bewachung und Ausführung. Alltag der Täter in nationalsozialistischen Lagern, Berlin 2011, S. 127-145

Götz Hütt, Das Außenkommando des KZ Buchenwald in Duderstadt. Ungarische Jüdinnen im Rüstungsbetrieb Polte, Norderstedt 2005

Industrie-Compass 1943/1944, Deutsches Reich: Sudetenland, Wien 1943

Industrie-Compass 1941, Deutsches Reich: Ostmark, Wien 1941

Industrie-Compass 1943/44, Böhmen und Mähren, Slowakei, hg. unter Mitwirkung des Zentralverbandes der Industrie für Böhmen und Mähren, Prag 1943

Wolfgang Jacobeit/Christoph Kopke, Die biologisch-dynamische Wirtschaftsweise im KZ. Die „Güter der Deutschen Versuchsanstalt für Ernährung und Verpflegung" der SS von 1939 bis 1945, Berlin 2002

Jürgen Kalthoff/Martin Werner, Die Händler des Zyklon B. Tesch & Stabenow. Eine Firmengeschichte zwischen Hamburg und Auschwitz, Hamburg 1998

Hermann Kaienburg, „Vernichtung durch Arbeit". Der Fall Neuengamme, Berlin 1990

Hermann Kaienburg, Die Wirtschaft der SS, Berlin 2003

Hermann Kaienburg, Der Militär- und Wirtschaftskomplex der SS im KZ-Standort Sachenhausen – Oranienburg. Schnittpunkt von KZ-System, Waffen-SS und Judenmord, Berlin 2006

Bernd Kaiser, Die Implikationen wirtschaftspolitischer Rahmenbedingungen für die Rohstoffbeschaffung internationaler Industrieunternehmen und sich hieraus ergebende Unternehmensstrategien am Beispiel der Henkel-Gruppe, Inaugural-Diss., Universität Erlangen-Nürnberg, 2009

Matthias Kaltenbrunner, Der Lebensweg eines „K-Häftlings" – Viktor Nikolaevič Ukraincev, in: KZ-Gedenkstätte Mauthausen. Mauthausen Memorial 2010. Forschung – Dokumentation – Information, Wien 2011, S. 69-81

Miroslav Kárný, Waffen-SS und Konzentrationslager, in: Jahrbuch für Geschichte, Bd. 33, Berlin 1986, S. 231-261,

Michael H. Kater, Das „Ahnenerbe" der SS 1935-1945: Ein Beitrag zur Kulturpolitik des Dritten Reiches, München 2006

Rolf Keller/Reinhard Otto, Sowjetische Kriegsgefangene in Konzentrationslagern der SS, in: Johannes Ibel (Hg.), Einvernehmliche Zusammenarbeit? Wehrmacht, Gestapo, SS und sowjetische Kriegsgefangene, Berlin 2008, S. 15-43

Volkhard Knigge in Zusammenarbeit mit Annegret Schüle und Rikola-Gunnar Lütgenau (Hg.), Techniker der „Endlösung". Topf & Söhne – Die Ofenbauer von Auschwitz, hg. im Auftrag der Stiftung Gedenkstätten Buchenwald und Mittelbau-Dora, Begleitband zur Ausstellung, Weimar-Buchenwald 2005

Harald Knoll/Barbara Stelzl-Marx, „Wir mussten hinter eine sehr lange Liste von Namen einfach das Wort ‚verschwunden' schreiben." Sowjetische Strafjustiz in Österreich 1945-1955, in: Andreas Hilger/Mike Schmeitzner/Clemens Vollnhals (Hg.), Sowjetisierung oder Neutralität? Optionen sowjetischer Besatzungspolitik in Deutschland und Österreich 1945-1955, Göttingen 2006, S. 169-220

Christoph Kopke, Das KZ als Experimentierfeld: Ernst Günther Schenck und die Plantage in Dachau, in: Ralph Gabriel/Elissa Mailänder Koslov/Monika Neuhofer/Else Rieger (Hg.), Lagersystem und Repräsentation, Tübingen 2004, S. 13-28

Andreas Kranebitter, Der Steinbruch „Wiener Graben" und die Errichtung des KZ Mauthausen, in: KZ-Gedenkstätte Mauthausen. Mauthausen Memorial 2008, S. 58-73

Sepp Kufner, Die KZ-Außenstelle Mauthausen bei Oberilzmühle, in: Salzweg-Straßkirchen: Natur-Geschichte Kultur, hg. von der Gemeinde Salzweg, Salzweg 2002, S. 159-166

Richard Kutschera, Die Fliegerangriffe auf Linz im Zweiten Weltkrieg, in: Historisches Jahrbuch der Stadt Linz, hg. vom Archiv der Stadt Linz, Linz 1966, S. 267-277

H.Dv.86/1, M.Dv. Nr. 595, L.Dv.86/1. Vorschrift für die Verpflegung der Wehrmacht bei besonderem Einsatz (Einsatz-Wehrmachtsverpflegungsvorschrift) vom 15.5.1939, Neufassung vom 20.6.1940, Berlin 1940

André Lacaze, Le tunnel, Paris 1978

Helmuth Lackner/Gerhard A. Stadler, Fabriken in der Stadt. Eine Industriegeschichte der Stadt Linz, hg. vom Archiv der Stadt Linz, Linz 1990

Jochen von Lang, Das Eichmann-Protokoll. Tonbandaufzeichnungen der israelischen Verhöre, Frankfurt a.M.-Berlin-Wien 1985

Aleksander Lasik/Wacław Długoborski (Hg.), Auschwitz 1940-1945. Studien zur Geschichte des Konzentrations- und Vernichtungslagers Auschwitz, Bd. 1: Aufbau und Struktur des Lagers, Oświęcim 1999

Elisabeth Lebensaft/Christoph Mentschl, Feudalherren – Bauern – Funktionäre: Österreichs Agrarelite im 20. Jahrhundert. Ein biographisches Handbuch, St. Pölten 2003

Paul LeCaër/Bob Sheppard, Mauthausen, Paris 2000

Lehmann's Allgemeiner Wohnungsanzeiger, 1942, Bd. 1: Protokollierte Firmen, Teil II, S. 47 (http://www.digital.wienbibliothek.at/periodical/titleinfo/5311)

Stefan H. Lindner, Das Reichskommissariat für die Behandlung feindlichen Vermögens im Zweiten Weltkrieg, Stuttgart 1991

Hans Maršálek, Die Geschichte des Konzentrationslagers Mauthausen. Dokumentation, Wien ^{3}1995

August Meyer, Das Syndikat Reichswerke „Hermann Göring", Braunschweig-Wien 1986

Meyers Großes Konversations-Lexikon, Bd. 6, Leipzig 1906

Paul Mitchell/Günter Buchinger, Die Baugeschichte des Neuen Reviergebäudes, KL Mauthausen, Wien 2010 (unveröffentlichtes Manuskript)

Paul Mitchell unter Mitarbeit von Günter Buchinger und mit einem Anhang von Karl Scherzer, Die Baugeschichte des Küchengebäudes, KZ Mauthausen, Februar 2012 (unveröffentliches Manuskript)

Andrew Mollo, Uniforms of the SS, Bd. 4: SS-Totenkopfverbände, London 1972

Andrew Mollo, Uniforms of the SS, Bd. 6: Waffen-SS 1933-1945, London 1972

Günter Morsch, Tötungen durch Giftgas im Konzentrationslager Sachsenhausen, in: Günter Morsch/Bertrand Perz (Hg.), Neue Studien zu nationalsozialistischen Massentötungen durch Giftgas. Historische Bedeutung, technische Entwicklung, revisionistische Leugnung, Berlin 2011, S. 260-276

Günter Morsch (Hg.), Von der Sachsenburg nach Sachsenhausen. Bilder aus dem Fotoalbum eines KZ-Kommandanten, Berlin 2007

Klaus-Dieter Mulley, Arbeiterschaft und Rüstungsindustrie im Triestingtal, in: Klaus-Dieter Mulley/Hans Leopold, Geschosse – Skandale – Stacheldraht. Arbeiterschaft und Rüstungsindustrie in Wöllersdorf, Enzesfeld und Hirtenberg, Ebenfurth 1999, S. 264-292

Walter Naasner, Neue Machtzentren in der deutschen Kriegswirtschaft 1942-1945. Die Wirtschaftsorganisation der SS, das Amt des Generalbevollmächtigten für den Arbeitseinsatz und das Reichsministerium für Bewaffnung und Munition/Reichsministerium für Rüstung und Kriegsproduktion im nationalsozialistischen Herrschaftssystem, Boppard am Rhein 1994

Walter Naasner (Hg.), SS-Wirtschaft und SS-Verwaltung. „Das SS-Wirtschafts-Verwaltungshauptamt und die unter seiner Dienstaufsicht stehenden wirtschaftlichen Unternehmungen“ und weitere Dokumente, Düsseldorf 1998

Karin Orth, Das System der nationalsozialistischen Konzentrationslager. Eine politische Organisationsgeschichte, Hamburg 1999

Karin Orth, Die Konzentrationslager-SS. Sozialstrukturelle Analysen und biographische Studien, Göttingen 2000

Reinhard Otto, Wehrmacht, Gestapo und sowjetische Kriegsgefangene im deutschen Reichsgebiet 1941/42, München 1998

Bertrand Perz, Steyr-Münichholz, ein Konzentrationslager der Steyr-Daimler-Puch A.G. Zur Genese der Zwangsarbeit in der Rüstungsindustrie, in: Jahrbuch 1989, hg. vom Dokumentationsarchiv des österreichischen Widerstandes, Wien 1989, S. 52-61

Bertrand Perz, Nationalsozialistische Konzentrationslager in Linz in: Fritz Mayrhofer/Walter Schuster (Hg.), Nationalsozialismus in Linz, Bd. 2, Linz 2001, S. 1041-1094

Bertrand Perz, Projekt Quarz. Steyr-Daimler-Puch und das Konzentrationslager Melk, Wien 1991

Bertrand Perz, Rüstungsindustrie in Wiener Neustadt 1938-1945, in: Sylvia Hahn/Karl Flanner (Hg.), „Die Wienerische Neustadt“. Handwerk, Handel und Militär in der Steinfeldstadt, Wien-Köln-Weimar 1994, S. 47-89

Bertrand Perz, Wehrmacht und KZ-Bewachung, in: Mittelweg 36. Zeitschrift des Hamburger Instituts für Sozialforschung 4 (1995) Oktober/November, S. 69-82

Bertrand Perz, Wehrmachtsangehörige als KZ-Bewacher, in: Walter Manoschek (Hg.), Die Wehrmacht im Rassenkrieg. Der Vernichtungskrieg hinter der Front, Wien 1996, S. 168-181

Bertrand Perz, „... müssen zu reißenden Bestien erzogen werden.“ Der Einsatz von Hunden zur Bewachung in den Konzentrationslagern, in: Dachauer Hefte. Studien und Dokumente zur Geschichte der nationalsozialistischen Konzentrationslager 12 (1996) 12, S. 139-158

Bertrand Perz/Thomas Sandkühler, Auschwitz und die „Aktion Reinhard“ 1942-45. Judenmord und Raubpraxis in neuer Sicht, in: Zeitgeschichte 26 (1999) 5, S. 283-316

Bertrand Perz, KZ-Häftlinge als Zwangsarbeiter der Reichswerke „Hermann-Göring“ in Linz, in: Christian Gonsa/Gabriella Hauch/Michael John/Josef Moser/Bertrand Perz/Oliver Rathkolb/Michaela C. Schober, Zwangsarbeit – Sklavenarbeit: Politik-, sozial- und wirtschaftshistorische Studien (=NS-Zwangsarbeit: Der Standort Linz der Reichswerke Hermann Göring AG Berlin, 1938-1945, hg. von Oliver Rathkolb, Bd. 1), Wien-Köln-Weimar 2001, S. 449-590

Bertrand Perz, Zwangsarbeit von KZ-Häftlingen der Reichswerke „Hermann Göring“ in Österreich, Deutschland und Polen. Vergleichende Perspektiven, in: Gabriella Hauch unter Mitarbeit von Peter Gutschner und Birgit Kirchmayr (Hg.), Industrie und Zwangsarbeit im Nationalsozialismus. Mercedes Benz – VW – Reichswerke Hermann Göring in Linz und Salzgitter, Innsbruck-Wien-München-Bozen 2003, S. 85-99

Bertrand Perz/Florian Freund, Auschwitz neu? Pläne und Maßnahmen zur Wiedererrichtung der Krematorien von Auschwitz-Birkenau in der Umgebung des KZ Mauthausen im Februar 1945, in: Dachauer Hefte. Studien und Dokumente zur Geschichte der nationalsozialistischen Konzentrationslager 20 (2004) 20, S. 58-70

Bertrand Perz, Bretstein (S. 351-353), Gusen I und II (S. 371-380), Gusen III (S. 380-382), Hirtenberg (S. 382-384), Linz I (S. 392-394), Linz III (S. 398-400), Passau I (Oberilzmühle) (S. 408-410), Passau II (Waldwerke) (S. 410-413), Peggau (S. 414-416), St.Valentin (S. 433-436), Steyr-Münichholz (S. 437-440), Wien (Saurerwerke) (S. 445-448), Wien-Floridsdorf (S. 448-453), Wien-Floridsdorf (AFA-Werke) (S. 453-455), Wien-Schwechat (S. 457-461), Wiener Neudorf (S. 461-465), in: Wolfgang Benz/Barbara Distel (Hg.), Der Ort des Terrors. Geschichte der nationalsozialistischen Konzentrationslager, Bd. 4: Flossenbürg – Mauthausen – Ravensbrück, München 2006

Bertrand Perz, Die KZ-Gedenkstätte Mauthausen 1945 bis zur Gegenwart, Innsbruck-Wien-Bozen 2006

Bertrand Perz/Christian Dürr/Ralf Lechner/Robert Vorberg, Die Krematorien von Mauthausen, in: KZ-Gedenkstätte Mauthausen. Mauthausen Memorial 2008. Forschung – Dokumentation – Information, hg. vom Bundesministerium für Inneres, Wien 2009, S. 12-23

Bertrand Perz/Christian Dürr/Ralf Lechner/Robert Vorberg, Die Krematorien von Mauthausen. Katalog zur Ausstellung in der KZ-Gedenkstätte Mauthausen, hg. vom Bundesministerium für Inneres, Wien 2008

Bertrand Perz, „Wir haben in der Nähe von Linz unter Benutzung von KZ-Männern ein Vorhaben." Zur Genese des Projektes Bergkristall, in: KZ-Gedenkstätte Mauthausen. Mauthausen Memorial 2009, S. 55-78

Bertrand Perz, Das Aussenlager Graz-Leibnitz des KZ Mauthausen in Aflenz an der Sulm für die Steyr-Daimler-Puch AG, in: Helmut Kandl/Johanna Kandl (Hg.), Wächterhaus. In Erinnerung an die Ermordeten und Toten in Aflenz bei Leibnitz, einem KZ-Aussenlager von Mauthausen, Graz 2009, o.S.

Bertrand Perz, Le rapport d'activite n° 2 du directeur de l'administration du KZ Mauthausen de 1941 à 1944, in: Regards croisés sur le camp de concentration nazi de mauthausen. Archives, mémoire, histoire, publié par l'Amicale de Mauthausen – déportés, familles et amis (=Cahiers de Mauthausen 3), Paris 2010, S. 140-159

Bertrand Perz, Das KZ-Außenlager Bretstein, in: Heimo Halbrainer/Michael Schiestl (Hg.), Adolfburg statt Judenburg. NS-Herrschaft: Verfolgung und Widerstand in der Region Aichfeld-Murboden, Graz 2011, S. 111-119

Bertrand Perz/Florian Freund, Tötungen durch Giftgas im Konzentrationslager Mauthausen, in: Günter Morsch/Bertrand Perz (Hg.), Neue Studien zu nationalsozialistischen Massentötungen durch Giftgas. Historische Bedeutung, technische Entwicklung, revisionistische Leugnung, Berlin 2011, S. 244-259

Josef Podlaha, Surgery and Medical Care of the Prisoners in the Mauthausen Concentration Camp, in: Medical Science Abuses. German Medical Science as Practised in Concentration Camps and in the so-called Protectorate, reported by Czechoslovak Doctors, Prague 1946, S. 58-75

Jean-Claude Pressac, Die Krematorien von Auschwitz. Die Technik des Massenmordes, München-Zürich 1993

Jean-Claude Pressac, Auschwitz. Technique and operation of the gas chambers, New York 1989

Christian Rabl, Das KZ-Aussenlager St. Aegyd am Neuwalde, (=Mauthausen Studien, bd. 6, hg. vom Bundesministerium für Inneres), Wien 2008

György Ránki, Unternehmen Margarethe. Die deutsche Besatzung Ungarns, Budapest-Graz-Wien 1984

Oliver Rathkolb, Am Beispiel Paul Pleigers und seiner Manager in Linz – Eliten zwischen Wirtschaftsräumen, NS-Eroberungs- und Rüstungspolitik, Zwangsarbeit und Nachkriegsjustiz, in: Christian Gonsa/Gabriella Hauch/Michael John/Josef Moser/Bertrand Perz/Oliver Rathkolb/Michaela C. Schober, Zwangsarbeit – Sklavenarbeit: Politik-, sozial- und wirtschaftshistorische Studien (=NS-Zwangsarbeit: Der Standort Linz der Reichswerke Hermann Göring AG Berlin, 1938-1945, hg. von Oliver Rathkolb, Bd. 1), Wien-Köln-Weimar 2001, S. 287-322

Oliver Rathkolb/Florian Freund (Hg.), NS-Zwangsarbeit in der Elektrizitätswirtschaft der „Ostmark", 1938-1945. Ennskraftwerke – Kaprun – Draukraftwerke – Ybbs-Persenbeug – Ernsthofen, Wien 2002

Leo Reichl, Zeitgeschichtlicher Bericht über das KZ-Lager Lungitz (genannt Gusen III), in: Katsdorfer Heimatblätter. Heimatkundliche Schriftenreihe zur Geschichte des Raumes Katsdorf, Katsdorf 2001

Lisa Rettl/Peter Pirker, „Ich war mit Freuden dabei." Der KZ-Arzt Sigbert Ramsauer. Eine österreichische Geschichte, Wien 2010

Dirk Riedel, Ordnungshüter und Massenmörder im Dienst der „Volksgemeinschaft": Der KZ-Kommandant Hans Loritz, Berlin 2010

Gisbert Rodewald/Alfons Rempe, Feuerlöschmittel, Stuttgart ^{7}2005

Hans Safrian, Die Eichmann-Männer, Wien-Zürich 1993

Roman Sandgruber, Lenzing. Anatomie einer Industriegründung im Dritten Reich (=Oberösterreich in der Zeit des Nationalsozialismus, Bd. 9, hg. vom Oberösterreichischen Landesarchiv), Linz 2010

Bernhard Schmidt, Experimentelle Untersuchungen zur Frage der Einwirkung von „Tutogen"-Präparaten auf den Organismus, in: Zeitschrift für Hygiene, Bd. 139 (1954), S. 115-120

Bärbel Schmidt, Geschichte und Symbolik der gestreiften KZ-Häftlingskleidung, phil. Diss., Universität Oldenburg, 2000

Gerhard Schreiber, Die italienischen Militärinternierten im deutschen Machtbereich 1943-194. verraten – verachtet – vergessen, München-Wien 1990

Annegret Schüle, Industrie und Holocaust. Topf & Söhne – Die Ofenbauer von Auschwitz, Göttingen 2010

Jan-Erik Schulte, London war informiert. KZ-Expansion und Judenverfolgung. Entschlüsselte Stärkemeldungen vom Januar 1942 bis zum Januar 1943 in den britischen National Archives in Kew, in: Rüdiger Hachtmann/Winfried Süß (Hg.), Hitlers Kommissare. Sondergewalten in der nationalsozialistischen Diktatur, Göttingen 2006, S. 207-227

Jan Erik Schulte, Zwangsarbeit und Vernichtung: Das Wirtschaftsimperium der SS. Oswald Pohl und das SS-Wirtschafts-Verwaltungshauptamt 1933-1945, Paderborn-Wien 2001

Gudrun Schwarz, Frauen in Konzentrationslagern – Täterinnen und Zuschauerinnen, in: Ulrich Herbert/Karin Orth/Christoph Dieckmann (Hg.), Die nationalsozialistischen Konzentrationslager – Entwicklung und Struktur, 2 Bde, Göttingen 1998, S. 800-821

Dietmar Seiler, Die SS im Benediktinerstift. Aspekte der KZ-Außenlager St. Lambrecht und Schloß Lind, Graz-Estergom-Paris-New York 1994

Gitta Sereny, Albert Speer. Das Ringen mit der Wahrheit und das deutsche Trauma, München 1997

Robert Sommer, Das KZ-Bordell. Sexuelle Zwangsarbeit in nationalsozialistischen Konzentrationslagern, Paderborn-München-Wien-Zürich 2009

Hubert Speckner, Kriegsgefangenenlager – Konzentrationslager Mauthausen und „Aktion K“, in: Johannes Ibel (Hg.), Einvernehmliche Zusammenarbeit? Wehrmacht, Gestapo, SS und sowjetische Kriegsgefangene, Berlin 2008, S. 45-58

George H. Stein, Geschichte der Waffen-SS, Düsseldorf 1967

Eric C. Steinhart, The Chameleon of Trawniki: Jack Reimer, Soviet Volksdeutsche, and the Holocaust, in: Holocaust and Genocide Studies 23 (2009) 2, S. 239-262

David Stone, Hitler's Army 1939-1945: The Men, Machines and Organisation, London 2009

Anna Sudrow, Der Schuh im Nationalsozialismus. Eine Produktgeschichte im deutsch-britisch-amerikanischen Vergleich, Göttingen 2010

Holm Sundhaussen, Zur Geschichte der Waffen-SS in Kroatien 1941-1945, in: Südostforschungen 30 (1971), S. 176-196

Szabolcs Szita, Verschleppt, verhungert, vernichtet. Die Deportation von ungarischen Juden auf das Gebiet des annektierten Österreich 1944-1945, Wien 1999

Szabolcs Szita, Ungarn in Mauthausen. Ungarische Häftlinge in SS-Lagern auf dem Territorium Österreichs, (=Mauthausenstudien, Bd. 4, hg. vom Bundesministerium für Inneres), Wien 2006

Florian Tennstedt, Wohltat und Interesse. Das Winterhilfswerk des Deutschen Volkes: Die Weimarer Vorgeschichte und ihre Instrumentalisierung durch das NS-Regime, in: Geschichte und Gesellschaft 13 (1987) 2, S.157-180

Claudia Theune, Zeitschichten. Archäologische Untersuchungen in der Gedenkstätte Mauthausen, in: KZ-Gedenkstätte Mauthausen. Mauthausen Memorial 2009. Forschung – Dokumentation – Information, Wien 2010, S. 25-30

Loránt Tilkovszky, Die Werbeaktionen der Waffen-SS in Ungarn, in: Acta Historica Academiae Scientiarum Hungaricae 20 (1974), S. 137-180

Loránt Tilkovszky, Ungarn und die deutsche „Volksgruppenpolitik" 1938-1945, Köln-Wien 1981

Janko Tišler/Christian Tessier, Das Loibl-KZ. Die Geschichte des Mauthausen-Außenlagers am Loiblpass/Ljubelj. Dokumentation (=Mauthausen Schriftenreihe, hg. vom Bundesministerium für Inneres), Wien 2007

Johannes Tuchel, Die Kommandanten des Konzentrationslagers Mauthausen. Vortrag am 1.12.1995 auf der Internationalen wissenschaftlichen Konferenz: Das Konzentrationslager Mauthausen in Wien, 30.11.-3.12.1995 (unveröffentlichtes Manuskript)

Johannes Tuchel, Die Inspektion der Konzentrationslager. Das System des Terrors 1938-1945, Berlin 1994

Johannes Tuchel, Konzentrationslager: Organisationsgeschichte und Funktion der Inspektion der Konzentrationslager 1934-1938, Boppard am Rhein 1991

Johannes Tuchel, Die Wachmannschaften der Konzentrationslager 1939 bis 1945 – Ergebnisse und offene Fragen der Forschung, in: Alfred Gottwaldt/Norbert Kampe/Peter Klein (Hg.), NS-Gewaltverbrechen. Beiträge zur historischen Forschung und juristischen Aufarbeitung, Berlin 2005, S. 135-151

Kurt Tweraser, Sie sind da, wir sind frei! Vive l'Americansky! Anmerkungen zur Befreiung der Konzentrationslager in Oberdonau durch amerikanische Soldaten, in: Jahrbuch 1997, hg. vom Dokumentationsarchiv des österreichischen Widerstandes, Wien 1997, S. 89-110

United States Strategic Bombing Survey (USSBS) 4: Aircraft Division Industry Report, Washington 1945

„Unser einziger Weg ist Arbeit". Das Getto in Lodz 1940-1944, Frankfurt a.M.-Wien 1990

Verbrechen der Wehrmacht. Dimensionen des Vernichtungskrieges 1941-1944, Ausstellungskatalog, hg. vom Hamburger Institut für Sozialforschung, Hamburg 2002

Vermögenswerte jüdischer Kunden und Kundinnen im „Postsparkassenamt" Wien: Nazi-Raub 1938-1945. Zweiter Forschungszwischenbericht, Projektleitung: Oliver Rathkolb, Projektteam: Alexander Schröck, Vitali Bodnar, Theodor Venus, Doris Wiesinger, Wien 2000

Herwart Vorländer, Die NSV. Darstellung und Dokumentation einer nationalsozialistischen Organisation, Boppard am Rhein 1988

Herwart Vorländer, NS-Volkswohlfahrt und Winterhilfswerk des Deutschen Volkes, in: Vierteljahrshefte für Zeitgeschichte 34 (1986) 3, S. 341-380

Holger de Vries, Brandbekämpfung mit Wasser und Schaum. Technik und Taktik, Landsberg [3]2008

Christof Wagner, Entwicklung, Herrschaft und Untergang der nationalsozialistischen Bewegung in Passau 1920 bis 1945, Berlin 2007

Doris Warlitsch, Die (Lager-)Feuerwehr im Konzentrationslager Mauthausen – zwischen Widerstand und Kollaboration, in: KZ-Gedenkstätte Mauthausen. Mauthausen Memorial 2011. Forschung – Dokumentation – Information, Wien 2012, S. 71-95

Bernd Wegner, Hitlers politische Soldaten: Die Waffen-SS 1933-1945, Paderborn 1988

Andreas Weigelt, Das KZ-Außenlager Prettin von 1941 bis 1945, in: Stefan Hördler/Sigrid Jacobeit (Hg.), Lichtenburg. Ein deutsches Konzentrationslager, Berlin 2009, S. 190-204

Stefan Wolfinger, Das KZ-Aussenlager St. Valentin, Wien 2009 (=Mauthausen Studien, Bd. 7 hg. vom Bundesministerium für Inneres)

Josef Zausnig, Der Loibl-Tunnel: das vergessene KZ an der Südgrenze Österreichs. Eine Spurensicherung, Klagenfurt 1995

Abbildungsverzeichnis